Rolf Hosfeld · Friedhelm Teicke · Tobias Vogt · Rainer Wörtmann

Helmut Metz Verlag

Inhalt

Einleitung — 5

Theater Im On und im Off — 7

Musik Klassische Erkundungen — 63

Livemusik Tango, Swing und all that Jazz — 77

Clubs Sehen, fühlen, tanzen — 83

Kinos Zwischen Szene und Hollywood — 101

Museen Von Altertum bis Sex — 117

Galerien Spaziergänge mit Kunst — 173

Literatur Dichter, Denker und Debatten — 191

Institutionen Organisationen und Institute — 203

Locations Von Stars und Sternchen — 227

Durchs Jahr Stets wiederkehrende Events — 237

Register Von A bis Z — 251

Impressum, Autoren — 264

Liebe Leser,

nichts ist so dauernd als der Wechsel, hat der kurzzeitige Wahlberliner Heinrich Heine einmal gesagt. In der Tat ist es das ständig Neue, Unerwartete, Unvorhergesehene, das neben den traditionellen Säulen der Berliner Kultur dafür sorgt, dass das Fieber nicht nachlässt. Diese Stadt ist von Kopf bis Fuß auf Kultur eingestellt wie kaum eine zweite europäische Metropole. Nichts, was es hier nicht gibt. Drei Opernhäuser und mehrere Symphonieorchester von internationalem Rang. Theater, die Geschichte geschrieben haben, und von denen immer wieder bedeutende Impulse ausgehen. Eine quirlige, kreative Künstlerszene, die ihresgleichen sucht. Ganze Museenlandschaften laden zu ausgedehnten Spaziergängen von der Vorzeit bis in die allerneueste Moderne ein. Und die Berliner Nächte sind nicht nur Freund der unzähligen Künstler, Literaten und Bohémiens. Auch Sie sind dazu eingeladen, die atemberaubende Atmosphäre in den Clubs der Stadt mitzuerleben. In Mitte, am Prenzlauer Berg, im bürgerlichen Charlottenburg oder anderswo.
Das Werk lobt den Meister, sagt man. In diesem Sinne ist das Buch auch eine Hommage an die aufregende Stadt Berlin. Nicht unerwähnt lassen möchte ich allerdings, dass es das nur hat werden können durch die spitzen Federn der Autoren Friedhelm Teicke und Tobias Vogt sowie den gestalterischen Ideenreichtum von Rainer Wörtmann.

Herzlichst Ihr

(Rolf Hosfeld)

THEATER

Berlin ist die deutsche Theaterhauptstadt. Hier finden sich Theater für jeden Geschmack: Von der soliden Bühnenästhetik der Staatstheater bis zu den heftigen Pop-Artisten oder dem Brachialtheater eines Frank Castorf

THEATER

Berliner Ensemble

Politisches Theater mit Tradition im Regierungsviertel

Bertolt-Brecht-Platz 1, Mitte
Kasse: 28 40 81 55
berlinerensemble@bln.de
S U Friedrichstraße
10-60 DM, erm. 10 DM (in allen Platzgruppen auch im Vorverkauf)
www.berlinerensemble.de

Es ist nicht leicht mit den Hausgeistern. Im Berliner Ensemble heißen sie Bertolt Brecht und Heiner Müller. Stücke von Bertolt Brecht, dem Gründer des Berliner Ensembles, später auch von Heiner Müller, des Dramatikers und zeitweiligen Intendanten, gehörten lange zum Standardprogramm der Theatermacher in Berlin-Mitte. Fast wäre das Theater an ihnen krepiert. Dann kam ein alter Linker aus dem Westen, der Regie-Star Claus Peymann, und damit macht das BE wieder von sich reden – wenn auch nicht unbedingt aus künstlerischen Gründen.

Großspurig kündigt der ehemalige Chef des Wiener Burgtheaters an, mit dem Berliner Ensemble als „Reißzahn im Regierungsviertel" wirken zu wollen, die Hausgeister auszutreiben und das BE wieder Theatergeschichte schreiben zu lassen. Peymann erweist sich als Marketing-Profi und hält so sein Haus auch ohne nennenswerte künstlerische Erfolge im Stadtgespräch. Und sei es durch die Meldung, dass Chefdramaturg Beil für einen fehlenden Schauspieler kurzerhand eingesprungen ist.

Vorwiegend zeigt der streitbare Regisseur und Intendant allerdings bis zu 20 Jahre alte Wiederaufnahmen, „Musterexponate des Museums für politisches Theater" (Fachblatt „Theater heute"). Außer Hermann Beil, seinem Lieblingsdramaturgen, hat Peymann auch George Tabori, den großen alten Mann des Theaters, aus Wien mitgebracht. Dessen Stück „Die Akte Brecht" eröffnete Peymanns erste Spielzeit am BE, eine kleine anekdotenreiche Farce über Brecht in Amerika, seine Bespitzelung durch das FBI und sein Verhör vor dem „Ausschuss zur Untersuchung von unamerikanischen Umtrieben".

Ein Rückblick auf einen Hausgeist also, der das Berliner Ensemble alias Theater am Schiffbauerdamm mit zum legendenreichsten Theatern Berlins gemacht hat. Hier wurde 1928 die „Dreigroschenoper" uraufgeführt, mit der Brecht über Nacht berühmt wurde. Nach dem Zweiten Weltkrieg zog er mit dem 1949 von ihm und Helene Weigel gegründeten Berliner Ensemble an den Schiffbauerdamm, wo er Modellinszenierungen seiner eigenen Werke entwickelte. Später, in den 70er-Jahren, nach dem Tod der Weigel, scharte Ruth Berghaus als Intendantin Persönlichkeiten wie Wolf Biermann, Volker Braun und Einar Schleef um sich. Nach der Ausbürgerung Biermanns wurde sie zurückgetreten.

Weniger widerspenstig für die DDR war dagegen ein anderer Brecht-Schüler, Manfred Wekwerth, der bis zur Wende ihre Stelle einnahm. Sämtliche Brecht-Inszenierungen störten weder ideologisch noch ästhetisch auf. Das BE wurde zu einem Museum seiner selbst. Bis auf einige

Der Dramatiker **Heiner Müller** wurde 1992 Intendant des legendären Brecht-Theaters Berliner Ensemble. Er sorgte als Regisseur für einen Repertoirehit des Theaters, der Inszenierung von Brechts „Arturo Ui" mit einem überragenden Martin Wuttke in der Hauptrolle. Müllers Werk ist eine Sammlung von Fragmenten, aus der eine „Landschaft" erwuchs (Wuttke)

Ein deutsches Trauerspiel: Therese Affolter und Traugott Buhre in Claus Peymanns Einstandsinszenierung am Berliner Ensemble „Das Ende der Paarung" von Franz-Xaver Kroetz, eine Kolportage über den Selbstmord der grünen Helden Petra Kelly und Gert Bastian

Schlag nach bei Shakespeare: Peymanns Erfolgsinszenierung „Richard II.", Bühne Achim Freyer, am Berliner Ensemble mit einem herausragenden Michael Maertens (Mitte) in der Titelrolle

Ausnahme-Inszenierungen (wie Heiner Müllers Brecht-Regie „Arturo Ui", als einziges Stück aus der Vor-Peymann-Zeit nach wie vor im BE-Repertoire) bleibt es das auch in den 90er-Jahren. Im Oktober 1992 wird das Theater privatisiert und eine landeseigene GmbH gegründet. Die Theaterleitung übernimmt ein Fünfer-Direktorium mit Peter Palitzsch, Fritz Marquardt, Heiner Müller, Peter Zadek und Matthias Langhoff. Danach geht's am Schiffbauerdamm zu wie bei dem Kinderlied von den 10-Kleinen-Negerlein. Mitte 1993 waren es nach der ersten Saison unter der neuen Leitung und Einar Schleefs umstrittenen, aber erfolgreichen Inszenierung von Rolf Hochhuths „Wessis in Weimar" nur noch vier Leiter: Langhoff scheidet aus. Dann waren's nur noch drei: Anfang 1995 tritt Zadek zurück, Palitzsch und Marquardt überlassen kurz darauf Müller die alleinige künstlerische Leitung. Da war es nur noch eins.

Die nächste Posse ließ nicht auf sich warten: Über die Ilse-Holzapfel-Stiftung macht der Dramatiker Rolf Hochhuth Eigentumsansprüche an der Theater-Immobilie geltend, im Juni 1996 geht sie in den Besitz der Stiftung über. Seitdem darf Hochhuth einmal im Jahr in den Theaterferien das BE mit quälend langweiligen Eigeninszenierungen seiner Werke bespielen. Inzwischen ist im Dezember 1995 Heiner Müller gestorben. Sein Nachfolger als Intendant wird der 33-jährige Schauspieler Martin Wuttke, der, völlig überfordert, ein knappes Jahr später zurücktritt. Das Theater, das zeitgleich mit der DDR entstanden war und zahlreiche kommunistische Kampfstücke aufgeführt hatte, konnte den Untergang der DDR nur noch nachholen.

„Es geht nicht darum, politisches Theater zu machen, sondern Theater politisch zu machen." Godards Satz, den Heiner Müller gern zitierte, erhält nun am BE unter Peymann neue Bedeutung. Theater ist für Peymann „staatsfeindliche Subversion", Kontrolle der Mächtigen. Die Hausheiligen des BE will Peymann daher auf ihre Brauchbarkeit für die Gegenwart hin überprüfen. Brecht gehörte allerdings nie zu den Favoriten des neuen künstlerischen Direktors am Schiffbauerdamm. Auch für Heiner Müller sieht es nicht gut aus, denn dessen Stücke kann Peymann überhaupt

Als **Claus Peymann** zur Spielzeit 1999/2000 die Leitung des Berliner Ensembles übernahm, war das für den langjährigen Direktor des Wiener Burgtheaters gewissermaßen ein Abstieg. Denn in Wien rangiert ein Burgtheaterdirektor gleich nach Bundeskanzler und Bundespräsident. Doch der streitbare Theatermann will es noch einmal wissen. Mit durchwachsenem Erfolg bislang

nicht leiden. Es sind zwei ganz andere Namen, mit denen der Theatermacher eng verbunden ist: Peter Handke und Thomas Bernhard. Letzterer ist allerdings auch schon tot.

Peymann setzt auf zeitgenössische Autoren wie Elfriede Jelinek, George Tabori, Franz-Xaver Kroetz oder eben Handke, die Autorenriege halt, mit der er bereits am Burgtheater erfolgreich war. Auf 26,5 Millionen Mark jährlich sind die staatlichen Subventionen für das Berliner Ensemble aufgestockt worden. Vom Burgtheater ist Peymann mit jährlichen Zuschüssen von fast 100 Millionen Mark (bei einem freilich auch größeren Haus) natürlich andere Summen gewöhnt, zumal wenn man das noch in Schilling umrechnet ...

Peymanns Konzept eines Theaters als Speerspitze der Aufklärung findet sich natürlich in guter Tradition im alten Brecht-Theater. Wenn gleich dieser Habitus anmutet wie aus einer anderen Zeit herüber gebeamt. Im Spielplan-Leporello des BE zur Eröffnung der ersten Spielzeit wird die Konkurrenz zitiert. Volksbühnenchef Castorf: „Peymann hat einen Knall. Der Knall passt aber in die Stadt. Wenn er ihn künstlerisch verlängern kann."

Als **Nina Hoss** 1996 die Rolle der Lebedame Rosemarie Nitribitt in Bernd Eichingers Neuverfilmung von „Das Mädchen Rosemarie" spielte, wurde sie über Nacht zum Star. Trotzdem schloss die hübsche Blondine erst mal ihr Schauspielstudium an der Ernst-Busch-Schule ab und ging ins Ensemble des Deutschen Theaters. Dort spielte sie in Repertoirerennern wie „Der blaue Vogel" oder „Minna von Barnhelm"

Deutsches Theater und Kammerspiele

In Tradition, Würde und Behäbigkeit: Stattliche Klassikerpflege

Es ist die älteste und traditionsreichste Berliner Sprechbühne. Nur, sie hat schon bessere, ruhmreichere Zeiten erlebt. Mit ihrem Ensemble erstrangiger Schauspieler protzt das Deutsche Theater (DT) allerdings nach wie vor gerne, das nach seinem Selbstverständnis zur Crème de la Crème der deutschen Schauspielkunst gehört.

Tatsächlich sind große Namen des Theaters mit der Geschichte des Staatstheaters in der Schumannstraße verbunden: Prinzipale wie Otto Brahm, Max Reinhardt, Heinz Hilpert oder Wolfgang Langhoff. Regisseure wie Heiner Müller, Frank Castorf, Thomas Langhoff, Jürgen Gosch oder Alexander Lang. Schauspieler wie Jörg Gudzuhn, Ulrich Mühe, Dieter Mann, Christian Grashof, Jürgen Holtz oder Kurt Böwe, Schauspielerinnen wie Dagmar Manzel, Inge Keller, Käthe Reichel oder, in jüngster Zeit, Nina Hoss.

Und sage niemand, Theater bewirke nichts. Einst hatte es sogar das Zeug dazu, am Sturz eines ganzen Staatssystems mitzuwirken. 1989. Heiner Müller probt am Deutschen Theater seine achtstündige Montage „Hamlet/Maschine". Draußen bricht derweil die „erste friedliche, deutsche Revolution von unten" aus. Shakespeares „Hamlet" wird plötzlich zum Subtext der Revolte, der aufklaffende Riss zwischen zwei Epochen fordert die Auseinandersetzung: Vorbereitung und Erfolg der inzwischen legendären regimekritischen Großdemonstration auf dem Alexanderplatz am 4. November 1989 geht wesentlich auf das Konto der Theaterleute aus der Schumannstraße zurück.

Solch heroische Zeiten sind inzwischen lange vorbei. Intendant Thomas Langhoff musste hinnehmen, dass Heiner Müller und Frank Castorf sein Theater hinter sich ließen. Jene Regisseure,

Schumannstr. 13a, Mitte
☎ 28 44 12 25
✉ service@deutsches theater-berlin.de
Ⓢ Ⓤ Friedrichstraße
🎟 9-58 DM
💻 www.deutsches-theater-berlin.de

Jürgen Holtz ist dem großen Fernsehpublikum bekannt geworden als maulender Ossi-Hasser Motzki. Dennoch ist er durch und durch ein Theaterschauspieler. Mit seinen Paraderollen „Der Weltverbesserer" (Thomas Bernhard) und „Katarakt" von Rainald Goetz, die er zu faszinierenden Charakterstudien verdichtet, feiert er auch als Ensemblemitglied des Deutschen Theaters große Erfolge

die im Deutschen Theater zur Zeit der friedlichen Revolution siegreich inszeniert hatten, übernahmen andere Häuser. Thomas Ostermeier, der von 1996 bis 1999 die DT-Baracke zu einer der aufregendsten jungen Spielstätten Europas machte, wurde als künstlerischer Leiter an die Schaubühne geholt. Und Langhoff befindet sich längst im Crescendo seiner Intendanz. Der Sohn Wolfgang Langhoffs, als Wunschkandidat des Ensembles 1991 auf den Schild gehoben, wäre gerne noch „zwei, drei Jährchen" länger geblieben. Doch der ehemalige Kultursenator Peter Radunski schickte Langhoff wegen künstlerischer wie finanzieller Defizite in die Wüste. Das Ensemble protestierte – vergeblich. Nahezu alle klangvollen Namen der deutschsprachigen Theaterszene sind für die Langhoff-Nachfolge gehandelt worden. Da entschied sich Radunski bescheiden für die heimische Variante. Für den Intendanten des kleinsten Staatstheaterchens im Herzen Berlins, für Bernd Wilms vom Maxim Gorki Theater. Wie? Ein Provinz-Intendant soll zukünftig eines der renommiertesten Traditionstheater Deutschlands leiten? „Laubenpieper-Lösung" (DT-Sprecher Siebenhaar)! „Kleinmütig" („Der Tagesspiegel")! „Miefige Provinzialität" (Alice Ströver, B90/Grüne)! Protest!

Längst haben sich die Wogen geglättet – auch deshalb, weil der Erosionsprozess im Ensemble in vollem Gange ist. Längst ist das „Wir"-Gefühl, der Ensemblegeist, verbunden mit dem Wissen, als DT-Schauspieler im Olymp der Staats- und Stadttheaterszene zu sein, perdu. Das einst so ehrwürdige Ensemble ist heute eine Versammlung von Einzelgängern.

Stars wie Dagmar Manzel und Nina Hoss haben ihren Weggang angekündigt, wollen künftig lieber frei arbeiten. Obgleich herausragende Köpfe des Ensembles wie Jörg Gudzuhn, Dieter Mann, Jutta Wachowiak, Christine Schorn, Bernd Stempel oder Christian Grashof bleiben werden, bedeutet der Intendantenwechsel für das traditionsgebundene Deutsche Theater eine radikale Zäsur. Mit 20 neuen Schauspielern und einem komplett neuen Leitungsteam wird Wilms antreten. Und er holt den amerikanischen Regie-Star Robert Wilson als Gastregisseur ans

Blutige Antidemokratie in grün: Botho Strauß' umstrittende Mythenverklärung „Itaka" inszeniert Thomas Langhoff am Deutschen Theater im kahlen Bühnenbild von Karl-Ernst Herrmann. Dieter Mann (Mitte) räumt als Odysseus mit den frechen Freiern auf

Haus. Doch nichts wird ja so heiß gegessen, wie es gekocht wird: Wilms will große Teile des Langhoff-Repertoires übernehmen. Stattliche Klassikerpflege – das ist halt Arbeitsauftrag in dem deutschen Staatstheater.

Hebbel-Theater

Ganzjähriges Festivalhaus für Tanz, Musik und Theater

Stresemannstr. 29, Kreuzberg
☎ 25 90 04 27/36
✉ pr@hebbel-theater.de
🚇 Möckernbrücke/ Hallesches Tor
🚌 129/341
🎫 13-45 DM
🌐 www.hebbel-theater.de

„Tanz, Musik, Theater" – so lapidar wie treffend lautet der Untertitel der internationalen Koproduktionsstätte. Tatsächlich ist das Hebbel-Theater einer der bedeutendsten Berliner Veranstaltungsorte für junge, internationale, experimentelle und innovative darstellende Kunst. Seien wir also etwas genauer und setzten noch jeweils ein Attribut vor die drei Schlagworte, nämlich: zeitgenössisches Theater, moderner Tanz und neue Musik.

Das Hebbel-Theater arbeitet seit 1989 unter der effektiven Intendanz Nele Hertlings in einem flexiblen Netzwerk mit ähnlich profilierten Häusern, darunter dem TAT in Frankfurt, Felix Meritis in Amsterdam, der Szene Salzburg und dem Kaaitheater in Brüssel, und mit internationalen Festivals. Durch Kooperationsmodelle ermöglicht es so innovativen Künstlern angemessene Arbeits- und Präsentationsformen. Das Theater hat dadurch eigentlich alles, was für zeitgemäße und genreüberschreitende Aufführungen nötig ist, nur kein eigenes Ensemble. Dafür pflegt es den regen Kontakt mit Künstlern und Gruppen aus aller Welt, weshalb es hier angezeigt erscheint, ein wenig Name-dropping zu machen. Zu den Künstlern des Hebbel-Theaters gehören Robert Wilson, The Wooster Group (mit Hollywood-Star Willem Dafoe), Laurie Anderson, Steve Reich, Robert Lepage, Jan Fabre, Hans Jürgen Syberberg, Richard Foreman, Susanne Linke, Meredith Monk, Jo Fabian, Edith Clever, Ricardo Bartis, Heiner Goebbels oder Peter Sellars.

Viele Jahre stand das 1907/08 errichtete Theaterhaus an der Stresemannstraße leer, bis es anlässlich von Berlins 750-Jahr-Feier 1987 renoviert und wieder eröffnet wurde. Sein mahagonigetäfelter Jugendstil-Zuschauerraum mit 580 Sitzplätzen zählt zu den schönsten der Stadt, auch wenn die enge Bestuhlung manchen Besucher schon ins Seufzen gebracht hat.

Als Nele Hertling ihr kostengünstiges Konzept eines Hauses ohne eigenes Ensemble, Repertoirebetrieb und nur mit einem kleinen 17-köpfigen Stab von festen Mitarbeitern vorstellte, war das noch sehr ungewöhnlich. Doch bereits vor elf Jahren setzte Hertling dabei auf etwas, was erst um die Jahrtausendwende richtig modern werden sollte: Netzwerke. Die internationale Koproduktion und Zusammenarbeit ermöglicht das anspruchsvolle und innovative Programm.

Jeden Sommer veranstaltet das Hebbel-Theater das internationale Tanzfestival „Tanz im August", bei dem renommierte Tanzensembles aus aller Welt gastieren. Aber auch sonst ist im Hebbel-Theater eigentlich das ganze Jahr über Festival, global, innovativ, mitunter waghalsig, aber immer, na gut, meist spannend.

Robert Wilson, der Meister der Bühnenmagie, gehört zu den Stammkünstlern des Hebbel-Theaters. Seine Markenzeichen Geometrieversessenheit, makelloser Manierismus und exaktes Lichtdesign waren bereits in vielen Variationen auf der Bühne des Kreuzberger Gastspieltheaters zu bewundern. Auch selbst stand der Kultregisseur der Postmoderne schon auf ihr: In seiner Inszenierung „Hamlet" spielte Wilson – und zwar alle Rollen

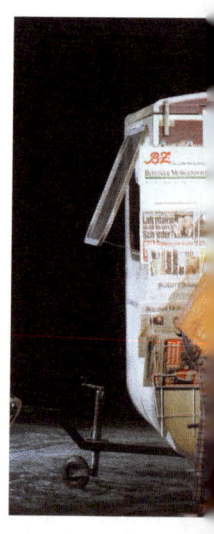

m Festungsgraben 2,
Mitte
📞 20 22 11 15
✉ mgttickel@
ol.com
🚇 Friedrichstraße
🎫 22-45 DM
🌐 www.gorki.de

Maxim Gorki Theater

Das kleinste der Berliner Staatstheater: Stars, Stücke, Nachwuchs

Wo Gorki draufsteht, ist nicht unbedingt Gorki drin: Der russische Dramatiker, der dem Theater seinen Namen gab, steht schon lange nicht mehr auf dem Spielplan. Statt mit Maxim Gorki, dem Begründer des sozialistischen Realismus in Russland, profiliert sich das kleinste der Berliner Staatstheater mit 440 Plätzen inzwischen lieber mit heutigen Autoren, aktuellen Themen und vor allem mit Berliner Stoffen.

Das ist so, seit 1995 Bernd Wilms Intendant des Maxim Gorki Theaters wurde. Er verpasste dem Haus ein klares Profil zwischen anspruchsvollem Boulevard und kecker Klassiker-Pflege und lenkte mit der Verpflichtung von Stars wie Harald Juhnke, Katharina Thalbach oder Ben Becker immer wieder Aufmerksamkeit auf das kleine Haus im Windschatten der großen Berliner Sprechtheater. Selbst den Rummel um die geplante und dann abgesetzte Inszenierung des umstrittenen Fassbinder-Dramas „Der Müll, die Stadt und der Tod" wusste er durch die Einladung einer Inszenierung des Stücks aus Israel pfiffig zu begegnen. Jüngere Regisseure und Autoren, aktuelle Themen und, ganz wichtig, Berliner Stoffe wie Zuckmayers „Der Hauptmann von Köpenick" (in der Inszenierung von Katharina Thalbach und mit Harald Juhnke in der Titelrolle) oder Döblins „Berlin Alexanderplatz" (mit Ben Becker) bestimmen das Gesicht des Hauses.

„Ein Theater der Schauspieler" zu sein, darauf legt man großen Wert. Die Pflege des kleinen Ensembles und zugleich die Entdeckung neuer Talente ist deshalb Programm. Letzteren dient vor allem die zweite Spielstätte, das knapp 100 Zuschauer fassende Gorki Studio, als Profilierungsstätte. Und nicht wenige wussten sie zu nutzen. Beispielsweise das Regie-Doppel Tom Kühnel und Robert Schuster. Die Beiden, inzwischen Hoffnungsträger des jahrelang trostlos dahindümpelnden Frankfurter TAT, feierten hier mit ihrer vom Figurentheater inspirierten Produktion „Weihnachten bei Ivanows" erste Triumphe.

Dabei hat das Gorki Theater eine besonders schöne Adresse. Es liegt mit seiner klassizistischen Fassade am Boulevard Unter den Linden, gleich hinter der Neuen Wache. Ein Haus mit Tradition und einer ganz eigenen Geschichte. Zwischen 1823 und 1827 nach Entwürfen von Schinkel als „Berliner Singakademie" errichtet, wurde es im Zweiten Weltkrieg stark zerstört. Nach dem Wiederaufbau diente es seit 1946 dem „Haus der Kultur der Sowjetunion" als Theatersaal. Auf der Bühne standen unter anderem Ernst Busch, Olga Tschechowa und Heinz Rühmann.

1952 erhielt das Haus seinen heutigen Namen. Und wo Gorki draufstand, war

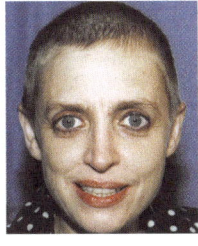

Katharina Thalbach
ist dem Maxim Gorki Theater seit langem verbunden. 1996 inszenierte sie dort sehr erfolgreich den „Hauptmann von Köpenick" mit Harald Juhnke in der Titelrolle. Als dieser zeitweise indisponiert war, übernahm sie vertretungsweise auch dessen Rolle. Ihre Regie folgt stets ihrem Kredo „Theater als vergnügliche Anstalt zu sehen und nicht nur als Abbild der Welt und der Realität"

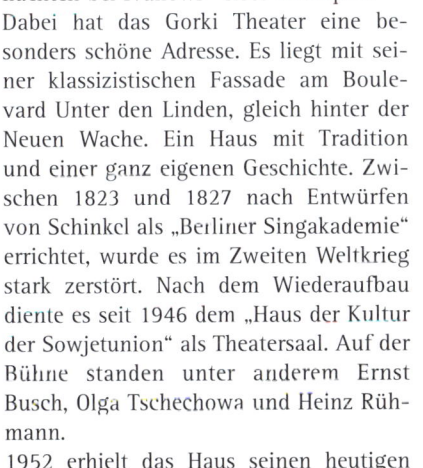

hen Tes Tabakladen im Maxim Gorki Theater: rechts „Der Gute Mensch von Sezuan", Regie Uwe Eric Laufenberg, mit Katharina Thalbach und den Göttern als Cowboys aus der Marlboro-Werbung - „Wir stehen selbst enttäuscht und sehn etroffen den Vorhang zu und alle Fragen offen"

damals auch Gorki drin: Unter der Leitung von Maxim Vallentin und einem festen Ensemble bestimmten neben zeitgenössischen Dramatikern immer wieder die Stücke Maxim Gorkis den Spielplan. Diese Linie wurde von dem zweiten Intendanten Albert Hetterle und Regisseuren wie Thomas Langhoff, Rolf Winkelgrund und Martin Meltke fortgeführt. Mit Volker Brauns kontroverser „Übergangsgesellschaft" provozierte man, ein Jahr vor der Wende, heftige Diskussionen.

Zur Spielzeit 2001/2002 übernimmt nun Volker Hesse, vormals Chef des Zürcher Neumarkt Theaters, die Intendanz des Theaters von Bernd Wilms, der als Nachfolger von Thomas Langhoff ans Deutsche Theater geht. Hesse ist zunächst bis 31. Juli 2006 in das Amt berufen. Er gilt als Theatermacher, der für Innovation und Experimentierfreude steht. Nun, vermutlich wird er Wilms' Konzept weitgehend fortführen. Katharina Thalbach will ihm jedenfalls schon mal als Hausregisseurin erhalten bleiben.

Schaubühne am Lehniner Platz

Zeitgenössisch, berühmt und heftig – mit Tanz und Theater

Kurfürstendamm 153, Wilmersdorf
89 00 23
/schaubuehne@bln.
U Adenauerplatz
109/110/119/129/210/219
18-58 DM, erm. 15 DM
www.schaubuehne.

In diesem Theater wurde und wird Theatergeschichte geschrieben. So pathetisch ist das. Das weltberühmte, ehemalige Peter-Stein-Theater ist inzwischen in der Hand von ein paar jungen Regisseuren, die sich vorgenommen haben, den lange negierten Schaubühnen-Untertitel „zeitgenössisches Theater" erneut zu füllen. Und das meist heftig.

„Von den individuell-existentiellen und gesellschaftlich-ökonomischen Konflikten des Menschen in dieser Welt" wollen der Regisseur Thomas Ostermeier und die Choreografin Sasha Waltz, die jungen künstlerischen Leiter, erzählen. Beide gehören zu den Shooting-Stars der Theater- bzw. Tanzszene. 1996 eröffneten in Berlins Mitte zwei Spielstätten, die sich in Ästhetik und hinsichtlich eines jungen Publikumszuspruch gegen die Volksbühne profilieren konnten. Schon nach wenigen Monaten wurden die DT-Baracke und die Sophiensæle von den Kritikern als die Theater der kommenden Generation gefeiert. Ihre Protagonisten waren Thomas Ostermeier (Baracke) und Sasha Waltz (Sophiensæle) mit ihren Dramaturgen Jens Hillje und Jochen Sandig, allesamt um die 30. Ihr kometenhafter Aufstieg kulminiert drei Jahre später in der Übernahme der altehrwürdigen Schaubühne. Und die hatte frischen Wind bitter nötig.

Gegründet wurde die Schaubühne 1962 am Halleschen Ufer, 1970 kam Peter Stein mit seinen Schauspielern aus Bremen, und damit brach die glänzende Zeit des Theaters an: Jede Inszenierung eine ästhetische Errungenschaft. Man schrieb sich die Demokratisierung von Theater und Gesellschaft auf die Fahne, räumte allen Mitarbeitern ein starkes Mitspracherecht bei Stückauswahl und Spielplanpolitik ein, und machte Furore mit Tschechow-, Gorki- und Botho-Strauß-Stücken, nicht zu vergessen Peter Steins Antiken-Projekt. Regiegrößen wie Klaus-Michael Grüber, Luc Bondy, Robert Wilson und (für ganz kurze Zeit auch) Claus Peymann sorgten mit Schauspiel-Stars wie Edith

Mit **Peter Stein** brach 1970 die glänzende Zeit der Schaubühne an. Wohl kein Regisseur ist zu Lebzeiten mit so viel Mythos und Weihen bedacht worden wie er. Viele seiner Inszenierungen haben deutsche Theatergeschichte geschrieben. Doch besonders seit seinem enttäuschenden Monumental-„Faust" (19 Stunden, 12.111 Verse und kein bisschen Regietheater) wird sein Nimbus kritischer gesehen

„S" wie Sex: Sasha Waltz' zweite Schaubühnen-Choreografie „S" blickt auf den menschlichen Leib. Der Körper in der Motorik des Verlangens, des Triebs und des Liebesaktes, gleichwohl – der Abend ist nichts für Voyeure

Loewe schafft Design, das Zeichen setzt.

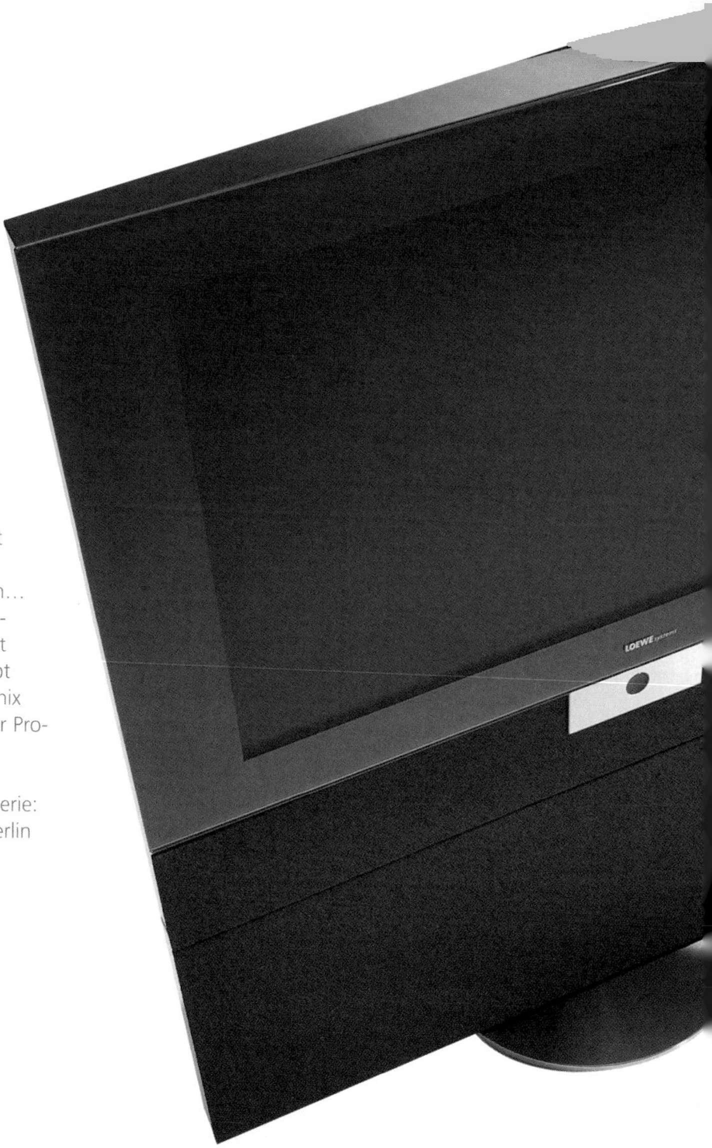

Es gibt viele gute Gründe, warum Loewe Spheros es verdient hat, mit der höchsten Designauszeichnung Deutschlands gewürdigt zu werden... Für die herausragende Gestaltungsqualität, den hohen Gebrauchswert und das intelligente Gesamtkonzept erhielt Loewe zusammen mit Phoenix Product Design den Bundespreis für Produktdesign 2000/2001.

Besuchen Sie uns in der Loewe Galerie:
Unter den Linden 36–38, 10117 Berlin
Infos: www.loewe.de

LOEWE.

bundespreis
produktdesign
2000/2001

Clever, Jutta Lampe, Otto Sander oder Bruno Ganz neben Stein für das internationale Renommee des Hauses. Über 30 Einladungen zum Berliner Theatertreffen und Dutzende Einladungen zu Festivals in aller Welt illustrieren das.

Als das Haus am Halleschen Ufer zu eng wurde, zog das Ensemble 1981 in den Mendelssohnbau am Lehniner Platz. Das Haus verfügt nun über drei Säle, die unabhängig voneinander aber auch gemeinsam genutzt werden können, was flexibel nutzbare Bühnenräume ermöglicht. 1985 verließ Stein die Schaubühne, seine Nachfolger Luc Bondy und Jürgen Gosch verwalteten mehr den Mythos, als dass sie an die alte Klasse heranreichten. Gosch sorgte mit seiner „Macbeth"-Inszenierung gar für den ersten Riesen-Flop an der erfolgsverwöhnten Schaubühne: Das Stück wurde vorzeitig abgesetzt. Auch durch die völlig neue Theaterlandschaft nach der Maueröffnung geriet das Theater vorübergehend in die Krise. Die Intellektuellen und aufgeweckten jungen Leute zog es jetzt mehr zu Castorf an die Volksbühne.

1992 wird Andrea Breth neue künstlerische Leiterin. Mit ihren Inszenierungen von Ibsens „Hedda Gabler" und Tschechows „Möwe" sorgt sie für vieldiskutierte, aber auch umstrittene Glanzlichter in der Berliner Theaterszene. Nach Andrea Breths Abgang dümpelte das Haus führungslos vor sich hin, bis der Geschäftsführer Jürgen Schitthelm die radikale Entscheidung traf, Ostermeier und Waltz das Haus zu übergeben.

Eine Karriere wie im Bilderbuch hat Jung-Regisseur **Thomas Ostermeier** vorgelegt. Als Hausherr der Baracke, der kleinen Experimentierfiliale am DT, erntete er früh Ruhm, der ihn schließlich pfeilschnell in die Leitung von nichts Geringerem als der berühmten Schaubühne hob. Inzwischen sind dort für ihn die Mühen der Ebenen eingekehrt.

Programmatisch machten sie Tanz und Schauspiel zu gleichberechtigten Partnern und entstaubten das fast vergessene Mitbestimmungsmodell der Schaubühne. „Für uns ist das utopische Moment des Theaters die Idee des Ensembles", erklären sie. Fast vierzig Schauspieler und Tänzer verzichten bei einheitlichen und offen gelegten Gagen für zunächst zwei Jahre auf Engagements bei Film, Funk und Fernsehen. Damit wird verhindert, dass – wie zuletzt in der alten Schaubühne – Spiel- und Probenpläne um solche Termine herumgebastelt werden müssen. Stattdessen können alle konzentriert an der „gemeinsamen Idee von Theater" mitarbeiten.

Ihr Publikum ist nach wie vor überwiegend akademisch, gehört in Teilen zur bessergestellten Klientel aus den besseren West-Bezirken, die das ehemalige Peter-Stein-Theater in den siebziger Jahren womöglich noch als Studenten kennen- und schätzen gelernt und ihm trotz eines weitgehend desolaten künstlerischen Zustandes die Treue hielten. Doch zunehmend gelingt es dem jungen Leitungsteam, große Teile seines jugendlichen Publikums aus den östlichen In-Bezirken an den Ku'damm zu locken. Vor allem Sasha Waltz ist es mit ihrem Tanztheater und den Choreografien „Körper" und „S" gelungen, dem Theater am Lehniner Platz erneut erste Furore und die Anerkennung einer Einladung zum Theatertreffen zu bescheren.

Obdachlose, Alkoholiker, Fixer, Huren, Irre: Das depressive Junkie-Stück „Personenkreis 3.1" von dem Schweden Lars Norén, Regie Thomas Ostermeier, war programmatisch die erste Schauspielpremiere an der neuen Schaubühne

Volksbühne

Schmuddellust: Brachialtheater zwischen Pop und Politik

Rosa-Luxemburg-Platz, Mitte
247 67 72
ticket@volksbuehne-berlin.de
S Alexanderplatz
U Rosa-Luxemburg-Platz
18-30 DM, erm. 12 DM
www.volksbuehne-berlin.de

Umstritten bis genial zeigt sich die Volksbühne. Einerseits spielt es DDR-nostalgische Nische in der Zerreißprobe zwischen Regie- und Kasperletheater, andererseits ist es Forum furiosen Polit-Tanzes des Choreografen Johann Kresnik und einer durchaus attraktiven Mischung aus Remmidemmi und Christoph Marthalers Theater der Langsamkeit.

Frank Castorfs Kunsttempel ist alles andere als ein Ort der Heiligkeit. Er zieht mit seinem Brachialtheater überwiegend junge Leute zwischen 18 und 35 Jahren an, und dies im Ost/West-Verhältnis von sieben zu drei. Begeistert sich ein studentisches Publikum vom Prenzlauer Berg an „Clockwork Orange" oder „Trainspotting", so macht ein gereifteres Bürgertum gern bei Marthalers Repertoirehit „Murx den Europäer" mit.

„Das Schlimmste am Theater ist für mich die totale Verwechselbarkeit", sagt Castorf, seit 1992 Intendant der Volksbühne. Nun, verwechselbar ist seine Volksbühne vom Spielplan bis zur Ästhetik kaum. Im Gegenteil, ist sie für viele doch der beste Beweis, wie sich das gute alte Medium Darstellungskunst auf dem Theater in die Gegenwart hinüberretten lässt. Mit dem Nebeneffekt, dass Castorf zahllose Epigonen unter dem Regienachwuchs hat. Lauter kleine Castorfs. Die Volksbühne unter dem Meister des Stückezertrümmerns und Neureflektierens ist eben ein sehr offenes, experimentierfreudiges, ziemlich innovatives Theater. Und das Schmählichste, was man dem Chef vorwerfen kann, ist, das sein Theater „richtig" sei: „Wenn im Theater etwas richtig ist, ist es schon überflüssig, weil es nur noch langweilt." Dabei langweilt er bisweilen schon in seinen tendenziell immer länger dauernden Inszenierungen. Aber er versucht, wenn zu langweilen, bewusst zu langweilen, um eine bestimmte Wirkung zu erzielen, um wieder aufzuschrecken. Darin ist er ein großer Meister.

Dabei kann sich der Regisseur allerdings auch auf ein außergewöhnliches Ensemble verlassen. Mit Henry Hübchen, Sophie Rois, Astrid Meyerfeld, Herbert Fritsch, Bernhard Schütz, Matthias Matschke oder dem vom Berliner Ensemble an den Rosa-Luxemburg-Platz gewechselten Martin Wuttke verfügt Castorf gar über ein beträchtliches Arsenal an Ausnahme-Schauspielern, die jedes normale Stadttheater-Ensemble sprengen würden. Castorfs Brachialtheater braucht aber auch solch hervorragende Protagonisten. Es interessiert nicht die Authentizität psychologischer Figuren, es geht um die Authentizität der Person. Das Volksbühnenkonzept verlangt, dass ein Schauspieler „all das Darstellungsmaterial von der griechischen Tragödie über die Commedia dell'Arte bis zum Stuntman abrufen können" muss. Und gerade der Stuntman ist an der Volksbühne öfters gefordert. Legendär sind Castorfs inszenierte Kartoffelsalatschlachten!

Mit Schmuddellust scheucht der Chef sein multitalentiertes Ensemble – mit Hilfe seiner Hausregisseure Kresnik, Schlingensief und Sebastian Hartmann – durch die einschlägigen Diskurse zwischen Pop und Politik: Existentialismus, Elementarteilchen,

Als Trashfilmer ist **Christoph Schlingensief** bekannt geworden. Castorf holte ihn an seine Volksbühne, wo Schlingensief dann folgerichtig Trashtheater macht, immer irgendwie politisch, immer irgendwie aufrührend. Zwischen Agitproptheater und Ringelpiez mit Anfassen bewegt sich sein Theater. Denn: „Ich glaube, dass in der Anhäufung von Schwachsinn mehr Wahrheit liegt als in der Anhäufung von Wahrheit." Ach so

Viva la revolución: I Johann Kresniks revolutionssüchtiger Choreografie „Don Quixote" a der Volksbühne lies Quixotes Haushälteri das Kommunistisch Manifest vor, es fließ Blut und Schokolad und wird Unzucht mi Gurken getrieben Nichts wirklich scho ckierendes als

wüste Welt. Stets mit viel Ironie, inklusive Geschlechter-Crossing (Schauspieler spielen Frauenrollen, Schauspielerinnen Männerrollen) und musikalischer Einlage.

Immer wieder gern zitiert wird der legendäre Satz aus dem sogenannten Ivan-Nagel-Gutachten für den Senat von 1991, worin das Theater am Rosa-Luxemburg-Platz einer jungen Truppe anempfohlen wird: „Bis zum Beginn des dritten Jahres könnte sie entweder berühmt oder tot sein." Wir wissen also, wie es ausging. Und inzwischen, nach der Wahl zum Theater des Jahres 1994 und einer knappen Dekade erfolgreicher Spielzeit, redet man am Rosa-Luxemburg-Platz selbstironisch von „berühmt und tot". Tja, im Osten kennt man sich eben noch aus mit Dialektik, weiß um die Unterschiede von Sein und Bewusstsein.

Weitere Theater

Die vollständigen Adressen und Infos finden Sie im Register

Der Name **Renaissance-Theater** ist eigentlich ein Etikettenschwindel. Statt Baukunst aus dem 15. Jahrhundert findet sich hier Art déco. Aber was für welche. Das Renaissance-Theater gilt als „Juwel der Theaterbaukunst". Und wartet mit einem Superlativ auf: Es ist das einzige Art-déco-Theater Europas. Kein anderes europäisches Theater kann heute noch mit einer komplett erhaltenden Innenausstattung aus den zwanziger Jahren des 20. Jahrhunderts aufwarten, darunter ein kostbares Holzintarsienwandbild von César Klein. Die zwanziger Jahre waren auch die

Unter den Dächern von Paris: „Das Atelier" von Jean-Claude Grumberg, Regie Felix Prader, führt nostalgisch in die Stadt der Liebe und zeigt einen alten Schaubühnenstar im Renaissance-Theater – Udo Samel (Mitte links)

Judy Winter spielt seit Mitte der achtziger Jahre regelmäßig im Renaissance-Theater. Doch erst 1998 fand mit der Inszenierung „Marlene" ein überragender Erfolg statt. Kern des Stücks über Marlene Dietrich ist ein Konzertauftritt, bei dem Judy Winter grandios Lieder der Dietrich interpretiert. Inzwischen werden „Marlene" und ihre kongeniale Interpretin auf weltweiten Tourneen gefeiert

große Zeit der Bühne an der Knesebeckstraße, als Theodor Tagger alias Ferdinand Bruckner sich als Hausherr um die Aufführung zeitgenössischer Dramen kümmerte. Hcute besteht das Repertoire aus gehobenem Unterhaltungstheater zwischen Cabaret und Komödie. Mit der Inszenierung „Marlene" mit einer überragenden Judy Winter in der Hauptrolle und der Übernahme des Publikumshits „Kunst" von Yasmina Reza aus dem Spielplan der alten Schaubühne spielt man erfolgreich auf der Klaviatur von Kassenschlagern. Durch solches Amüsement mit Anspruch macht man geschickt Zugeständnisse an die Entertainment-Bedürfnisse eines Großstadtpublikums und bringt sich unter dem Spardruck über die Runden.

Auch die Karriere von Heribert Sasse, dem Intendanten des Schlosspark-Theaters, begann im Renaissance-Theater. Danach scheiterte Sasse in den 80er-Jahren allerdings als Generalintendant der Staatlichen Schauspielbühnen und übernahm später aus der Konkursmasse der nach der Wende abgewickelten Schiller-Bühnen das Schlosspark-Theater als Privattheater. Mit einem gediegenen, kaum aufregendem Stadttheater-Spielplan spricht er vor allem das gutbürgerliche Publikum seiner Nachbarschaft an. Das Schlosspark-Theater immerhin hatte mal Geschichte geschrieben. Hier wurden unter der Intendanz von Boleslaw Barlog die Klassiker der Moderne aufgeführt. Samuel Beckett inszenierte hier höchst selbst sein „Warten auf Godot". Und Hildegard Knef feierte hier ihr Debüt.

Mit leicht zeitkritisch-volkstümlichem Unterhaltungstheater und politisch-literarischen Revuen versucht die Tribüne, ihren Platz in der Berliner Theaterlandschaft zu behaupten. Ein „kleines, musikalisches Schauspiel" nennen es die Macher. Ein „Grips-Theater für Senioren" nannte es Klaus Völker spöttisch. Das konnten die langjährigen Direktoren Ingrid Keller, Klaus Sonnenschein und Rainer Behrend wohl nicht auf sich sitzen lassen und lassen nun schon mal Männer strippen: „Ladies Night" ist die theatralische Variante des Erfolgsfilms „Ganz oder gar nicht". Unterhaltung mit Sozialkritik also. Saftiger ging es hier in den 20er-Jahren zu, als die Berliner Dadaisten ihre gefeierten Publikumsbeschimpfungen zelebrierten.

Vom selben Leitungsteam wird auch eines der ältesten Privattheater Berlins geführt, die Vaganten Bühne. 1949 wurde das Kellertheater von christlich motivierten Amateuren gegründet. Heute wird statt christlicher Botschaft vor allem sozialrealistische Dramatik vermittelt. Dabei greift man gerne auf zeitgenössische britische Theaterstoffe zurück, in denen es ja oft handfest zur Sache geht. Ihren größten Hit haben die Vaganten jedoch mit Shakespeare. Ihre Inszenierung von „Shakespeares sämtliche Werke (in 90 Minuten!)" ist ein Repertoirerenner sondergleichen.

Das Kleine Theater am Südwestkorso trägt seinen Namen durchaus zu Recht. Nur 99 Plätze umfasst der Zuschauerraum, 30 Quadratmeter der Bühnen-

Als Intendant der Schiller-Bühnen leitete **Heribert Sasse** bereits in den 80er-Jahren das dazugehörige Schlosspark-Theater. 1995 übernahm es der in Linz geborene Intendant, Regisseur und Schauspieler mit geringen Mitteln aus der Konkursmasse der geschlossenen Staatsbühnen als Privattheater

21

raum. Man versucht sich im musikalischen Unterhaltungstheater. Der größte Erfolg mit über 2200 (!) ausverkauften Vorstellungen war die Revue „Das Küssen macht so gut wie kein Geräusch".

Berlins Volkstheater Hansa versucht für die Hauptstadt das zu sein, was das Ohnsorg-Theater für Hamburg ist. Aber natürlich auf berlinerisch. Man will komödiantische Alltagsgeschichten erzählen und Identität stiften. Unter der Intendanz der Brüder Claudio und Pietro Maniscalco stehen unter anderem „Heinz Rühmann – Der Clown" (als Stück) und Brigitte Mira auf der Bühne. Letztere agiert erfolgreich als „Die Bettelkönigin von Moabit". Mit der 84-jährigen Mira ist der Altersdurchschnitt auf der Bühne eigentlich kaum höher als in den vor Silberhaar erstrahlenden Parkett-Reihen. Vermutlich verkaufen sich in den Programmheften die Anzeigen von Hörgeräte-Akustikern besonders gut.

Eine ähnlich, leicht überalterte Publikumsstruktur haben auch die Boulevard-Bühnen **Theater am Kurfürstendamm** und **Komödie**, die in den theaterfreudigen 20er-Jahren einmal zum Imperium Max Reinhardts gehörten. Seitdem war und ist dort vor allem ein Genre zu Haus, das auf Pointe komm raus mit Klischeevorstellungen operiert: Tür auf, komische Komplikation da, Szenen-Applaus, Tür zu – das Strickmuster der leicht verdaulichen Lustspiele führten und führen wechselnde prominente, vor allem vom Fernsehschirm bekannte Gesichter auf der Bühne immer wieder vor: Inge Meysel, Grete Weiser, Nadja Tiller, Paul Hubschmid, Johannes Heesters, Grit Boettcher, Harald Juhnke, Georg Thomalla, Anita Kubsch, Peer Schmidt, Edith Hancke, Thomas Fritsch, Herbert Hermann sowie Hausregisseur und Publikumsliebling Wolfgang Spier. Doch auch manche Charakterdarsteller (wie Curd Jürgens, O.E. Hasse, Angelica Domröse, Winfried Glatzeder oder Hilmar Thate) verirrten sich gelegentlich auf die Bretter am Kurfürstendamm, die seit 1934 in den Händen der Theaterdynastie Wölffer liegen. Das ist dem Umstand zu verdanken, das die Wölffers gelegentlich versuchen, etwas Anspruch zwischen die Possen zu schieben. Auf dem Spielplan standen Molières „Amphitryon" ebenso Platz wie eine Zadek-Inszenierung von Alan Ayckborn, besetzt mit Bühnen-Stars wie Ingrid André und Otto Sander. Nachdem das Theater in den 90er-Jahren am Rande des Ruins entlang balancierte, gelang ihm mit der Inszenierung von „Veronika, der Lenz ist da – die Comedian Harmonist" ein veritabler Erfolg.

Ein literarisches Kammertheater ist das feudale **Theater im Palais.** Fein und gediegen liegt der Spielort im Palais am Festungsgraben, einem ehemaligen Wohnhaus (1751-53 erbaut), das später auch dem Freiherrn von Stein diente. Als „Berliner Salon" firmiert das 90-Plätze-Theater, das sich in der Tradition eben jener im 19. Jahrhundert entstandenen Salons sieht, damals Zentren künstlerischer und intellektueller Kommunikation.

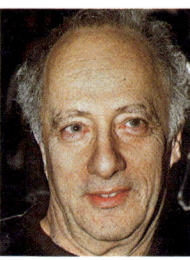

Auch mit 75 Jahren gehört **Peter Zadek** noch immer zu Deutschlands frischesten Theaterregisseuren. Er inszeniert sowohl an den Tempeln der hehren Kunst wie dem Deutschen Schauspielhaus Hamburg oder dem BE als auch an Stätten des Boulevards wie dem Theater am Kurfürstendamm. Dort richtete er seine Übersetzung von Alan Ayckborns Komödie „Ab jetzt" ein

shopping
exclusive Geschäfte

working
repräsentative Büro

Quartier 206
BERLIN
World of Style

living
anspruchsvolles Wohnen

Runze & Casper

Quartier 206 World of Style
Friedrichstraße 71 · 10117 Berlin
Fon (0 30) 20 94 62 40
www.quartier206.com

Jagdfeld FriedrichstadtPassagen
Quartier 206 Vermögensverwaltung KG
Friedrichstraße 71 · 10117 Berlin
Fon (0 30) 42 81 01

ckerstr. 169/170,
Mitte
441 00 09
tickets@
rphtheater.de
Rosenthaler Platz
20 DM, erm.
5 DM
www.artkrise.
e/orphtheater

FREIE THEATER

Orphtheater im Schokoladen

Expressiv und körperbetont: Let's rock

Dies hier ist ein Theater, das mit der Ästhetik der Lumpen daherkommt. Lumpen im Doppelsinn: der Fetzen und der Halunken. Ein Theater, das in seinem zehnten Lebensjahr gerade genug gefördert wird, um nicht zu verschwinden, gebaut auf dem Idealismus seiner Akteure, ihrer Bereitschaft zur Selbstausbeutung und ihrem Talent zur antinaturalistischen Reduktion. Ein armes reiches Theater. Ein kleines großes Theater.

Reichtum ist eine Frage der Sichtweise. Susanne Truckenbroth, die Leiterin der Gruppe, nimmt lieber schlechte Bezahlung in Kauf, als eine Verwässerung ihrer künstlerischen Vorstellungen im Korsett der Staats- und Stadttheater zu dulden. Das Ergebnis lässt sich sehen. Expressiv und äußerst körperbetont agieren die Protagonisten in Inszenierungen so unterschiedlicher Vorlagen wie „Don Quixote" oder „Woyzeck", „Hannibal", „Medea" oder „Baal" – immer steht jedoch ein Mensch im Mittelpunkt, jemand, der irgendwie sinnlicher, kompromissloser und wüster ist als der Rest. Traditionelle Genregrenzen des Sprechtheaters interessieren diese Theaterstürmer nicht. Solche Grenzen sind für sie nur dazu da, eingeebnet, konzeptionell, inhaltlich und ästhetisch überschritten zu werden. Gerne auch unter Einbeziehung von Musik. Let's rock!

1990, kurz nach der Wende, wurde das Orphtheater von Mitgliedern des ehemaligen „Pantomimentheater Prenzlauer Berg" und professionellen Schauspielern gegründet. Im Kern hat sich das damals entstandene Ensemble bis heute erhalten. Obgleich man immer wieder von Texten ausgeht, wird deren zentrale Rolle ständig hinterfragt und unterlaufen, ist nur „Ausgangspunkt einer spielerisch-sensitiven, an Erfahrungen orientierten Erkundungsreise, als Ausdrucksmittel und Material, das sowohl Horizonte öffnet als auch verstellt", wie es der Orphtheater-Dramaturg und Theaterkritiker Tom Mustroph ausdrückt. „Theater ist dem Ensemble vor allem Kommunikation und lebensweltliches Labor, eine Suchbewegung, die alle Fel-

Theater des Jahrmarkts: In „Quixote", Susanne Truckenbroths Orphtheater-Inszenierung nach Cervantes berühmten Ritterroman, agieren mit Matthias Horn, Uwe Schmieder und Antje Görner (v.l.n.r.) keine traurigen Gestalten, sondern Liebe, Leben, Leiblichkeit

FREIES THEATER

der persönlichen, künstlerischen, gesellschaftlichen und politischen Lebens einschließt."

Seit 1995 verfügt die Gruppe über eine eigene Spielstätte in Prenzlauer Berg, 1999 zog man nach Mitte um, in die ehemalige Schokoladenfabrik Ackerstraße. Gleichwohl beschränkt man sich nicht allein auf diese Stätte, sondern sucht theaterfremde Räume und klassische Bühnen für die Erprobung der Orphschen Ästhetik. Einer Ästhetik, die durchzuckt ist von Liebe, Leben, Leiblichkeit.

Sophiensæle

Ambitioniert und Augenzwinkernd: Freies Theater at his best

Sophienstr. 18, Mitte
283 52 66
sophiensaele@snafu.de
S Hackescher Markt
U Weinmeisterstraße
25 DM, erm. 15 DM
www.sophiensaele.com

Das innovativste freie Theater wohnt jetzt in Mitte. In der Sophienstraße im Scheunenviertel, Ecke Hackesche Höfe. In einem alten, 1915 erbauten, denkmalgeschützten Handwerkervereinshaus führen ein paar Theaterenthusiasten erfolgreich den Beweis, dass das Theater nicht tot ist. Es ist nur höchste Zeit für neue Sichtweisen.

Dass es die gibt, zeigen die Sophiensæle beständig seit dem Herbst 1996. Da belebten die Choreografin Sasha Waltz, die Regisseure Dirk Cieslak und Jo Fabian, sowie der Veranstalter Jochen Sandig das Haus und vor allem dessen Herzstück, einen historischen Festsaal. Dessen morbider Charme verleiht dem Raum jenseits aller Inszenierungen bereits eine ganz besondere Atmosphäre. Mit der gefeierten Produktion „Allee der Kosmonauten" von Sasha Waltz & Guests begann dort das ganze Theater. Als offizieller deutscher Beitrag wird sie später zum Festival „Theater der Nationen" nach Seoul eingeladen, überhaupt avanciert „Allee der Kosmonauten" zum häufig gewünschten Exportartikel, Tourneen um die ganze Welt folgen. Ein wichtiger Schritt für Sasha Waltz auf ihrem Weg zum Star der Berliner Tanzszene.

Schnell werden auch die Sophiensæle zu einem der wichtigsten Orte für freies Theater. Neben Sasha Waltz & Guests gehören Jo Fabian, Dirk Cieslaks Lubricat, Holger Friedrich oder die Budapester Gruppe Mozgó Ház zu den Stammgästen. Es sind vor allem solche Grenzgänger zwischen den Genres, die das Profil der Spielstätte prägen. Theatermacher, die die Sparte Schauspiel nie isoliert betrachten, sondern durch verschiedenstes szenisches Material Dialogdramaturgien neu- und weiterentwickeln: Bildende Kunst, Performance, Tanz, Licht und Video, die ganze Palette eben, wie's beliebt. Die Regisseure und Choreografen entwickeln zusammen mit ihren Darstellern im Prozess der Proben eigene Stoffe und Erzählweisen. Augenzwinkernd kultiviert man den schlechten Geschmack, hält nichts von klassischen Theatertexten, sondern rückt gesellige Lifestyle-Atmosphäre interdisziplinär ins Zentrum. Lauter schöne Anfänge, aus denen nie wirklich etwas wird, als dramaturgisches Konzept. Ein ironisches Patchwork-Theater, mögliches Scheitern inbegriffen.

Nachdem Sasha Waltz und Jochen Sandig 1998 als künstlerische Leiter ins Team der neuen Schaubühne wechselten, übernahmen deren ehemalige Assistenten Amelie Deuflhard und Michael

Angefangen hat **Sasha Waltz** als Off-Theatermacherin an den Sophiensælen, wo ihre Choreografien bald Kultstatus erlangten. 1999 wechselte sie mit ihrem Tanzensemble an die Schaubühne und sorgte dort mit der Produktion der Anatomie-Studie „Körper" für den ersten Riesenerfolg der neuen Leitung. Inzwischen wird sie in einem Atemzug mit Pina Bausch genannt

Sex sells: „Weiterbildung in einer sexualisierten Gesellschaft" lautet der Slogan, den das Stück „Camps", Regie Hirche/Krumbein, in den Sophiensælen vorführt. Ein Training der pornographischen Selbstbloßung. Schonungslos nackt

FREIE THEATER

Mans die Führung. Bei gleichbleibend ambitioniertem Profil entwickeln sie eine rege Betriebsamkeit, die bei sträflich ungenügender Förderung ohne selbstausbeuterische Leidenschaft kaum zu leisten ist. Sie pflegen nationale und internationale Kontakte zu Festivals und Produktionsstätten, sind Gäste in Diskussionsrunden, Impressarios und Experten im Bohren von dicken Brettern.

Auch beim Vermieter sind sie unermüdlich. Jahrelang verfügen die Sophiensæle nur über eine Toilette für Männlein und Weiblein. Selbst als das Stadtmagazin „zitty" ironisch auf die Gefahr „situativer Harnsperre" angesichts einer zuguckenden Warteschlange am Klo hinweist, lässt sich der Hauswirt nicht erweichen. Doch Deuflhard und Mans lassen nicht locker. Schließlich wird tatsächlich eine weitere Toilette eingebaut. Um des lieben Frieden willens. Es war noch nie einfach mit den Künstlern. Aber irgendwer muss den Job schließlich machen.

Hallesches Ufer 32, Kreuzberg
☎ 251 06 55
✉ thu@kbx.de
Ⓤ Möckernbrücke/ Hallesches Tor
🎫 25 DM, erm. 18 DM
🖥 www.thub.de

Theater am Halleschen Ufer

Mehr Tanz als Theater: Zentrale Spielstätte für Freie Gruppen

Peter Stein was here. Claus Peymann ebenso, aber nur kurz. Schauspielikonen wie Bruno Ganz, Otto Sander, Edith Clever, Jutta Lampe oder Michael König feierten hier erste Triumphe. Lange her. Nachdem 1981 die legendäre „Schaubühne am Halleschen Ufer" in ihre neue Spielstätte nach Wilmersdorf umzog, verlor die Bühne im 50er-Jahre-Bau der Arbeiterwohlfahrt schnell an Bedeutung. Bis heute konnte es diese republikweite Reputation nicht wiedererlangen. Gleichwohl ist inzwischen das Theater am Halleschen Ufer als „zentrale Spielstätte für Freie Gruppen" von besonderer Wichtigkeit in der Stadt.

Andy Warhol, der kühne Pop-Artist, gönnte bekanntlich jedem 15-Minuten-Berühmtheit. Zebu Kluth, der kecke künstlerische Leiter des Theater am Halleschen Ufer, gönnt den Regisseuren seines Herzens sogar „20 Minutes". So heißt seit 1997 der schick neudeutsche Titel einer losen Veranstaltungsreihe, die nichts Geringeres im Schilde führt, als das Wagnis anderer Sichtweisen, ungewohnter Ästhetiken und neuer Formen zu präsentieren. Das ist anstrengend. Das ist aufregend. Und, wie der Titel verrät, jeweils nach zwanzig Minuten vorbei.

Bedeutend länger dauerte ein etwas anderes Gastspiel in der ehemaligen Schaubühne. Zwischen 1981 und 1993 hieß das Haus „Theatermanufaktur am Halleschen Ufer", womit wir bereits die Gemeinsamkeiten zwischen den drei Bühnen, die das Haus am Landwehrkanal nacheinander bespielten, festgestellt haben: die Ortsbezeichnung „am Halleschen Ufer". Mit entfernt kollektivistischem Image und einem gut angestaubten Brecht-Theaterkonzept produzierte die Theatermanufaktur zwischen 1981 und 1993 vor allem künstlerischen Leerlauf. Während unter Kluths Vorgänger Hartmut Henne das Theater am Halleschen Ufer eine Gemischtwarenbühne der Freien Szene wurde, schärft Kluth das Profil durch die programmatische Präsentation von Grenzgängern zwischen den Genres, wie den Protagonisten des „postdra-

matischen" Theaters aus der sogenannten „Gießener Schule" des Professors Andrzej Wirth. Man rückt gesellige Lifestyle-Atmosphäre interdisziplinär ins Zentrum, nutzt verschiedenstes szenisches Material zur Neu- und Weiterentwicklung von Dialogdramaturgien. Vinylscratchen gehört gleichberechtigt zur Wort-Performance.

Auch der Berliner Autor Tim Staffel zählt zu Kluths Auserwählten. Während Staffels moderne Dramatikerkollegen mit deftigen Vulgärismen unsere Zeit protokollieren, herrscht bei ihm Krieg. Er schreibt Texte voller Gewalt, Dreck und Amoklauf. Ganz entzückend. Seinen „Terrordrom", einem finsteren Roman über Hauptstadtberlin, hat Frank Castorf erfolgreich in der Volksbühne inszeniert. Bei Staffel gehen Theater und Clubkultur eine ganz selbstverständliche Allianz ein, er zeigt Existenzkampf im 100-Beats-per-Minute-Takt. Staffel, bekennender „Bravo"-Sammler, Fußballfan und Liebhaber japanischer Monsterfilme, ist kein Name, der für deutsches Regietheater stehen will, das immer deutsches Sprechtheater war. Auch die multimediale „Lose Combo", ein Theater zwischen Performance und Installation, gehört mit ihrer Absage an sinnliche Gewohnheiten zu den Favoriten des Hauses. Sie verkauft schon mal die Minuten einer Aufführung einzeln via Internet an Interessierte und lässt sie auch nur genau so lange dauern, wie Minuten verkauft wurden.

FREIE THEATER

heater des Lichts, der inien und Kreise: Jo abians „Lighthouse alphasystem 04]" im heater am Halleschen Ufer beschäftigte sich mit der Wirklichkeit on Ab-Bildern. Ein Designertheater, das in einer Schönheit betroffen macht

Mit dem Kinohit „Abgeschminkt" wurde **Nina Kronjäger** einem breiten Publikum bekannt. Doch auch im Theater ist sie zu sehen, dort pflegt sie jedoch mehr das Experiment. Sie gehört zu den Stammspielerinnen des Live-Art-Autors und -Regisseurs René Pollesch, bei dem sie seit 1999 in mehreren Stücken „Heidi Hoh" verkörperte. Auch beim Amok-Autor Tim Staffel spielte sie im Theater am Halleschen Ufer

29

FREIE THEATER

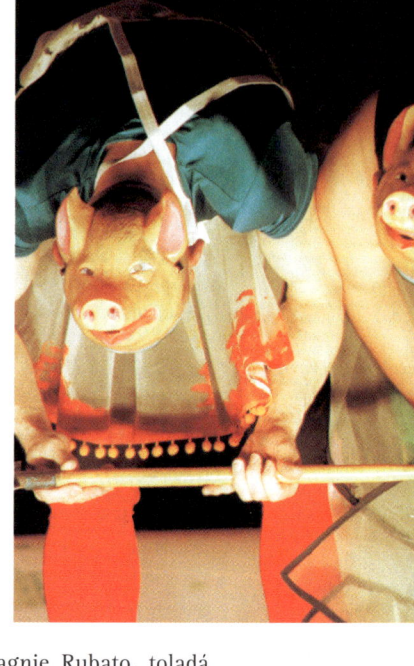

Doch die Geschicke des Theaters am Halleschen Ufer liegen nicht allein in der Hand der künstlerischen Leitung. Der Senatsbeirat für freie Gruppen entscheidet, welche Produktionen Senatsgelder bekommen und übt damit einen starken Einfluss auf die Programmgestaltung aus. Da das Theater am Halleschen Ufer über keinen eigenen Produktionsetat verfügt, Kluth das Profil seines Hauses aber nicht durch Ästhetiken verwässern will, die er eigentlich ablehnt, findet inzwischen statt Theater immer mehr Tanz am Halleschen Ufer statt. Erfolgreich: In den letzten Jahren hat sich, unterstützt durch den Tanzdramaturgen Björn Dirk Schlüter, die Spielstätte als eine der besten Adressen für zeitgenössischen Tanz in der Stadt etabliert.

Zu den hervorragenden Choreografen und Regisseuren des Theaters, deren Werke anschließend häufig international exportiert werden, gehören Jo Fabian, Anna Huber, Thomas Lehmen, Ingo Reulicke und Xavier Le Roy sowie die Tanzcompagnie Rubato, toladá dance company und Cie. Toula Limnaios. Mit dem zweimal jährlich stattfindenden Festival „tanzZeit" sowie der „Solo-Duo"-Programmreihe gibt das Haus regelmäßig eine Visitenkarte des zeitgenössischen Tanzes ab.

Doch die Zukunft der Bühne ist ungewiss. Die Zusammenlegung mit dem Theater am Ufer auf der anderen Seite des Kanals, der kleinen Bühne des Teatr Kreatur von Regisseur Andrej Woron als zweiter Spielstätte, ist ein Konzept, das Zebu Kluth vorgelegt hat. Sein Vertrag läuft Ende Juli 2001 aus. Ob darauf erneut ein Aufbruch zu neuen Ufern folgt, ist ungewiss. Eines ist aber sicher: Auch die neuen Ufer werden am Halleschen Ufer liegen.

Danziger Str. 101, Prenzlauer Berg
42 40 10 80
U Eberswalder Straße
Tram 2/3/4/20
15 DM, erm. 10 DM
www.kulturamt.prenzlberg.de/kommunal/theater.htm

Theater unterm Dach

Klein aber fein: Wo Bühnentalente erste Funken schlagen

Nur 99 Plätze hat die kommunale Spielstätte des Bezirks Prenzlauer Berg. Ein Winzling verglichen mit den prächtigen Etablissements des Guten, Wahren und Schönen wie dem Deutschen Theater oder dem Berliner Ensemble! Während die Aufmerksamkeit des Feuilletons sich bevorzugt auf die Bühnen mit den großen Regie- und Schauspielernamen richtet, beginnt und begann unter dem Giebel des Hauses am Ernst-Thälmann-Park heimlich, still und leise so manche große Karriere. Etwa die von Corinna Harfouch. In den frühen Jahren des Theaterchens unterm Dach spielte die heute berühmte Kino- und Bühnendiva in Stücken des Ostberliner Autors Lothar Trolle vor überschaubarem Publikum. Bevor solche Jung-Talente in der Danziger Straße 101 erste Büh-

FREIE THEATER

Schweine im Weltall: Das Theater des Lachens lässt in Sophokles „Antigone", Regie Astrid Griesbach, drei Schicksalsgöttinnen mit einer alten Geschichte in eine absurde Welt der verschwimmenden Konturen geraten. Menschliches Gehabe wird im Theater unterm Dach prima hinterfragt

nenfunken schlagen konnten, rieselte dort Aktenstaub: Die Administration der IV. Städtischen Gasanstalt residierte hier. Neben Büroräumen gab es auch Wohnungen für die Werksmitarbeiter, die noch bis zur endgültigen Betriebsstilllegung 1981 vermietet wurden. Danach wurde das alte Werksgebäude saniert und umgebaut, und die schönen Künste zogen ein: Am 1. April 1986 öffnet das neue kulturelle Bezirkszentrum und damit auch das Theater unterm Dach als Produktions- und Spielort für experimentelle Theaterarbeit freier professioneller Gruppen. Seitdem wird hier fleißig Nachwuchsförderung betrieben. Und nebenbei Theatergeschichte geschrieben.

Zum Beispiel Jo Fabian. In den 90er-Jahren beherbergt die Bühne den Regisseur samt seiner Gruppe example department. Hier entsteht sein berühmter „Vaterlandskomplex", dessen Teile „Whisky and Flags" und „Keine Gnade" es zur Einladung zum Theatertreffen bringen. Eine Auszeichnung, die zuvor außer Andrej Worons Teatr Kreatur noch keine freie Gruppe erhielt. Fabian gestaltet zudem das kleine Foyer des Theaters. So bleibt auch nach seinem Aufbruch zu anderen Spielstätten immer noch eine Sichtmarke des Künstlers vorhanden: Ein farbig beleuchteter Kreis im schwarzen Wandpassepartout, der zugleich symbolhaft Fabians Theater des Formalismus, der Linien und Kreise und der Assoziationen illustriert. Ein „kategrafisches Theater der bewegten Architektur" – so akademisch nennt es der Regisseur selbst. Dabei ist es nicht unbedingt so kopflastig wie das klingt, sondern durchaus sinnlich und humorvoll. Und international erfolgreich.

Auch sonst hat sich die kleine Bühne als Durchlauferhitzer und Förderer manch bemerkenswerter Talente gezeigt. Zum Beispiel Sebastian Hartmann. Bevor der Regisseur mit seinen Inszenierungen an Frank Castorfs Volksbühne Aufsehen erregte, bewies er bereits seine Begabung im Theater unterm Dach. Oder Astrid Griesbach mit ihrem Theater des Lachens. Oder Jan Jochymski mit seiner Gruppe TheaterschaffT. Alles Jung-Regisseure, die im freien Theater anfingen und heute erfolgreich zwischen On (Stadttheater) und Off pendeln.

Das Theater unterm Dach, in Szenekreisen kurz und durchaus liebevoll TuD genannt, hat es sich zur Aufgabe gemacht, junge Künstler zu unterstützen, die mit ihren Ansätzen zukunftsträchtig sind. Und dabei durchaus politisch. Stücke zu Widersprüchen und aktuellen Konflikten der Gesellschaft sind nämlich durchaus erwünscht. Liesel Dechant, Leiterin des Theaters seit 1996, geht es nicht um l'art pour l'art. Sondern um Theater, das auf ästhetisch spannende und durchaus auch vergnügliche Weise das Hier und Heute verhandelt. Diskussionsangebote im Anschluss an die

Zwischen Theater und Film hat sich **Corinna Harfouch** eingerichtet. Bei Castorf spielt sie an der Volksbühne in der spektakulären Inszenierung „Des Teufels General", ebenso eindrucksvoll mimte sie „Eva, Hitlers Geliebte" am BE. In Kino und Fernsehen sorgt sie in zahllosen Rollen für Furore und räumte zahlreiche Preise ab, darunter zweimal Bayerischer Filmpreis und den Goldenen Löwen

FREIE THEATER

Aufführungen gehören da selbstverständlich zum Konzept. Das TuD, das über kein eigenes Ensemble verfügt, sieht sich als dem freien Theater dienend. Man unterstützt freie Gruppen, gibt Probemöglichkeiten. So dient es lange Jahre dem inzwischen über eine eigene Bühne verfügenden, renommierten Orphtheater als Probestätte.

Doch wie viele Institutionen ist auch diese künstlerische Kaderschmiede von Kürzungen bedroht. Durch die Kooperation mit verschiedenen Partnern, auch außerhalb von Berlin, versucht die Spielstätte mit immer geringer werdenden Mitteln weiter innovatives Theater zu ermöglichen. Dazu gehört nicht nur Spürsinn und Kompetenz, sondern auch Geduld. „Talente", so weiß Dechant, „kann man schließlich nicht aus dem Ärmel zaubern." Das wäre ja auch noch schöner.

Goethe goes Po „Werther in New Yor von Tim Staffel w eine Erfolgsproduktic im Stuekke Theate Hier ist die Romant längst vertrieben, übr bleibt ein Hauen ur Stechen. Und Werthe Lotte (Antje Linde mann) hat 'ne Knar

Weitere Freie Theater

Die vollständigen Adressen und Infos finden Sie im Register

Die ökonomischen Bedingungen in der freien Szene sind hart wie eh und je. Gleichwohl boomt das freie Theater. Circa 300 Produktionen kommen jedes Jahr, oft heillos unterfinanziert, zur Premiere. Manche Gruppen kommen über die erste Arbeit nicht hinaus, andere warten seit Jahren beständig mit Inszenierungen auf. Doch nur wenige Gruppen verfügen auch über eine eigene Spielstätte. Für englischsprachiges Theater ist das Theater der **Friends of Italian Opera** erste Adresse. Häufig sehenswerte Gastspiele und Eigenproduktionen vor allem englischsprachiger Dramatik und Gruppen bestimmen den Spielplan.

Das **Hackesche Hoftheater** inmitten des alten Scheunenviertels pendelt erfolgreich zwischen gestischem Theater und der Wiederbelebung jiddischer Kultur. Hervorgegangen ist es aus dem DT-Pantomimenensemble, das 1991 weggespart wurde. Aber auch das Hackesche Hoftheater ist ohne Subventionen zur Sparsamkeit verdammt und wäre nicht überlebensfähig, wenn es nicht ein paar private Förderer geben würde, die hier, nach einer chassidischen Legende, die „36 Gerechten" genannt werden.

Das Theater **Stuekke in der Palisa.de**, Spielort der seit 1984 bestehenden Gruppe „Stücke für die Großstadt", widmet sich vorwiegend der Inszenierung von Dramen aus dem anglo-amerikanischen Raum. Besonders die Produktionen des ersten Hausregisseurs Donald Berkenhoff lohnen immer wieder das Hinsehen. Eine der ersten unter den wenigen freien Gruppen in der DDR war das Theater Zinnober, das seit der Wende als **Theater o. N.** mit Mitteln des Schauspiel- und Puppentheaters immer wieder für aufregende Theaterabende gut ist. Schon immer verfügt es über gute Verbindungen zu den Puppenspielern der renommierten Hochschule für Schauspielkunst „Ernst Busch", wodurch hier auch gelegentlich Schauspielstudenten erste Fingerübungen zeigen.

„Das ganze Theater baue ich auf der Basis von Sehnsucht nach Vergangenheit", sagt Andrej Woron, der künstlerische Kopf des Teatr Kreatur, das im **Theater am Ufer** seine Heimstatt hat. Die-

FREIE THEATER

ses Statement illustriert ein Theaterkonzept, das lange zu den Aufregendsten der freien Szene gehörte. Einladungen zum Theatertreffen, umjubelte Tourneen um die halbe Welt, Fernsehfassungen der Stücke – die Mikrokosmen des Teatr Kreatur voller skurriler Typen und wunderschöner Bilder feierten Erfolg um Erfolg. Inzwischen allerdings ist Worons allzu bekannte vergilbt-emotionale Jahrmarktsästhetik schal geworden. Nach der Auflösung seines langjährigen Ensembles und gekürzter Subventionen ist das Teatr Kreatur nur noch ein Schatten einstiger Größe.

Für Gruppen zwischen No- und Low-Budget ist das **Theaterhaus Mitte** eine Bleibe. In Kooperation mit der Tanzprobenbühne Marameo sowie Förderband e.V. hilft die kommunale Einrichtung Jahr für Jahr etwa 50 Produktionen auf die Beine. Die Kulturinitiative Förderband betreibt ein Servicebüro im Haus und berät freie Gruppen in dramaturgischen, bühnentechnischen und Subventionsfragen. Auch eine Theaterbibliothek und ein Theaterarchiv werden betrieben. Dazu übernimmt das Theaterhaus Mitte die Öffentlichkeitsarbeit für seine meist noch unerfahrenen Gruppen.

Weitaus erfahrener ist das **Theater zum westlichen Stadthirschen**. 1982 von Absolventen des HdK-Studiengangs Schauspiel gegründet, hat man sich einem gegenwartsbezogenen Theater verschrieben. Zu den Protagonisten gehören Dominik Bender und Johannes Herrschmann, zeitweilig auch Adriana Altaras, lange Stammbesetzung in Filmen von Rudolf Thomé. Die zwischenzeitlich aufgrund ihrer um ästhetische Geschlossenheit bemühten Inszenierungen als „Schaubühne der Off-Szene" gelobte Kreuzberger Gruppe agiert seit einigen Jahren künstlerisch weitgehend glücklos, verfügt aber inzwischen mit der Ruine der Elisabeth-Kirche über eine zweite Spielstätte in Mitte.

Die Wahl-Berlinerin **Ulrike Folkerts** ist als Tatort-Kommissarin Lena Odenthal prominent geworden. 1997 nahm die frühere Leistungsschwimmerin (Bronze bei den Dt. Meisterschaften) ein Theaterengagement an – in einem Off-Theater: Sie spielte in „The Body Trade" gegen ihr Image der burschikosen Kommissarin an: eine Frau, deren Leben Kerl, Kinder, Komik sind

Sehnsucht nach Vergangenheit: In „Wir Gehen", der Uraufführung nach der Erzählung „Die Pforten des Paradieses" von Jerzy Andrzejewski, beschwört Andrej Woron im Theater am Ufer noch einmal die poetische Kraft der Bilder, die seinen Ruhm begründeten

[Bei Dussmann das KulturKaufhaus]

hat die Woche 6 Tage und der Tag 12 Stunden.

www.kulturkauf.de

BUCH
CD KLASSIK
CD POP/JAZZ
VIDEO
SOFTWARE
PAPETERIE

Einkaufen Mo-Sa 10-22 Uhr.

Dussmann
das KulturKaufhaus

Friedrichstraße 90 · 10117 Berlin
Tel.: 0 30/ 20 25 11 11

Grips-Theater

Ein Klassiker des Kinder- und Jugendtheaters: „Linie 1" & Co

Altonaer Str. 22, Tiergarten
39 74 74 77
info@grips-theater.de
U Hansaplatz
16-23 DM, Kinder 10 DM
www.grips-theater.de

Seit über 30 Jahren wird hier „Mutmachtheater" betrieben, und das verpflichtet. „Realistisches Theater zu machen, das mit einer Hoffnung endet – das ist mehr oder weniger paradox", sagt Grips-Chef und -Seele Volker Ludwig und fügt wissend hinzu: „Man kann manchmal auch Hoffnung machen, ohne welche zu haben."

Aber er kann eigentlich die Ruhe weghaben, der Grips-Theatermann. Während ringsum diverse Musical-Versuche in Berlin scheiterten, steht sein renommiertes Kinder- und Jugendtheater für das erfolgreichste Berlin-Musical: die „Linie 1". Und ein Selbstgeschöpftes dazu, kein geklontes Original vom New Yorker Broadway oder Londoner West End, sondern höchstselbst das oft nachgespielte Original. Und das läuft und läuft.

Das erfolgreichste deutsche Musical, was allein die Laufzeit und die Nachinszenierungen weltweit angeht, ist zwar heute wie ein

Zwischen Kreuzberg und Ku'damm: Immer noch ist „Linie 1" das erfolgreichste Berlin-Musical, ein selbstgeschöpftes dazu. Auch nach Jahrzehnten, nach Mauerfall und Wiedervereinigung, läuft Volker Ludwigs Erfolgsstück im Grips-Theater

Ohne **Volker Ludwig** wäre das Grips-Theater kaum das stilprägende Kinder- und Jugendtheater geworden. Der Autor leitet von Anbeginn an das Theater und steht für eine unmittelbare Verbindung von Stückeschreiben und Aufführungspraxis. Seine Stücke von „Trummi Kaputt" bis „Linie 1" wurden bisher in 38 Sprachen übersetzt und über 1500-mal in aller Welt inszeniert

Blick ins Museum, zurück in ein Lebensgefühl, das einst in Westberlin zuhause war, doch ist es als Musical selbst längst zum Klassiker geworden. Eine Tatsache, die niemand mehr verwundert als Volker Ludwig selbst. Da haben es die Fortschreibungen „Café Mitte" und „Melodys Ring" natürlich schwer.

Aber auch andere Stücke des Grips-Theaters und eigentlich auch das Theater selbst sind längst Klassiker. In den Zeiten der Studentenbewegung aus dem „Reichskabarett" als „emanzipatorisches Kindertheater" entstanden, setzt es seitdem Maßstäbe des Genres. Stücke wie „Ein Fest bei Papadakis", „Max und Milli", „Mannomann!" oder „Doof bleibt Doof" wurden weltweit nachgeahmt und nachgespielt – in 1.500 Inszenierungen und 40 Sprachen!

Kein Wunder, denn die Grips-Stücke sind witzig und realitätsnah, sind utopisch und musikalisch. Das gilt auch für die Jugendstücke wie für die Erwachsenenstücke. „Eine linke Geschichte" über '68 und die Folgen und „Ab heute heißt du Sara" nach dem autobiografischen Bericht „Ich trug den gelben Stern" von Inge Deutschkron sind spannende Repertoirerenner. Und: Das Grips ist ein Uraufführungstheater. Die Stücke entstehen aus

OSTKREUZ
Agentur der Fotografen

reifswalder Straße 216   D-10405 Berlin   fon +49 (0) 30 / 4 21 12 41   fax +49 (0) 30 / 4 25 46 99   mail@ostkreuz.de   www.ostkreuz.de

von Autoren, Regisseuren und Ensemble selbstrecherchiertem Material. Vermutlich ist das Grips auch deshalb nach über dreißig Jahren immer noch ganz nah dran an seiner Zielgruppe und straft den alten '68er-Spruch „Trau keinem über 30" Lügen. Wie heißt es doch in einem ihrer Songs: „Dazu braucht's etwas Grips, weiter nix."

Carrousel Theater an der Parkaue

Pädagogisch wertvoll: Das größte Kindertheater Deutschlands

Parkaue 29, Lichtenberg
55 77 52 52
root@carrousel.de
S U Frankfurter Allee
Tram 7/23
12-22 DM, Kinder 8-10 DM
www.carrousel.de

Hübsch kann es sein hier im tiefsten Osten, richtig idyllisch. Am Rande eines hübschen Parks an der Grenze zwischen Friedrichshain und Lichtenberg liegt es, das Carrousel Theater. Es ist mit seinen 420 Sitzplätzen das größte Kinder- und Jugendtheater Deutschlands.

Und auf denen ist es mitunter gar nicht idyllisch, sondern ganz schön was los. Wenn auf der Bühne modellhaft überhöht Lebenswirklichkeit und Alltag des jugendlichen Zielpublikums behandelt werden, nehmen die kleinen und großen Zuschauer oft lautstark teil, äußern ihre Sympathien oder ihr Missfallen. Direkte Reaktionen, wie sie emanzipatorisches Kinder- und Jugendtheater provoziert, seit das Grips-Theater hier den weltweiten Standard gesetzt hat.

„Überhöhung der Realität durch modellhafte Verdichtung von alltäglichen Beobachtungen" ist für Intendant und Regisseur Manuel Schöbel das Erfolgsgeheimnis von gelungenem Kindertheater. Kein Wunder, kommt er als ehemaliger Grips-Regisseur schließlich auch aus der Jugendtheater-Tradition der Bühne, die das Genre quasi erfunden hat. Das Grips-Theater ist heute die direkte Konkurrenz, doch man pflegt friedliche Koexistenz. Mehr noch, mit der Schiller-Theater-Werkstatt am Ernst-Reuter-Platz unterhält man eine gemeinsame zweite Spielstätte.

Deutlich älter als das Grips ist das Carrousel Theater allerdings. 1950 wurde es als das Kinder- und Jugendtheater der DDR gegründet. Der damalige Name „Theater der Freundschaft", den es bis 1990 tragen sollte, illustriert diese Herkunft, schließlich wa-

Mit Puppen und Politik: „Gullivers Reise nach Lilliput" von Manuel Schöbel nach Jonathan Swift, Regie Manuel Schöbel, beweist mit seiner aufwändigen und prächtigen Inszenierung im Carrousel Theater, dass Swifts Buch bis heute nichts von seinem satirisch-zeitkritischen Glanz verloren hat

ren Solidarität und Gemeinschaft assoziierende Namen mächtig beliebt in der DDR. Nach der Wende wurde das Theater durch das Land Berlin übernommen und Manuel Schöbel sein künstlerischer Leiter.

Der Spielplan enthält beileibe nicht nur Gegenwarts- und Themenstücke, auch Märchen, Mythen und Sagen sowie Klassiker aus der Schulliteratur von „Kabale und Liebe" bis „Furcht und Elend des Dritten Reiches" sind jugendgerecht inszeniert im Repertoire. Flankiert wird der Spielplan von theaterpädagogischen Angeboten: Mit Inszenierungsbegleitung, Workshops und kontinuierlichen Kursen, die jährlich von etwa 9000 Menschen genutzt werden. Pädagogisch wertvolle Arbeit am Publikum von morgen der „großen" Theater.

Greifswalder Str. 81-84, Prenzlauer Berg
428 60 59
info@bkv.org
Greifswalder Straße
18-24 DM, erm. 12-16 DM, Kindervorstellungen: Kids 7, Erw. 10 DM, erm. 8 DM
www.schaubude.bkv.org

Die Schaubude Puppentheater Berlin

Jenseits vom Kasperle: Hier tanzen die Puppen

Puppentheater? Schnell ist da die geistige Schublade auf, auf der „Kindertheater" steht: Kasperle und Sesamstraße, kennen wir doch, kennen wir! Doch längst hat sich das Figurentheater von solch einfach gestrickten Puppen- und Konfliktmodellen emanzipiert. Die Schaubude, Untertitel: Puppentheater Berlin, zeigt häufig bemerkenswerte Beispiele eines Genres, das längst nicht nur zur Kinderunterhaltung gut ist.

Seit 1993 ist es die zentrale Spielstätte Berlins speziell für freie Puppen- und Figurentheater, die sowohl von den Berlinern als auch von nationalen und internationalen Theatern genutzt wird. Sicherlich gibt es viele Kindervorstellungen, aber ebenso werden Produktionen für Erwachsene im Abendprogramm angeboten. Denn die künstlerische Leiterin Silvia Brendenal setzt offensiv und mutig reizende Experimente gegen das Vorurteil, Puppentheater sei Spiel mit dem Holzkopp. Die unbegrenzten Möglichkeiten der Liaison von bildender und darstellender Kunst zeigt ihr Spielplan, der auch international renommierte Künstler des Genres präsentiert wie den Australier Neville Tranter, Hoichi Okamoto aus Japan, Eric Bass aus den USA und Berliner Puppenspieler-Stars wie Hans-Jochen Menzel, Karl Huck oder Peter Waschinsky. Das Spektrum der Zusammenarbeit reicht von Premierenveranstaltungen über Koproduktionen mit einzelnen Künstlern oder Gruppen bis hin zu Eigenproduktionen. Allerdings drohen die Sparmaßnahmen des Senats diesem einzigartigen Haus die Luft abzuschnüren.

Die Schaubude fungiert auch als Veranstalter von nationalen und internationalen Gastspielreihen und Festivals in Berlin, darunter das Festival „Grenzgänger – Die Sprache der Dinge" und das „Internationale Puppenspielfest auf der Zitadelle" in Spandau. Daneben arbeitet das Haus mit der Abteilung Puppenspielkunst der renommierten Hochschule für Schauspielkunst „Ernst Busch" zusammen. Lehrende wie Studierende haben so die Möglichkeit, ihre Projekte und Ensemble-Inszenierungen unter professionellen technischen Bedingungen einer breiten Öffentlichkeit zu zeigen.

Der Puppenspieler **Karl Huck** gehört zu den Größen des Genres. In den 90er-Jahren hat er mit seinem Figurentheater Homunculus in Pankow bewiesen, dass Objekttheater mehr ist als Kinderunterhaltung. Inzwischen ist die Bühne auf die Insel Hiddensee umgezogen. Durch regelmäßige Gastspiele in der Schaubude bleiben die Phantasieforscher aber Berlin erhalten

JUGEND-THEATER

BVLGARI

CONTEMPORARY ITALIAN JEWELLERS

Der B.zero1 Armreif

Berlin - Fasanenstrasse 70 - Tel (030) 88 57 92 0
www.bulgari.com

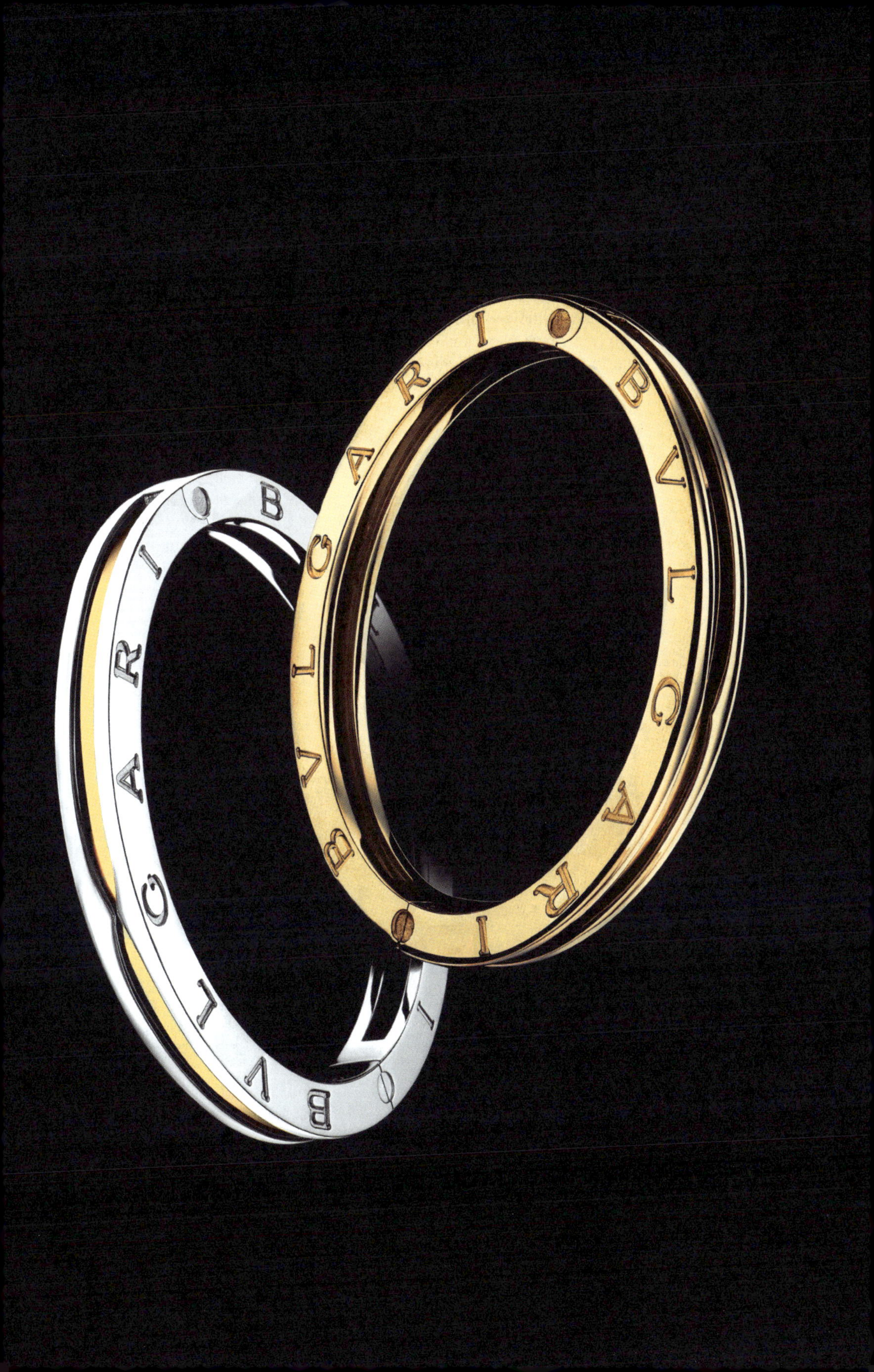
BVLGARI
BVLGARI

Deutsche Oper

Das größte Opernhaus Berlins: Für das große Repertoire

Der Name des Opernhauses ist ein glatter Schwindel. Zumindest seit der Regisseur Götz Friedrich der Deutschen Oper als Intendant seinen Stempel aufgedrückt hatte. Was er immerhin fast 20 Jahre lang tat. Die Deutsche Oper ist dabei international geworden. Statt mehr oder weniger gelungener Übersetzungen fremdsprachiger Werke, ließ Friedrich meist das Original singen, jedenfalls was italienische und französische Werke angeht.

Sein Nachfolger, der Komponist und Dirigent Udo Zimmermann, setzt in der Programmplanung den Schwerpunkt auf die großen Opern des 19. Jahrhunderts. Dazu kommt noch das französische Repertoire, etwa mit den Opern von Berlioz. Damit erteilt er dem Verlangen eine Abfuhr, im modernen Opernbau vor allem zeitgenössische Werke zu präsentieren. Dazu ist die Deutsche Oper mit ihren 1900 Plätzen auch zu groß. Zimmermann sieht sie als Haus für das große Repertoire. Gleichzeitig sieht er sich seinem Vorgänger Friedrich verpflichtet, wenn er die Uraufführungstradition fortsetzten will, wie sie von Götz Friedrich gepflegt wurde. Allerdings „in freundlicher und liebenswerter Dosierung".

Schon immer haben hier namhafte Dirigenten gewirkt, von Bruno Walter über Furtwängler bis Karajan, von Lorin Maazel bis Karl Böhm. Die Geschichte der Deutschen Oper reicht bis in die Gründerjahre. 1912 wurde an der Bismarckstraße das „Deutsche Opernhaus" der damals noch autonomen Stadt Charlottenburg eröffnet. Gegenüber der königlichen Hofoper (der heutigen Staatsoper Unter den Linden) war sie ein Symbol für das gestärkte Selbstverständnis des Bürgertums. 1925 übernahm die

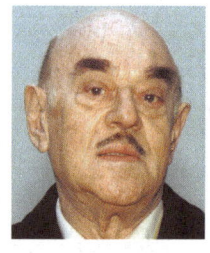

Bismarckstr. 34-37, Charlottenburg
343 84 01
info@deutsche-oper-berlin.de
Deutsche Oper
17-200 DM
www.deutsche-oper-berlin.de

Dass **Artur Brauner** kunstsinnig ist, hätte man beim Produzenten populärer Unterhaltungsfilme der Nachkriegszeit wie „Der Schatz im Silbersee" weniger vorausgesetzt. Doch Brauner steht ebenfalls hinter Fritz Langs „Die 1000 Augen des Dr. Mabuse", hinter „Die Spaziergängerin von Sanssouci" und „Hitlerjunge Salomon". Der Immobilienkönig vom Kurfürstendamm engagiert sich auch im Freundeskreis der Deutschen Oper

Stadt Berlin das Haus und benannte es in Städtische Oper um. Die Nazis titelten sie nach 33 wieder zurück um in „Deutsches Opernhaus"- auf Deutschtumspflege legte man damals bekanntlich großen Wert. Dazu unterstellten sie sie direkt dem Reichspropaganda-Ministerium. Auf dem Spielplan stand natürlich Wagner, aber auch die deutschen Spielopern und klassischen Operetten wurden aufgeführt.

Durch einen Bombenangriff wurde das Haus 1943 zu großen Teilen zerstört. Kurz nach Ende des Krieges nahm die Oper im September 1945 den Spielbetrieb wieder auf – im Theater des Westens. Erst 1961 wurde sie als „Deutsche Oper Berlin" in dem nach Plänen von Fritz Bornemann errichteten Neubau an der Bismarckstraße als jüngstes und größtes Berliner Opernhaus wieder eröffnet. Zu Mauerzeiten war ihr Auftrag klar: Sie hatte das westliche Gegenstück der traditionsreichen Ostberliner Opernhäuser zu sein. Nach der Wende verlor die aus der „Mitte", der westlichen City, an die westliche Peripherie gerückte Deutschen Oper rasch an Bedeutung.

Mehr als 170 Inszenierungen in 42 Jahren ist die Bilanz des Regie-Intendanten Friedrich, der das Haus 1981 übernahm. Er holt sich einen Regie-Berserker wie Hans Neuenfels ans Haus, dessen skandalumwitterte Verdi-Inszenierung „Macht des Schicksals" bis heute einer der Höhepunkte des Repertoires ist. Doch künstlerisch zehrte Friedrich nach der Wende von vergangenem Ruhm, leistete sich eitel Wiederaufgüsse seiner teuren „Ring"-Inszenierung. Dabei war Oper als „Bürgeroper" sein Ziel, als Felsenstein-Musterschüler war er Meister eines populären musikalischen Volkstheaters, als Intendant ein gewiefter und unermüdlicher Taktiker und Streiter für sich und die Belange der Oper.

Er hinterlässt seinem Nachfolger Udo Zimmermann mit dem streitbaren Generalmusikdirektor Christian Thielemann einen Künstler, der eigentlich keinen Intendanten über sich dulden mag. Er trimmte das Orchester der Deutschen Oper in den letzten Jahren auf Hochkurs, so dass es durchaus mit Barenboims Staatskapelle mithalten kann. Jetzt bleibt nur das „kleine Problem", wie es Kultursenator Stölzl ausdrückt, und was die Deutsche Oper mit den anderen großen Opernhäusern der Stadt teilt: Wie überführt man eine 400-jährige Institution aus „aristokratisch-verschwenderischen Zeiten in eine neue Zeit mit ihrer demokratischen Regeln unterworfenen Buchführung"? O Isis und Osiris!

per wie ein Comicstrip: Katharina Thalbachs witzige Janáček-Inszenierung „Das schlaue Füchslein" ist ein Renner im Repertoire der Deutschen Oper und beweist, dass auch unbekanntere Werke ihr Publikum finden können

Komische Oper

Intelligentes Musiktheater – viel Zukunft in der Vergangenheit

Obwohl der Name es vermuten lässt, werden hier natürlich nicht nur komische Werke gespielt. Kennzeichen der Komischen Oper sind ein breites Repertoire, ein junges Ensemble und Aufführungen in deutscher Sprache. Hier muss niemand einen Italienischkurs belegt haben, um „Così fan tutte" zu verstehen. Die von Walter Felsenstein in der Komischen Oper und von Tom Schil-

Behrenstr. 55/57, Mitte
47 99 74 00
info@komische-oper-berlin.de
U Französische Straße
100/157/200/348
15-160 DM
www.komische-oper-berlin.de

Wichtige Geschäftsentscheidungen sollte man nicht am Rande treffen.

Audi Forum Berlin-Mitte.

Das Audi Forum Berlin-Mitte bietet Ihnen und Ihren Geschäftspartnern eine willkommene Alternative zu den üblichen Tagungsorten. Zentral in der Friedrichstraße gelegen, stellen wir Ihnen exklusive Räumlichkeiten für Ihre Veranstaltungen und Business-Meetings zur Verfügung. Entspannung finden Sie in unserem weitläufigen Foyer, bei einem Blick auf unsere wechselnden Ausstellungen und die zahlreichen Audi Exponate. Weitere Informationen zum Audi Forum Berlin-Mitte unter Telefon: 0 30/20 63 52 00 oder Telefax: 0 30/20 63 52 10.

Vorsprung durch Technik www.audi.de

MUSIKTHEATER

ling im Tanztheater entwickelte Tradition des Ensembletheaters wurde unter der künstlerischen Leitung des Chefregisseurs Harry Kupfer fortgeführt. Er machte das kleinste der drei Berliner Opernhäuser zum Ort seines hervorragenden Mozart-Zyklus.

„Oper als Theater" – so lautet das künstlerische Kredo seit Walter Felsenstein dem Haus seinen Stempel aufdrückte. Vor dem Begründer der realistischen Opernregie waren Operninszenierungen vor allem kostümierte Konzerte: Die Sänger stehen nett dekoriert auf der Bühne herum und singen. An der Komischen Oper hatte Felsenstein seit 1947 diese unselige Tradition beendet und inszenierte Oper konsequent als Theater. Die Inszenierung folgte einer gründlichen Analyse des Werkes und einer wirklichkeits-

Als Soubrette begann **Brigitte Mira** Ende der 40er-Jahre ihre Karriere an der Komischen Oper. Sie machte als „Insulanerin" Kabarett mit Günter Neumann und wurde Film- und Fernsehstar. Zwischen Fassbinders „Angst essen Seele auf" und den „Drei Damen vom Grill" bewegt sich ihr Œuvre. Als eine von „Drei alten Schachteln" tourte sie zuletzt singend erfolgreich durch halb Europa

nahen Interpretation. Der Sänger musste wie ein Schauspieler glaubhaft in seiner Rolle sein und in seinem Ton: Das Singen sollte aus der Emotion begründet sein. Wort und Musik bedingen und durchdringen sich gegenseitig. Felsensteins Meisterschüler Götz Friedrich, später Intendant der Deutschen Oper im Westteil der Stadt, und Joachim Herz, der das Haus nach dem Tod Felsensteins übernahm, führten dieses Konzept kongenial weiter.

Auch Harry Kupfer drückte, als er 1981 auf Herz folgte, der Komischen Oper erfolgreich seinen Stempel auf, indem er Felsensteins „Musiktheater ohne Täuschungskünste" weiterentwickelte. Gastspiele und Einladungen seiner Inszenierungen in alle Welt zeugen davon. Allerdings ist Kupfers große künstlerische Zeit wohl vorbei, er verlässt das Haus nach zwanzig Jahren. Ebenso geht Chefdirigent Yakov Kreizberg zum Ende der Spielzeit 2001/2002. Ballettdirektor Richard Wherlock warf bereits nach einem Jahr das Handtuch. Der renommierte Choreograf Joachim Schlömer ist zwar für den Posten des Tanzchefs im Gespräch, doch will der lieber bei den Berliner Festspielen seine Tanzbasis aufbauen. Nun, ab Sommer 2001 gibt es eh kein Ballett mehr im Haus, Intendant Albert Kost hat den Tänzern vorsorglich gekün-

Intelligentes Musiktheater: Prokofjews „Liebe zu den drei Orangen", Regie Andreas Homoki an der Komischen Oper bietet pures Opernspektakel und phantasievolle Bilder als auch intellektuelles Vergnügen mit sarkastischen Seitenhieben auf die russische Oktoberrevolution und die amerikanische Konsumgesellschaft

digt, darunter übrigens Stars wie Gregor Seyffert, ausgezeichnet als „Weltbester Tänzer 1998".

Doch es gibt einen neuen Hoffnungsträger an der Behrenstraße: Andreas Homoki. Ab der Spielzeit 2002 übernimmt der Regisseur die künstlerische Leitung. Mit ihm verbindet sich die Erwartung, dass das Haus wieder ein eigenes Profil findet. Klein aber fein soll die ehemalige Felsenstein-Bühne künftig wieder sein, die inhaltliche Arbeit mit den Werken im Vordergrund stehen. Teure Sängerstars nur für die Premiere wird es nicht geben, stattdessen konstante Besetzungen und Nachwuchspflege, schließlich hat auch Homoki mal als Assistent von Kupfer angefangen. Heute steht sein Name für intelligentes Musiktheater, was bereits in seinen erfolgreichen Inszenierungen von Verdis „Falstaff", Prokofjews „Die Liebe zu den drei Orangen" und Franz Lehárs immergrüner Operette „Die lustige Witwe" zu besichtigen ist. Allesamt sind von Homoki für heute gültig kräftig abgestaubt worden. Vielleicht wird er so tatsächlich wieder an die Glanzzeiten der Komischen Oper anschließen, als Walter Felsenstein dem Haus seine eigene Prägung verlieh. Felsensteins Schüler Götz Friedrich inszenierte hier 1970 eine legendäre Produktion von „Porgy und Bess" – mit Manfred Krug in der Hauptrolle des Sporting Life. Auch Brigitte Mira, die Schauspielerin und „Alte Schachtel" (Titel ihres Kleinkunstprogramms mit Helen Vita und Evelyn Künneke), machte übrigens an der Komischen Oper zuerst von sich reden.

Und ein Plus hat sie, das keine andere deutsche Oper bieten kann: Zwei fest engagierte Countertenöre: Jochen Kowalski und Alex Köhler. Sie werden hier nicht nur für Barockopern eingesetzt, sondern beispielsweise auch für „Orpheus und Eurydike" und die „Fledermaus". Deren Hauptrollen Orpheus und Prinz Orlofsky sind sonst fast immer mit einem weiblichen Mezzosopran besetzt.

Neuköllner Oper

Gar nicht elitär: Volksoper im besten Sinne

Das wohl produktivste Musiktheater Berlins ist die Neuköllner Oper: etwa acht Neuproduktionen pro Spielzeit, davon überwiegend Uraufführungen, dazu ein künstlerisches Spektrum, das vom experimentellen musikalischen Kammerstück bis zur großen Oper, von der klassischen Moderne über Mittelalterspektakel bis zu Operette und Musical reicht. Gleichzeitig ist sie das einzige private Musiktheater Berlins und das Opernhaus mit der geringsten Subvention.

Zu einem Bruchteil der Etats der großen Häuser bringt die Neuköllner Oper vielbeachtete Produktionen auf die Bühne und erreicht dabei die erstaunliche Auslastung von durchschnittlich 80 Prozent. Das Publikum ist zufrieden: Die Reparatur der Klimaanlage kam als wichtigster Wunsch an die Neuköllner Oper bei einer Publikumsbefragung heraus. Wenn's weiter nichts ist. Tatsächlich fährt man künstlerisch einen intelligenten Wechsel zwischen populären musikalischen Werken und experimentellen,

Karl-Marx-Str. 131-133, Neukölln
688 90 70
info@neukoellneroper.de
U Karl-Marx-Straße
Eintritt: 16-46 DM
www.neukoellneroper.de

anspruchsvolleren Stücken. Das ist Kalkulation: Die leichte Muse finanziert das ernste Theater mit.

Die Neuköllner Oper verfügt über kein festes Ensemble. Dafür ist sie einer der größten Arbeitgeber der freien Szene: Um die 300 Künstler jährlich verdienen dort zeitweilig ihre Brötchen. Gemeinsam mit der GASAG hat man gar einen Opernpreis ausgeschrieben. Der erste Preis ist, neben einem fünfstelligen Geldbetrag, die Inszenierung der Gewinnerkomposition. Für junge Komponisten, Sänger und Sängerinnen und Musiker und Musikerinnen ist die Neuköllner Oper erste Adresse. Unter der künstlerischen Leitung von Peter Lund wird auch sonst kräftig Nachwuchsförderung betrieben. Eng arbeitet man mit den Gesangsklassen der beiden Berliner Musikhochschulen zusammen, was in diversen Koproduktionen seinen Ausdruck findet.

Mit lebensnahen Inszenierungen aktueller Themen und witziger Situationen weist die Neuköllner Oper jedes elitäre Kulturgehabe von sich. Sie versteht sich als „Volksoper im besten Sinne". Genau.

Staatsoper Unter den Linden

Glanz und Gloria: Berlins ältestes Opernhaus

Die älteste Oper, mehr noch, das älteste Theater Berlins überhaupt, ist die Lindenoper. Seit über 250 Jahren werden hier Partituren musiziert und gesungen. Im Stil des preußischen Klassizismus wurde es als Hofoper Friedrich des Großen 1743 fertig gestellt. Bis 1801 war das Haus dann ausschließlich dem Hofe und seinen Gästen vorbehalten. Das ist inzwischen natürlich längst anders, doch auch heute noch gibt sich die Staatsoper gerne festlich. Edle Gäste, ein breites Repertoire und Chefdirigent Daniel Barenboim sorgen für künstlerischen Glanz. Und der kostet. Doch Geld ist bekanntlich knapp im Staatssäckel. Berlins Kultursenator Stölzl plant deshalb die Staatsoper mit der Deutschen Oper zu fusionieren. Die Intendanten schrien Zeter und Mordio, Barenboim war genervt, ein paar einflussreiche Bundespolitiker waren gerührt und Kulturstaatsminister Michael Naumann spendierte kurz vor seinem Abgang schnell 3,5 Millionen Mark für Barenboims notleidende Staatskapelle – nie war sie uns so wertvoll wie heute. Von diesem Geldsegen hatte Barenboim sein Bleiben in Berlin abhängig gemacht. Die Fusion ist mittlerweile vom Tisch

Apropos teuer, gut und edel: An vierzigtausend potenzielle Opern-Kunden hatte der Unternehmer Peter Dussmann Kärtchen verschickt, worauf er um eine milde Gabe für die Lindenoper bat. Der von ihm und Hans-Dietrich Genscher präsidierte Förderverein bemüht sich redlich um zusätzliche Finanzen für Inszenierungen, Bühnenbilder oder Festspiele. Doch das Mäzenatentum ist immer noch nicht wieder so richtig ausgeprägt zu Beginn des 21. Jahrhunderts. Dabei liegt, wie viele wissen, die Zukunft der Oper in der Vergangenheit. Zeitgenössische Opernwerke finden kaum ein Publikum. Oper ist da Special-interest-Veranstaltung für wenige Bildungsbürger, Musiker und Feuille-

---

Der Unternehmer und Kulturmäzen **Peter Dussmann** gehört laut „Manager Magazin" zu den hundert reichsten Deutschen. Von seinem Firmensitz an der Berliner Friedrichstraße aus leitet „Deutschlands Putzfrauenkönig" ein wahres Imperium für Dienstleistungen rund ums Gebäude. Für die Deutsche Staatsoper ist er der mit Abstand wichtigste Sponsor. Rund zwei Millionen Mark hat Dussmann seit 1997 in das Opernhaus investiert

---

Unter den Linden 7, Mitte
☎ 20 35 45 55
✉ contact@staatsoper-berlin.org
Ⓢ Friedrichstraße/Unter den Linden
Ⓤ Französiche Straße Stadtmitte
🚌 100/157/200/348
🎭 8-125 DM
💻 www.staatsoper-berlin.de

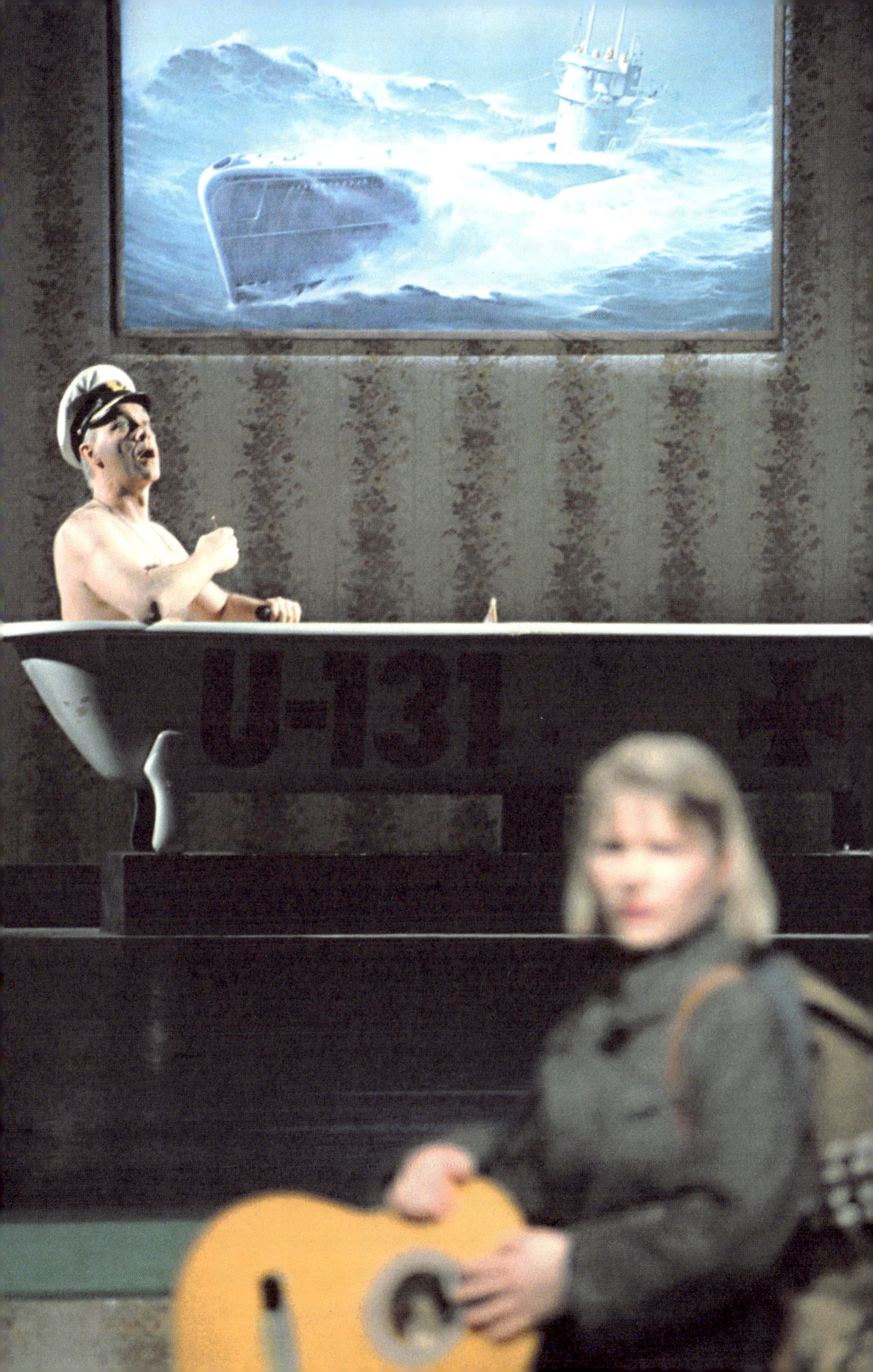
U-131

tonisten. Zugkraft hat allein das Bewährte: Immer wieder Mozart, Verdi, Puccini, Wagner. Deshalb wollen ja alle diese Popstars der Klassik spielen. Auch die Lindenoper. Der Zuschauerraum der Deutschen Staatsoper bietet schließlich Platz für 1396 Besucher. Dabei war die Lindenoper in ihrer Jahrhunderte langen Geschichte immer wieder Ort bedeutender Uraufführungen gewesen. Carl Maria von Webers „Freischütz" erblickte hier ebenso das Bühnenlicht der Welt wie Alban Bergs „Wozzeck". Ebenso sind alle Opern von Paul Dessau Unter den Linden uraufgeführt worden, und auch die Berliner Erstaufführungen von Verdi-Opern haben hier stattgefunden. Inzwischen verlegt man den Schwerpunkt statt auf Uraufführungen lieber auf Alte Musik und die sogenannte Berliner Dramaturgie, also einem Rückgriff auf Stücke, die in der Vergangenheit für Berlin und die Oper wichtig waren.

Am 9. November 1918, niemand Geringeres als der Komponist Richard Strauss war königlicher Generalmusikdirektor, war die Oper „Geschlossen! Revolution!". So informierte ein Zettel am Eingang. Kaiser Wilhelm dankte ab, die Republik wurde ausgerufen, und Richard Strauss „ernannte sich selbst" zum Generalintendanten, wohl hoffend, dass endlich seine Opern hier uraufgeführt werden können. Den wilhelminischen Zensoren waren sie nämlich zu unsittlich. Doch das Opernensemble, womöglich von demokratischem Geist erfasst, wählten sich bald darauf lieber den Komponisten Max von Schillings zum Chef. Auch andere große Namen der Musikgeschichte sind mit der Lindenoper verbunden: der Tenor Richard Tauber, Otto Klemperer, Wilhelm Furtwängler, Paul Dessau oder Ruth Berghaus.

Nach dem Fall der Mauer wurde Daniel Barenboim Generalmusikdirektor. Und er wird dem Haus auch nach Ablauf seines Vertrages 2002 wohl weiter erhalten bleiben. Die Musiker seiner Staatskapelle wählten ihn gerade zum Chefdirigenten auf Lebenszeit, obgleich sich Barenboim immer wieder harscher Kritik ausgesetzt sah: er habe der Staatsoper kein klares Profil gegeben, strebe mehr nach schnellem Beifall als innovative Inszenierungen zu wagen und betreibe das Haus quasi nebenbei zu seinen diversen Engagements in Bayreuth, Salzburg und nicht zuletzt in Chicago, wo sich sein zweites Standbein befindet. Doch Barenboim denkt halt in großen Dimensionen: Er macht aus der Lindenoper ein kleines Bayreuth, in dem er Wagners Ring in zehn Teilen in den Spielplan hievt. „Aufführungen von Festspielformat", so lautet sein Kredo.

Intendant Georg Quander gründete folgerichtig die jährlich stattfindenden „Wagner-Festtage", mit der man vor allem zahlungskräftige ausländische Besucher ins Haus lockt. Ein internationales Marketing spielt Wegweiser vom Grünen Hügel Bayreuths an die Lindenoper Berlin. Erfolgreich, denn die Festtage tragen sich selbst. So muss Kunstmäzen Dussmann hierfür keine Bettelbriefe schreiben.

Seit 1991 ist **Daniel Barenboim** Generalmusikdirektor und Künstlerischer Leiter der Staatsoper Unter den Linden. Der Dirigent und Pianist leitete nur zwei Tage nach der Maueröffnung 1989 das erste Konzert der Berliner Philharmoniker für das Ostberliner Publikum. 1996 dirigierte er am Potsdamer Platz 19 Baukräne, die sich zu Beethovens „Ode an die Freude" drehten

Bayreuth in Berlin: Natürlich nimmt in de gemeinsamen Wagner Interpretationen vo Daniel Barenboim un Harry Kupfer an de Staatsoper der „Rin des Nibelungen" ein zentrale Position ein Das „Bühnenfestspie für drei Tage und eine Vorabend" ist au unserem Bild gerade ir dritten Teil gelande bei „Siegfried" mit Sän ger Siegfried Jerusaler

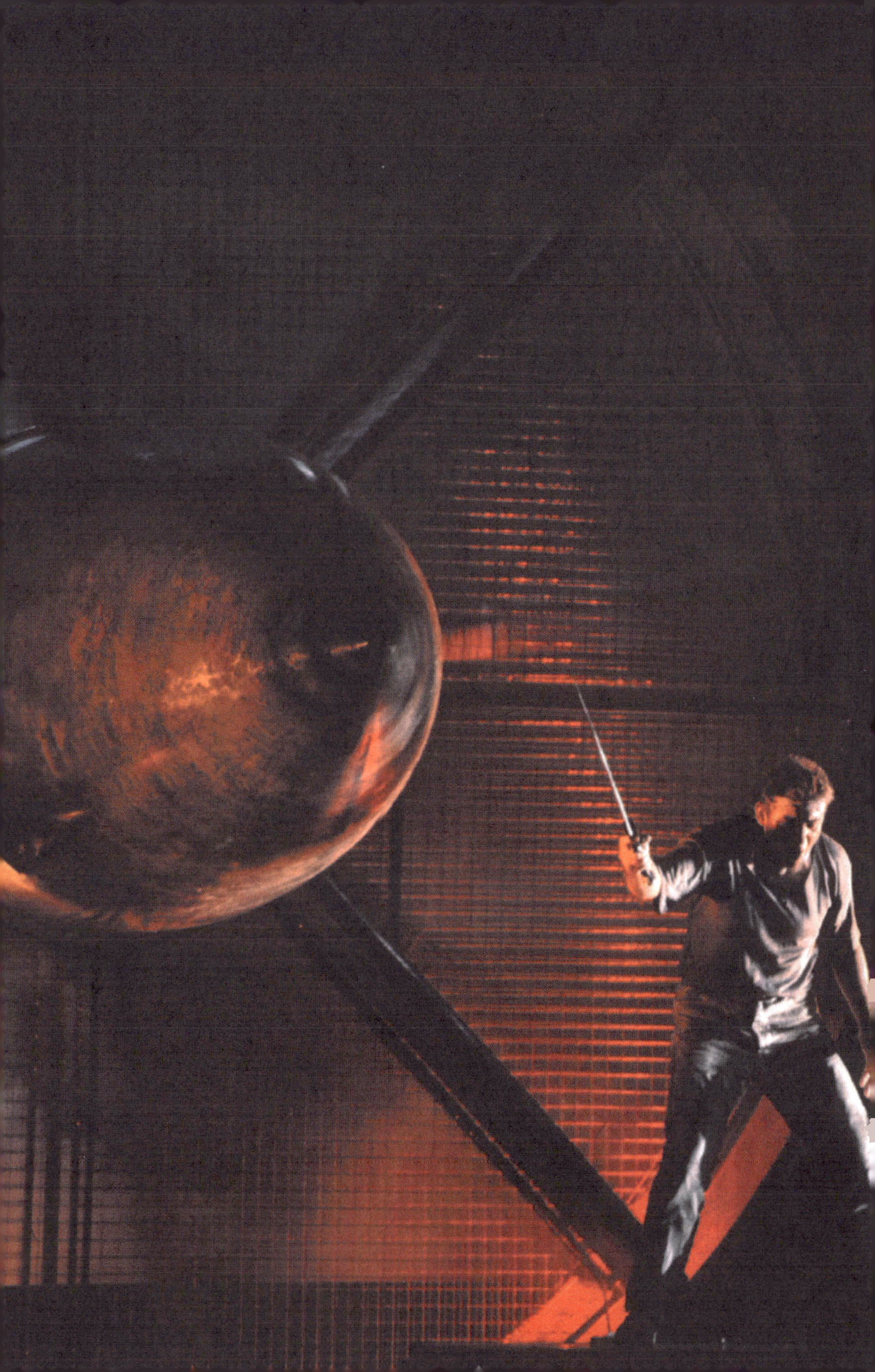

VARIETE

Bar jeder Vernunft

Berlins nobelste Amüsieradresse

Schaperstr. 24, Wilmersdorf
883 15 82
reservierung@bar-jeder-vernunft.de
U Spichernstraße
35-58 DM
www.bar-jeder-vernunft.de

Mitten im gutbürgerlichen Wilmersdorf hat ein Linksradikaler sein Zelt aufgebaut – und der gutbetuchten Nachbarschaft gefällt es. Die Schaperstraße ist eine feine City-Adresse, etwas versteckt zwischen Hochschule der Künste und der Freien Volksbühne steht ein Parkhaus. Darauf haben Holger Klotzbach – einst Mitglied der legendären Anarcho-Kabarettisten „Die 3 Tornados" – und sein Partner Lutz Deisinger ein Spiegelzelt platziert. Seit 1992 wird darin erfolgreich dem Unterhaltungsbedürfnis eines Publikums, dem Theater wohl zu anstrengend und Varieté pur zu langweilig ist, Amüsierzucker aus der wohlfeilen Mischung von beidem gegeben.

Im Ambiente des ehemaligen holländischen Tanzzelts aus den 20er-Jahren (mit dem Hauch verruchter Zwielichtigkeit) wird das Publikum aus Kunstschickeria, Geschäfts- und Medienleuten, Studenten und Besserverdienenden mit dem Reiz zirzensischen Milieus und einer Gastronomie versorgt, bei der die Gerichte ebenso gepflegt sind wie die Preise. Zu den Stammgästen zählen Größen wie Alfred Biolek oder Otto Sander, die sonore Stimme von letzterem veredelt seit geraumer Zeit zu Beginn jeder Veranstaltung, vom Band so profane Mitteilungen wie, dass Essenswünsche für die Pause noch entgegengenommen werden.

Zu den Künstlern der Bar gehören Entertainer wie die Geschwister Pfister, Georgette Dee, Cora Frost, Max Raabe oder Pigor & Eichhorn. Immer wieder treten Klotzbach und Deisinger als Impresarios auf. Die erfolgreiche Zusammenführung von Brigitte Mira, Helen Vita und Evelyn Künneke zu den „Drei Alten Schachteln" etwa war ihre Idee. Auch allerlei Film-, Bühnen- oder Fernsehstars treten hier ins Rampenlicht, darunter Meret Becker, Corinna Harfouch oder Hans-Werner Kraehkamp.

Alles Garanten, dass Berlins nobelste Amüsieradresse stets mit

*Der ausgehfreudige Schauspieler **Otto Sander** hat seinen Stammplatz in der Bar jeder Vernunft, die er auch aktiv unterstützt. Der ehemalige Schaubühnenstar mit der sonoren Stimme wurde 1999 zum Schauspieler des Jahres gewählt. Als Ehemann der Schauspielerin Monika Hansen ist er Stiefvater von Ben und Meret Becker, ebenfalls ausgehfreudige Stars der deutschen Schauspielerszene*

Wo man singt …: Wie berauscht von 3-Wetter-Taft präsentieren sich The Fabulous Singlettes mit „Singing all Night" in der Bar jeder Vernunft. Mit Sturmfrisuren und in der Tradition der Andrew-Sisters feiert man vor allem eins – eine große Party

hervorragender Kunst versorgt wird – Kunst, die zumeist allen sichtlich wohl und niemandem weh tut. Womöglich ist es da ja ganz hilfreich, dass der gute Klotzbach nicht nur ein Ex-Tornado, sondern auch ein Ex-Linksradikaler ist. So wie unser Außenminister Joschka Fischer. Man wird halt ruhiger mit den Jahren.

Chamäleon Varieté

Stars in der Manege – Comedy, Akrobatik und Musik

Rosenthaler Str. 40/41, Mitte
282 71 18
chamaeleon@chamaeleonberlin.de
Hackescher Markt
35-45 DM, erm. 29 DM
www.chamaeleonberlin.de

Das Publikum der Chamäleon-Show Backstage staunte nicht schlecht. Der Glitzerknabe da vorne im Rampenlicht ... der sieht so echt aus, so gar nicht wie 'ne Attrappe, der sieht echt aus wie – Udo Lindenberg.

Keine Panik, er war es. Der Altrocker wollte partout mal im hübschen Jugendstilsaal des Chamäleon Varieté auftreten. Doch dummerweise kann Lindenberg weder jonglieren noch Trapezturnen. Also macht er was er kann: so'n bisschen Honky Tonky Show. Das Panikorchester war getrimmt und bestens eingestimmt, dann stand er da mit dürrem Haar und jodelte seine Evergreens.

Lindenberg als unangekündigte Zugabe eines Varietéabends! Natürlich passt so ein Show-Freak wie er ins Chamäleon, dessen nonchalante Mischung aus unvorhergesehenen Gags und einstudierten Pannen längst von anderen Häusern kopiert wird. „Höher, schneller, weiter" war hier nie das Motto. Raum für Improvisationen und einem Miteinander der Artisten ist das Erfolgskonzept. Nun schon seit zehn Jahren: Im Februar 1991 eroberten ein paar Show-Freaks um Clown Hacki Ginda und Musiker Peter Rose die leerstehende Probebühne des DDR-Fernsehens in den damals noch trostlos verharrenden Hackeschen Höfen. Das Erfolgskonzept hatten sie von ihrem Zeltvarieté „Parodie Paradies" mitgebracht, aus dem übrigens auch die Comedygruppe „Lonely Husband" hervorging.

Inzwischen leistet sich das Chamäleon sogar einen Ableger in Wedding. Der Glaskasten, die zweite Spielstätte in der Prinzenallee 33, hat wie das Stammhaus eine bewegte Geschichte. Ein geschäftstüchtiger Kaufmann errichtete von 1903 bis 1907 hinter seiner Gaststätte einen Ballsaal, den der Volksmund wegen seines gläsernen Vorbaus über dem Eingang „Glaskasten" taufte. Er war beileibe nicht nur ein Ort der Freude: Im III. Reich wurde der Bau zu einem SA-Sturmlokal mit Folterkeller. Nach Kriegsende diente er nacheinander als Kriegsgefangenen-Knast, Kirche und Diskothek. Seit 1983 stand das Gebäude bis zu seiner Sanierung Ende der 90er-Jahre leer. Im Glaskasten sind kleinere Eigenproduktionen und Gastspiele mit Comedy, Musik und Theater geplant. Das Potsdamer Kabarett Obelisk erhält hier einen regelmäßigen Gastspielort.

Im Mutterhaus in Mitte wurde ein riesiger Kellerraum zu Probebühne und Fundus umgebaut. Denn das Chamäleon ist eine rege Stätte für Training und Coaching junger Artisten. Doch seien wir ehrlich. Irgendwann reizt die x-te Jonglage- oder Antipoden-Nummer nicht mehr zum Staunen, sondern nur noch zum Gäh-

Schauspielerhallodri **Rolf Zacher** gehört zu den Fans des Chamäleon Varietés. Vermutlich gefällt ihm die Artistenwelt auch, weil sich im Varieté meist schräge Typen finden. Solche wie Zacher eben, der als bekennender Kiffer und sechsfacher Knacki sinnbildlich ja schon immer gerne unkonform auf dem Hochseil tanzte. Akrobat schön

nen. Varieté bedeutet auf deutsch schließlich nichts anderes als Abweichung und Abwechslung. Chefclown Hacki Ginda gab sich in der Vergangenheit alle erdenkliche Mühe, dem Genre neue Impulse auch durch neuere technologische Errungenschaften wie Live-Video, Projektionen und Film beizumischen. Mit wechselndem Erfolg. Gleichwohl zählen Berühmtheiten wie Rolf Zacher oder Henrik M. Broder zu den Fans der Varieté-Echse.

Die Hausband „The Chameleons" mit Lito Tabora, Michael Clifton und Earl Bostic sorgt dafür, dass die Shows voller Songs sind. Also fast wie bei Lindenberg, und hat er nicht vielleicht auch das Chamäleon gemeint, als er weiland sang: „Denn unsere Show will jeder sehn und deshalb muss sie weitergehen."

Friedrichstadtpalast

Stars, Diven, Wasserträger: Europas größtes Revue-Theater

Friedrichstr. 107, Mitte
☎ 23 26 23 26/Info-Hotline: 23 26 22 03
✉ info@friedrich stadtpalast.de
Ⓢ Ⓤ Friedrichstraße
🎫 25–99 DM
🖥 www.friedrichstadt palast.de

Na bitte, das ist doch schon mal ein Superlativ: Europas größtes Revue-Theater. Und dann noch gleich einer hinterher: Längste Girlreihe der Welt. Ob's stimmt. Wer weiß. Aber es macht Laune, dran zu glauben. Dazu kommen noch ein paar männliche Tänzer. 72 Tänzerinnen und Tänzer umfasst das Ensemble insgesamt. Über 300 Menschen arbeiten auf und hinter der Bühne: Tänzerinnen, Musiker, Artisten, Toningenieure, Kulissenbauer, Beleuchter, Verwaltungspersonal. Alle arbeiten daran, Abend für Abend dem Publikum in dem Saal mit 2000 Plätzen eine Show zu bieten, in der sich aus den Elementen Ballett, Musical und Artistik ein opulentes Spektakel erhebt.

Das ganze Haus ist ein Wunderwerk der Technik. Nichts ist unmöglich was der Künstlerseele einfällt. Auswechselbares Wasserbecken? Kein Problem, längst installiert. Eisfläche? Oder Zirkusmanege? Alles möglich. Dazu und Achtung!, hier kommt noch ein Superlativ: Die größte Laseranlage Europas. Alle Wetter, das hat Weltniveau! Und Weltniveau war ja etwas, auf das die sozialistischen Erbauer damals in der DDR erheblichen Wert legten. Denn erbaut und eröffnet wurde das Revue-Theater noch zu DDR-Zeiten. Hier war

Intendant **Alexander Iljinskij** gelang es, Europas größtes Revue-Theater zu einem der bestbesuchten deutschen Theater zu machen. Dabei schien der Untergang nach der Wende absehbar, als nur noch 38 Prozent der Karten verkauft werden konnten. Doch selbst in Las Vegas sitzen inzwischen Fans des Friedrichstadtpalastes – die Herren Siegfried und Roy

dem sozialistischen Ingenieur nichts zu schwer. Für das Prestigeobjekt Friedrichstadtpalast wurden aus dem ganzen Land Material und Arbeiter herangekarrt.

1984 war die Eröffnung des Hightech-Stolzes der leichten Muse am heutigen Standort. Doch als Etablissement des Showbiz blickt das einzige Revue-Theater Deutschlands auf eine über 100-jährige Geschichte zurück. Nicht weit vom jetzigen Standort nahm der Friedrichstadtpalast 1867 seinen Ursprung: Auf dem Gelände neben dem heutigen Berliner Ensemble, einer ehemaligen Markthalle, zog der Markthallen-Circus, der 1873 eröffnete. Der Zirkusbetrieb lief bis 1919, als Max Reinhardt das Gebäude als Dependance seines Deutschen Theaters erwarb. Er verpasste ihm einen neuen, klangvolleren Namen: Großes Schauspielhaus. Es wurde durch monumentale Ausstattungsrevuen berühmt. 1941 war vorerst Schluss, die Nazis schlossen das Haus.

Kurz nach dem Zweiten Weltkrieg ging es wieder weiter mit artistischen Nummernprogrammen. Der Magistrat übernahm das Haus 1947 von den Sowjets, nun firmierte es als Friedrichstadtpalast. In den folgenden Jahrzehnten fand manch internationaler Künstler wie Louis Armstrong, Gilbert Bécaud oder Ella Fitzgerald dort seinen Ostberliner Auftrittsort.

Unter der Intendanz Alexander Iljinskijs gelang es dem Revue-Theater wohlbehalten durch die Wirren der Wende zu kommen, Iljinskij verschlankte die Verwaltung und bemüht sich erfolgreich, die künstlerische Tradition des Hauses auf hohem Niveau fortzusetzen. Ein Superlativ will schließlich gepflegt sein.

Vom Urknall bis zur Jahrtausendwende: Natürlich ist die Girl-Reihe mit hochbeinigen Extraeinlagen ein Höhepunkt im rasenden Revue-Rausch der „Elements" im Friedrichstadtpalast. Einmal durch die Jahrtausende jagt Alexander Iljinskij sein Ensemble und die vielfältige Haustechnik dazu

Mehringhof Theater

Berlins Kabarett-Theater mit Kreuzberger Streetcredibility

Gneisenaustr. 2a, Kreuzberg
691 50 99
mehringhoftheater@gmx.de
Mehringdamm
Di-Fr 25 DM, erm. 20 DM, Sa 30 DM, erm. 25 DM
www.mehringhoftheater.de

Manchmal taucht der Staatsschutz auf und durchsucht die Räume des Mehringhofs, einem selbstverwalteten, alternativen Zentrum für Gewerbe, Kultur und Kommunikation, auf der Suche nach staatszersetzendem Material. Das Mehringhof Theater wird dann zum Basislager der Beamten. Und mitunter wird dabei dem einen oder anderen Staatsschützer ganz warm ums Herz, wenn er im Gang die Fotogalerie der Künstler sieht, die seit 1985 auf dieser Bühne gastieren. Den kenne ich doch aus dem Fernsehen!, ruft da hocherfreut die Polizei. Und jemand, der im Fernsehen war, kann der noch staatsgefährdend sein?

Illuster sind sie tatsächlich, die Namen der Kabarettisten und Comedy-Stars, für die das Gastspiel im Mehringhof Theater Ehrensache war und ist: Matthias Beltz, Ingolf Lück, Matthias Deutschmann, Stephan Wald, Kraehkamp & Altmann, Richard Rogler, Jockel Tschiersch, Achim Konejung, Heinrich Pachl, Hans Werner Olm, Thomas Freitag, Reiner Kröhnert, Erwin Grosche, Volkmar Staub, Dirk Bach, Ottfried Fischer, Georg Schramm, Arnulf Rating, Josef Hader, Zwei Drittel, Ingo Appelt, Horst Schroth und, und, und. Selbst Sigi Zimmerschied, der bayrische Dialektkomiker, der sonst kaum aus seiner bajuwarischen Heimat auftaucht, war mal da. Und auch das ehrwürdige Kabarett-Theater von Lore Lorentz selig, das Düsseldorfer Kom(m)ödchen, hat ein paarmal vorbeigeschaut. Versammelte Kabarettgeschichte mitten in Kreuzberg.

Ursprünglich wurde die Stätte von der Kabarettgruppe „CaDeWe" bespielt. Dann übernahmen im April 1985 Jörg Born und Christian Luschtinetz den Laden. Beide haben selbst mehrere Kabarett-Programme als „Compagnia Mastodontica" erstellt. Zugunsten eines professionellen Gastspielbetriebes, vielleicht aber auch aus Einsicht in die besseren Talente, beschlossen sie bald den Rückzug aus dem Rampenlicht. Im Hochparterre, zweiter Hinterhof des Mehringhof-Komplexes, entwickelten die beiden, später durch Andreas Wahl verstärkt, die Bühne zu einer der ersten Adressen des deutschsprachigen – und mit Vorliebe politisch – unterhaltsamen Kabaretts. Neben der Prominenz des Genres öffnet man sich auch immer wieder für erfolgversprechenden Nachwuchs und für Entdeckungen. Dabei besinnt man sich an seine alternativen Anfänge und praktiziert gewissermaßen gesellschaftliche Umverteilung. In ihrer Selbstdarstellung liest sich das so: „Die Veranstalter bemühen sich, dem Publikum die gesamte Bandbreite des deutschsprachigen Kabaretts zu präsentieren. Dabei wird möglichst so gewirtschaftet, dass erfolgreiche Größen wie Matthias Beltz, Georg Schramm oder Reiner Kröhnert, die das Publikum in Scharen anziehen, begabte, aber noch nicht so bekannte Kollegen mittragen."

Mittlerweile sind über 150 verschiedene Programme im Mehringhof Theater zu sehen gewesen, darunter 28 Weltpremieren. Doch natürlich hat der Comedy-Boom auch an der Kabarettadresse nicht halt gemacht. Neben den (ja auch immer rar gesä-

---

Der Kabarettist **Matthias Deutschmann** gehört zur ersten Garnitur der Künstler, die im Mehringhof Theater auftraten. Im doppelten Sinne. Bereits im Gründungsjahr gastierte der damals unbekannte Kabarettist dort mit eigener Combo und, wie passend, mit Chansons von Walter Mehring. Inzwischen gehört der Träger von Deutschem Kabarett- und von Deutschem Kleinkunstpreis längst zur Crème der Kabarettszene

KABARETT

IHR PERSÖNLICHER STIL ZIEHT KREISE

LAMMFROMM & VOGEL

GARDINEN · MÖBELSTOFFE · PARKETT · TEPPICHE · LINOLEUM · TAPETEN
HOHENZOLLERNDAMM 12 · BERLIN-WILMERSDORF · TEL 860 930-0

teren) politischen Kabarettisten kommt hier auch Stand-up-Comedy und Musikkabarett auf die Bühne. Reinen Ulk-Entertainern wie Ingo Appelt oder Hans Werner Olm geben die Betreiber inzwischen allerdings keine Chance mehr. Das werden diese zweifelsohne verkraften, füllen sie doch inzwischen mühelos ganze Hallen.

Dem Mehringhof Theater geht es um anderes: Sie wollen eine „permanente Bestandsaufnahme des deutschsprachigen Kabaretts" leisten. Der gesamte Theaterbetrieb – von der Reinigung, Wartung und Instandsetzung des Publikums- und Bühnenbereiches sowie der technischen Anlage, über die Programmgestaltung und Öffentlichkeitsarbeit, bis hin zur Künstlerbetreuung und der abendlichen Durchführung der verschiedenen Veranstaltungen – wird von den drei Betreibern der Bühne selbst geleistet. Anders wäre ein Überleben für ein unsubventioniertes Haus, das sich dem reinen Kommerz weitgehend verweigert, wohl auch kaum möglich.

Theater des Westens

Ein kleines bisschen Broadway: Berlins Musical-Theater

Kantstr. 12, Charlottenburg
319 03-125/-126
Hotline: 0180-599 89
info@theater-des-westens.de
S U Zoologischer Garten
30-138 DM
www.theater-des-westens.de

Thalia, die Muse des Schauspiels, ziert den Eingang des Musical-Theaters an der Kantstraße. Sie rümpft ein wenig die Nase. Irgendwie schlägt sie die Augen nach oben, das machen Kantianer ja gerne mal, in den „gestirnten Himmel über mir". Dies muss aber nicht als Kommentar zum Geschehen im Bühnenhaus hinter ihr zu deuten sein. Eher als Seufzer zum Standort: Dicht fließt der Verkehr vor dem eng auf die Straßenflucht bezogenen Haus. Die Muse aus Stein hat es tatsächlich nicht leicht, hier am Entree zur leichten Muse. Doch verkehrsumtost ist ja auch der Broadway, den Intendant Elmar Ottenthal tatsächlich versucht bis in die Berliner Kantstraße zu verlängern.

Das klappt marketingmäßig schon mal hochprofessionell. Künstlerisch erreichte man mit den ersten Eigenproduktionen bislang eher die Qualität amerikanischer Durchschnitts-Showstücke. Am Broadway bedeutet ein Flop oft das schnelle Ende der Produktion – und auch um den Berliner Musical-Tempel steht es finanziell nicht unbedingt gut.

Doch solche Situationen kann den Theaterbau genauso wenig erschüttern wie der Verkehr vor der Haustür. Schließlich stand er in seiner 115-jährigen Geschichte mehrmals vor dem Aus. Von Verkehr allerdings konnte 1896 bei seiner Eröffnung beileibe keine Rede sein. Damals stand hier auf halber Strecke zwischen Berlin und Charlottenburg kaum ein Wohnhaus, die nächste geschlossene Siedlung gab es erst weit jenseits des heutigen Savignyplatzes. Ausgerechnet dort kauft im Herbst 1895 der Architekt Bernhard Sehring den Kohlenplatz der Meierei Bolle und verkündet keck, er wolle auf diesem trostlosen Grundstück ein Monumentaltheater erbauen.

In einem wilden Stilmix aus Antike, Mittelalter und Renaissance entwirft und erbaut er sein Privattheater, erstaunlicherweise nur innerhalb eines Jahres. Trotz Zerstörung des Bühnenhauses

Schon vor der Mediengesellschaft entzückte **Enrico Caruso** die Massen. Er gilt als der größte Tenor des 20. Jahrhunderts. 1905 gab er sein Berlin-Debüt im Theater des Westens. Schon damals entzückten helle Stimmen die Massen mehr als Bässe. Und heute füllen „Drei Tenöre" die Konzertsäle

Sex und Schmackes: Für viele ist „Chicago" eines der besten Musicals überhaupt, bietet es doch eine selbstironische Geschichte, prima Songs und aufregende Choreografien. Dazu Frauen in Dessous und Netzstrümpfen. Was will mann mehr?

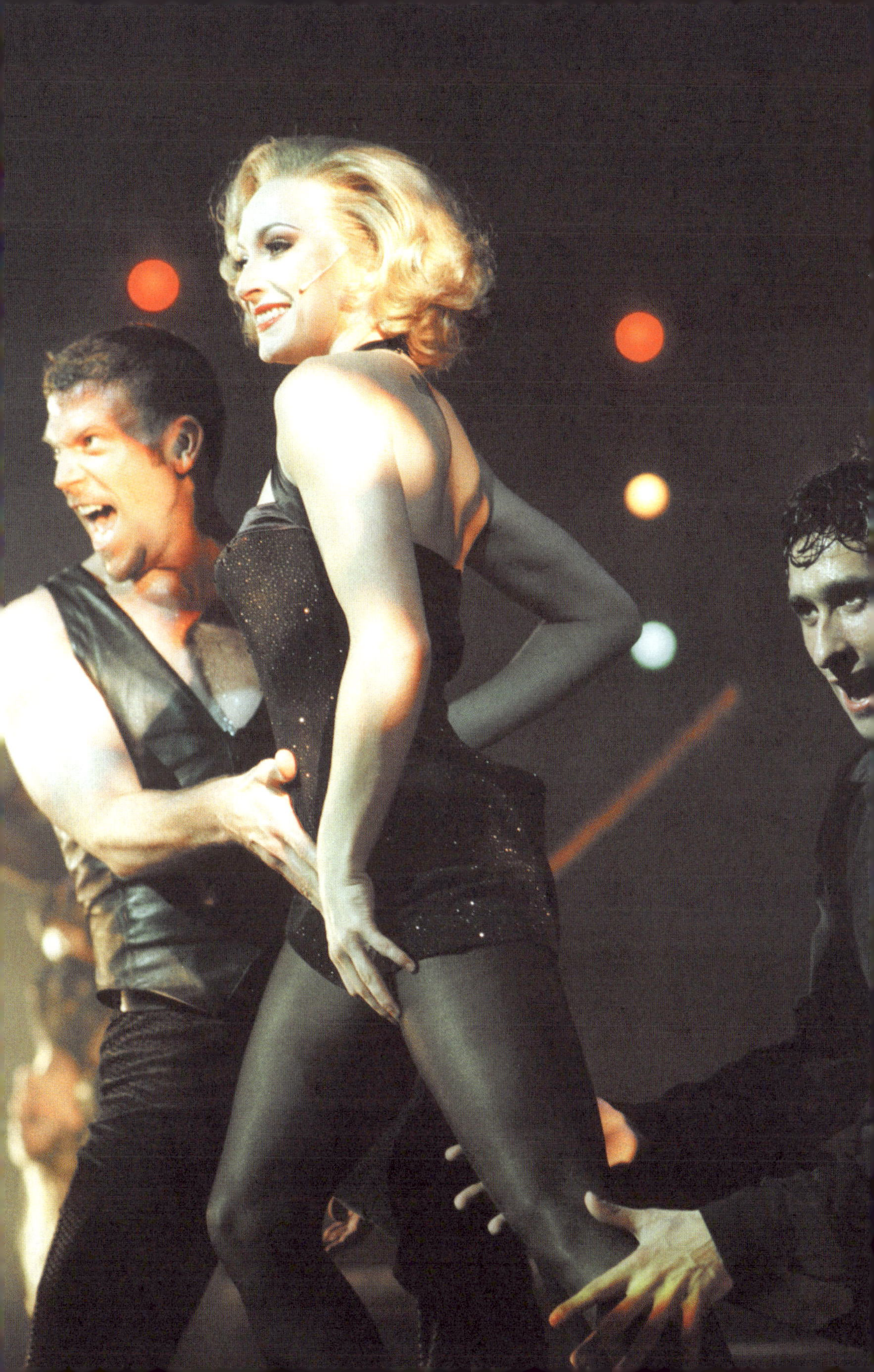

MUSICAL

durch eine Brandkatastrophe im Jahre 1912 ist es bis heute ein gut erhaltenes Beispiel bürgerlicher Prachtarchitektur. Ursprünglich lag der Haupteingang im ersten Stock an der Westseite des Hauses, wo sich heute der Biergarten des Quasimodo-Cafés mit dem Delphi-Kino befindet. Von dort betrat man feierlich das Haus auf weißen Marmorstufen über die sogenannte Kaisertreppe. Die, später beschädigt, übrigens erst seit 1999 wieder zugänglich ist.

Doch zunächst ging es in die künstlerische und wirtschaftliche Pleite: Konkurs, Übernahme durch den Charlottenburger Credit-Verein, schließlich Rückerwerb und dann, endlich, doch ein paar langersehnte Erfolge. Statt Schauspiele beginnt man nämlich 1898 unter der Direktion von Max Hofpaur, Opern und Operetten aufzuführen, darunter sogar Berliner Erstaufführungen. Das 1700-Plätze-Haus füllt sich. 1905 gibt niemand Geringerer als Enrico Caruso sein Berlin-Debüt im Theater des Westens. Die Direktoren und das Profil wechseln: Mal liegt der Schwerpunkt auf Oper, mal auf Operette, dann wieder auf Revue. Weitere klangvolle Namen bevölkern die Bühne: Hans Albers, Fritzi Massary, Richard Tauber und Josephine Baker.

Die Braunhemden schließlich setzen auf „Kraft durch Freude – Volksoper", und damit es da keine Missverständnisse gibt, schreiben sie Motto und neuen Namen weithin sichtbar an die Fassade des Theaters. Freude soll vor allem das einschlägige Repertoire der großen Opern machen: Mozart, Verdi, Puccini, Strauß und natürlich Wagner, Hitlers Lieblingskomponist. Freude macht das in den Kriegsjahren aus anderen Gründen besonders den Sängern und Orchestermusikern. Sie mussten nämlich nicht an die Front, sondern hatten im Land für Zerstreuung und Ablenkung zu sorgen. Im Kriegssommer 1944 ist allerdings Schluss mit Lustig: Die Volksoper wird, wie alle anderen Berliner Bühnen auch, geschlossen.

Nach dem Krieg findet die ausgebombte Städtische Oper hier jahrelanges Asyl, bis sie 1961 mit der Deutschen Oper in der Bis-

Die Revue-Tänzerin **Josephine Baker** *gehörte zu den frühen Stars, die im Theater des Westens gastierten. Mit ihrem „Bananentanz" und Darbietungen des Charlestons feierte die Afroamerikanerin weltweit legendäre Erfolge. Sie adoptierte mehrere verschiedenrassige Kinder*

Schmock me, Amade[us] In „FMA – Falco Mee[ts] Amadeus" trifft im Th[e]ater des Westens der schnöselige Wiener Pop-Star der 80er-Ja[h]re auf Mozart, den Po[p] Star des 18. Jahrhunderts. Ein rasant gespieltes Nichts mit Axel Herrig als erstau[n]licher Falco-Lookalike

marckstraße ihr neues Domizil erhält. Wieder kehrt die leichte Muse an die Kantstraße zurück. Das Theater des Westens wird die Spielstätte für Operette und Musical im Westteil Berlins. Johannes Heesters, Zarah Leander, Marika Rökk, Freddy Quinn und Vico Torriani heißen einige der Publikumszugpferde. Nach einer Komplettrenovierung eröffnet das Theater 1984 unter der Intendanz von Götz Friedrich mit Helmut Baumann als Künstlerischem Direktor und mit dem Musical „Guys and Dolls". Baumann beschert dem Haus mit der deutschsprachigen Erstaufführung von „La Cage aux Folles – Ein Käfig voller Narren" einen sensationellen Erfolg, künstlerisch und an der Kasse. Auch Großintendant Friedrich (er leitet zugleich die Deutsche Oper) kann mit der Gershwin-Oper „Porgy and Bess" Aufsehen erzielen. 1993 übernimmt Baumann die Intendanz. Er engagiert Stars wie Angelika Milster, Ute Lemper und Helen Schneider, baut aber auch Talente aus dem Ensemble zu Bühnenpersönlichkeiten auf. Dabei verstaubt das Theater künstlerisch in allen Ehren.

Mit Elmar Ottenthal, vorher Generalintendant in Aachen, zieht 1999 die Marktwirtschaft in die Kantstraße ein. Der unternimmt eine radikale Neustrukturierung des Hauses und sichert sich die Rechte an Uraufführungen und hauseigenen Produktionen verbunden mit Vertrieb und Marketing. Während Vorgänger Baumann im Schnitt vier Inszenierungen im Jahr vorstellte und damit auch das Risiko verteilte, geht Ottenthal aufs Ganze. Er entlässt das Orchester, spielt die Musik kostengünstig vom Band, investiert in eine Surround-Tonanlage und setzt alle Gelder, Hoffnung und Reputation in eine „Welturaufführung", inszeniert vom Intendanten persönlich: „FMA – Falco Meets Amadeus". Der schnöselige Wiener Pop-Star der 80er-Jahre trifft Mozart, den Pop-Star des 18. Jahrhunderts. Ein rasant gespieltes Nichts mit guten Auslastungszahlen: dem Publikum gefällt es besser als der Kritik. Zum Glück, denn nur knapp war das Theater des Westens Ende 1999 an einem erneuten Konkurs vorbeigeschrammt. There's no business like showbusiness. Eben.

Bernhard Paul gründete mit André Heller 1975 den erfolgreichen Circus Roncalli. Nach wenigen Monaten überwarfen sich beide und sprachen fortan kein Wort miteinander. Erst Peter Schwenkow gelang es 1992, beide zu versöhnen und als künstlerische Köpfe für sein neu eröffnetes Wintergarten Varieté zu verpflichten. Bis heute zählt Paul zu dessen Hausregisseuren

Weitere Theater

Die vollständigen Adressen und Infos finden Sie im Register

Der „Maßnahmenkatalog" im BKA verzeichnet: „Einstweilige Vergnügung". Dieses BKA hat natürlich nichts mit dem Bundeskriminalamt zu tun. Für „Berliner Kabarettanstalt" steht die Abkürzung. Aber längst ist dort nicht allein Kabarett zuhause. Entertainment aller Art, vom Chansonprogramm bis zur Hip-Hop-Revue, vom Konzert bis zur Party, finden im Mutterhaus am Kreuzberger Mehringdamm sowie der zweiten Spielstätte im Zelt auf dem Schlossplatz in Mitte statt.

Ans mondäne Nachtleben der zwanziger Jahre des zwanzigsten Jahrhunderts will das Wintergarten Varieté anknüpfen. Selbstbewusst beruft man sich mit dem gewählten Namen auf einen berühmten Vergnügungspalast der damaligen Zeit und macht sich zum Nachfolger einer renommierten Tradition, deren berühmtesten Vertreter Charlie Rivel, Otto Reuter oder Grock sind. Deren

WEITERE THEATER

Originalrequisiten sind in saalhohen Vitrinen aus der Sammlung von Bernhard „Roncalli" Paul ausgestellt. Paul ist auch Hausregisseur des von Peter Schwenkows Stella-Deutsche Entertainment AG betriebenen Varieté. Das kleinste Varieté, ja das kleinste Theater der Stadt überhaupt ist die Scheinbar. Im wohnzimmergroßen Raum schauen die großen und kleinen Künstler der Stadt vorbei. Selbst Ute Lemper ist hier schon mal reingeschneit. Meist ist hier aber engagierter Nachwuchs bei der Sache, der zwar (noch) keinen großen Namen, aber eine gehörige Portion Clownpower hat.

Für klassisches Ensemble-Kabarett stehen dafür Berlins alteingesessene Kabarett-Theater Die Stachelschweine und Distel. Seit 1953 gibt es die Distel, seit 1949 existieren bereits Die Stachelschweine, die heute fest mit dem Namen Wolfgang Gruner verbunden werden. Aber auch andere bekannte Namen gehörten früher zum Ensemble. Ein Kabarettist der ersten Stunde war Günther Pfitzmann, später stießen auch Jo Herbst und Wolfgang Neuss dazu. Zu den frühen Verehrern des Kabarett-Theaters zählte auch Erich Kästner, der ihnen 1953 unter der Überschrift „Überflüssiger Rat" ins Stammbuch schrieb: „Liebe Stachelschweine, lasst Euch nie rasieren!" Durch Fernsehauftritte werden sie bald bundesweit bekannt und bis heute gehört ein Besuch bei den „Stachelschweinen" zum Standard-Programm von Berlin-Touristen, was ihnen den Vorwurf des „Touristen-Kabaretts" einbrachte. Zu harmlos waren meist ihre Programme und längst haben die Stachelschweine nicht mehr die Bedeutung in der Stadt, die sie zu Westberliner Mauerzeiten hatten.

Auf der anderen Seite der Mauer blühte die Distel. Es wagte die Gratwanderung Kabarett zu machen, ohne den Herrschenden im real existierenden Sozialismus auf die Füße zu treten. Man begnügte sich mit Anspielungen und viel sagenden Auslassungen, das Publikum verstand. Walter Ulbricht soll sich 1958 über den Titel „Beim Barte des Proleten" echauffiert haben – der Titel musste geändert werden. Nach der Wende übernahm Gisela Oechelhaeuser das Theater, bis sie als Stasi-IM enttarnt wurde. Unter der Federführung von Inge Ristock und Peter Ensikat pflegt man hier das Ensemblekabarett und versucht sich als „Stachel am Regierungssitz".

Auch die Wühlmäuse am Theo bieten Kabarett, mischen aber kräftig Comedy herein. Hausherr Dieter Hallervorden nutzt es zur öffentlichen Aufzeichnung seiner Fernsehsketch-Programme, ansonsten dient es als Gastspieltheater für Künstler des Genres. Mitunter finden auch Jazz- und Chansonkonzerte statt.

Im Stella Musical Theater läuft tagein, tagaus nur ein Musical: „Der Glöckner von Notre Dame". Immerhin war es eine Premiere, dass ein Disney-Musical weder am Broadway, noch im Londoner Westend uraufgeführt wurde, sondern in Berlin. Mitunter wird personell aufgepeppt. So war etwa Karsten Speck schon in der Rolle des Hauptmann Phoebus in dem Stück nach Victor Hugos großem Roman zu sehen.

Die Sängerin, Tänzerin und Schauspielerin **Ute Lemper** ist auf den Musical- und Cabaret-Bühnen der Welt ein Star. Gleichwohl gehörte sie Mitte der 90er-Jahre auch zu den Stammgästen der Winzbühne Scheinbar. Grund war der dort gastierende amerikanische Stand up-Comedian David Tabatsky – der spätere Vater ihrer Kinder

Obwohl **Dieter Hallervorden** mit seiner Slapstick-Figur Didi als Blödelkomiker bundesweit bekannt wurde, gehört sein Herz dem Kabarett. Bereits im März 1960 gründet er mit seiner Ex-Ehefrau Rotraud Schindler das politische Kabarett „Die Wühlmäuse" in Berlin. Heute ist es ein reines Gastspieltheater, aber auch Aufzeichnungs-Ort seiner öffentlich-rechtlichen TV-Sketche

MUSIK

Die Orchester Berlins erhalten gute Noten von der Musikwelt. **Edle Klänge –** von den Philharmonikern bis zur Staatskapelle, von der Symphonie bis zur Kammermusik

KLASSISCHE MUSIK

Berliner Philharmonisches Orchester

Deutschlands edelster und teuerster Klangkörper

Herbert-von-Karajan-Str. 1, Tiergarten
☎ 254 88-0
✉ presse@berlin-philharmonic.com
Ⓢ Ⓤ Potsdamer Plat[z]
🚌 129/148/200/348
🎫 18-213 DM
🌐 www.berlin-philharmonic.com/index.htm

Das Berliner Philharmonische Orchester gehört zu den Besten der Welt, womöglich ist es gar das Beste. Oder wären das eher die Berliner Philharmoniker? Nun, salopp könnte man sagen, das ist Jacke wie Hose, denn es handelt sich um dieselben Musiker. Allerdings musizieren sie manchmal als Angestellte im öffentlichen Dienst, manchmal aber auch für eigene Kasse. Als jährlich mit rund 25 Millionen Steuer-Mark luxuriös subventionierte Institution der deutschen Hauptstadt firmieren die 122 fest angestellten Musiker unter „Berliner Philharmonisches Orchester". Spielen sie aber Platten ein oder geben ein Konzert in Eigen-Regie, heißen sie plötzlich „Berliner Philharmoniker". Letzteres ist lukrativer, bringt es doch ein hübsches Zubrot zum Gehalt.

Man könnte das böse einen Etikettenschwindel nennen oder „Berliner Filzharmonie" („Der Spiegel"). Doch die Angelegenheit ist juristisch einwandfrei und außerdem hat das Orchester ein Geburtstrauma zu überwinden. 1882, bei der Entstehung dieses heute weltberühmten Klangkörpers, mussten die etwa 50 ambi-

Nicht nur in ihrer Phi[l]harmonie, auch Ope[n] Air in der Waldbühn[e] spielen die Berliner Philharmoniker gern[e]. Und das Berliner Publ[i]kum picknickt zu Live[-]Klassikklängen unter[m] Himmelszelt. Abendgarderobe nicht unbe[-]dingt nötig

ARTE NOVA VOICES

Elena Moșuc:
„Eine ganz besonders schöne Sopranstimme. Von Grund auf romantisch, pikant, delikat und mit dem gewissen Etwas versehen. Die Höhe ist einfach stupend. ...eine der ganz großen Entdeckungen der letzten Jahre!"
(Orpheus, Juni 2000)

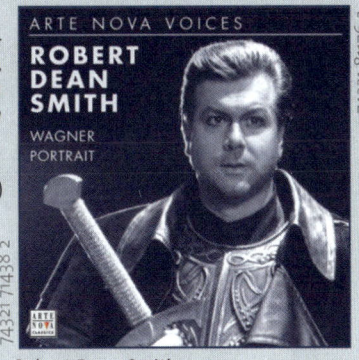

Robert Dean Smith:
„Hört diesen Tenor!
...täuscht mich die vorliegende CD nicht, so ist dies eine der wichtigsten Entdeckungen der letzten Jahrzehnte im Fach der Heldentenöre ..."
(Fono Forum, Stern des Monats, August 2001)

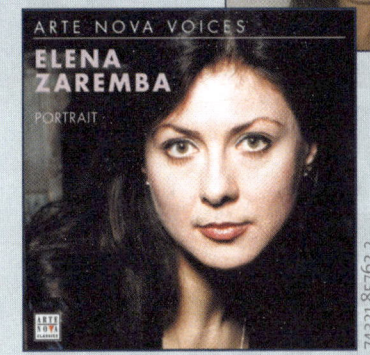

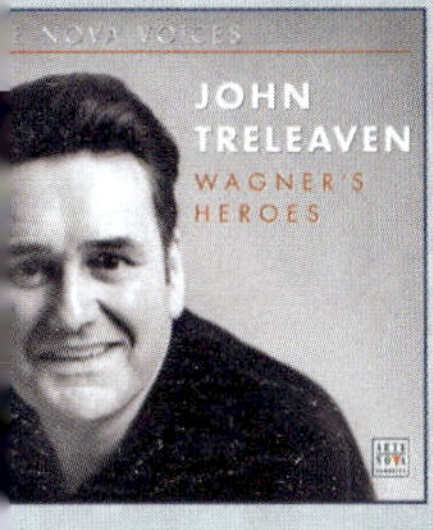

Elena Zaremba:
„... Einer der aufregendsten Mezzosoprane der Gegenwart..."
(Der neue Merker)

Paul Armin & Peter Edelmann:
„Die beiden frischen, angenehm natürlich klingenden Stimmen passen wunderbar zueinander, es ist ein reines Vergnügen, diesem beschwingt und duftig dahingehenden Gesang zuzuhören."
(Klassik heute, Mai 2001)

Roman Trekel:
„Er singt natürlich, ohne artifizielle Tricks, ohne Manierismen ... Trekel lässt die Musik sprechen, ist in seinem Gesang ergreifend ... Oliver Pohl begleitet kongenial."
(Fono Forum, Stern des Monats, Juli 2001)

Klassik heute Empfehlung, Juli 2001

www.artenova.de

"...unschlagbares Informationsangebot." (ZDF)

"...ein für Klassik-Fans unentbehrliches Angebot." (Stern)

"Ein wahres Eldorado für Liebhaber klassischer Musik." (Scala)

www.klassik.co

tionierten Musiker, angetrieben von ihrem autokratisch waltenden und knauserigen Chef Benjamin Bilse, täglich bei Gesellschaften zu Kaffee und Kuchen aufspielen. Sie waren schlecht bezahlt und sollten, horribile dictu, bei Konzertreisen „Holzklasse" fahren.

Später ging es dann aber schnell bergauf mit der „Früheren Bilseschen Kapelle". Namhafte Musiker wie Johannes Brahms oder Hans von Bülow arbeiteten mit dem Orchester, die Familien Mendelssohn und Siemens unterstützten es mit großzügigen Spenden. Bald spielte das „Philharmonische Orchester", wie es inzwischen hieß, die herausragende Rolle nicht nur im Berliner Musikleben. Komponisten wie Peter Tschaikowsky, Edvard Grieg, Richard Strauss und Gustav Mahler dirigierten es. Mit Arthur Nikesch als künstlerischem Leiter nahmen sie 1913 eine Schallplatte mit Beethovens 5. Sinfonie auf. Es war das erste ungekürzte sinfonische Werk auf dem noch misstrauisch beäugten Tonträger, dirigiert von einem großen Dirigenten. Ihm folgte Wilhelm Furtwängler, der mit seiner Art des expressiven Dirigierens prägend für das Orchester wurde. Und dann Karajan.

Herbert von Karajan erarbeitet von 1955 bis 1989 mit dem Orchester gleichermaßen einzigartige Perfektion und Spielkultur. Der Maestro, der stets mit geschlossenen Augen dirigierte, prägte das Klangbild entscheidend. Und die weltweite Vermarktung. Konzerte, Tourneen und zahllose Schallplattenaufnahmen – hier verwandelte sich das Berliner Philharmonische Orchester in die Berliner Philharmoniker – festigen den Weltruhm des Klangkörpers und den Wohlstand der Musiker.

Seit Oktober 1963 residiert das Orchester in der nach unorthodoxen Plänen von Hans Scharoun entworfenen Philharmonie am Kemperplatz, die 1987 um den Kammermusiksaal erweitert wird. Der „Zirkus Karajani" zählt zu den eigenwilligsten Gebäuden Berlins und zeichnet sich durch eine hervorragende Akustik im Inneren aus. 1989 übernimmt Claudio Abbado den Taktstock von Herbert von Karajan, der sich mit seinen Philharmonikern überworfen hatte. Abbado öffnete das Orchester verstärkt für die Moderne und führte alljährliche Schwerpunktthemen ein, denen sich die Philharmoniker speziell widmeten. In der Saison 2000/2001 lautet das Motto „Musik ist Spaß auf Erden" in Anlehnung an den Schluss aus Giuseppe Verdis „Falstaff". Es wird Abbados vorletzte Spielzeit, denn der Italiener ließ seinen Vertrag als künstlerischer Leiter nicht verlängern. Die „Orchesterdemokratie" des Berliner Philharmonischen Orchesters wählte sich mit großer Mehrheit einen unkonventionellen Eng-

Durch hervorragende akustische Verhältnisse zeichnet sich der Konzertsaal der von Hans Scharoun entworfenen Philharmonie am Kulturforum aus. So stehen Weltklasse-Orchester und Schall in erstklassiger Verbindung

länder zum neuen Chefdirigenten ab der Saison 2002/2003 – Sir Simon Rattle.

Schon vor Amtsantritt sorgte der designierte Chef für Furore. Im Frühjahr 2001 holte er mit seinem zukünftigen Orchester einen Grammy nach Deutschland. Den begehrten Musikpreis der amerikanischen Recording Academy erhielt das Berliner Philharmonische Orchester in der Kategorie beste Orchester-Darbietung für die Schallplatteneinspielung der 10. Symphonie von Gustav Mahler – natürlich als Berliner Philharmoniker.

Berliner Staatskapelle

König Friedrichs Band – Das älteste Orchester der Stadt

Für ihren Jahrgang sieht sie noch ziemlich gut aus, gehört zur Haute Couture der Tonkunst. Über 530 Jahre ist die Berliner Staatskapelle alt! Das hat sie schriftlich. 1570 stellte ihr Kurfürst Joachim II. von Brandenburg die Geburtsurkunde aus, in dem er ihr eine Kapellordnung verpasste. Die sah beispielsweise vor, dass die Musiker „im Musicieren keine saw machen" sollen, auch Muggen, kleine musikalische Gelegenheitsgeschäfte, waren nicht erlaubt. Streng waren die Sitten.

Also die Berliner Staatskapelle ist zweifellos das älteste Orchester der Stadt. Später wurde sie befördert zur königlich-preußischen Hofkapelle und begleitete den Kronprinz und späteren Kö-

Deutsche Staatsoper, Unter den Linden 7, Mitte

☎ 20 35 45 55

✉ subscribe@berliner staatskapelle.de

Ⓢ Friedrichstraße/ Unter den Linden

Ⓤ Französische Straße Stadtmitte

🚌 100/157/200/348

🎟 22-70 DM

💻 www.berliner-staatskapelle.de

Als Lockenkopf **Sir Simon Rattle** vom Berliner Philharmonischen Orchester zum neuen künstlerischen Leiter gewählt wurde, waren alle zufrieden. Die Musiker, das Publikum und auch die Kritiker. Von dem unkonventionellen britischen Dirigenten erhoffen sich alle, die überfällige Verjüngung des Publikums. Sehr gern betont Rattle satirische, parodistische Momente in der Musik

nig Friedrich II. beim Flötenspiel. Sie war also das, was man heutzutage Friedrichs Band nennen würde. Inzwischen rührt sie, dirigiert von Daniel Barenboim, mitunter hartgesottene Bundespolitiker mit Beethovens brillanten Notenschleiern oder Wagners deftigen Tönen zu Tränen. Barenboim ist seit 1992 Generalmusikdirektor des Orchesters und Künstlerischer Leiter der Staatsoper Unter den Linden, und steht damit in einer Reihe illustrer Namen wie Richard Strauss, Leo Blech, Wilhelm Furtwängler, Bruno Walter, Otto Klemperer und Herbert von Karajan.

Nur die bedeutendsten Taktstockmeister ihrer Zeit waren und sind gut genug für diese Champions der Klassikliga. Ihren Klangkörper in Schwingung versetzen durfte auch in den letzten Jahren nur die Crème der Dirigentenszene, darunter Pierre Boulez, Christoph von Dohnányi, Christoph Eschenbach, Zubin Mehta, Fabio Luisi, Kent Nagano, Peter Schreier, Sir Georg Solti und nur eine Frau: Simone Young.

KLASSISCHE MUSIK

m Stil des preußischen Klassizismus erstrahlt die einstige Hofoper Friedrich des Großen, die heutige Staatsoper Unter den Linden. Hier konzertiert die von Daniel Barenboim geleitete Berliner Staatskapelle, das älteste Orchester der Stadt

Deutsches Symphonie Orchester

Führendes Orchester in Sachen Avantgarde-Musik

Alle guten Dinge sind drei. Und dreimal änderte dieses Orchester im Laufe von 50 Jahren den Namen. Als Nachkriegs-Radioorchester wurde es 1946 gegründet beim Rundfunk im amerikanischen Sektor (RIAS). Folglich taufte man es RIAS-Symphonie-Orchester. Die Amerikaner leisteten sich den Spaß, denn man wollte dem von den Sowjets gelenkten Berliner Rundfunk etwas entgegensenden. Erstes Aufsehen erregte das Orchester 1948 mit einem Gershwin-Abend unter Sergiu Celibidache, der gerade die Leitung der Berliner Philharmoniker an den unter den Nazis geschassten Wilhelm Furtwängler zurückgegeben hatte.

Als die Amerikaner genug von dem Spaß hatten und den Geldhahn in den fünfziger Jahren wieder zudrehten, gründete das Orchester eine Gesellschaft bürgerlichen Rechts und wechselte den Sender. Man schloss einen Vertrag mit dem neu gegründeten Sender Freies Berlin. Damit wurde es Zeit für Namen Nummer Zwei: Radio-Symphonie-Orchester. Das hatte immerhin den Vorteil, dass die Initialen beibehalten werden konnten: RSO.

Bei der dritten Namensfindung ging das nicht mehr. 1993 erhielt es seinen heutigen Namen: Deutsches Symphonie Orchester (DSO). Hauptsächlich deshalb, um eine Verwechslungsgefahr mit dem fast gleichnamigen Rundfunk-Sinfonieorchester Berlin (RSB) zu vermeiden, die mit der wieder vereinigten Orchesterlandschaft entstanden war. Obgleich das Wort Radio nun nicht mehr im Namen vorkommt, gehört das ohne feste Spielstätte konzertierende DSO zur Rundfunk-Orchester und -Chöre GmbH, einer Gründung von DeutschlandRadio, dem Bund, dem Land Berlin und dem SFB.

Seinen Namen machte sich das Orchester vor allem auf dem Gebiet der Avantgarde-Musik. Hierin zählt es zu einem der weltweit führenden Orchester. Seit September 2000 ist Kent Nagano als Nachfolger von Vladimir Ashkenazy Chefdirigent und künstlerischer Leiter.

Charlottenstr. 56, Mitte
20 29 87 11
tickets@dso-berlin.de
Stadtmitte
20–82 DM
www.dso-berlin.de

KLASSISCHE MUSIK

Konzerthaus Berlin Berliner Sinfonie-Orchester

Repräsentativ: Klassische Musik am historischen Ort

So viel Tradition, so viel Geschichte atmet dieses Haus. Hier erlebte Webers „Freischütz" seine legendäre Uraufführung, hier wurden die Konzerte Paganinis und Liszts frenetisch gefeiert, hier dirigierte Wagner seinen „Fliegenden Holländer" erstmalig in Berlin. Dieser Ort ist richtig vornehm. Hier kann die Hauptstadt ein bisschen Sonnenkönig spielen, weshalb das von Karl Friedrich Schinkel 1818-1821 errichtete Schauspielhaus, am traditionsreichen Gendarmenmarkt gelegen, auch äußerst beliebt ist für staatliche Empfänge sowie Fest- und Galaveranstaltungen. Es gehört zu den Meisterwerken klassizistischer Architektur in Deutschland. Als Ergänzung zur Lindenoper wurde die Bühne als königliches Schauspielhaus 1821 eröffnet. Gut hundert Jahre später wirkte hier in brauner Zeit von 1934 bis 1945 der Regisseur und Schauspieler Gustaf Gründgens als Intendant, dessen sich selbst genügendes Künstlertum unter der Barbarei des Faschismus Klaus Mann in seinem Schlüsselroman „Mephisto" kritisiert. Nach seiner Zerstörung im 2. Weltkrieg wurde der Prachtbau erst 1984 wieder eröffnet. In den drei Spielstätten Großer Saal (mit der prachtvollen Jehmlich-Orgel), Kleiner Saal und Musikclub finden etwa 550 Veranstaltungen jährlich statt. Das in Konzerthaus umbenannte Schauspielhaus am Gendarmenmarkt ist seit 1994 auch Heimstatt des Berliner Sinfonie-Orchesters. 1952 als Städtisches Orchester gegründet, erlangt es als eines der besten Orchester der DDR schnell internationalen Ruhm. In die vom Konzerthaus in jeder Spielzeit gesetzten thematischen Schwerpunkte ist das Orchester ebenso eingebunden wie in Konzerte der Berliner Festwochen, der Musik-Biennale und den Choriner Musiksommer. Nach einer Phase ohne künstlerische Leitung ist zur Spielzeit 2001/2002 Eliahu Inbal zum neuen Chefdirigenten gewählt. Viele Musiker scheinen übrigens nicht richtig ausgelastet zu sein, denn sie entfalten neben ihrem Orchesterengagement eine rege Kammermusiktätigkeit. Mehrere Kammermusikensembles, darunter die Berliner Sinfonietta und das „Super nova percussion ensemble", rekrutieren sich aus dem Orchester. Auch schön.

Gendarmenmarkt 2, Mitte
203 09-0
ticket@konzerthaus.de
S Friedrichstraße oder Unter den Linden
U Französische Straße Stadtmitte oder Hausvogteiplatz
100/147/148/157/200/257/348
10-90 DM
www.konzerthaus.de

Gustaf Gründgens war wohl der berühmteste und auch umstrittenste deutsche Schauspieler, Theaterleiter und Regisseur des 20. Jahrhunderts. Nach der Machtergreifung der Nazis und unter der unmittelbaren Schirmherrschaft Hermann Görings wurde Gründgens Generalintendant des damals wichtigsten Staatstheaters, dem Schauspielhaus am Gendarmenmarkt, heute Konzerthaus Berlin

Das Konzerthaus am Gendarmenmarkt mit dem Schiller-Denkmal zählt zu den Meisterwerken klassizistische Architektur in Deutschland. Natürlich ein Schinkel-Bau, seit 1994 auch Heimstatt des Berliner Sinfonie Orchester

Rundfunk-Sinfonieorchester Berlin

Und jetzt Musik: Ältestes (Radio-)Sinfonieorchester

Das gute alte Dampfradio hat sie alle zusammengebracht. Viele bedeutende Komponisten von Arnold Schönberg bis Richard Strauss dirigierten hier ihre eigene Musik; Paul Hindemith oder Sergej Prokofjew spielten eigene Werke mit dem Funkorchester. Igor Strawinsky leitete die Welturaufführung seines Violinkonzertes am 23. Oktober 1931. Chefdirigenten wie Bruno Seidler-

Charlottenstr. 56, Mitte
20 29 87 15
info@rsb-online.de
U Stadtmitte
18-54 DM
www.rsb-online.de/index.html

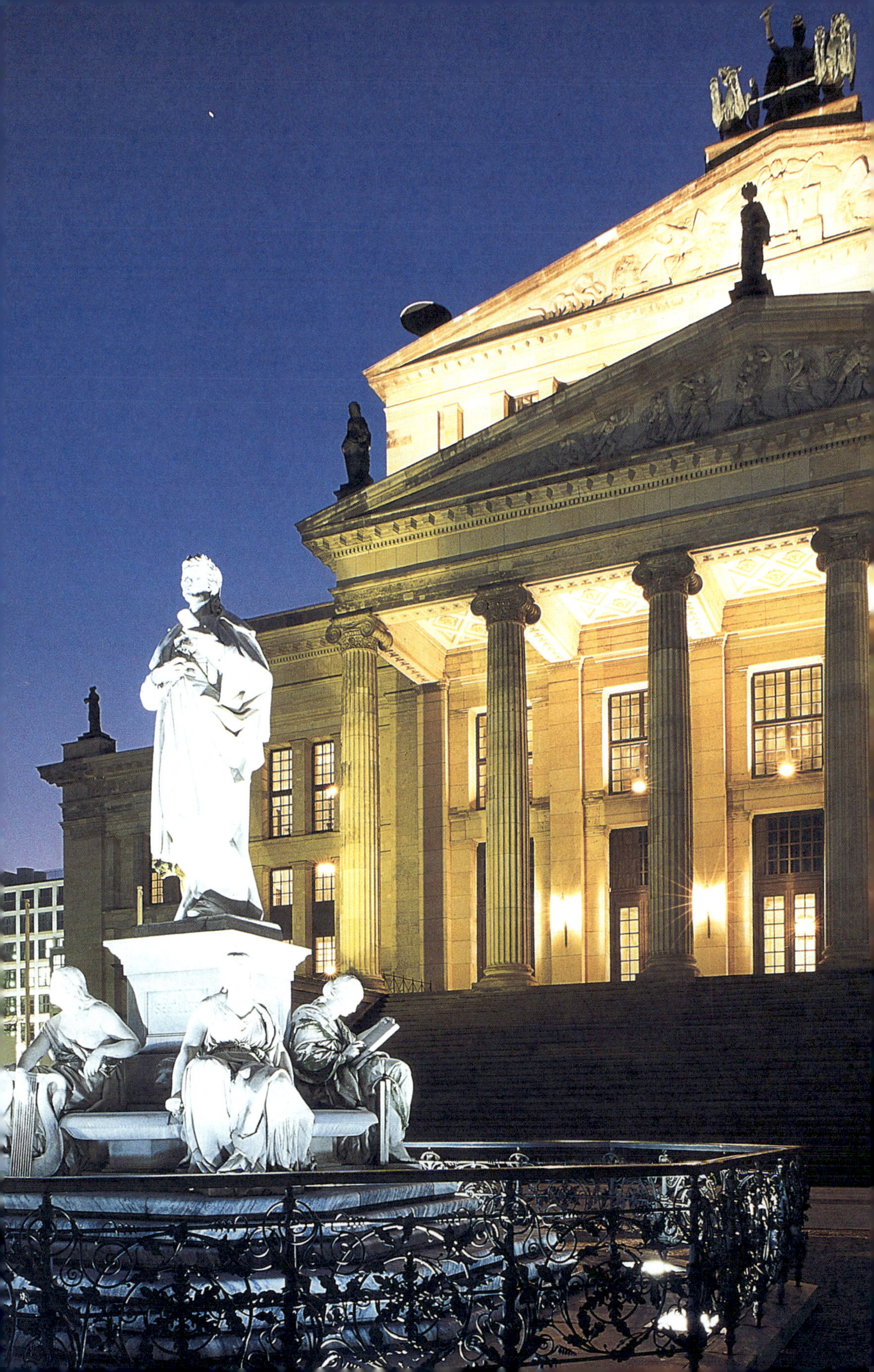

KLASSISCHE MUSIK

Winkler, Eugen Jochum, Sergiu Celibidache, Gäste wie Bruno Walter, Erich Kleiber, Hermann Scherchen, Herbert von Karajan, Otto Klemperer oder Yehudi Menuhin klopften beim Rundfunk-Sinfonieorchester Berlin den Takt.

Es ist das älteste Sinfonieorchester unter den Radioorchestern. Bereits 1923 konnte man sich Radio ohne Musik nicht vorstellen. Das Orchester aus den Pioniertagen des Rundfunks war Hausorchester im Haus des Rundfunks in der Masurenallee, wo es nach 1945 das erste Konzert nach dem II. Weltkrieg gab. In der DDR wurde es Orchester des Staatlichen Rundfunkkomitee. Die Aufführung des „War Requiems" von Benjamin Britten auf dem Festkonzert, zu dem Bundespräsident Dr. Richard von Weizsäcker am 2. Oktober 1990, dem Vorabend des Tages der Deutschen Einheit, in die Berliner Gethsemane-Kirche eingeladen hatte, wurde zum sinnfälligen Startschuss für eine neue Ära des Rundfunk-Sinfonieorchesters. 1994 übernahm Rafael Frühbeck de Burgos den Taktstock. Der Spanier pflegte neben dem bisherigen Repertoire von Werken des 19. und 20. Jahrhunderts die Musikliteratur seiner Heimat. Drastische Stellenkürzungen sorgten für Unruhe im Orchestergraben. De Burgos kündigte seinen Vertrag Ende 1999 vorzeitig, doch die Suche nach einer neuen künstlerischen Profilierung des Orchesters ist damit natürlich nicht beendet.

KLASSISCHE MUSIK

Unerhörte Musik im BKA,
Mehringdamm 34, Kreuzberg
☎ 202 20 07
✉ bka@bka-berlin.de
🚇 Mehringdamm
🎫 15, erm. 10 DM
🌐 www.bka-berlin.de

Unerhörte Musik

Mal reinhören: Wöchentliches Forum für Neue Musik

Eigentlich dient der Ort vornehmlich dem Entertainment von Chanson bis Kabarett. Doch jeden Dienstagabend steht etwas völlig anderes auf dem Spielplan. Die Reihe „Unerhörte Musik", die einzige wöchentliche Konzertreihe für Neue Musik, besteht seit 1989. Rainer Rubbert, ausgebildeter Komponist und im Leitungsteam des BKA, schuf mit Gegenwartsmusik unterschiedlichster Herkunft und Richtung für einen Abend pro Woche ein Forum in den Räumlichkeiten dieser Bühne. Einblick in das aktuelle Schaffen in Berlin lebender Künstler gibt die verdienstvolle Reihe, die sich trotz Förderung durch die Senatsverwaltung für Kultur und Wissenschaft gerade so trägt. Es war schon immer etwas schwerer, einen besonderen Geschmack zu haben. Über 700 Werke sind in zehn Jahren aufgeführt worden.

Kammermusik

Die vollständigen Adressen und Infos finden Sie im Register

Dass jemand auf dem Schlossplatz, im Herzen der Stadt zwischen Deutschem Dom und dem traurigen Palast der Republik, campen darf, ist nur dem BKA-Luftschloss gelungen. Der Zeltbau auf prominenter Stelle gehört zum Kreuzberger BKA (Berliner Kabarett Anstalt), wo wöchentlich „Unerhörte Musik" stattfindet

Eigentlich war Kammermusik ja das nichtöffentliche Musizieren im kleinen Kreis, sehr populär bei den Fürstenhäusern vergangener Jahrhunderte. Inzwischen fällt unter diesen Begriff eigentlich alles, was nicht Kirchen- oder Theatermusik ist. Das reicht vom Trio bis zum 30-köpfigen Kammerorchester. Ob Alte Musik oder Neue, ob barock oder improvisiert – es gibt Dutzende von Ensembles in Berlin, die sich der Kammermusik widmen. Teilweise rekrutieren sie sich aus den großen Orchestern, teilweise aus den Musikschulen und Universitäten, teilweise sind es Freie Gruppen, die meist avantgardistische Traditionen und Neue Musik pflegen. Eine der wichtigsten Freien Gruppen in diesem Segment ist das **Ensemble Oriol.** Auf etlichen internationalen und nationalen Wettbewerben ist das Konzert- und Opernorchester mit Preisen überhäuft worden. Es weiß, dass Musik grenzenlos ist und widmet sich ihr deshalb umfassend von 1600 bis zur Gegenwart. Das übrigens mitunter durchaus alles innerhalb eines Konzertes. Häufig werden die Werke, wie es sich für Kammermusik eigentlich gehört, ohne Dirigent gespielt.

Vor allem auf Neue Musik festgelegt haben sich dafür andere Gruppen wie das **Ensemble United Berlin**, das **Kammerensemble Neue Musik**, das **Modern Art Sextet**, das auch Klassiker der Moderne von Schönberg bis Eisler pflegt, oder das **ensemble mosaik**, das 1997 aus dem Umfeld der Hochschule für Künste entstanden ist.

Die **Akademie für Alte Musik** trägt ihr Profil bereits im Namen. 1982 ist es in Ostberlin von Mitgliedern des Rundfunk-Sinfonieorchesters, des Berliner Sinfonie-Orchesters und der Staatskapelle Berlin gegründet worden. Musiziert wird mit historischen Instrumenten, um den ursprünglichen Klang der Kompositionen stilgetreu wiederzugeben. Aus Mitgliedern der großen Sinfonie-

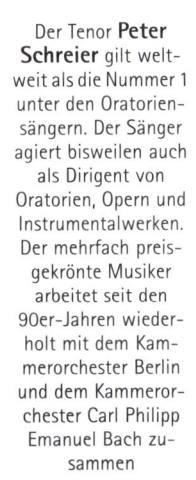

Der Tenor **Peter Schreier** gilt weltweit als die Nummer 1 unter den Oratoriensängern. Der Sänger agiert bisweilen auch als Dirigent von Oratorien, Opern und Instrumentalwerken. Der mehrfach preisgekrönte Musiker arbeitet seit den 90er-Jahren wiederholt mit dem Kammerorchester Berlin und dem Kammerorchester Carl Philipp Emanuel Bach zusammen

RADIO 3

Die ganze

Berlin/Havelland 96,3
Prignitz 91,7
Oderland 96,8
Fläming 100,2
Lausitz 104,4
Uckermark 104,4

RADIO 3 von NDR und ORB

Klassik.

ORB · NDR

RADIO 3

KLASSISCHE MUSIK

orchester aber auch aus freischaffenden Musikern besteht das Deutsche Kammerorchester. Kurz nach der Wende gründete es sich im Dezember 1989 mit Künstlern aus Ost und West. Auch die Camerata instrumentale Berlin wurde von Mitgliedern renommierter Orchester gegründet. Ihr Repertoire umschließt die Musik der Klassik und Romantik bis zum 20. Jahrhundert. Merkmal dieser Gruppe ist, dass sie die Werke in ungewöhnlichen Besetzungen interpretiert. Aus den Reihen des Berliner Sinfonie-Orchesters rekrutieren sich gleich mehrere Kammermusikensembles. Zu den festen Gruppen zählen das Finsterbusch-Trio, das Klavierquartett Tauthaus-Ensemble, das Ensemble Liberamente Berlin, das Blechbläserensemble des BSO, das Super nova percussion ensemble sowie die Berlin Sinfonietta.

Bereits 1943 wurde das Berliner KammerOrchester (BKO) gegründet. 1993 formierte der Berliner Dirigent Roland Mell das Ensemble neu. Es ist eine international bunt zusammengesetzte Gruppe, die sich sowohl den Werken der Bach-Zeit als auch zeitgenössischer Musik widmet. Erst 1987 wurde das Neue Berliner Kammerorchester gegründet, weshalb es sich ja auch „neu" nennt. Es rekrutiert sich aus Mitgliedern verschiedener Berliner Orchester und spannt in seinem Repertoire einen Bogen vom Barock bis zur Musik der Gegenwart. Aus 16 bis 36 Mitgliedern besteht das Kammerorchester Berlin. 1945 von Helmut Koch gegründet arbeitete es in der Vergangenheit mit illustren Musikern wie Peter Schreier, Ludwig Güttler, Jeffrey Tate oder Kurt Masur zusammen. Schwerpunkt des Ensembles liegt in der klassischen Musik, wo besonders Werke des Barock und der Wiener Klassik gehegt werden. Peter Schreier ist auch ständiger Gastdirigent des folgenden von Hartmut Haenischen seit 1982 geleiteten Ensembles, das seine Wurzeln in der DDR hat. Das Kammerorchester Carl Philipp Emanuel Bach widmet sich der Berlin-Brandenburgischen Musiktraditionen, mit gelegentlichen Ausflügen zu zeitgenössischen Werken.

Über notierte Noten hinauszugehen, versucht das BICE. Der Name steht für „Berlin Improvising Composer's Ensemble", das die „Spontanität improvisierter Musik mit der strukturellen Strenge geschriebener Musik" verbinden will. Das liest sich so kompliziert wie die Gruppe mitunter klingt. Immerhin schrieben viele zeitgenössische Komponisten, etwa Mario Bertoncini, Helmut Zapf, Paul Gutama Soegijo oder Chico Melles für die fünfköpfige Gruppe. Sie macht „Weltmusik" im eigentlichen Sinne, verschmelzt zeitgenössische Musikstile mit europäischen und außereuropäischen Traditionen.

Neben diesen Gruppen gibt es noch eine Vielzahl weiterer Gruppen, darunter das von Claudio Abbado gegründete Mahler Chamber Orchestra, das sich allerdings nicht nur den Werken Gustav Mahlers widmet, oder das Schaffrath Kammerorchester Berlin, das sich Klängen der Bach-Zeit verschrieben hat.

Seit **Claudio Abbado** 1989 den Taktstock der Philharmoniker von Karajan übernommen hatte, öffnete er das Orchester verstärkt für die Musik des 20. Jahrhunderts. Auch um den musikalischen Nachwuchs kümmert er sich. 1978 gründete er das Jugendorchester der Europäischen Gemeinschaft und 1986 das Gustav Mahler Jugendorchester. Dazu ist er künstlerischer Berater des Mahler Chamber Orchestra

LIVEMUSIK

Ob rauchiger Kellerclub oder edle Jazzbar – **Livebands** vom Jazztrio bis zum Swingorchester kann man an vielen Orten erleben. Hier sind ein paar Klassiker für World, Swing und all that Jazz

LIVEMUSIK

World, Swing and all that Jazz

Die vollständigen Adressen und Infos finden Sie im Register

Hier dringt kein Ton nach draußen. Dreifach schallgedämmt sind die Großfenster, drinnen ist der Sound dafür durchaus hörbar. Angenehm ausgepegelt durch digitale Tonstudiotechnik präsentiert sich im **A-Trane** Jazz und Jazzverwandtes. Damit bietet es natürlich auch prima Voraussetzungen für Konzertmitschnitte, was etliche Bands bereits für Aufnahmen „Live at A-Trane" genutzt haben. Seit Herbst 1992 gibt es diesen Club, deren türkischer Inhaber Sadal mit Leidenschaft für diese Musik am Werk ist. Zweifelsohne die Grundvoraussetzung, damit aus dem Laden ein kompetentes Forum für „Quality in Jazz" werden konnte. Der Name des Jazzlokals ist übrigens eine spielerische Zusammensetzung aus dem Duke Ellington Titel „Take the ‚A' Train" und dem zweiten Namensteil des Musikers John Coletrane. Außerdem hat es für den Betreiber den nicht zu verachtenden Effekt, dass das A-Trane in den Programmauflistungen der Stadtmagazine immer an erster Stelle auftaucht.

Weitaus älter ist das **Quasimodo**. Dieser Club hat nichts mit dem Glöckner von Notre-Dame zu tun. Auch nichts mit Salvatore Quasimodo, dem italienischen Literaturnobelpreisträger von 1959. Das Quasimodo ist vielmehr Berlins langlebigster und originärster Jazzclub. Ein echtes Kellerkind. Oben das Delphi-Kino, darunter das Quasimodo-Café und darunter – der Jazzkeller. Tiefschwarze Decken und Wände, ein paar kleine Tische vor der Bühne, die zu manchen Konzerten schnell weggeräumt sind, an der Seite ein weitgestreckter Tresen. An den Wänden hängen Fotos der Musiker, die hier bereits auf der Bühne standen: Don Cherry, Art Blakey, Dizzy Gillespie, Chet Baker oder Betty Carter. Ein kleines Who is Who des Welt-Jazz. Einige der Fotos hat der Chef selbst geschossen: Giorgio Carioti, ein Italiener in Berlin. Seit 25 Jahren geben sich in seinem Laden die Größen der Jazz- und Worldmusik die Notenblätter in die Hand. Es gibt Musiker,

Der große Jazz-Trompeter **Chet Baker** blies wenige Monate vor seinem Tod 1988, noch einmal im verqualmten Keller des Quasimodo, diesen erstaunlich sanften Cool-Jazz-Ton durchs Horn. Und zeigte, äußerlich nach vielen Drogenjahren ein menschliches Wrack, welche großartige musikalische Kraft noch in ihm steckt. Let's get lost!

Ob im Quasimodo (links) oder im b-flat (rechts), ob dunkel und verraucht oder rote Samtbezüge und versonnene Blicke gen Straßenhorizont – Hauptsache, es swingt hübsch „blue" auf der Bühne und das Bi ist kühl

78

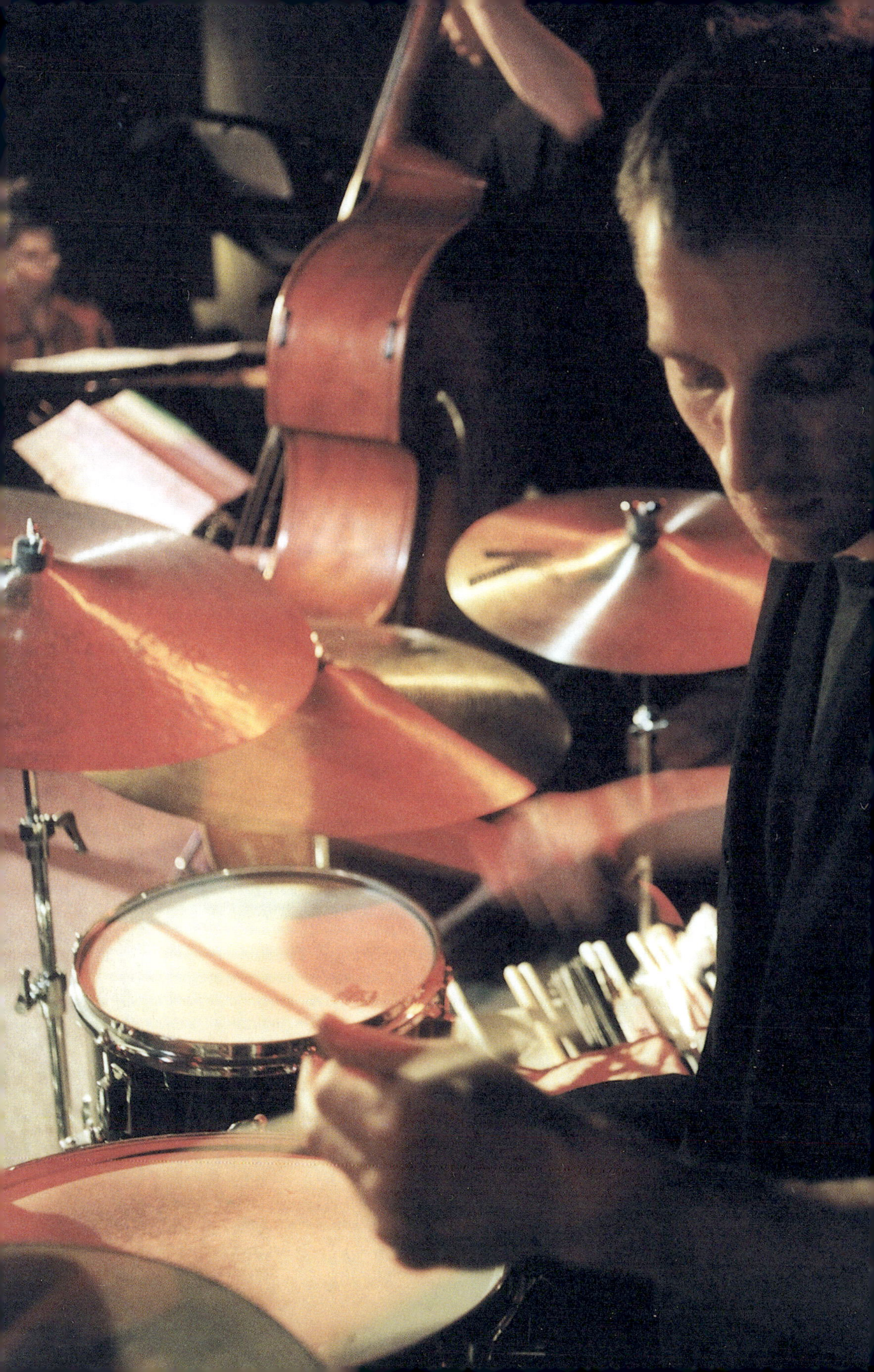

LIVEMUSIK

etwa der brasilianische Gitarrist João Bosco oder der amerikanische Gitarrist Pat Metheny, die obgleich sie weitaus größere Säle als das Quasimodo füllen, es vorziehen, in dem kleinen Kellerclub zu konzertieren. Auch zum 25. Jubiläum des Jazzclubs ließ es sich Metheny nicht nehmen, zum Auftakt seiner Welttournee mit Michael Brecker und ihrem Special Quartet im Keller an der Kantstraße zu spielen. Inzwischen öffnet Carioti seinen Club nicht nur dem Jazz, längst haben World-, Soul- und gelegentlich auch Rockmusik im Keller Einzug gehalten. Überhaupt sieht er das Clubmachen eher pragmatisch. Ohne sein gutgehendes Café eine Etage höher, würde sich das Risiko eines solch kleinen Livemusikortes nicht rechnen. So praktiziert der studierte Betriebswirt also ganz private Umverteilung von oben nach unten. Auch die Junction Bar gehört zu den besseren Live-Adressen Berlins. Im Herzen Kreuzbergs liegt sie und hält hier seit Jahren die Stellung, obwohl der einstige Rebellenbezirk als Ausgehmeile nach der Wiedervereinigung in der Beliebtheit längst von Prenzlauer Berg, Mitte und Friedrichshain abgehängt wurde. Dabei war die Junction Bar früher genauso zweigeteilt wie die Frontstadt. Allerdings brauchte dafür tatsächlich niemand die Absicht zu haben, eine Mauer zu errichten. Die ergab sich architektonisch ganz natürlich durch die Etagendecke. Aber Café (oben) und Kellerclub (unten) übten friedliche Koexistenz. Schließlich war der Besitzer lange Zeit derselbe. Der kleine Grenzverkehr lief über die Straße, eine Innentreppe gibt es nicht. Heute heißt das Café „Black Bar" und der Keller sorgt unter dem etablierten Namen – aber mit neuer Besitzerin – allnächtlich dafür, dass die Eigenwerbung „The Place for Live Music" keiner Lüge gestraft wird. Jazz, Pop, Blues, Brasil, Rap und Funk – anything goes, Hauptsache live gespielt. Das Ambiente ist gruftigschwarz, lässt ein Faible für mit Alufolie umkleidete Stützbalken erkennen und ist stilvoll verraucht. Man reicht zur Musik am liebsten Beck's aus der Flasche, aber auch den einen oder anderen Cocktail (ab 9 DM) und hält auch kleine Snacks parat. Wer größeren Hunger hat oder dem Trubel zwischendurch entfliehen will, kann natürlich wieder rübermachen ins Hochparterre. Bis spät in die Nacht gibt es hier kleine Gerichte und vor allem genügend Sitzplätze. Unten steigen derweil nach den Konzerten meist Partys mit wechselnden DJs.

Das Taba ist Treffpunkt der Berliner Brasilszene. Besonders sonntags. Da gibt es zur Livemusik auch noch Feijoada, das brasilianische Nationalgericht, für zehn Mark. Gerade in einem tendenziell kalten Land wie Deutschland gibt die Sehnsucht nach Wärme dem brasilianischen Klischee von tropischen Stränden und ewig sambatanzenden Mulattinnen in sündig knappen Tangas unterm Zuckerhut hübsch Nahrung. Jassa Mariano, der Wirt aus São Paulo, weiß das. Wer ins Taba kommt, will betrogen werden, will Bacardi-Feeling, will die passende Sommer-Matrix: Spaß, Samba, Sinnlichkeit. Man trinkt Caipirinha, natürlich. Eigentlich ist Jassa gar kein Wirt sondern Musiker. Und er hat eine Mission. Er versteht sich als „Mittler zwischen den Welten", weshalb er auf seiner ersten CD „Chegada Global" (Globale Ankunft) auf portugiesisch und auf deutsch singt. Natürlich greift er auch in seinem Lokal mitunter in die Saiten, begleitet von einigen der

*Stammgast im A-Trane ist der Berliner Jazz-Star **Till Brönner**. Nicht nur auf der Bühne, er feiert schon mal seinen Geburtstag in dem Club und schaut abends gerne mal auf ein Bier herein. Sein Stil, die Trompete zu blasen, wird immer wieder mit Chet Baker verglichen. Deshalb gab er einer CD gleich den Titel: „Chattin With Chet"*

Der Schauspieler und Wirt Ben Becker gibt der Trompete meistens den Takt an, aber nackte Tänzerinnen gehören eigentlich nicht zum normalen Ambiente der Bar. Dafür Stars, Sternchen, Sänger, Schlipsträger und Sendungsbewusstsein

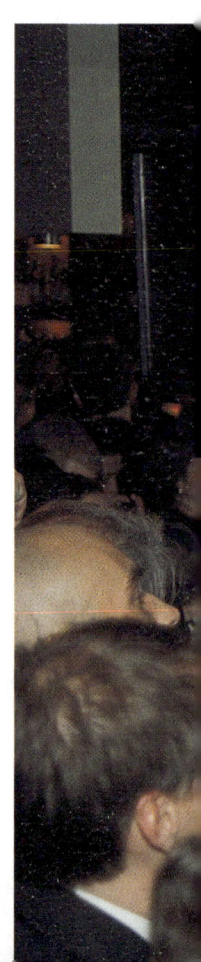

besten Brasil-Musiker Berlins. Meist überlässt er die Bühne jedoch anderen Spielern, darunter gelegentlich auch Stars aus der tropischen Heimat. Belchior, João Bosco oder Geraldo Azevedo, die zuhause große Säle füllen, traten hier schon auf. Da keimt dann in den Liedern schon mal was davon auf, was Brasilien auch ist: Illusion gelungener Rassenharmonie, ein Ort, in dem Tod und Vergnügen ebenso dicht beieinander leben wie die Bewohner der Favelas, der Elendsviertel. Aber das behalten wir jetzt mal im Hinterkopf. Jetzt gilt Frieden, Freude, Feijoada!

Zwei Berliner Koryphäen des Nachtlebens stehen hinter der **Trompete**. Im April 2000 wurde sie von dem trinkfesten Schauspieler Ben Becker und Dimitri Hegemann, einem Mastermind der Technoszene und Mitgründer des Tresor in Mitte, gegründet. Eine Clubneugründung im Westen der Stadt galt seinerzeit als entzückende Variante zum Geldverbrennen. Inzwischen hat sich die Bar mit angeschlossenem Livemusik-Betrieb nebst häufig anzutreffendem Schauspielerstar durchgesetzt. Ist Becker mal nicht da, posiert der Clubchef als Schwarzweiß-Print mit Hemingways „Der alte Mann und das Meer" neben anderen Kubaner-Fotos an der Wand. Vor der Tür hängt eine Trompete hinter Glas, die schon mal PR-trächtig geklaut und wiederbeschafft wurde. Drinnen hat in einer kleinen Vitrine Che Guevara sein Lager aufgeschlagen und somit stoßen in der Trompete ein kommunistischer Freiheitskämpfer und kapitale Leistungsträger der Gesellschaft gemeinsam ins Horn, denn viele Workaholics und Geschäftsrei-

LIVEMUSIK

sende schauen aus den umliegenden Hotels auf der Suche nach Entspannung vorbei. Hier fängt die Nacht früh an, DJs legen sich schon ab neun Uhr ins Zeug. Sind die Schlipsträger weg, weit nach Mitternacht, wird es richtig gemütlich, dann hat auch Becker seine Krawatte gelockert und steigt mit Whiskyglas in der Hand schon mal zur Band auf die Bühne. Ben Becker kann nicht singen, das aber mit Ausdruck. Es gibt auch einen Drink zum Chef: Der „Big Ben" (Gin, Grenadine, Orangensaft, Bitter Lemon, Limette) enthält weitaus weniger Alkohol als man vermuten möchte. Dafür hat Becker Sendungsbewusstsein. Es gibt eine wöchentliche Radiosendung in der Trompete, „Mars-Radio" – die allerdings nur vor Ort auch zu hören ist.

Das **b-flat** ist ebenfalls irgend etwas zwischen Jazzclub und Cocktailbar, doch Jazz wie Cocktails haben bekanntlich eine gemeinsame Herkunft: beide entstanden, gerührt und geschüttelt, zwischen Baumwollkaschemmen und Bourbonstreet in New Or-

Mittwochs ist Swingtime im b-flat. DJ Jörg Buntenbach und das Swing Dance Orchester bringen Hüften in Schwung. Das ist Traditionspflege. Denn schon Ende der 30er-Jahre wurde in Berliner Tanzsalons geswingt

leans. Der Schwerpunkt im b-flat liegt jedoch eindeutig auf dem Jazz. Den legt man hier schon mal großzügig aus. Jeden Sonntag mutiert der Club zur Tangobar. Und jeden Mittwoch zum Swinglokal and all that jazz! Der DJ Jörg Buntenbach knüpft damit an eine alte Berliner Tradition an, denn schon Ende der 30er-Jahre wurde in Berliner Tanzsalons geswingt, damals natürlich illegal. Der schwarze Sound aus dem Hüftgelenk passte nicht zum Sturmschritt der Nazis.

Auch der **Schlot** bietet häufig Jazz vom Feinsten. Vor allem ist dieser Jazzkeller ein beliebter Treffpunkt der Berliner Szene. Daneben finden regelmäßig auch Kleinkunst- und Comedy-Programme statt. Im **Badenschen Hof** gibt es zum gepflegten Live-Jazz auch gepflegte Küche mit Cajun-Food-Gerichten, den Speisen aus New Orleans, und das alles im gepflegten Wilmersdorf mit Vorgarten.

CLUBS

Ab durch (die) Mitte: Wer im Berliner **Nachtleben** tanzen möchte, hat die Wahl zwischen Jungle, Hip-Hop und Techno, Salsa, Swing und Tango, zwischen Kellerclubs in Untergangsoptik und schicken Edel-Lounges

Grüner Salon

Salonkultur mit Talk und Tango

Das ist die S-Klasse des Berliner Nachtlebens. Salsa, Swing und Salonkultur. Aus diesen Ingredienzien besteht das Programm, mit dem Salondame Yvonne Helmboldt sich im Gebäude der Volksbühne eingemietet hat. Seit geraumer Zeit kommen auch noch zwei T's dazu: Tango und Talkshow. Denn die Gesprächsrunde „Der Grüne Salon" mit Erich Böhme und Heinz Eggert sorgt auf dem Spartensender n-tv für Quotenerfolge.

Der Salon ist grün, die Stunde blau und wir werden gleich rot, denn Sängerin Evi Niessner besorgt es uns in ihrem mitternächtlichen Séparée auf französisch. Mit Chanson parisienne. Mit Ram pam pam, Padam padam und C'est si bon führt sie ins Paris der Zwanziger Jahre. Immer freitags ist Swingtime angesagt. Da feiern die 30er und 40er fröhliche Urstände und der Grüne Salon macht ein bisschen auf Cotton Club. Man renoviert ein flottes Stück Vergangenheit, und die Yuppies zelebrieren den Schick der Zwischenkriegszeit als Ausgleich zu abstürzenden Börsenkursen und Therapeutentristesse. Doch keine Angst, die Besucher im Grünen Salon kommen nicht allesamt aus den besseren Kreisen. Doch galant sei der Herr und höflich. Derart werden Damen jeden Alters zum Tanzen aufgefordert. Die Tanzschule weiland soll ja nicht ganz umsonst gewesen sein. Und emanzipiert ist frau sowieso.

Volksbühne, Rosa-Luxemburg-Platz 2, Mitte
28 59 89 36
salondame@gruener-salon.de
Rosa-Luxemburg-Platz
Chanson 28, Swing 20, Salsa und Tango 4-7 DM
www.gruener-salon.de/salon.htm

Im rechten Seitenflügel der Volksbühne residiert der Grüne, im linken der Rote Salon. Dazwischen sorgt Berlins Theater-Avantgarde um Frank Casto für Furore. Und davor thront das laufende Rad, das Markenzeichen des Theaters

Und sie tanzten einen Tango. Geregelter Körperkontakt kommt im Berliner Nachtleben wieder in Mode. Aber auch Salsa, Talkshow und Chanson gehören zum bunten Programm des Grünen Salon

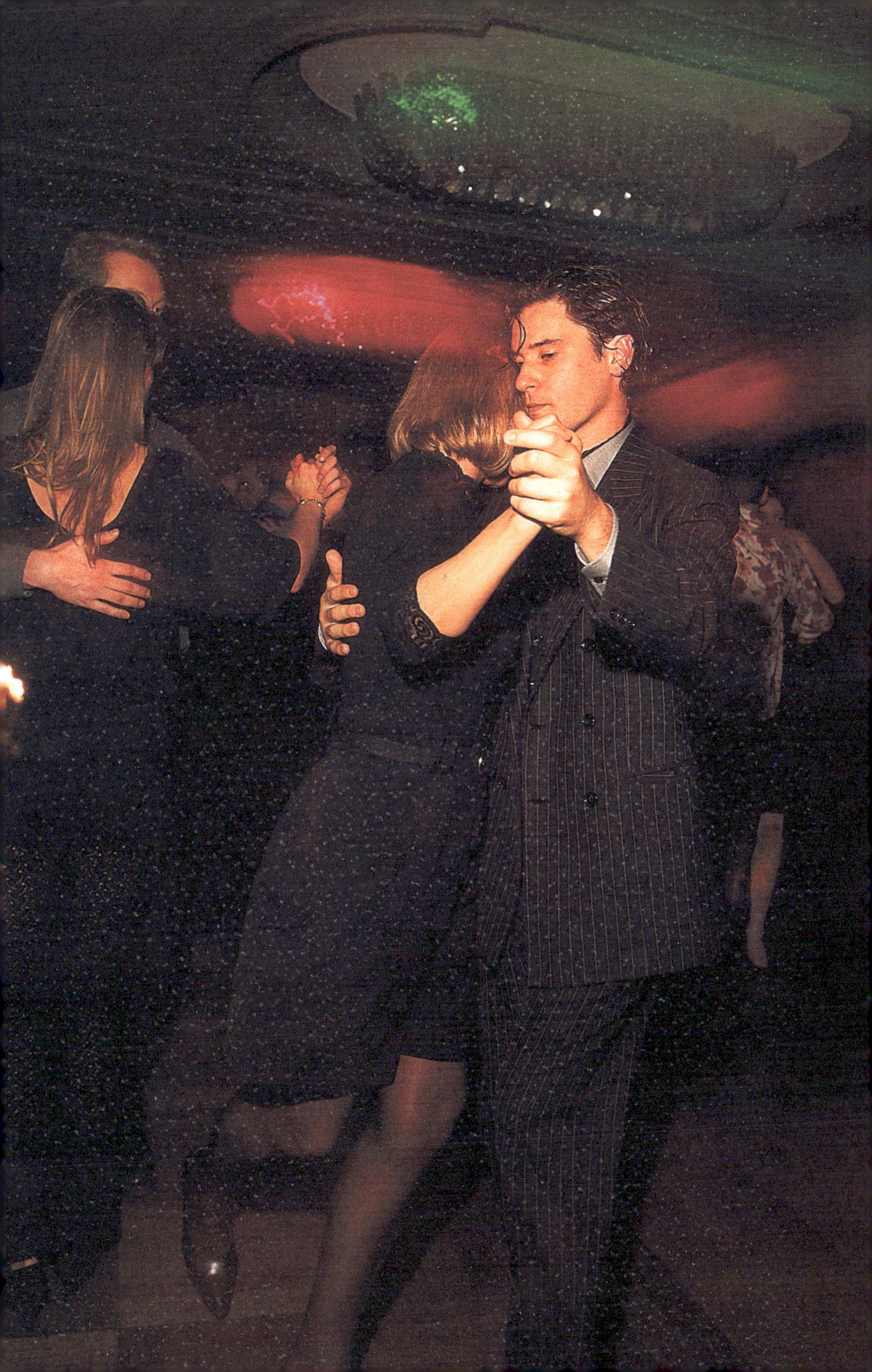

Das ist die Berliner Luft

Was die Stadt bewegt
auf www.meinberlin.de
Jetzt mit Berlin-Guide

meinberlin.de
>>Das Portal zur Hauptstadt

Die nächste wichtige S-Kurve geht ziemlich in die Hüften. Salsa-Mania! Auf der einen Seite sind da jene, die sich auf dem harten Parkett deutscher Tanzschulen die schnellen Schrittkombinationen und Beckenbewegungen aneignen mussten. Auf der anderen Seite jene, bei denen die Tanzschule die Straßen von Santo Domingo, Bogotá oder Havanna waren. Der Unterschied ist eklatant. Doch dass die Salsa irgendwann auch Nicht-Latinos gelingen kann, dafür ist die deutsche Tanzlehrerin Carola Reichel das beste Anschauungsbeispiel. Auch Tango wird gelehrt, aber natürlich der echte, wahre, erotische, der argentinische Tango. Donnerstags ist „Noche de Tango Argentino". Zuvor der Kurs von 18 bis 21 Uhr. Angeleitet von den „in besten Tanzsalons Buenos Aires" ausgebildeten Tangeros Debra Ferrari und Emilio Giminez. Und wenn's gut geht, wird das dann irgendwann Poesie: Tango, sagte der Komponist Discepolo, sei ein trauriger Gedanke, den man tanzen kann. Hau rein, is' Tango, dichtete Udo Lindenberg. Vermutlich ist es das dasselbe in grün.

Erich Böhme
Wessi mit mehr linkem Selbstverständnis, und Heinz Eggert, der ehemalige CDU-Innenminister von Sachsen, diskutieren montags im Grünen Salon über Gott, die Welt und den Solidaritätszuschlag. Abrutschende Lesebrille und hochgezogene Augenbrauen verleihen dem sendungsbewussten Journalisten das sympathische Image des wissbegierigen Vorruheständlers

Kit Kat Club

Manche mögen's hart: Techno verrucht

Wer in den Kit Kat Club kommt, dem steht der Sinn nicht allein nach Techno-Beats. Ihre Ausschweifungen in der SM-Szene und auf „Sunrise-Beach-Partys" im indischen Goa brachten Simon Thaur und Kirsten la Guerrillera auf die Idee: Berlin braucht eine „vielschichtige, kombinationsreiche Party mit gesamtsinnlichem und multisexuellem Schwerpunkt in zeitgerechtem Outfit" – so die Selbstdarstellung des Kit Kat Clubs.
Manche mögen's eben heiß und hart. Die Peitsche gehört da mitunter zum Partydress. Überhaupt gilt der Einlass nur im „sexual fantasy outfit" mit geilen Teilen. Da mach ich mir 'nen Schlitz ins Kleid und find das wunderbar. Frauen schmeißen sich in schwarze Lack-Tops und Bodystocking-Irgendwas-Minis. Die meisten Männer belassen es bei oben ohne und der Lederhose, gerne hinten offen oder auch als Slip. Manchmal tut's auch Baumwolle, knapp und kochfest.
Die Szene hat Zulauf: Als das einstmals angestammte Domizil in der Glogauer Straße in Kreuzberg zu klein geworden war, mutierte das Metropol am Nollendorfplatz zum neuen Sodom und Gomorrha. Der Umzug in die 2000-Leute-Halle brachte zwar viel Platz, missfiel aber zunehmend den Stammgästen. Denn die eingeschworene Gemeinde der Begattungs-Raver sah sich bei der stilvollen Zelebrierung ihrer Passion dem ordinären Voyeurismus ausgesetzt.
Doch jetzt umgibt die „Location" wieder abgeschiedene Intimität: Zwischen Schöneberger S-Bahn-Gleisen und unter der Einflugschneise des Tempelhofer Flughafens sprießen die Triebe seit 2001. Die Toreinfahrt der ehemaligen Schultheiss-Brauerei markieren zwei brennende Fackeln. An der Tür wird härter ausgesiebt. Drinnen ist aber fast alles beim Alten. 500 Quadratmeter Tanzfläche und der geplante Swimming-Pool stellen den Hedonisten einen feucht-fröhlichen Sommer in Aussicht.

Bessemerstr. 2-14, Schöneberg
☎ 78 89 97 04
Info@KitKatClub.de
S Papestraße
U Alt-Tempelhof
🚌 N84
15-20 DM, Fr/Sa ab 23, Do ab 20 Uhr Naked Sex Party (only gay), So ab 8 Uhr After Hour, ab 20 Uhr Mentropolis (only gay)
www.kitkatclub.de

CLUBS

Maria am Ostbahnhof

Madonnenkult hinter Wellblech

Straße der Pariser Kommune 8-10, Friedrichshain
☎ 283 12 52
✉ info@clubmaria.de
Ⓢ Ostbahnhof
🏛 Je nach Veranstaltung
🖥 www.clubmaria.de

Keine Angst: Madonna ist hier noch nicht erschienen. Und auch Ungläubige finden Einlass in die markante Wellblech-Architektur. Die Bedeutung des Namens „Maria am Ostbahnhof" ist so offen gehalten wie das Konzept des Clubs, der in bester subkultureller Ecklage zwischen Ostbahnhof und Spree in Friedrichshain residiert.

Was als Stätte für Drum & Bass-Musik begann, erweiterte sich bald für die gesamte Independent-Szene. Im Maria gibt man sich bewusst alternativ – vom soulig untermalten Sprechgesang des „Poetry-Slam" bis zum melancholischen Akkordeonspiel. Dem großen Barbereich am Eingang schließt sich ein Tanzraum an, in der oberen Etage blickt der Besucher durch die Panoramafenster auf den vorbeifließenden Verkehr entlang der Spree. Die Stammgäste sind reflektierte Jungakademiker und engagierte Kulturschaffende. Sie pflegen eine ambitionierte Ausgeh-Kultur jenseits von Ibiza-Sound und Techno-Tourismus, lauschen lieber der Livemusik von Newcomer-Bands wie Goldfrapp oder feiern die „Record-Release-Party" einer kleineren Plattenfirma.

Zur Flittchenbar im Maria am Ostbahnhof gehören Flaschenbier, Knautschsessel, schwebende Monitore, ein konzentrierter DJ, entspannte Gespräche und der Ausblick Richtung Alexanderplatz. Was will das Herz des Clubbers mehr

Flugs nach seiner Eröffnung 1998 war der Club stadtbekannt, weil hier neue Experimente in der Post-Techno-Ära eine feste Adresse erhielten. Für Überraschungen mit Anspruch ist eine Nacht im Maria immer gut. Bleibt zu hoffen, dass dieser Madonnenkult nicht schon bald in profitorientierte Eventkultur umschlägt und das wenig Bekanntere hier weiterhin das Allerheiligste bleibt.

Matrix

Techno marktgeschmeidig

Warschauer Platz 18, Friedrichshain
☎ 29 49 10 47
✉ matrix@matrix-berlin.de
Ⓢ Ⓤ Warschauer Straße
🏛 15-20 DM, Mo-Sa ab 21-23 Uhr
🖥 www.matrix-berlin.de

Während des Techno-Booms reichten manchmal nur wenige Nächte, um zur Berühmheit zu werden. Als das Matrix nach nur sechs Monaten im Mai 1995 schließen musste, blieben die Raver scharenweise vor verschlossenen Türen. In der Einöde nahe des Mauerstreifens zwischen Mitte und Kreuzberg überfielen die technoiden Jünger erneute Verlustängste. Denn wieder einmal hatten Bauaufsicht oder Mietverhältnisse einem Lieblingsclub

enn sich die Tänzer
 Techno-Dampf ihrer
hirts entledigen,
mmen oftmals kon-
rierte Muskeln zum
rschein. Nächtlichem
rgnügen, wie hier im
ub Matrix, muss wohl
zieltes Konditions-
aining vorausgehen

den Garaus gemacht.
Doch das Matrix probierte das Comeback. Ein neuer Ort, ein neues Image. Aus Mitte wurde Friedrichshain und Techno – das halblegale Nachwende-Spektakel – wurde marktgeschmeidig. Es nimmt also kaum wunder, dass die Matrix Diskothek Betriebs GmbH ihr neues, 1996 bezogenes Domizil auch für Tagungen und Betriebsfeiern vermietet. Denn unter den sieben S-Bahn-Bögen am Warschauer Platz haut man nicht mehr auf den Putz wie in den Sternstunden von Techno. Das Ambiente ist farbenfröhlich, warmbeleuchtet und benutzerfreundlich, ebenso „neu-ostig" herausgeputzt wie das angrenzende Multimedia-Areal der Oberbaum-City.

Entsprechendes Techno-Bürgertum – oft weit angereist aus Brandenburg – tanzt hier heute ab. Promi-Gäste wie Marusha und Westbam werden von einheimischen DJs begleitet und spielen die erwarteten Lieblingsrhythmen.

Wer keine Experimente für sein Eintrittsgeld will, ist hier gut aufgehoben. An seine verwegenen ersten sechs Monate erinnert heute noch am ehesten der Name „Matrix". So kann sich die Disko immerhin mit einer der innovativsten Kulturleistungen der Jahrtausendwende messen – dem gleichlautenden Kinofilm.

Ostgut

Höllenlärm und Endzeit-Atmo

In der zwei Meter langen Kühltruhe stapeln sich die Bierflaschen. Darüber hängt ein Relief aus kaltweißen Leuchtstofflampen hinter Milchglas. Das war's dann auch schon an Schmuckwerk jenseits der Tanzfläche. Unter der Lichtorgel in minimalistischer Maschinen-Ästhetik und zwischen den gewaltigen Eisen-Stellwänden treffen sich ab zwei Uhr morgens die Liebhaber brachialer Elektroklänge. Der Bass tobt in der Magengrube, die Sensibleren haben gar ihre Ohren mit Watte verstopft. Im Ostgut hat sich der Berliner Techno-Geist ins neue Jahrtausend gerettet.

Als die legendären Clubs der Stadt schon dicht gemacht hatten, eröffnete das Ostgut an Silvester 1998 inmitten einer kargen Landschaft aus Fabrikhallen in Friedrichshain. Mit den Clubs Casino, Nontox und Maria hat sich hier in der Zwischenzeit ein Tanzzentrum gebildet, das in den Wochenendnächten zum Leben erwacht. Eingezäunt wird das Areal von den Bahngleisen und der „East Side Gallery", dem letzten Rest der Graffiti-verzierten Mauer. Die Gäste aus der Provinz müssen auf der Industriebra-

Mühlenstr. 26-30, Friedrichshain
☎ 29 00 05 97
Ⓢ Ⓤ Warschauer Straße
Ⓢ Ostbahnhof
🏛 10-20 DM, unregelmäßig am Wochenende geöffnet
☎ www.ostgut.de

che nicht lange nach einem Parkplatz suchen, um sich bis zum Morgengrauen von den eingeflogenen Star-DJs aus Kassel, London und Detroit im Ostgut betören zu lassen. Mit derart erlesenem Höllenlärm und authentischer Endzeit-Atmo hat sich die Disko allemal das Prädikat „ost-gut" verdient.

Neben der Tanzfläche stehen auch finstere Séparées zum Körperkontakt bereit, darüber schlängelt sich ein Labyrinth aus Stahltreppen und versteckten Gängen zu den ruhigeren Chill-Out-Zonen. Neuerdings lädt die angefügte Panoramabar zum Lounging. Nicht nur anlässlich der Sex-Partys am Ort urinieren die Jungs in die erhaltenen Waschtröge aus Fabrikarbeiter-Tagen. Doch entgegen der rauhen Architektur stimmt die Trance aus Techno und Drogen recht versöhnlich. Hier herrscht zwar keine Loveparade, aber respektvolle Anonymität. Jeder darf seinem individuellen Kredo frönen, sei es der gut situierte Mittvierziger oder das Bleichgesicht aus Hohenschönhausen.

Sage-Club

Sagenumwobene Drachenhöhle

Brückenstr. 1/Ecke Köpenicker Str., Mitte
278 98 30
office@sage-club.de
U Heinrich-Heine-Straße
15-20 DM, Do ab 22, Fr-So ab 23 Uhr
www.sage-club.de

Wenn es zu heiß auf der Tanzfläche wird, muss das nicht an den schweißtreibenden Rhythmen liegen. Denn ab und an speit ein Drache seinen Feuerstrahl in Richtung der Tanzenden und sorgt für sehr natürliche Licht- und Temperatureffekte. Obwohl sich der Sage-Club lieber mit den supercoolen Mythen aus Übersee umgibt, passt das Fabeltier bestens hierher.

Denn „Sage" – das soll ein indianisches Wort sein. So etwas wie eine uralte Medizin, die den Geist reinigt. „Sei ein Teil des Ganzen, sei das Ganze, sei Sage", heißt der kategorische Imperativ laut Club-Konzept. Zu dieser ganzheitlichen Western-Ideologie passt auch das Musikprogramm. Bis zu sieben DJs fahren hier Nachtschicht. Schwarzer Sound von Soul über Funk und House bis Hip-Hop verleiht dem Club etwas vom verlorenen amerikanischen Traum.

Doch von Durchhängern keine Spur. Die bunte, verspielte Retro-Deko verspricht Glamour, so weit Berlin überhaupt glamourös sein kann. Man blickt in fröhliche Gesichter und tiefe Dekolletés. Wer kein Tank-Top mit passendem Aufdruck oder keine schillernde Kunststoffhose besitzt, dem hilft die hauseigene Clubwear-Kollektion des Berliner Designers Jörg Pfefferkorn. Überhaupt vergisst das Sage-Imperium das Marketing nicht. Man sorgt für Mottopartys mit Drag-Queen-Wahlen, verleiht die eigenen „Resident-DJs" in die Welt und holt den Ibiza-Sound des Londoner Diskokonzerns „Ministry of Sound" nach Berlin.

Wie im Barbapapa-Haus fließen die Tanzsäle, Bars und Lounges ineinander und um den Häuserblock am U-Bahnhof Heinrich-Heine-Straße. Früher residierte hier das „Bugaloo", das man durch den U-Bahn-Schacht betreten musste. Heute winden sich die Tanzwütigen vom Einlass an der Köpenicker Straße bis zum Partyzelt im Hinterhof. Hier sorgte schon mal ein Plantschbecken für die Linderung der Feuerqualen, die der Drache womöglich verursacht hat.

Dank **Marc Wohlrabe** kann sich jeder im Berliner Ausgeh-Dschungel orientieren. Sein Magazin „Flyer" mit dem beliebten, wechselnden Bootleg-Cover versammelt kostenlos alle wichtigen Termine. Eindruck schindet Jungunternehmer Wohlrabe nicht nur durch seine Haar- und Barttracht, sondern auch durch sein Engagement für die Berliner CDU und die städtische Medienlandschaft

ranienstr. 190, Kreuz-
rg
61 40 13 06
sub.opus@snafu.de
Kottbusser Tor
7-13 DM,
o Electric Ballroom
o 23 Uhr, Mi Hungrige
erzen ab 23 Uhr,
 diverse Veranstal
ngen, So Café Fatal
o 17 Uhr
www.so36.de

SO 36

Vom krachenden Punk zum türkischen Hüftschwung

Kreuzberger Nächte sind immer noch lang. Donnerstags um vier Uhr früh verlassen die vorletzten „Hungrigen Herzen" das SO 36. Doch hungrig sind die Lesben und Schwulen an diesem Abend nicht nur nach Liebe gewesen, sondern auch nach beschwingender House-Musik.

SO 36 – dieser Name ist Programm. Das Kürzel des alten Postzustellbezirks in Kreuzberg erinnert an bewegte Zeiten. 1861 eröffnete die heutige, große Tanzhalle als Biergartenlokal, und in den zwanziger Jahren zog eines der ersten Berliner Lichtspieltheater hier ein. Seinen verwegenen Ruf erhielt das Etablissement aber erst Ende der siebziger Jahre. Damals sorgten die wilden Berliner Maler um Partylöwe Martin Kippenberger mit krachenden Punk-Konzerten und den Klangexperimenten der „Einstürzenden Neubauten" für anarchistische Stimmung.

Fraglos hat sich das SO 36 bis heute einen ganz besonderen Flair bewahrt und verbindet Basisdemokratie mit Professionalität. Neben der schwul-lesbischen Party „Hungrige Herzen" am Mittwoch, gibt's am Sonntag regelmäßig Standardtanz. Samstags bereitet entweder „Gay-Hane" der türkischen Nachbarschaft das Parkett und animiert zu orientalischen Hüftschwüngen. Oder „Jane Bond"-Partys frönen der Frauenherrschaft.

Wer montagnachts nichts vorhat: Im SO 36 tanzt der Bär in Trance. Dann fungiert der Club als Reservat der Alt-Berliner Techno-Kultur, die andernorts längst dem schnöden Mammon

CLUBS

Mit Paillettenbody und Teufelshörnchen animieren die Drag Queens zum Tanzen im SO 36. Solche Show-Einlagen krönen die Partys für Lesben und Schwule im Kreuzberger Club mit subkultureller Tradition

anheim fiel. Der „Electric Ballroom" ist für hartgesottene – und häufig beunruhigend kahlrasierte – Nachtgestalten, die zwischen rasenden Elektro-Beats und grellen Blitzlichtern in Fahrt kommen. Richtig schön wird's hier erst dann, wenn für andere die Frühschicht beginnt.

Tresor und Globus

Schatzkammer der Raver

In den zwanziger Jahren lagerten die Reichtümer des großen Kaufhauses Wertheim in den unterirdischen Stahlkammern an der Leipziger Straße. 1991 wurde dieser Tresor zur Keimzelle einer Berliner Musikkultur, die von hier aus die Welt eroberte und noch heute als Exportschlager funktioniert. Doch nicht vom Schlager ist hier die Rede, sondern von Techno. Der Tresor ist die letzte Institution, die die wilden Anfangsjahre heil überstanden hat und an ihrem angestammten Platz die Massen euphorisiert. Die Schließfächer im Gemäuer sind immer noch erhalten. Meterlang flankieren sie den Barbereich in Reih und Glied. Rostiger Stahl trennt die Barkeeper von den Ravern, und an den rohen Betonwänden läuft das Kondenswasser herab. Auch die niedrigen Decken sind nichts für Feinfühlige. Das ist die typische Innenarchitektur von Techno, der sich die Abendgarderobe der Tänzer angepasst hat: Sehr leicht bekleidet, millimeterkurzes Haupthaar und schwarze Augenringe bei Sonnenaufgang. Den DJs, die hier in der Geburtsstunde der Jugendbewegung selbst die Plattenteller ins Schwitzen brachten, zollt man heute weltweit Respekt: Tanith, Kid Paul und Dr. Motte heißen die Stars, die dem Tresor mit 180 „Beats per minute" zum Durchbruch verhalfen. Und dabei die Raver zum Durchdrehen animierten.

Bald schon expandierte der Club: Der Globus, anfänglich nur ein Tresen mit Transistorradio, wurde zur House-Musik-Abteilung im Parterre. Acid-Jazz und Break-Beats bieten hier den Ausgleich zum hammerharten Gestampfe im nebligen Keller. Seit 1993 sorgt der Wildgarten hinter dem Gebäude für die notwendige Frischluftzufuhr, und zwei Jahre später eröffnete die Auro-

Leipziger Str. 126a, Mitte
61 00 54 03
webmaster@tresor-berlin.de
S U Potsdamer Pla[tz]
U Mohrenstraße
15-20 DM, Do ab 22, Mi/Fr/Sa ab 23, So ab 7 Uhr
www.tresorberlin.de

Nicht das Hören, aber das Sehen vergeht einem bei düsteren Spotlights und Techno-Stakkato im Tresor. Man ist von Kopf bis Fuß auf schnelle Rhythmen eingestellt. Was von den anderen Körpern bleibt, sind Schattenrisse

BEHALTEN SIE DEN ÜBERBLICK.

Ihre besten Arbeiten

Die besten Fotografen

Die beste Gelegenheit

stern spezial FOTOGRAFIE präsentiert Werke von Starfotografen wie Bruce Weber, Nan Goldin oder Mario Testino zum Sammeln. Sichern Sie sich die noch verfügbaren Fotobände mit einer Auswahl ihrer besten Arbeiten – wie immer in limitierter Auflage und exzellenter Druckqualität.

ZT VERSANDKOSTENFREI BESTELLEN
LINE: 040/37 03 – 38 03
EFAX: 07132/96 91 91

, ich möchte verpasste *stern spezial* OTOGRAFIE-Ausgaben nachbestellen.

cken Sie mir bitte folgende *stern spezial* FOTOGRAFIE-Ausgaben gegen nung, zum Preis von z. Zt. DM 29,90 pro Ausgabe inkl. Versandkosten**.
ankreuzen:

No.24: Horst, Bestell-Nr.: S 1842
No.23: Francis Giacobetti, Bestell-Nr.: S 1841
No.22: Bruce Weber, „Roadside Amerika", Bestell-Nr.: S 1840
No.21: Giorgia Fiorio, „Men", Bestell-Nr.: S 1839
No.20: Mario Testino, „Party", Bestell-Nr.: S 1838
No.17: Patrick Demarchelier, „Glamour", Bestell-Nr.: S 1835
No.14: Robert Lebeck, „The Mystery of Life", Bestell-Nr.: S 1818
No.12: Das Bild vom Menschen, Bestell-Nr.: S 1816
**Die Ausgabe Nr. 12 erhalten Sie zum Preis von DM 59,80.
No.11: Nan Goldin, Bestell-Nr.: S 1815
No.10: Michel Comte, „Kontraste/Contrasts", Bestell-Nr.: S 1814
No. 7: William Klein, Bestell-Nr.: S 1811
No. 6: James Nachtwey, „Civil Wars", Bestell-Nr.: S 1810
No. 4: Konrad R. Müller, „Kanzlerbilder", Bestell-Nr.: S 1808
No. 3: Hans-Jürgen Burkard, „Bilder aus schamlosen Zeiten", Bestell-Nr.: S 1807

Erhältlich in jeder guten Buchhandlung oder direkt beim *stern* versandkostenfrei bestellen.

Name/Vorname

Straße/Nr.

Postleitzahl   Wohnort

X
Datum   Unterschrift

Bestellung unter: Hotline: Tel.: 040/37 03 – 38 03, Fax: 07132/96 91 91. Im Internet: www.stern.de/club/shop. Oder per Post an: *stern*-Versandservice, Postfach 600, 74170 Neckarsulm. Die Lieferung erfolgt im Inland gegen Rechnung frei Haus. Lieferung ins Ausland nur gegen Zahlung per Kreditkarte zzgl. DM 12,– Versandkostenanteil.

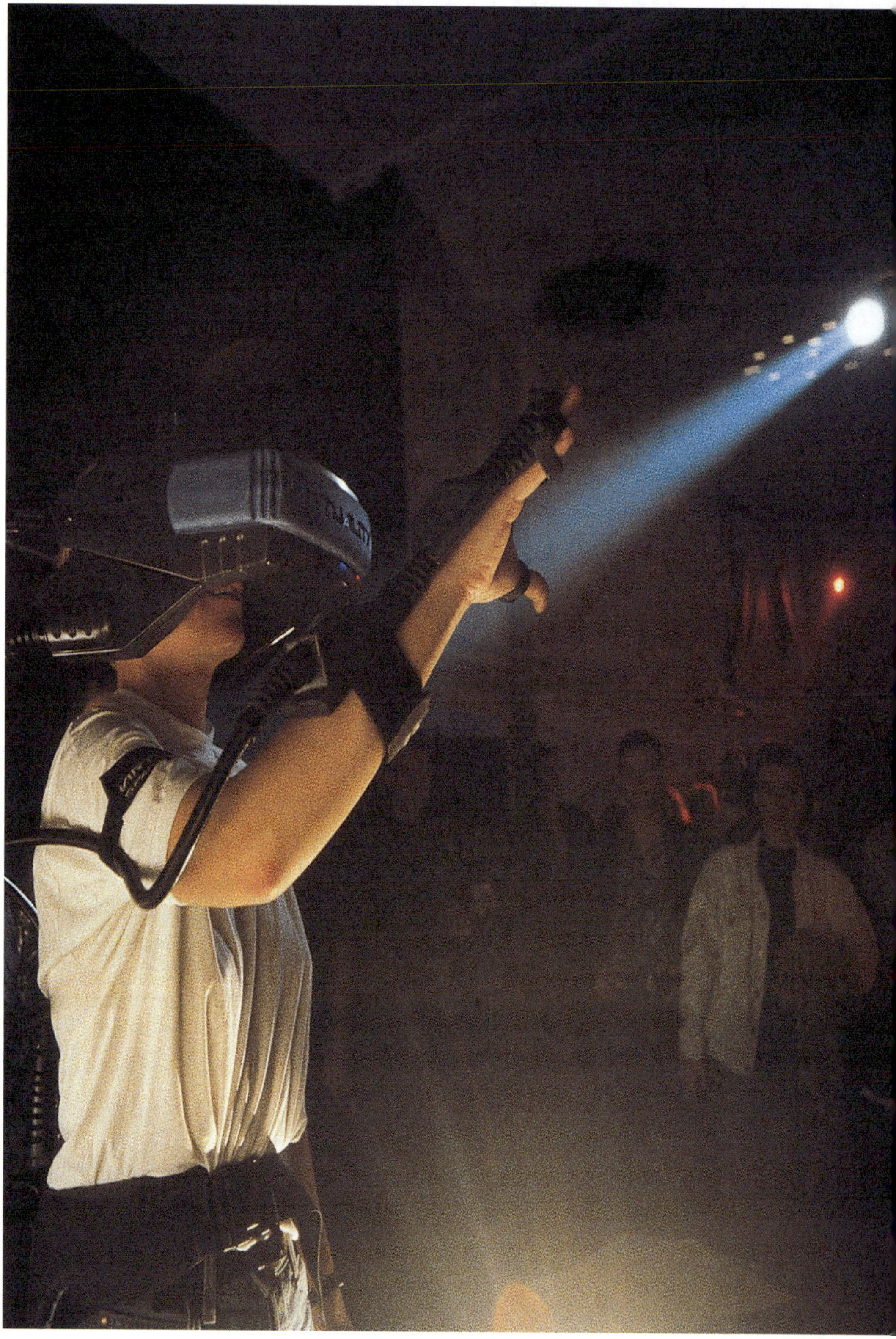

ra Cocktail Lounge, die zeitweise auch als Kunstgalerie fungiert. „Strictly Techno" heißt es nach wie vor im Tresor, der seinen guten Ruf trotz der Kommerzialisierung behält. Denn immerhin vertreibt das eigene Plattenlabel schon seit 1991 die schwarzen „Tresor Records" in enger Zusammenarbeit mit der Detroiter Techno-Industrie, und schwarze T-Shirts mit dem Tresor-Logo wandern über die Ladentische. Ob das Logo nun eine Zielscheibe oder einen Lautsprecher darstellen soll – wer weiß. Sicher ist jedenfalls, dass der gewaltige Herzschlag der Musik immer noch ins Mark der Raver trifft.

WMF

Wo die Location-Scouts sich tummeln

egelstr. 22, Mitte
28 38 88 50
info@wmfclub.de
Oranienburger raße
Oranienburger Tor
15-20 DM, Fr ab , Sa ab 24, So GMF 22 Uhr
www.wmfclub.de

Der Mythos begann in den Räumen einer Fabrik für edelmetallenes Küchengerät. Wie viele stillgelegte Industriebauten nahe der Mauer hatten die Berliner Trendscouts auch das WMF-Gebäude bald nach der Wende als partytauglich identifiziert. Es gehörte schnell zu den führenden Hausbesetzer-Clubs an der Leipziger Straße, in bester Nachbarschaft von Tresor und E-Werk.

Trotz mehrerer Umzüge hält sich die Legende bis heute am Leben. Das hat sie einer gewieften Geschäftsstrategie zu verdanken: Der Club wird alle zwei Jahre unter altem Namen in neu gestylten Räumen wieder erweckt. So macht man aus der Not der unbestimmten Mietverhältnisse eine Tugend, und das regelmäßig vom Aussterben bedrohte WMF bleibt auch abseits der Partynächte Stadtgespräch.

Das WMF ist nur an bestimmten Wochentagen „hard-edged", also für Hartgesottene und Aneckende. Ansonsten tummeln sich softere Szenegänger auf den erlesenen Sitzgelegenheiten und unter laufenden Bildschirmen

Vier verschiedene Immobilien hat das WMF während seiner strategischen Odyssee bereits aufgewertet. Auf das Mutterhaus in der Württembergischen Metallwarenfabrik folgte ein Gebäude am Hackeschen Markt, das längst der Abrissbirne zum Opfer fiel. Dann bezog man das ehemalige Gästehaus des DDR-Ministerrats, eine noble Adresse nahe der Friedrichstraße. Heute feiert man zwischen historischem Postgebäude und riesenhaftem Busdepot – mit Blick auf die Neue Synagoge in der Oranienburger Straße.

Wie der Name blieb auch die Innenausstattung jedesmal weitgehend bestehen: Stets sind die Tanzflächen und Lounges miteinander verwoben, die Gänge so lang wie Laufstege, die Bars im Trend-Design, die Sommergärten entspannend und die projizierten Videos äußerst kunstvoll. In der Tat: Wenn der Berliner Kunstbetrieb was zu feiern hat, dann tut er es hier. Unter der Woche treffen sich manchmal die Freunde der ambitionierten Computerelektronik, Freitag und Samstag sind Drum & Bass und Hard-House angesagt, am Sonntag kommen smarte Schwule zum nächtlichen Tanztee zusammen.

Längst ist das WMF kein Geheimtipp mehr – und verträgt die einströmenden Massen erstaunlich gut. Nicht zuletzt wegen des klugen Konzepts, das immer wieder für Umzüge sorgt und die Fans auch mit dem eigenen Plattenlabel bei der Stange hält. Übrigens: Es steht bald wieder eine neue „Location" ins Haus. Adresse allerdings noch unbekannt.

Lounging und Clubbing in Berlin
Die vollständigen Adressen und Infos finden Sie im Register

Dem beschäftigten Großstadtmenschen ist beim Ausgehen nicht immer nach anstrengendem Tango oder Techno zumute. Er oder sie legt sich abends auch gerne auf die Club-Couch-Garnitur. Wellness um Mitternacht, heißt die Devise. Aus den Chill-Out-Zonen der großen Tanzpaläste, wo man sich von den Strapazen der Freizeit-Aerobic erholte, gingen Ende der neunziger Jahre die eigenständigen Lounges hervor. Seitdem sprießen sie wie Glückspilze aus dem Boden der Berliner Nachtkultur, oft in Begleitung einer schicken Bar, selten flankiert von einer Tanzfläche.

Zu einer Lounge gehört nicht viel: Zunächst gemütliches Mobiliar, das gerne vom Flohmarkt oder aus dem teuren Retro-Design-Laden kommt. Dann möglichst zwei Plattenspieler mit einem DJ dahinter, der was von entspanntem Soul oder Ambient-House versteht. Und bestenfalls ein Aquarium.

Die **BarLounge 808** in der Oranienburger Straße bietet all das zusammen. Der geschäftstüchtige Betreiber Bob Young weiß genau, was „Pink Money" bedeutet. Doch nippen hier nicht nur stilbewusste Schwule, sondern auch wohlhabende Werbeleute und vorbeistreunende Touristen an den Cocktails. DJ Marco Braun sorgt freitags für den passenden Groove in der hinteren Lounge. Ein großes Aquarium fungiert hier als Raumteiler: Durch Zierfisch-Schwärme und Wasserpflanzen kann man die Gäste auf dem Weg zur Toilette diskret verfolgen. Dieses Ambiente hat es sogar bis in die ruhmvolle Design-Zeitschrift „Wallpaper" gebracht.

Schlechte Presse allerdings musste der Shark-Club nach seiner

Einlasskontrolle im Shark-Club. Nur selten zeigen einem die Türsteher dort den Rücken. Wer seine Drinks in der Gesellschaft gefährlicher Fische genießen will, sollte Lederschuh, Krawatte oder Cocktailkleid tragen

Eröffnung 1999 in Kauf nehmen. Denn Anzugspflicht und Turnschuhverbot passten bislang einfach nicht ins Berliner „Milljöh". So versammelt sich hauptsächlich die Klientel der Neuen Mitte um die vier kleinen Haie im zentralen Glasbehälter. Dabei sind Frauen, die Privatfernsehstars sein könnten, und ältere Herren, die solche Frauen mögen – ganz ähnlich wie in der neuen Promi-Disko Blu am Potsdamer Platz. Damit sich edel und billig nicht zu nahe kommen, kostet ein Bier im Shark-Club astronomische Summen, und es gibt gefährliches Meeresgetier zu sehen wie sonst nur im Aquarium des Zoologischen Gartens.

Die Auswahl der Fische sagt also etwas aus über das jeweilige Etablissement – wie angeblich auch in Mafia-geplagten China-Restaurants. Im Greenwich tummeln sich vorwiegend harmlose Guppys hinter Glas. Diese Lounge nahe der Kunstmeile Auguststraße ist am Wochenende derart überfüllt, dass man nicht unbedingt von Entspannung reden kann. Glücklich, wer sich durch die Menge drängelt und einen gepolsterten Hocker am Ende des grünen Bar-Schlauchs ergattert.

Unter den jovialen Orten im Wohlfühl-Design ist der Kurvenstar besonders schrill und bunt. Am Hackeschen Markt liegt die edelkitschige Bar wie – der Name sagt es schon – ein Schluck Was-

Gut gepolstert lässt es sich im Greenwich oungen. Hier füllt das obligate Aquarium eich die ganze Wandbreite im Barbereich. Am Wochenende gibt es oft kein Durchkommen zur hinteren Ruhezone mit ihren gemütlichen Sitzwürfeln

ser in der Kurve, allerdings fehlt das passende Aquarium. Dafür wird hier roher Fisch schon mal zu Sushi-Häppchen filetiert. Und es gibt junge Stars im Kurvenstar: MTV-Moderatoren wie Christian Ulmen tauchen ab und an unter den prachtvollen, ovalen Deckenspiegeln auf. Dabei liegt die Seven Lounge wesentlich näher am Sendezentrum des Musikkanals in der Ackerstraße. Dort herrschen Creme- und Beigetöne vor, ganz im Zeitgeist der späten neunziger Jahre. Und ein Bett lädt zum Fläzen wie einst im Boudoir, wo frau im Schlafzimmer-Salon empfing.

Zur neuen Gemütlichkeit gehört zweifelsohne auch das Oxymoron in den Hackeschen Höfen. Hier besinnt man sich der Entstehungszeit der Kunstgewerbe-Höfe. Stechpalme, Clubsessel und Kronleuchter wieder beleben die zwanziger Jahre im großen Eingangsbereich. Dahinter erstreckt sich ausreichend Platz zum Tanzen nach jazzigen House-Musik-Klängen. Spezielle Anlässe wie „Pasta & Opera" sorgen für Abwechslung und besser gestell-

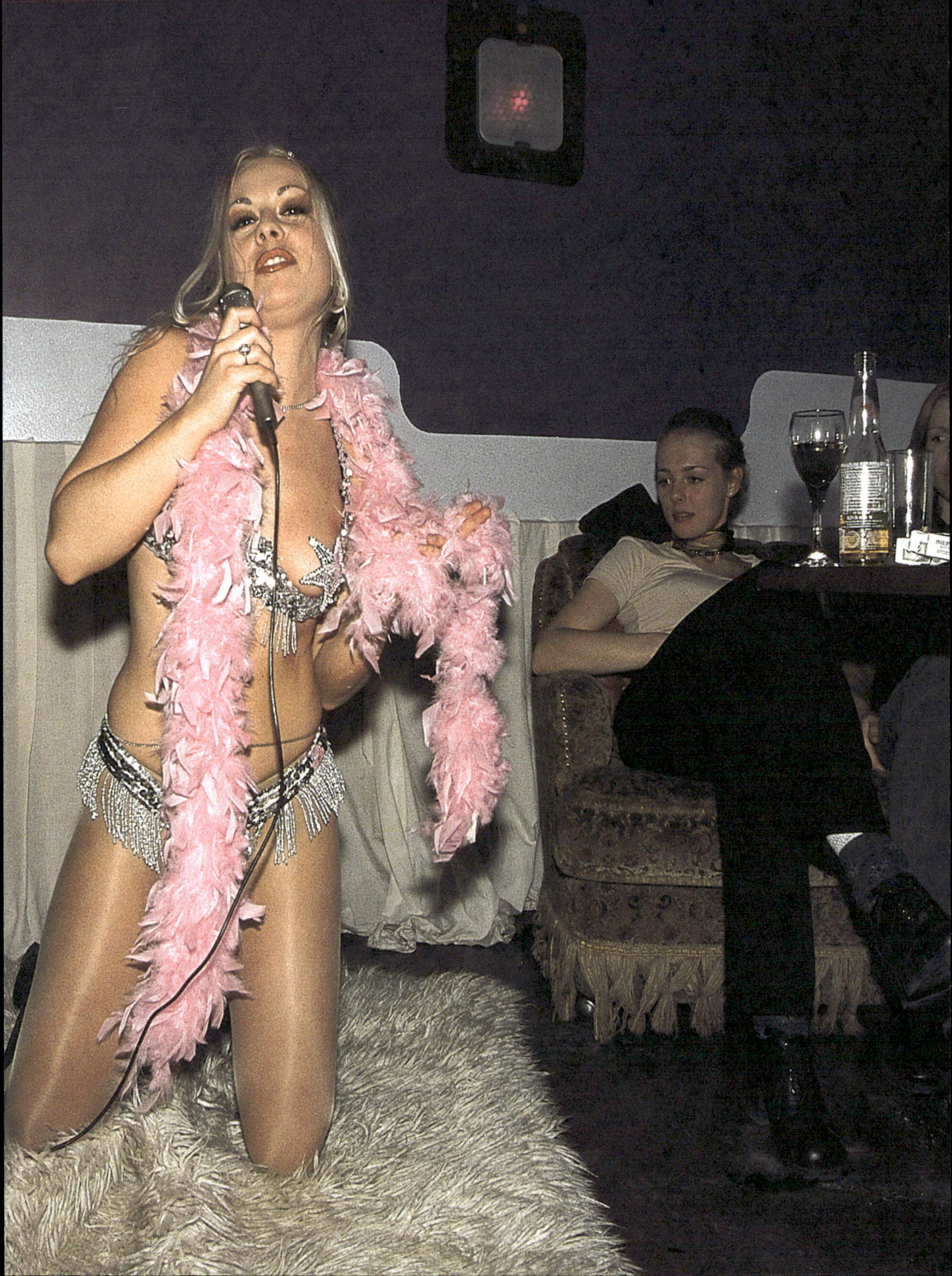

te Kundschaft. Eine ähnliche Mixtur aus etwas älteren Party-People, Touristen und Unternehmensberatern frequentiert auch die Lore Berlin in der Nähe. Was eine Lore ist, erfährt der Gast prompt nach Betreten des Kellers: Ein restaurierter Kohlewagen steht hier empfangsbereit. Doch von Ofenheizung kein Spur im staubfreien Ambiente. Die tiefergelegte Tanzfläche schirmen Glasscheiben sauber vom Lounge-Bereich ab. Und selbst die Kohlestücke, die die Bar verkleiden, bröckeln nicht mehr. Hingegen gehört das Essbare im Namen des Clubs Delicious Doughnuts, der schon in den neunziger Jahren zur Berühmtheit avancierte, nicht zur Inneneinrichtung. Er ist nach der jüngsten Renovierung zwar wesentlich geräumiger, doch schmücken ihn immer noch keine amerikanischen Süßwaren, wie sie Burger King ein paar Häuser weiter am Rosenthaler Platz verkauft.

Je weiter man sich vom Hackeschen Markt entfernt, umso lohnenswerter ist der Einkehrschwung in die Clubs und Lounges. Im Roberta am Zionskirchplatz kann man sogar auf den ein oder anderen Einheimischen stoßen, muss dafür allerdings auf einen weichen Sitzplatz verzichten. Doch das Stehen und Anlehnen fällt umso leichter, wenn ein DJ in der kleinen Bar seine Plattensammlung auspackt. Für Haie bleibt da natürlich kein Platz.

Im Kaffee Burger wäre ein trendiges Aquarium vollkommen anachronistisch. Das Etablissement in der Torstraße ist das krasse Gegenteil vom Shark-Club mit seinem angestrengten Hauptstadt-Neureichtum. Von den schmiedeeisernen Fenstergittern bis zur wahrlich rustikalen Möblierung lebt im Kaffee Burger ein Stück DDR-Subkultur fort. Theaterleute, die nach der Probe nicht im Roten Salon der Volksbühne versacken, trinken hier ihr Flaschenbier, lauschen einer Dichterlesung oder Schlagern aus den Sixties. Bei der berüchtigten „Russendisko" feiert der arbeitslose Kiezbewohner mit dem Literaturstar von morgen.

Der Bastard liegt ebenfalls nahe der Volksbühne, allerdings an ihrer Dependance im Prenzlauer Berg. Rechts vom Durchgang zum berühmten Biergarten „Prater" ruhen sich Kulturwissenschaftler und ältere Semester in einem hohen Raum auf ausgesuchten Sperrmüll-Möbeln aus. Hier spielen die DJs auch Abwegigeres wie Retro, Ragga und Reggae. Auch in der Pfefferbank, einem äußerst partytauglichen Kellerwürfel an der Schönhauser Allee, ist die Beschallung weit von den CD-Samplern aus der Hitparade entfernt. Hier zelebriert noch der Discount Club, der

Schönheit ist Geschmacksache in der Welt des Techno. So machten ihre grünen Augenbrauen **Marusha** unverkennbar. Unter ihren Fans sind gefärbtes und zu Stacheln geformtes Haupthaar sowie gepiercte und tätowierte Körperteile en vogue. Wenn die Star-DJane in Clubs wie dem Matrix gastiert, gleicht das einer Invasion von Außerirdischen ins Berliner Nachtleben

Leicht bekleidetes Amüsement mit Federboa und Flokati zum „60's Clubsound" im Oxymoron. Der Club inmitten der Hackeschen Höfe hat sich auf Retro-Motto-Partys mit entsprechenden Glamour-Effekten spezialisiert

Viel zu mixen gibt es nicht nur für die DJs im Delicious Doughnuts. Zwischen Caipirinha und White Russian wählt der trendbewusste Cocktailtrinker in den Lounges der Stadt. Unscharfe Konturen können da schon mal entstehen

CLUBS

Grüne Ornament-Tapete, Sitzkugeln aus Plastik, Trainingsjacke, Turnschuhe und Hornbrille. Mehr braucht es nicht zum gelungenen Fernsehabend im Konrad Tönz. Auch wenn gerade kein „Aktenzeichen XY ungelöst" läuft

Selbst seine Mutter soll ihn **Dr. Motte** nennen: Matthias Roeingh verhalf Techno zum Massenpublikum und Berlin zur Loveparade. Der Vater der Jugendbewegung hat vom DJ-Pult auf die Manageretage der Clubs gewechselt. So versteht sich von selbst, dass das Wort „Promotion" für Dr. Motte eher eine Vermarktungsstrategie bezeichnet als das Erlangen der Doktorenwürde

vormals einen leerstehenden Supermarkt aufheizte, seine erlesenen Techno-Sessions.

Zum Underground am Prenzlauer Berg gehört ebenso das Icon. Lounges und Tanzflächen verschachteln sich zu einem großen Kellerlabyrinth. Die neuesten Drum & Bass-Platten rotieren auf den Tellern. Und jung sind hier auch die Nachtschwärmer, die wussten, wo die versteckte Eingangstür liegt. Für wen das Icon zu verrucht und verraucht, der sollte die Insel in Treptow aufsuchen. Auf einer Spreeinsel thront eine Mischung aus Schlossburg und Jugendclub, die mit schallschnellem Gabba, verkifftem Ska und relaxtem Hip-Hop die ganze Palette der Indie-Musik bedient. Für idyllische Strandpartys ist im Sommer gesorgt. Ein Refugium abseits der Clubbing-Zentren Berlins bewahrt sich ebenso das Duncker. Im unprätentiösen Flohmarkt-Look kleidet sich der Club und gibt seiner eingefleischten Fan-Gemeinde gitarrenlastige Musik zu hören.

Auch wenn donnerstags ein DJ in der Ankerklause auflegt, lebt das alternative Berlin wieder auf. Ein rockig-rauhes Flair umgibt das Bootshaus am Landwehrkanal, da passt die funkig-soulige Diskomusik besonders gut. Überhaupt blühen hier in Kreuzberg noch seltene Nachtschattengewächse: Das Konrad Tönz bietet Easy-Listening und Chansons vom Mono-Plattenspieler und zeigt alte Videobänder von „Aktenzeichen XY ungelöst". Denn Konrad Tönz – man erinnert sich – war der Kripo-Vertreter aus Zürich, lange bevor „Akte 01" und „X-Files" über den Bildschirm flimmerten.

Die wahren Reminiszenzen an die siebziger Jahre, fernab vom beige-braunen Lounging in Mitte, pflegt auch das emporkommende Ausgeh-Viertel Friedrichshain. Zwar wähnt man sich in mancher Kneipe an der Simon-Dach-Straße noch wie in Heidelberger Studentenzirkeln. Doch das Publikum ist glücklich über die preiswerte Alternative zu den schicken Touristenfallen im Zentrum. Besonders die Astro-Bar erfreut sich gerammelt voller Wochenendnächte. Hier schmeckt der Mojito auch ohne verwegenes Pfefferminz-Dekor. Stattdessen sind in der hinteren Lounge alte Spielzeug-Roboter detailverliebt aufgebahrt. Ein geputztes Aquarium sucht man vergebens. Hier siegt lauthals das zwischenmenschliche Geplauder über das Kommunikations-Design von stummen Fischen.

KINOS

Ich schau dir in die Augen, Kleines. Ob nostalgisches Flair oder toller Service, ob brillante Bild- und Tonqualität oder herausragende Programmauswahl: Ihr **Cinema Paradiso** finden Cineasten in Berlin garantiert

Arsenal

Filmkulturpflege: Ausgewählt, vielseitig, anspruchsvoll

Potsdamer Str. 2, Tiergarten
26 95 51 00
arsenal@fdk-berlin.de
Potsdamer Platz
11 DM, Mitglieder 8 DM, Kinder 6 DM, kein Kinotag
www.fdk-berlin.de

Das ist das „Arte" unter den Kinos. Hier wird die hehre Filmkunst gehätschelt. Seit über 30 Jahren wird im Arsenal, dem Kino der „Freunde der Deutschen Kinemathek e.V.", ein außerordentliches Programm gemacht. Die Pflege der Filmgeschichte und -kultur aus aller Welt ist erklärte Absicht, die in ständig wechselnden Sonderprogrammen, Vorführungen in Originalversion mit oder ohne Untertitelung, experimentellen und Dokumentar-Filmen, Studenten-Filmreihen, eben allem, was die Filmkunst hergibt, umgesetzt wird.

Doch wer jetzt glaubt die Leinwand des Arsenals würde von schnödem Hollywood-Mainstream stets verschont bleiben, irrt sich. Ausgewählte Blockbuster von „Blade Runner" bis „Superman" werden auch gezeigt, dann aber eingebettet in eine Sciencefiction-Reihe und mit klugen Worten kommentiert. Filmreihen erfreuen sich sowieso großer Beliebtheit bei den „Freunden der Deutschen Kinemathek", deren Mitglieder zu ermäßigtem Eintritt Filme schauen können.

Die treibenden Kräfte hinter den Kulissen ist ein inzwischen mit der Filmkunst in Ehren ergrautes Ehepaar: Erika und Ulrich Gregor. Die filmkulturellen Aktivitäten des Vereins strahlen weit über Berlin hinaus, mit einem eigenen Verleih vertreibt man hochwertige und seltene Filmkunst. Ulrich Gregor war von 1971 bis 2001 auch künstlerischer Leiter der Berlinale-Sektion „Internationales Forum des jungen Films", die sich als Plattform für ein junges, unabhängiges und progressives Kino verstand. Das Arsenal ist während der Filmfestspiele regelmäßiger Abspielort dieser Sektion.

Lange war das Arsenal in einem kleinen Schöneberger Kino beheimatet. Im Februar 2000 bezog man zwei neue Säle im Filmhaus am Potsdamer Platz. Nach der Beengtheit des alten Spielorts, bietet sich hier nun bester Komfort: Größere Leinwände, besserer Ton, anständigerer Sitzkomfort. Gleichwohl gab es ein wenig Wehmut bei vielen Stammkunden und den Betreibern, weswegen man als Erinnerung und Hinweis auf die Tradition des Arsenals die Leuchtschrift der alten Fassade mit ins neue Domizil genommen hat.

*Drei Jahrzehnte lang leitete Arsenal-Chef **Ulrich Gregor** auch das Internationale Forum des jungen Films auf der Berlinale. Der Filmpublizist gründete 1963 die Freunde der Deutschen Kinemathek, die nach 1968 Parallelfestivals zur Berlinale veranstalteten, bis ihr innovatives Profil 1971 in die Berlinale integriert wurde.*

Filmkunsthaus Babylon Mitte

Große Raumwirkung: Anspruchsvolles Kino mit bewegter Geschichte

Rosa-Luxemburg-Str. 30, Mitte
242 50 76
Rosa-Luxemburg-Platz
10 DM, kein Kinotag

Der Name ist Programm. Hier wird die Filmkunst gepflegt. Keine Blockbuster, keine Mainstream-Ware, es sei denn sie gehört zu einer Retrospektive. Jahrelang war das Cineastenfutter aber nur provisorisch unter beengten Verhältnissen im Foyer des Hauses zu sehen. Dabei verfügt das Kino über einen großen Saal. Als jedoch im Sommer 1994 ein Deckenbalken im Zuschauersaal einstürzte, musste er geschlossen werden. Mittel für die Reno-

Das Filmkunsthaus Babylon in Mitte musste jahrelang Filmkunst im Foyer zeigen, da der große Saal 1994 wegen Baufälligkeit geschlossen wurde. Erst 2001 konnte das denkmalgeschützte Gebäude nach einer Restaurierung wieder eröffnet werden

vierung waren jahrelang nicht aufzutreiben. Inzwischen wird der Zuschauerraum mit Rang und ansteigendem Parkett wieder hergerichtet und soll im Laufe des Jahres 2001 wieder eröffnen.

Das Babylon Mitte, wie es sich seit der Wende nennt, um sich von dem gleichnamigen Kreuzberger Bezirkskino Babylon abzugrenzen, hat eine bewegte Geschichte. Es gehört zu den ältesten noch aktiven Filmtheatern Berlins. 1929 wurde es in dem von Hans Poelzig gebauten Gebäudes mit dem Film „Fräulein Else" eröffnet. Der Architekt war dafür bekannt, Theater- und Kinobauten mit großer Raumwirkung zu entwerfen. Neben Tonfilmvorführungen fanden im Babylon alternative Theater- und Kulturveranstaltungen der jüdischen Gemeinde statt. In der Zeit des Nationalsozialismus fungierte das Kino eine Zeit lang als Zufluchtsort für Regimegegner, woran auch eine Gedenktafel im Foyer erinnert. Diese erinnert an den Filmvorführer Rudolf Lunau, der in dem Kino 1933/34 eine Widerstandszelle der KPD gegründet hat.

Bereits 1948 konnte das Kino als Uraufführungsfilmtheater wieder eröffnen. In den achtziger Jahren entwickelte es sich zum einzigen Ostberliner „Kunstkino", dessen anspruchsvolle und vielseitige Programmgestaltung bis heute das Repertoire bestimmt. Neben seltenen Retrospektiven und Werkschauen, Defa- und Stummfilmen liegt ein Schwerpunkt auf dem osteuropäischen Film.

Central

Nicht fein, aber klein: Erfolgreich zwischen Kunst und Kommerz

Ringsum ist alles schick renoviert, durchziehen bewundernd Touristentrauben die Hackeschen Höfe. Der Nachbarhof, in dem sich das 1996 gegründete Central befindet, zeigt sich noch gänzlich unbeeindruckt von der Sanierungswut seit der Wende. Das Kino liegt am Ende eines länglichen Schlauchgangs und ist im

Rosenthaler Str. 39, Mitte
28 59 99 73
mailto@eyz-kino.de
Hackescher Markt
12 DM, Kinotag Mo 8 DM, Di/Mi 9,50 DM
www.eyz-kino.de

KINOS MIT PROFIL

103

Dunkeln ganz leicht zu finden. Ein freischwebendes blaues Lichtband weist den Weg, führt zu einer grauen Fassade mit vergitterten Fenstern. Das ist kein Gefängnis, das ist der Eingang zu den Traumwelten des Kinos.

Das Programmprofil des Centrals pendelt erfolgreich zwischen Kunst und Kommerz. Es zeigt Erstaufführungen, schräge Filmreihen (etwa „Philosophie-Nonstop") und ist fester Spielort des BerlinBeta Medienfestivals. Neben cineastischen Ausgrabungen gibt man auch Chaoten und Individualisten des Genres eine Chance. Tim Burton wurde beispielsweise eine nahezu komplette Reihe gewidmet. Für Zuschauer, die zum guten Film auch guten Sitzkomfort lieben, ist das Central allerdings nicht unbedingt geeignet.

Kurfürstendamm 211, Charlottenburg
881 31 19
info@cinema-paris.de
U Uhlandstraße
109/110/119/129/219
14 DM, Kinotag Mo 8 DM, Di/Mi 10 DM, Matinee 13 DM
www.cinema-paris.de

Cinema Paris
Macht's nicht mehr auf französisch: Bequemes Premierenkino

Auch wenn der Name und die Lage im französischen Kulturzentrum Maison de France das nahe liegt, das Cinema Paris hat nichts mit dem Institut Français zu tun. Auch sonst ist der Name nicht Programm. Das Kino macht's nicht unbedingt auf französisch. Zwar wurde 1998 mal versuchsweise ausprobiert, nur französische Filme möglichst in Originalfassung zu zeigen, aber dafür ist das Berliner Publikum wohl nicht frankophil genug.

Immerhin den Hauptfilm, meist Premieren, zeigt das Cinema Paris bei allen nicht-deutschsprachigen Filmen meist zumindest in einer Vorstellung in der Originalfassung. Die schlichte Eleganz des Kinos aus dem Jahr 1950 zeigt sich in viel Messing, Spiegel und rotem Samt. Das Foyer mit dunkelgrauem Schieferboden und in beleuchtete Deckenwölbungen eingefasste Rundpfeiler ohne Sitzgelegenheiten, treibt den Gast schnell ins Innere. Dort geben gemütliche Sitze mit Kippmechanismus in der Rückenlehne sowie sehr gute Beinfreiheit dem auch rollstuhlgerechten Kino die volle Punktzahl.

CinemaxX Colosseum
Multiplex-Kino mit bewegter Vergangenheit

Die Vergangenheit als Wagenhalle und Pferdestall sieht man dem Colosseum immer noch an. Aber nur, weil man auch aus Denkmalschutzgründen die alte Backsteinfassade des einstigen Pferdedepots sichtbar gelassen, dazu weisen kleine Details wie Wandringe, die dem Anbinden der Rösser dienten, dezent auf die ehemalige Nutzung hin.

Sonst hat das 1894 als Pferde- und Busdepot gebaute Gebäude nichts mehr mit Pferden zu tun, es sei den es läuft Robert Redforts „Pferdeflüsterer". Denn das Colosseum knüpft an eine andere Vergangenheit des Gebäudes an: Am 12. September 1924 eröffnete es als Lichtspieltheater mit 1000 Plätzen. Man pflegte den Tingeltangel und zeigte Varieté-Einlagen neben Stummfil-

Schönhauser Allee 12
Prenzlauer Berg
44 01 81 81
cxxbc@berlin.cinemaxx.de
S U Schönhauser Allee
Mi 9,50 DM, ab Uhr 12 DM, Do 6 DM, ab 17 Uhr 12 DM, Fr-So 10 DM, ab 17 U 13,50 DM, Kinotag: 8,50 DM, ab 17 Uhr 9,50 DM, Logenzuschlag 2 DM
www.cinemaxx.de

KINOS MIT PROFIL

Seit 1924 flimmern an der Schönhauser Allee Filme über eine Leinwand. Damals noch neben Varieté-Einlagen. Heute ist das Colosseum ein modernes Multiplex-Kino

men, die von einem 30-köpfigen Orchester begleitet wurden.
In den vierziger Jahren wurde es als Lazarett und Wärmehalle genutzt. Das ausgebombte Metropol Theater fand hier seinen Ersatzspielort bis 1955. Am 2. Mai 1957 eröffneten die sowjetischen Alliierten das Colosseum erneut und machten es zeitweilig zum Premierenkino des „Ostens". Nach dem Fall der Mauer betrieb die „Sputnik-Gruppe" das Kino und erhielt 1992 zusammen mit dem Filmproduzenten Artur Brauner das Grundstück. Das Kino wurde um neun Säle zum Multiplex erweitert. Brauner ist jedoch ausschließlich Vermieter des Grundstücks und nicht, wie häufig falsch dargestellt, der Besitzer des Kinos. Dieses wird von einer gemeinsamen Betreibergesellschaft, paritätisch bestehend aus der „CinemaxX AG" und der „Sputnik Gruppe" betrieben. Uraufführungen und Hollywood-Ware bestimmen überwiegend den Spielplan.

IMAX-Theater CineStar und Discovery Channel

Mehr Technikfaszination als Filmkunst – dafür zehnmal größer

Das Problem mit den IMAX-Kinos ist – es gibt zuwenig Filme für dieses Format, das zehnmal größer ist, als die gewohnten 35mm-Kinofilme. Deshalb laufen teilweise dieselben Streifen in den beiden Konkurrenz-Kinos am Potsdamer Platz. Eines befindet sich am Marlene-Dietrich-Platz auf der Daimler-Seite, das andere auf der von Sony. Die größere Leinwand, überhaupt „die größte Leinwand Deutschlands", behauptet letzteres zu haben. Denn nicht das Programm kann im Kampf zwischen den beiden IMAX-Kinos entscheiden, sondern das Drumherum: der Saal, die Optik, die Akustik.

CineStar IMAX-Theater, Potsdamer Str. 4 (Sony-Center), Tiergarten
☎ 26 06 62 60
✉ info3@cinestar.de
Ⓢ Ⓤ Potsdamer Platz
🎟 2-D-Filme 12,50 DM, Kinotag & Kinder bis 11 Jahre 9,50 DM/
3-D-Filme 15,50 DM, Kinotag & Kinder bis 11 Jahre 13 DM
🖥 www.cinestar-imax.de

Discovery Channel IMAX-Theater, Marlene-Dietrich-Platz 4, Tiergarten
☎ 44 31 61 31
✉ info.imax@berlin.de
Ⓢ Ⓤ Potsdamer Platz
Ⓤ Mendelssohn-Bartholdy-Park
🎟 2-D-Filme 12,90 DM, Kinotag & Kinder bis 13 Jahre 9,90 DM/
3-D-Filme 15,50 DM, Kinotag & Kinder bis 13 Jahre 13 DM
🖥 www.imax-berlin.de

Das Discovery Channel IMAX-Theater am Marlene-Dietrich-Platz setzt auf die Kuppel und die steilen Stuhlreihen in ihrer Variante. Das CineStar IMAX auf sanfter ansteigende Stuhlreihen und die Sony-Optik mit flacher Leinwand und elektronischen 3-D-Brillen. Die feststehende Imax-Flachbildwand ist aber nicht so groß wie beim Discovery Channel IMAX mit der Omnimaxkuppel, überragt aber die der dortigen vergleichbaren Imax-Flachbildwand, was Grund genug ist, sich bei jeder Einführung als „Deutschlands größte Bildwand" anzupreisen. Aber das wissen wir ja nun schon.

Der Elektronikriese Sony (weltweiter Jahresumsatz: 65 Milliarden DM) hat sich nichts weniger vorgenommen als „neue Dimensionen" der Unterhaltung zu erschließen und einem vergnügungswilligem Publikum zu präsentieren. In solchen Fragen hatte Sony ja schon einmal die Nase vorn. Als sich europäische Elektronikunternehmen partout nicht vorstellen konnten, dass es irgend jemand völlig Klasse finden könnte, mit Kopfhörern durch die Gegend zu laufen, um einem Minikassettenrekorder zu lauschen, griff Sony das brachliegende Patent auf, nannte sein Bonsai-Tonbandgerät „Walkman" und der Rest ist Geschichte.

IMAX zeigt dem staunenden Besucher anhand pathetischer Kultur- und Expeditionsfilme die Wunder und Bedrohungen auf unserem Planeten von der Antarktis bis zum Amazonas, im Weltall und am Meeresgrund. Mittels der großformatigen Möglichkeiten des Imax-70mm-Prozesses und seiner überragenden Bildschärfe (nebst optimiertem Digitalton) dienen die riesigen Leinwände und Kuppelprojektionen ästhetisch immer noch stärker der Technikfaszination als dem Erzählkino. So ähnlich war das ja auch in der Steinzeit des Films, als die Leute sich von boxenden Kängurus fesseln ließen oder gar angesichts der Bilder einer vermeintlich in den Zuschauerraum hineinrasenden Lokomotive panisch aus dem Raum stürmten.

Eines der beliebtesten Kinos im Westen der Stadt ist das Delphi. Es ist auch eines der wenigen Kinos, in denen klassische 70mm-Filme gezeigt werden können

Delphi

Beliebtes Programmkino mit Lichtkrone

Das Delphi könnte locker auch als Theaterraum durchgehen, derart groß ist die Bühne vor der Leinwand. Tagsüber wird es deshalb auch vom benachbarten Theater des Westens als Probebühne genutzt. Bis 1949 war hier auch noch gar kein Kino, das Gebäude diente als Tanzpalast. Dieses Flair prägt noch immer das äußere Erscheinungsbild und die Innenausstattung mit einer Lichtkrone an der Decke des Saals. Am beliebtesten ist die Reihe 17, weil vor dieser ein breiter Quergang die Sitzreihen des Saals trennt. Deren Plätze sind am schnellsten besetzt, weil sie perfekte Beinfreiheit bieten.

Heute gehört das Delphi zu den beliebtesten Filmkunst-Kinos Berlins, es ist auch eines der wenigen Kinos der Stadt, in denen klassische 70mm-Filme gezeigt werden können. Das Programm besteht überwiegend aus Premieren, versucht dabei zwischen breitem Publikumsgeschmack und Filmkunst die Waage zu Gunsten letzterem zu halten.

Kantstr. 12a, Charlottenburg
☎ 312 10 26
S U Zoologischer Garten
🚌 149
🎟 14 DM, Kinotag Mo 8 DM, Di/Mi 10 DM

DELPHI

FILMPALAST AM ZOO

GELIEBTE APHRODITE

Eiszeit

Aus der Gosse zu den Filmsternen

In der Schöneberger Hausbesetzerszene liegen die Wurzeln des Eiszeit. Seit dem Umzug nach Kreuzberg in den zweiten Hinterhof einer alten Fabriketage professionalisierte es sich. Nur eine kleine Neonröhre mit aufgeklebtem Schriftzug über der Toreinfahrt sowie ein paar Schaukästen in der Durchfahrt weisen auf das Kino hin.

Hier sind experimentierfreudige Cineasten am Werk. Mit ihrem außergewöhnlichen Programm hat sich das Eiszeit einen guten Namen in der Berliner Kinolandschaft gemacht. Hauptmerkmal ist, die Betreiber zeigen keine Berührungsängste. Dokumentarfilme und Fußballübertragungen gehen ebenso wie eine „Winona Ryder"-Retrospektive oder Cartoons.

Zeughofstr. 20, Kreuzberg
611 60 16
mailto@eyz-kino.de
U Görlitzer Bahnhof
11 DM, Kinotag Mo 8,50 DM, Di/Mi 9,50 DM
www.eyz-kino.de

Filmbühne am Steinplatz

Programmkino mit Restauration

Die Filmbühne am Steinplatz ist ein Kino. Die Filmbühne am Steinplatz ist ein Café. Beide Aussagen sind richtig. Für die innovative Programmgestaltung des Kinos gab es immer wieder

Die Zeit vor oder nach dem Kino lässt sich prächtig vertreiben in der Filmbühne am Steinplatz. Denn das Programmkino ist gleichzeitig ein Café-Restaurant

Hardenbergstr. 12, Charlottenburg
312 90 12
annakruse@aol.c
S U Zoologischer Garten
145
11 DM, Kinotag DM
www.independents.de

Auszeichnungen des Innenministeriums. Für die Restauration gab es wohl noch keinen Michelin-Stern, aber sie bietet durchaus gehobene Kneipenküche. Vor allem ist das Ambiente im Wintergarten nett. Das Kino ist deshalb auch als Treffpunkt prima geeignet.

Seit 1950 wird es im Erdgeschoss eines Wohnhauses betrieben und unter dem Betreiber Ernst Remmling zum ersten Programmkino Deutschlands. Mitte der 80er-Jahre wurde es von dem Filmemacher Ottokar Runze gekauft und umgebaut, wobei die Sitzplatzanzahl auf 130 halbiert wurde. Kleiner Tipp: Der langgezogene Saal mit vielen Schwarzweißfotos von Filmstars an den Wänden bietet nur im vorderen Drittel eine angenehme Sicht auf die Leinwand.

gitzdamm 2, Kreuz-
rg
614 24 64
fsk-kino@snafu.de
Kottbusser Tor oder
ritzplatz
11 DM, Kinotag
/Di 9 DM
www.fsk-kino.de

fsk am Oranienplatz

Manche lieben's französisch

Wo ist denn hier das Kino? Man muss schon zweimal hingucken, um hinter dem zweistöckigen, verspiegelten Glasbau am Oranienplatz einen Kinobetrieb zu entdecken. Würden da nicht ein paar Filmplakate meist französischer Kunstfilme durch die Scheiben zu erahnen sein ... Diese deuten dann schon darauf hin, das hier erstens Kino und zweitens etwas Besonderes gespielt wird.

Der verwirrende erste Eindruck entsteht, weil man 1991 an die Ecke eines Gebäudes von Bruno Taut einfach diesen Glaskasten anklatschte. Ein langes, arg schmales Foyer an dessen Ende lässt fast klaustrophobische Gefühle aufkommen, wenn zu viele dort mit einem auf den Beginn des Films warten. Schon seit vielen Jahren laufen im fsk die meisten Filme im Original mit Untertiteln. Dabei liegt der Schwerpunkt durchaus im frankophonen Bereich. Mache lieben's eben französisch.

Inzwischen betreibt das Kino einen eigenen Filmverleih. Im Jahr 2000 hatten sie 18 Filme im Verleih (11 aus Frankreich), die ansonsten den Weg ins Deutsche Kino wohl nie gefunden hätten.

Kant-Kinos

Das Kino zum Lied

Kantstr. 54, Charlottenburg
312 50 47
kantkinoberlin@aol.com
Wilmersdorfer Straße
149
13 DM, Rang
15 DM, Kinotag Di/Mi
9 DM, Rang 10 DM

Es gibt wohl nicht viele Kinos in Deutschland, denen eine weltbekannte Band ein Lied gewidmet hat. Die Simple Minds haben es getan, fürs Kant-Kino. In den 70ern- bis Anfang der 80er-Jahre sorgte das Kant für Furore – aber nicht als Kino. Unter seinem damaligen Betreiber Conny Konzack wurde das Filmtheater oft zur Konzertbühne. Hier traten AC/DC ebenso auf wie U2, die Nina Hagen Band oder Herman Brood & his Wild Romance. Ab 1983 wurde das Kino an der Kantstraße dann wieder ein ganz normales Programmkino. Und Konzack Manager für Bands wie Einstürzende Neubauten oder die Ärzte.

Wer auf der Couch Filme sieht, guckt fernsehen. Im Kant-Kino

Das Kant-Kino hatte seine große Zeit Ende er 70er-Jahre. Damals fungierte es nebenbei als Konzertbühne, wo AC/DC oder U2 gastierten

KINOS MIT PROFIL

109

JUNGvMATT/Alster

durchleuch

n-tv

Der Nachrichten-Sender

Politik aus Berlin.
Die Entscheidungen, die Hintergründe, die Wahrheit.
Nur eines von vielen Themen auf n-tv.

www.n-tv.de

stimmt das nicht. Denn im kleinsten Saal dieses Kinos, auch „Kid" genannt, kann man sich auch auf Sofas fläzen. Insgesamt besteht das Kant heute aus fünf Kinos, die eine bunte Mischung aus Erstaufführungen, Kultfilmen und Klassikern zeigen. Aber ein Lied wird ihm wohl nicht mehr gewidmet werden.

Berliner Kinomuseum

Raritäten, Filme, Originale: Der Kintopp lebe hoch

Großbeerenstr. 57, Kreuzberg
Kein Telefon
U Mehringdamm
9 DM

Rigoros dem guten alten Kintopp frönt das Berliner Kinomuseum. Es ist ein kleines Ladenkino in der Tradition der frühen Nickelodeons. Hemmungslos nostalgisch und erheiternd unzeitgemäß kommen hier „Raritäten aus der Flimmerkiste" zur Aufführung. Stummfilmgrotesken von Charly Chaplin oder Laurel and Hardy, Klassiker der guten alten Zeit von Fritz Lang, Alfred Hitchcock und Friedrich Wilhelm Murnau. Am Preußenjahr 2001 beteiligt man sich verschärft an Preußens Glanz und Gloria im Film mit alten Dokumentaraufnahmen und Wochenschauen von 1897 bis 1917.

Betreiber ist ein Berliner Original. Der 1928 geborene Max Cichocki sammelt schon seit den vierziger Jahren Devotionalien des Films: alte und neue Filmrollen, Fotos, Filmplakate, Rosskarten, Filmkurier-Programme und Projektionsapparate von

Nomen est omen: Raritäten aus der Flimmerkiste zeigt das Berliner Kinomuseum. Filmklassiker und Väter der Klamotte aus der Zeit, als die Bilder laufen lernten

1895 bis 1945 aus deutscher Produktion. Er hat auch im Filmgeschäft gearbeitet, ganz unten, als Umrollgehilfe und Vorführer in den Neuköllner Ili-Lichtspielen, als Positiventwickler in den Berliner Filmlaboren und als Komparse. 1962 eröffnete er sein erstes Berliner Kinomuseum in Kreuzberg als Verein. Mitglied war übrigens auch der junge Ulrich Gregor, später Leiter des Internationalen Forums des jungen Films auf der Berlinale.

Moviemento

Von Topp bis Tykwer – Kino mit Kultpotential

ottbusser Damm 22, reuzberg
692 47 85
moviemento.erlin@t-online.de
Hermannplatz oder chönleinstraße
12 DM, erm. 10 M, Kinotag 9 DM
www.oviemento.de

Legendär ist dieses Kreuzberger Kino. Seit 1911 werden im ersten Stock des Wohn- und Geschäftshauses Filme gezeigt. Der erste Betreiber war ein Herr Topp und die Legende will, dass die Bezeichnung „Kintopp" auf ihn zurückzuführen sei. Gut 60 Jahre später raste hier Meat Loaf jahrelang mit seinem Motorrad durch die „Rocky Horror Picture Show". In den 80er-Jahren gehörte ein gewisser Tom Tykwer zu den Betreibern, damals bekam das Kino auch seinen heutigen Namen Moviemento verpasst. Inzwischen macht Tykwer längst selbst sehr erfolgreich Filme, „Lola rennt" inzwischen bis nach Hollywood.

Herr Topp hatte übrigens seinerzeit eine Idee, wie man zwei Säle mit nur einem Projektor gleichzeitig bespielen kann. Die Wand zwischen den beiden Räumen war eine transparente Leinwand. Die eine Hälfte des Publikums sah den Film nun allerdings spiegelverkehrt, was bei Stummfilmen wegen der Zwischentitel schon recht unpraktisch ist. Topps Lösung: ein an der Rückwand angebrachter Spiegel machte die Titel wieder lesbar.

Heute muss hier niemand mehr seitenverkehrt gucken. Das Moviemento ist für sein engagiertes und gutes Off-Kino-Programm bekannt. Neben Erstaufführungen laufen hier Kultfilme vergangener Jahre, auch in der Originalfassung. Neue Filme werden zum Anlass für kleine Filmreihen genommen. In letzter Zeit setzten die Programm-Macher den Schwerpunkt zunehmend auf neue deutsche Filme.

Tom Tykwer drehte bereits mit elf Jahren seine ersten Kurzfilme. Mit 23 leitete der leidenschaftliche Kinogänger das Kreuzberger Moviemento-Kino. 1993 drehte er mit „Die tödliche Maria" seinen ersten Spielfilm. Sein größter Erfolg wurde 1998 „Lola rennt" mit Lebensgefährtin Franka Potente in der Hauptrolle

Titania-Palast

Der Glanz der frühen Jahre

chloßstr. 5-6, Steglitz
79 09 06 66
info@movieclick.de
Walther-Schreiber-atz
148/176/181/182/ 85/186
Mo-Fr erste Vorellung 6 DM, danach 3-15 DM, Sa/So erste orstellung 9 DM, da-ach 13-15 DM, Kinder s 11 Jahre 9 DM, Kiotag Mi/Do 9 DM
www.titania.de

Kaum glaublich, das war einmal Berlins glanzvollstes Kino. Heute ist das kaum noch zu spüren. Im Titania-Palast gibt's zwar immer noch oder besser wieder ein Kino, allerdings muss es sich den Palast mit einem Schuhgeschäft und anderen Läden teilen. Dabei stellt das Gebäude mit einem 30 Meter hohen Lichtturm ein Glanzstück der Lichtarchitektur der zwanziger Jahre dar. Der alte Titania-Palast wurde am 26. Januar 1928 eröffnet. Er bot 2071 Sitzplätze und war prunkvoll eingerichtet. Den Zweiten Weltkrieg überlebt das Haus unzerstört, das war wichtig, denn nun begann die Glanzzeit des Titania-Palastes. Er wurde ein wichtiges Zentrum des gesellschaftlichen und kulturellen Lebens der

Stadt. Die Berliner Philharmoniker gaben hier ihr erstes Konzert nach dem Krieg, die Freie Universität gründete sich in diesem Haus und die Berlinale bekam hier ihren ersten Standort.

Auch für einen Skandal war er gut. Als Marlene Dietrich für eine Konzertreise 1960 nach Berlin zurückkehrte, um im Titania-Palast zu gastieren, empfingen sie hohlköpfige Berliner vor dem Eingang mit „Marlene hau ab!"-Plakaten und Sprüchen. Die unbelehrbaren Patrioten nahmen ihr krumm, dass sie die Amerikaner gegen Nazi-Deutschland unterstützt hatte.

In den folgenden Jahren geht es zunehmend bergab mit dem Kinopalast. 1966 schließt er und wird zum Geschäftshaus umgebaut. Erst seit Mai 1995 gibt es hier wieder ein etwa 1200 Personen fassendes Kino mit fünf Sälen. Der heutige Titania-Palast spielt Mainstream-Ware, Blockbuster, hat aber auch ein tägliches Kinderprogramm im Repertoire.

Cinema Paradis
Das kleine Kino To am Antonplatz i Steckenpferd d Regisseu Michael Verhoeve

Toni

Regisseurs Traum

Antonplatz, Weißensee
92 79 12 00
kontakt@kino-toni.de
158/255
Tram 2/3/4/13/23/24
9 DM, ab 17 Uhr 11 DM, Kinotag 6 DM, ab 17 Uhr 8 DM, erm. 6 DM, ab 17 Uhr 9 DM, ab 22 Uhr 11 DM
www.kino-toni.de

Das Toni ist nichts Geringeres als die Erfüllung eines Traumes. Dem Traum eines Regisseurs von seinem eigenen „Cinema Paradiso". Der Inhaber heißt Michael Verhoeven. Der Regisseur hat sich vor allem mit zeitkritischen Filmen über die jüngste Vergangenheit Deutschlands einen Namen gemacht. 1970 sorgte er mit seinem Film „O.K.", bei dem es um die Vergewaltigung einer Vietnamesin durch G.I.s geht, für einen Eklat bei der Berlinale. Die Jury, die den Beitrag ausschließen wollte, trat nach zahllosen Protesten zurück. Bei Verhoevens zuhause scheint's ruhiger zuzugehen: Seit über 30 Jahren ist der Regisseur mit der Schauspielerin Senta Berger verheiratet.

Sein „Cinema Paradiso" hat der Regisseur wie ein Aquarium dekoriert. Mit korallenähnlichen Gebilden und flimmernden Lichteffekten imaginiert er eine Unterwasserwelt. Das Toni hat noch einen kleinen Bruder, der zweite Saal wurde auf den Namen Tonino getauft. Das Programm bringt Blockbuster ebenso wie Dokumentarfilm-Premieren, täglich gibt es Kindervorstellungen.

UCI-Kinowelt Zoo-Palast

Schillernde Geschichte, begraben unter Nebelwerfern

Hardenbergstr. 29a, Charlottenburg
25 41 47 77
ZooPalast@uci-kinowelt.de
Zoologischer Garten
12 DM, ab 16.45 Uhr 15 DM, Kinotag 8 DM, erm. 9 DM, ab 16.45 Uhr 13 DM, Hochparkettzuschlag 2 DM
www.uci-kinowelt.de

Auch dieses Kino schrieb Geschichte. Seit der Eröffnung 1957 bis zum Jahr 1999 war der Zoo-Palast Austragungsort des ‚Berlinale'-Wettbewerbs. Über seinen roten Eingangsteppich schritten viele Stars des Kinos: Von Walt Disney bis Jodie Foster, von Tom Hanks bis James Stewart, von Dustin Hoffman bis Jack Lemmon, von Jacques Tati bis Steven Spielberg. Auch außerhalb der Filmfestspiele war der Zoo-Palast durch seine zentrale Lage das Premierenkino (West-)Berlins.

Doch nicht nur mit dem Wegzug der Berlinale zum Potsdamer Platz hat der Zoo-Palast einiges von seiner Aura eingebüßt.

KINO
TONI
Bette
MIDLER
Diane
KEATON
Napoleon
auf vier Pfoten
Verleih Jugendfilm
TAXI

KINOS MIT PROFIL

Dieses Kino schrieb Geschichte: Als zentraler Austragungsort der Filmfestspiele von 1957 bis 1999 begrüßte der Zoo-Palast Stars und Sternchen in seinen Reihen

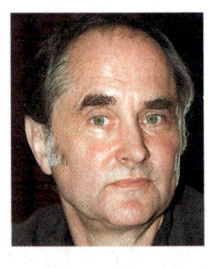

Mit zeitkritischen Filmen macht sich **Michael Verhoeven** einen Namen. Der Sohn des Schauspielers Paul Verhoeven studierte zuerst Medizin, entschied sich dann aber fürs Kino. Als Film- wie Kinomacher: Er ist Inhaber des Kinos Toni

Nachdem die UCI-Kinokette den aus insgesamt neun Sälen bestehenden Kinokomplex 1994 gekauft und komplett umgebaut hat, verlor der unter Denkmalschutz stehende Kinopalast viel seines 50er-Jahre-Flairs und individuellen Charakters. Etliche historische Komponenten des Kinos wurden entfernt und durch austauschbare Multiplex-Standard-Bauten wie einer Snackbar ersetzt. Mit Lasershows und Nebelwerfern wird die Abendvorstellung wie eine Discoveranstaltung aufgemotzt. Eine betrübliche Angelegenheit im wahrsten Sinne des Wortes.

Xenon

Permanentes Festival des homosexuellen Films

Man muss Prioritäten setzen. Überwiegend schwul-lesbischen Filmen und Thematiken hat sich das Xenon verschrieben. Interessanterweise hat diese Programmauswahl dem Bundesminister des Inneren so gut gefallen, dass es ihm wiederholt eine Auszeichnung wert war. Die Urkunden sind im Foyer aufgehängt und zur Bewunderung freigegeben.
Noch etwas anderes macht aus dem Xenon etwas Besonderes in der Berliner Kinolandschaft. Seine Geschichte: Das 1909 im Erdgeschoss eines fünfstöckigen Wohnhauses eröffnete Kino war eines der ersten Kinematographentheater Berlins. Damals waren Projektorraum und Leinwand übrigens noch entgegengesetzt den heutigen Verhältnissen aufgebaut. Eine Tatsache, die man bedenken sollte, wenn man etwas zu spät ins Kino kommt: Beim Eintritt steht man direkt neben der Leinwand. Spot an!

Kolonnenstr. 5, Schöneberg
☎ 782 88 50
✉ service@xenon-kino.de
Ⓤ Kleistpark
🎟 11 DM, Kinotag 8,50 DM
🌐 www.xenon-kino.de

MUSEEN

Mit vielen kleinen und **großen Sammlungen** kann sich Berlin schmücken. Die riesige Museumslandschaft bietet auch für den Liebhaber des Besonderen ausgefallene Möglichkeiten

Abguss-Sammlung antiker Plastik

Skulpturen und Studenten – Archäologisches Low-Budget

Erst seit Dezember 1988 gibt es diese Ergänzung zur Antikensammlung von Altem- und Pergamonmuseum. Die Exponate haben zweifellos ein paar tausend Jahre mehr auf dem Buckel. Etwa 700 griechische und römische Skulpturen unterschiedlicher Epochen sind hier zu sehen. Aber nur an vier Nachmittagen in der Woche. Das Haus ist ein Low-Budget-Unternehmen. Träger sind nicht die Staatlichen Museen zu Berlin – Preußischer Kulturbesitz (SMPK), sondern das Seminar für Klassische Archäologie der Freien Universität. Forschung und Lehre steht hier vor Ausstellung und Publikumsverkehr. Gleichwohl gibt es immer mal wieder zusätzliche Ausstellungen mit moderner Kunst.

Die Studenten und Mitarbeiter arbeiteten mit der benachbarten Gipsformerei, gegründet 1830, zusammen und verstehen sich in der Tradition der 1695 von Kurfürst Friedrich III. gegründeten Abguss-Sammlung, die es seinerzeit auf die stolze Zahl von 2500 Exponate brachte – damaliger Weltrekord.

Schloßstr. 69b, Charlottenburg
342 40 54
stemmerk@zedat.fu-berlin.de
109/145/210/X21
Frei, Do-So 14-17 Uhr
www.fu-berlin.de/klassarch/ka/abguss.ht

Ägyptisches Museum und Papyrussammlung

Ägyptische Profile: Nofretetes Antlitz und Kleopatras Handschrift

Ein warmer Lichtstrahl hebt ihre Büste aus dem Dunkel der Museumsräume. Spot auf Nofretete, die Frau des ägyptischen Königs Echnaton. Die Schöne ist gekommen. So lautet ihr Name übersetzt. Nun, sie war zweifellos schön. Ihre berühmte Büste konserviert das wunderbar seit gut 3300 Jahren für die Nachwelt. Wunderbar auch, weil sich deren Bemalung seit der Amarna-Zeit (um 1340 v. Chr.) ohne Restaurierung erhalten hat.

Nofretetes Büste ist Glanzstück der Exponate des Ägyptischen Museums, einquartiert im klassizistischen Stüler-Bau gegenüber

Schloßstr. 70, Charlottenburg
34 35 73 11
aemp@smb.spk-berlin.de
Richard-Wagner-Platz
109/145/210/X21
8, erm. 4 DM, Di-So 10-18 Uhr
www.smb.spk-berlin.de/amp/index.htm

Das zwischen 1695-99 als Sommerresidenz für die Kurfürstin Sophie Charlotte erbaute Schloss Charlottenburg beherbergt heute die Bildersammlung aus Schlössern Friedrichs des Großen. Im Mittelpunkt der Sammlungen der Galerie der Romantik im Neuen Flügel stehen die Werke von Caspar David Friedrich

vom Schloss Charlottenburg. Und doch sie ist nur eines, denn das Museum besitzt weltweit eine der bedeutendsten Sammlungen ägyptischer Hochkultur. Es geht auf eine Empfehlung Alexander von Humboldts zurück und gehört, 1828 gegründet, zu den ältesten Abteilungen der ehemals königlichen Kunstsammlungen. Zweifellos ist Nofretetes Büste das berühmteste Ausstellungsstück. Berühmter noch als das Porträt der Königin Teje oder der nach seiner Gesteinsfarbe benannte „Berliner Grüne Kopf" (500 v. Chr.). Alljährlich machen etwa 500.000 Besucher der schönen Königin ihre Aufwartung. Doch seit Herbst 2000 hat Nofretete ernsthafte Konkurrenz bekommen von einer anderen legendären Herrscherin. Von Kleopatra.

Deren Name bedeutet übersetzt „Die vom Vater berühmte", was ja hübsch untertrieben ist. Die verführerischste Königin der Ägypter konnte schon ganz allein für ihren Ruhm sorgen. Sie wickelte erst die römischen Feldherren Caesar und Marcus Antonius um ihren Finger und sorgt knapp 2030 Jahre nach ihrem Mythen umwobenen Selbstmord durch Schlangenbiss erneut für Herzklopfen. Diesmal bei Ägyptologen aus aller Welt. Schuld daran hat ein verwittertes Papyrus aus dem Jahre 31 vor Christus, das bereits seit über hundert Jahren im Charlottenburger Ägyptischen Museum aufbewahrt wird. Ein scharfäugiger belgischer Forscher fand auf dem Dokument eine griechische Randbemerkung, die übersetzt „So soll es sein" bedeutet. Die Wissenschaft untersuchte die Handschrift und dann war die Sensation perfekt. Es stellte sich heraus, dass es sich um eine eigenhändige Verfügung Kleopatras handelt. Damit findet sich in Charlottenburg die einzige weltweit bisher entdeckte handschriftliche Überlieferung der berühmten Pharaonin (die angeblich auch eine hübsche Nase gehabt haben soll, aber das mag nur eine Legende aus „Asterix" oder Hollywood sein).

Und worum geht's in dem Schriftstück mit der königlichen Randbemerkung? Darin bewilligt Kleopatra die Bestechungssumme für Marcus Antonius' Feldherrn Candidus. Antonius war damals gerade damit beschäftigt, in eine Seeschlacht gegen Octavianus (den späteren Kaiser Augustus) zu ziehen, dem Konkurrenten um die Macht in Rom. Kleopatra wollte da ein bisschen mitmischen, der bestochene Candidus sollte seinen Chef dazu überreden. Das gelang, war aber, wenn man den antiken Historikern glauben will, der Anfang vom Ende: Kleopatra floh vom Schlachtfeld, Antonius verlor Schlacht und Krieg. Ein Jahr später begingen beide Selbstmord. Das unheilvolle Bestechungsdokument ist nun also Zierde des Berliner Museums. Die Zeit heilt halt alle Wunden.

Daneben dokumentiert die wirkungsvoll inszenierte Ausstellung in mehr als 2000 Meisterwerken und Funden die Epochen Altägyptens von 3000 v. Chr. bis in die Zeit der Römer. Monumentale Werke der ägyptischen Architektur wie das Kalabscha-Tor (20 v. Chr.) oder die große Säulenhalle aus dem Pyramidentempel des Königs Sahure (2400 v. Chr.) machen das antike Ägypten sinnlich erlebbar. Und da ist es eigentlich völlig egal, dass die Pyramiden weiterhin bei Kairo stehen und dass die Frage ungeklärt bleibt, was nun eigentlich schöner ist: Kleopatras Handschrift oder ihre Nase. Oder doch Nofretetes Büste?

Die Handschrift der verführerischen Königin **Kleopatra** auf einer Papyrusrolle gehört zu den Schätzen des Ägyptischen Museums. Die Geliebte Caesars (von dem sie ein Kind hatte) und später des Antonius (Ergebnis: drei Kinder) verfügte darin die Bestechungssumme eines Feldherrn

MUSEEN

Altes Museum – Antikensammlung
Römisch-griechisch: Ältester Museumsbau Berlins

Hier spielt Berlin ein bisschen altes Rom. Das fällt schon auf, wenn man sich das Alte Museum vom Lustgarten aus ansieht. Der Baumeister Karl Friedrich Schinkel hat sich beim Bau, dessen Herzstück eine von antiken Statuen geschmückte Rotunde ist, vom römischen Pantheon inspirieren lassen. 87 Meter breit ist der zweigeschossige Bau. Über den Kapitellen der 18 Säulen an der Hauptfront heißt es folgerichtig auch in der Sprache Caesars: „Fridericus Gulielmus III studio antiquitatis omnigenae et artium liberalium museum constivit MDCCCXXIII." Damit ist Rom Genüge getan und dem Besucher mit kleinem Latinum bereits einiges verraten: Das Baujahr, nämlich 1823. Der Bauherr, nämlich Friedrich Wilhelm III. Und der Zweck: Das Museum soll dem Studium des gesammelten Altertums und der freien Künste dienen. Und was da königlich besiegelt draufsteht, ist dann natürlich auch drin: Lauter alte Römer und Griechen, genauer gesagt, deren Kunst und Skulpturen. König Friedrich Wilhelm hat hier den kleinteiligen Teil seiner Antikensammlung für die Öffentlichkeit untergebracht. Ave, Fridericus Guliemus!

Die Sammlung wuchs durch Grabungsfunde in Olympia, Pergamon, Samos, Milet, Priene und Didyma zu einer der bedeutendsten der Welt heran. Sie verteilt sich auch auf das Pergamonmuseum. Während dort die Monumentalbauten unterkamen, sind im Alten Museum vor allem antike Kleinode und zwei Schatzkammern zu besichtigen, darunter der Hildesheimer Silberschatz (Ende 1. Jahrhunderts v. Chr.). Das ist ein Tafelservice, welches nicht zur Benutzung gedacht war. Das wäre ja auch zu profan. Es diente dem Besitzer viel mehr dazu, seinen Wohlstand und

Bodestr. 1-3, Mitte
20 90 50
ant@smb.spk-berlin.de
Hackescher Markt
100/157/200/348
Tram 1/2/3/4/5/6/13/15/50/53
8, erm. 4 DM,
Di-So 10-18, Do 10-22 Uhr
www.smb.spk-berlin.de/ant/

Ein bisschen altes Rom in Berlin: Vom römischen Pantheon ließ sich Karl Friedrich Schinkel 1823 für den Bau des Alten Museums inspirieren

Geschmack zu beweisen. Das Hauptstück des Fundes, die Athena-Schale, ist eine von vier Prunkschalen des Tafelservices, das Mittelemblem zeigt die griechische Göttin.

Die Kunst der Römer ist allerdings nur durch wenige Werke vertreten, unter anderem durch Porträts von Caesar und Kleopatra, ein paar Sarkophage, Mosaiken, Vasen, Bronzefiguren und römisch-ägyptische Mumienbildnisse. Dafür zeigt sich das Herzstück der Sammlung prächtig: Die Kunst der Etrusker, ein mittelitalienisches Volk, das vor dem Römischen Reich Italien regierte. Auch hier viele Kleinode, Fresken, Steinskulpturen und Vasen.

Im Obergeschoss sind derzeit ausgelagerte Werke der Alten Nationalgalerie untergekommen, die wegen Generalsanierung derzeit geschlossen ist. Meisterwerke des 19. Jahrhunderts sind hier zu bewundern, darunter Max Liebermann, Adolph von Menzel oder Claude Monet.

Walter Gropius, der Gründervater des Weimarer Bauhauses, ist auch der Hausgeist im Berliner Bauhaus-Archiv. Sein Nachlass bildet den Grundstock des 1960 gegründeten Archivs. Nach seinem Tod wurde das Gebäude in Berlin auf der Grundlage seines Entwurfs errichtet. Von Gropius' Anfängen in der Stadt zeugt neben frühen Villenbauten sein Beitrag zur Siedlung Siemensstadt

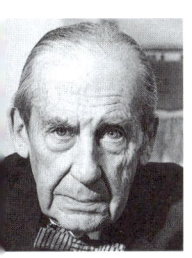

Bauhaus-Archiv

Ikonen moderner Architektur – Museum für Gestaltung

Die weißen Viertelkreise, die die Frontalansicht des Bauhaus-Archives bekrönen, gehören fest zur Kultursilhouette Berlins. Direkt am Landwehrkanal gelegen, wirken die gebrochenen Dachwellen eher wie futuristische Dampferschornsteine denn wie ein Tageslicht spendendes Fensterdach. Im Archiv darunter wartet auch kein Aktenstaub, sondern Kunstwerke und -gewerbe aus dem frühen 20. Jahrhundert. Selbstredend in kühn-markantem Bauhaus-Design.

Eigentlich war dieser Avantgarde-Institution, die Walter Gropius 1919 gründete, nur ein kurzes Zwischenspiel in Berlin gegönnt. 1933 schlossen die Nazis die Schule in Steglitz, die Ludwig Mies van der Rohe dort erst im Vorjahr eröffnet hatte. Bereits 1925 hatte die Weimarer Kommune die Bauhäusler vertrieben, und sieben Jahre später tat es ihr die Dessauer gleich. Der Anspruch der Schule, alle Künste zu vereinen und damit den klassischen Akademien Paroli zu bieten, stieß immer wieder auf heftigen Widerstand. Ihre avantgardistischen Ideen aber blieben erhalten, und ihre Bauten sind nun Ikonen der modernen Architektur.

So steht in der ständigen Sammlung des Bauhaus-Archives das große Originalmodell des Dessauer Bauhaus-Gebäudes von 1925. Weiß, rechtwinklig, funktional und seiner Entstehungszeit weit voraus. Aber auch der „Licht-Raum-Modulator" von Lászlo Moholy-Nagy, das zweite Prunkstück der Ausstellung, ist ein Überflieger. Die erste Skulptur, die Licht und Bewegung vereint, zudem den Ausstellungsraum integriert und dabei noch interaktiv ist: Per Knopfdruck drehen sich die Spiegel, Metallgitter und Kunststoffplatten der Kunstmaschine.

Von Herbert Bayers Typografien über die Teekannen von Marianne Brandt bis zu Marcel Breuers Stühlen reicht der Bestand an Designobjekten. Architekturpläne und -modelle, sowie experimentelle Fotografien komplettieren die Sammlung. Außerdem besitzt das Haus ein Fotoarchiv zur Geschichte des Bauhauses und eine Spezialbibliothek. Ein Teil dieser Schätze wird in der

Klingelhöferstr. 14, Tiergarten
254 00 20
bauhaus@bauhaus.de
Nollendorfplatz
100/129/187/341
7,80, erm. 3,90 DM, Mi-Mo 10-17 Uhr
www.bauhaus-archiv.de

ständigen Ausstellung „Das Bauhaus: Weimar – Dessau – Berlin 1919-1933" präsentiert, ein Teil zu thematischen Sonderausstellungen gehoben. Begleitende Kataloge erläutern dann die „Avantgarden im Dialog" mit Japan oder die Textilwerkstatt unter dem Titel „Das Bauhaus webt".

Und es lebt weiter: Der Berliner Senat erteilte 1971 die Zusage zum Bau der H-förmigen Anlage mit dem halbrunden Shed-Dach, nachdem der Entwurf des Bauhaus-Gründers Walter Gropius in Darmstadt keine Baugenehmigung bekam. Wieder einmal war Stadtvätern solcherlei Form zu besonders. Obwohl selbst der Bauhaus-Freund Max Bill das Berliner Archiv für ein „verkorkstes Alterswerk" von Gropius hielt: Als „Museum für Gestaltung" pflegt es seit 1979 die Ideen einer weltberühmten, einzigartigen Avantgarde-Bewegung.

Schloßstr. 1a, Charlottenburg

32 69 06-00

info@broehan-museum.de

U Richard-Wagner-Platz

109/145/210/X26

10, erm. 5 DM, Di-So 10-18 Uhr und an allen Feiertagen

www.broehan-museum.de

Bröhan-Museum

Porzellan im Raum: Jugendstil, Art Déco und Funktionalismus

Das Bröhan-Museum ist das Landesmuseum für Jugendstil, Art Déco und Funktionalismus (1889-1939). Damit es da keine Missverständnisse gibt, heißt es im Untertitel auch „Landesmuseum für Jugendstil, Art Déco und Funktionalismus (1889-1939)". Unter „Bröhan" mag sich der eine oder die andere ja sonst alles Mögliche vorstellen, nur kein international ausgerichtetes Spezial- und Epochenmuseum. Vielleicht erinnert sich aber auch jemand an einen gleichnamigen Hamburger Unternehmer, der seine in den sechziger Jahren aufgebaute Privatsammlung dieser Kunstrichtungen jahrelang in einer Dahlemer Villa ausstellte. 1982 schenkte Karl H. Bröhan die ganze Sammlung dem Land Berlin und dafür trägt das Museum jetzt seinen Namen. Ehre wem Ehre gebührt.

Die Bestände sind in die Hauptgebiete Kunsthandwerk und Bildende Kunst gegliedert. Dabei werden die Kunstobjekte als Raum-Ensembles präsentiert. Etwa 2500 Exponate aus Glas, Keramik, Porzellan, Silber und Metall stellen in Kombination mit Möbeln, Teppichen, Beleuchtungskörpern, Graphiken und Gemälden repräsentativ die Zeitspanne vom Jugendstil als Wegbereiter der Moderne bis zum Art Déco und Funktionalismus dar. Darunter sind Arbeiten des französischen und belgischen Art Nouveau, des deutschen und skandinavischen Jugendstils sowie Ensembles des französischen Art Déco. Im Obergeschoss ist jeweils ein Raum dem belgischen Jugendstilkünstler Henry van de Velde und dem Wiener Sezessionskünstler Josef Hoffmann gewidmet.

Zum Bestand des Bröhan-Museums in der 1892/93 erbauten spätklassizistischen ehemaligen Infanteriekaserne des Schloss' Charlottenburg, gehört auch eine außergewöhnlich reiche Porzellansammlung bedeutender Manufakturen von KPM Berlin, Kgl. Kopenhagen, Meißen, Nymphenburg bis zu Sèvres, Rozenburg und Bing & Gröndahl. Wenn da eine Tasse runterfällt, wird's teuer. Aber es muss hier ja glücklicherweise niemand Geschirr spülen.

Die Shed-Däch‹ des Bauhaus-Archi‹ bilden die neu markantesten Gebä‹ dekronen der Stac Streng und küh‹ trotzdem verspielt ur‹ originell wir‹ das Ensemble, d‹ zwischen Tiergarte‹ und Landwehrkan‹ gebettet lie‹

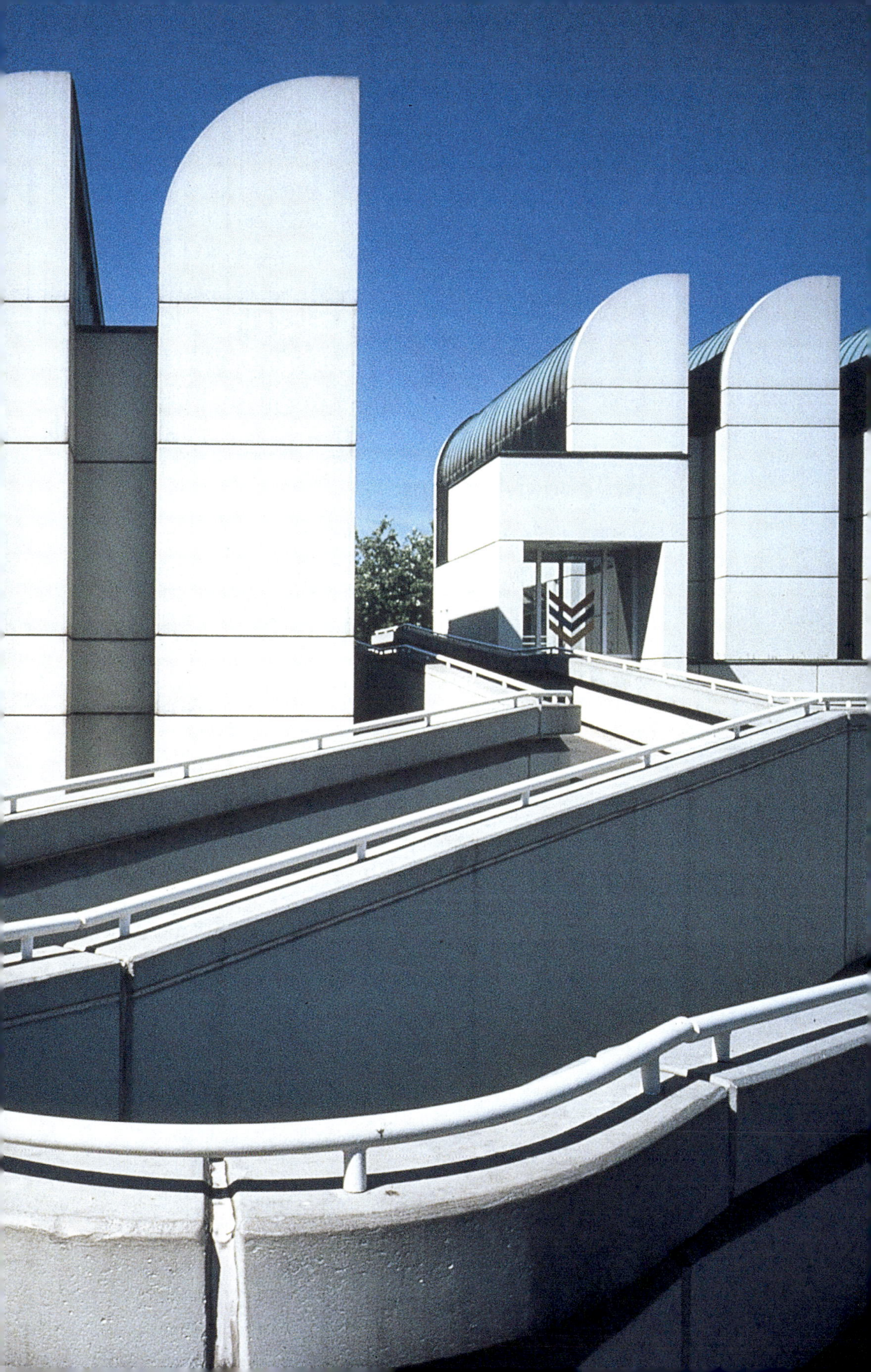

Werner Düttmann hat der Künstlergruppe „Die Brücke" mit seinem Museumsgebäude ein außergewöhnliches Denkmal gesetzt. Der Bau von 1967 fügt sich harmonisch zwischen die Einfamilienhäuser am Stadtrand von Dahlem

Bussardsteig 9, Dahlem
831 20 29
bruecke@t-online.de
115
8, erm. 4 DM, Mi-Mo 11-17 Uhr
www.bruecke-museum.de

Brücke-Museum

Einwandfreie Expressionisten mit Botschaft im Grünen

Nur wenige Fahrgäste verirren sich am Wochenende in den Bus 115 Richtung Grunewald. Und die meisten von ihnen sehen sich wenig später im Brücke-Museum zwischen veritablen Expressionisten wieder. Die „Brücke" ist nicht nur die erste Avantgardegruppe des 20. Jahrhunderts. Das Museum sieht sich auch als das erste, das einer einzelnen Künstlervereinigung vorbehalten ist.

Am Rand eines Dahlemer Villengebiets und zwischen hohen Nadelbäumen liegt der Museumsbungalow fast wie ein Einfamilienhaus. Auf nur 450 Quadratmetern Ausstellungsfläche bietet er einen fokussierten Blick auf das Schaffen der Brücke-Maler. Eine Abfolge von vier Räumen führt im Uhrzeigersinn um einen meditativen Innenhofgarten. In chronologischer Folge zeigt sich dabei die Entwicklung der Gruppe von ihrer Gründung 1905 in Dresden, über ihren Umzug nach Berlin 1911, bis nach ihrer Auflösung 1913.

Über die Eingangshalle wachen die verzerrten Gesichter der „Vier Evangelisten" von Karl Schmidt-Rottluff als Messingreliefs, im Innenhof leuchtet sein Mosaik der „Badenden". Schmidt-Rottluff hat sich diese Denkmäler quasi selber gesetzt. Denn das Museum verdankt den Grundstock seiner Sammlung einer Schenkung des Künstlers von 1964, die 74 Bilder, den gesamten Nachlass und einen Zuschuss zum Museumsbau umfasste. Im Laufe der nächsten Jahre erweiterte sich die Sammlung um wichtige Gemälde der drei weiteren Gründerväter der Gruppe – Erich Heckel, Fritz Bleyl und natürlich Ernst Ludwig Kirchner. Werke späterer Mitglieder wie Emil Nolde, Max Pechstein und Otto Mueller kamen hinzu.

Durch die gemischte Hängung der Werke zeigt sich, wie die Maler die Psyche der Vorkriegsjahre einfingen: Kantige Landschaften, grelle Masken, roher Farbauftrag, wobei jeder unverkennbar seine eigene Handschrift behält. Ein besonderes Verdienst der Ausstellung sind die Vergleichsmöglichkeiten auf engem Raum.

Einmal wechseln Motiv und Thema von Werk zu Werk, ein anderes Mal gibt es zwingende Parallelen, die das gesellschaftskritische Anliegen der Künstler bebildern. Häufig weicht dieses Ensemble aber einer Sonderausstellung über ein verwandtes Thema.

Werner Düttmann, der Architekt der Akademie der Künste im Hansa-Viertel, hat 1967 das kleine, aber feine Museum für den deutschen Expressionismus gebaut. Auch die schlichte, naturverbundene Innenausstattung schließt sich dem Archaismus der „Brücke" an. Insgesamt 400 Gemälde und über tausend Papierarbeiten liegen im Depot. Ein kleines Lager befindet sich noch im Atelier, das Hitler für den „Staatsbildhauer" Arno Breker errichten ließ. Es schließt sich direkt auf dem rückwärtigen Grundstück Richtung Grunewald an. So nah liegen die Gegensätze selbst im fernen Dahlem.

Deutsche Guggenheim Berlin

Die Internationale von Kunst und Kapital – Abteilung Berlin

Die Deutsche Guggenheim Berlin ist ein beispielloses Joint Venture aus Kunst und Kapital. Der eine Partner, die Deutsche Bank, besitzt viele Geldscheine im Tresor, aber auch Papierarbeiten in der hauseigenen Kunstsammlung. Der andere Partner, die Solomon R. Guggenheim Foundation, besitzt viele Kunstwerke in ihren Depots, aber auch ein lukratives Firmenimperium. Ein ideales Paar also für eine gemeinsame Kunsthalle in Berlin.

Derartige Finanzpotenz muss zwangsläufig zu Spitzenausstellungen führen. In keiner anderen Berliner Institution gibt es so viel Blitzlichtgewitter, wenn ein Künstler zur Eröffnung erscheint. So geschehen jedenfalls beim Auftritt des Medienstarkünstlers Jeff Koons zu seiner Vernissage. Niemand sonst kann bei James Rosenquist, dem Big Daddy der Pop-Art, Riesengemälde in Auftrag geben. Und niemand kann die kubistischen Zerlegungen des Eiffelturms von Robert Delaunay in so facettenreichem Umfang dem Publikum vorführen. 1997 eröffnete die 510 Quadratmeter große, längsrechteckige Ausstellungshalle im Gebäude der Deutschen Bank Unter den Linden. Damit hat das Guggenheim neben Frank O. Gehrys spektakulärem Flaggschiff in Bilbao und einer kleinen Filiale in Venedig sein drittes europäisches Standbein.

Mindestens eine der vier Ausstellungen im Jahr zeigt ein Auftragswerk der Kunst-Bank, maßgeschneidert für die Halle Unter den Linden. Einmal schrieb der Konzeptkünstler Lawrence Weiner seine kryptischen Texte an die Wand, ein

Das Gebäude Unter den Linden 13-15 ist nicht nur denkmalgeschützt. Kugelsicher sind darin auch die Schätze der Deutschen Guggenheim aufbewahrt. Das Banken- und das Museumsimperium umsorgen hier kostspielige, moderne Kunst

Unter den Linden 13-15, Mitte
☎ 202 09 30
✉ berlin.guggenheim@db.com
Ⓢ Ⓤ Friedrichstraße
🚌 100/200
🎟 5, erm. 3 DM, Mo frei, tgl. 11-20, Do 11-22 Uhr
🌐 www.deutsche-guggenheim-berlin.de

MUSEEN

anderes Mal stellte der junge Kunst-Schalk Andreas Slominski seine paradoxen Vogelfallen hier auf. Ansonsten sieht man hier kleinere Retrospektiven aus den unendlichen Beständen der Guggenheim Foundation und der Sammlung der Deutschen Bank. So kamen Delaunays Eiffeltürme zur Eröffnung der Halle nach Berlin, später dann die Malerei der abstrakten Expressionistin Helen Frankenthaler oder die Skulpturen aus Leuchtstofflampen von Dan Flavin. Wenn hier einmal Kalligrafien aus dem Osmanischen Reich an den Wänden hängen, ist dies eine seltene Ausnahme im Programm, das auf die westliche Kunst des 20. Jahrhunderts eingespielt ist.

Damit der Imagetransfer zwischen Kunst und Kapital noch reibungsloser funktioniert, flankiert ein Museumsshop samt Café die ehrfürchtige Ausstellungshalle. Hier werden Bücher und Bilder, Gimmicks und Gadgets verkauft. Für Unterhaltung mit Lokalkolorit sorgte die Idee, passend zu Rosenquists poppigen Gemälden, gefüllte Pfannkuchen zu servieren. Andernorts heißen die nämlich „Berliner".

Unter den Linden 2, Mitte

(bis 2003 Ausstellungen im Kronprinzenpalais, Unter den Linden 3, Mitte)

203 04-0

webadmin@dhm.de

100/157/200/348

Frei, tgl. 10-18, Do 10-22 Uhr

www.dhm.de

Deutsches Historisches Museum

Fragen an die deutsche Geschichte – europäisch gespiegelt

Ein umfassender Überblick über die deutsche Geschichte der letzten tausend Jahre bietet sich im Deutschen Historischen Museum (DHM), wobei Geschichtserleben dabei kontrovers und kritisch betrachtet wird. Was durchaus zur Gründungsgeschichte des DHM passt, war die doch ebenso kontrovers. Die jahrelangen Diskussionen über Für und Wider eines solchen Vorhabens erübrigten sich jedoch, als der damalige Bundeskanzler Helmut Kohl und der Berliner Regierende Bürgermeister Eberhard Diepgen am 28. Oktober 1987 im Reichstag die Gründungsvereinbarung unterzeichneten. Kohl stieg anschließend auf den Reichstag und blickte aufs grüne Grün des Tiergarten-Parks. Dann hatte er eine Vision: Hier soll es entstehen, das Deutsche Historische Museum.

Doch an des Kanzlers gewünschter Adresse entstand tatsächlich nur ein Grundstein. Heute steht dort das Kanzleramt. Der Mauerfall machte Kohls Standortwunsch kaputt. Das Deutsche Historische Museum zog zwei Kilometer weiter östlich ins Berliner Zeughaus, wo zuvor von 1952 bis 1990 das vom ZK der SED gegründete „Museum für Deutsche Geschichte" seinen Sitz hatte. Als zentrales Geschichtsmuseum der DDR stand hier natürlich die Vermittlung eines marxistisch-leninistischen Geschichtsbildes auf dem Programm. Das Museums- und Ausstellungskonzept des Deutschen Historischen Museums ist da natürlich viel pluralistischer und demokratischer. „Aufklärung" und „Verständigung" sind Zentralbegriffe der Zielsetzung: „Das Museum soll den Bürgern unseres Landes helfen, sich klar zu werden, wer sie als Deutsche und Europäer, als Bewohner einer Region und Angehörige einer weltweiten Zivilisation sind."

Das ist ein hehrer und schöner Ansatz, vor allem wenn man bedenkt, dass das Zeughaus – übrigens das älteste Gebäude des

Als Gründungsdirektor prägte **Christoph Stölzl** das Deutsche Historische Museum, dem er von 1987 bis 1999 vorstand. Nach einem kurzen Intermezzo als Feuilletonchef und stellvertretender Chefredakteur der Tageszeitung „Die Welt", wurde er im April 2000 Berliner Senator für Wissenschaft, Forschung und Kultur. Das Ende der Großen Koalition im Juni 2001 kostete der CDU-Politiker den Lieblingsjob

Wie bitte? Immer noch in Berlin?

Im Urlaub sollten Sie lieber nichts dem Zufall überlassen.

Ob geschäftlich oder privat - gute Organisation und kompetente Beratung sind Ihre Versicherung für Reisen bei denen einfach alles stimmt. Kommen Sie doch mal vorbei.

Reisen sollte ebenso entspannt beginnen wie ablaufen. In beiden Fällen sind Sie bei uns sehr gut aufgehoben.

Bei uns ist immer ein Sitzplatz für Sie frei. Lassen Sie sich in unserer Café Bar verwöhnen. Wo finden Sie sonst eine Atmosphäre die schon bei der Beratung Urlaubsstimmung aufkommen läßt? Sehen Sie! Deswegen werden Sie sich sogar freuen wenn Sie mal ein paar Minuten warten müssen. Garantiert!

Hier werden Sie gereist !

Kurfürstendamm 21
im neuen Kranzler Eck
10719 Berlin
Tel. (030) 88 75 38 00
Fax (030) 88 75 38 01
travellounge@Lccberlin.de

www.Lccberlin.de

Travel Lounge
Lufthansa
City Center

Hier buchen Sie alles!

Boulevards Unter den Linden – früher ganz anderen, nämlich kriegerischen Zwecken diente. Von 1731 bis 1876 nutzte das preußische Militär das Gebäude als Waffenarsenal. Es diente der Unterbringung von Kriegswerkzeugen, Kriegsbeute und Trophäen. Schon im 18. Jahrhundert war es das größte Waffendepot Brandenburg-Preußens. Später wurde das Zeughaus zur „Ruhmeshalle der brandenburgisch-preußischen Armee" umgebaut. Die Nazis nutzen den Lichthof später für Aufmärsche und Gedenkfeiern.

Mit dem Deutschen Historischen Museum geht es darin fraglos ziviler zu. Noch bis 2003 ist das Zeughaus jedoch wegen Umbaus geschlossen. Die Ausstellungen des DHM finden während dieser Zeit im benachbarten Kronprinzenpalais, Unter den Linden 3, statt. In der künftigen Dauerausstellung, die sich etwa 10.000 Quadratmeter über drei Stockwerke im Zeughaus erstrecken wird, sollen Dokumente zur Geschichte in möglichst vielfältigen Beziehungen präsentiert werden, vor allem in ihrem europäischen Zusammenhang und ihrer regionalen Vielfalt. Das Zentrum der Dauerausstellung bilden Epochenräume, in denen die Besucher die deutsche Geschichte gewissermaßen durchwandern. Die sieben geplanten Stationen sind: „Um 1200 – Zeit des Hochmittelalters", „um 1500 - Zeit der Reformation", „um 1800 – Zeit der französischen Revolution", „um 1914 – Beginn des Ersten Weltkriegs", „um 1933 – Zeit des Nationalsozialismus", „um 1945 – Ende des Zweiten Weltkriegs" und „um 1989/90 – Bundesrepublik Deutschland und DDR; Fall der Mauer".

In Themenräumen soll es dazu die Möglichkeit geben, stets wiederkehrende existentielle Fragen in der Geschichte in ihrem zeitlichen Kontext zu vergleichen; Fragen wie „das Verhältnis der Geschlechter", „Arbeit und Beruf" oder „Spiritualität, Religion und Kirche". Der Gründungsdirektor des DHM war übrigens bis 1999 Christoph Stölzl. Inzwischen schreibt der als Kultursenator lieber selber ein wenig Geschichte.

Im Deutschen Historischen Museum lässt sich Geschichte in Epochenräumen durchwandern. Das Zeugha wird für die Dauerausstellung derzeit umgebaut

Trebbiner Str. 9, Kreuzberg
902 54-0
r.foerster@dtmb.de
U Gleisdreieck/ Möckernbrücke
129/248
5, erm. 2 DM, Di-Fr 9-17.30, Sa/So 10-18 Uhr
www.dtmb.de

Deutsches Technikmuseum

Fröhliche Wissenschaft: Technische Kulturgeschichte zum Testen

Das Foucaultsche Pendel. Da ist es also. Umberto Eco hat ihm einen Roman gewidmet. Nun steht es hier in der Eingangshalle und beweist allen Besuchern, dass sich die Erde dreht. Fröhliche Wissenschaft.

Seit 1982 wächst an der Trebbiner Straße in Kreuzberg ein übergreifendes Technikmuseum von internationaler Bedeutung: das Deutsche Technikmuseum Berlin (ehemals Museum für Verkehr und Technik). Hier wird alles gesammelt, präsentiert und vorgeführt, was Physik, Industrie und Ingenieurwesen an Errungenschaften vor und nach Einstein hervorgebracht haben. Dieses Museum ist wahrlich nichts für Technikmuffel.

Mit dem Ruinengelände des Anhalter Güterbahnhofs hat das Deutsche Technikmuseum (DTM) ein ebenso traditionsreiches wie ideales Domizil. Das einstige Bahnbetriebsgelände mit zwei Ringlokschuppen und einem Fabrikgebäude macht das Deutsche

MUSEEN

Technikmuseum mit über 50.000 Quadratmetern potentieller Ausstellungsfläche zu einem der größten Technikmuseen der Welt. Dieses historische und restaurierte Gebäudeensemble ist zugleich das wertvollste Objekt des Museums.

Doch an Schätzen leidet es ohnehin keinen Mangel: Man sieht Oldtimer, Lokomotiven, Flugzeuge, Schiffs- und Wasserbaumodelle, Webstühle, Haushalts- und Werkzeugmaschinen, Computer, Radios und Kameras, Dieselmotoren, Dampfmaschinen, wissenschaftliche Instrumente, Papiermaschinen, Druckpressen, Windräder und -mühlen. Und viele davon funktionieren sogar! Etliche historische Maschinen und Modelle werden in Funktion gezeigt und erklärt. Die Besucher dürfen gerne selbst Hand anlegen und sich beispielsweise an Druck- oder Webmaschinen üben. Man kann auch Papier schöpfen, Getreide schroten, an Computern spielen oder im Fernsehstudio den Nachrichtensprecher mimen. Ein Spielplatz des industriellen Zeitalters. Und des Medien-Zeitalters gleich dazu.

In das Eingangsgebäude fuhren zu Beginn des 20. Jahrhunderts noch die Pferdewagen der Kristallstangen-Eisfabrik, was die erhaltene Pferdetreppe im Hinterhaus beweist. Nun riecht es hier leicht nach Maschinenöl, und Schulklassen tönen durch die offenen Geschosse. Im Foyer gibt es Lehrreiches zum Thema Rad und Rotation, stets erläutert am historischen Original: Neben dem brasilianischen Ochsenkarren liegt eine gleich große Düsenturbinen, neben der kleinen Dampflok ragt ein Dieselmotor bis ins nächste Geschoss. In den oberen Stockwerken steht die Entwicklung von der Manufaktur zur Digitalisierung im Vordergrund. Ein historisches Glanzlicht ist ohne Frage der „Blockadensender", den Telefunken 1949 für den RIAS baute. Auch ein Fernsehstudio von 1958 kann hier auf Sendung gehen.

Auch den Z1, den ersten Computer der Welt, 1936 von dem Berliner Konrad Zuse gebaut, kann man im Technikmuseum bewundern. Oder die letzte erhaltene Berliner Bockwindmühle von 1820. Im „Spectrum Science Center" (Eingang Möckernstr. 26) können Besucher Forscher spielen. Über 250 Experimente zu Physik, Technik und Wahrnehmung, zu Phänomenen der Akustik, Optik und Elektrizität, der Wärmelehre oder der Radioaktivität vermitteln spielerisch Grundlagen von Naturwissenschaft und Technik. Muss man jetzt eigentlich noch erwähnen, dass ein Motto des Museums „Erleben und Be-greifen" ist?

Das DTM versteht sich in der Tradition einer Vielzahl von Technikmuseen wie dem Reichspostmuseum oder der Deutschen Luftfahrtsammlung, die bis zum Ende des Zweiten Weltkriegs in Berlin beheimatet waren. Aber es ist längst mehr als die Summe seiner Vorläufer. Dazu trägt auch der weitläufige Museumspark bei. Hier wird der Einsatz regenerierbarer Energien demonstriert.

Als **Konrad Zuse** aus Altmaterial den Z1 baute, den ersten Rechner der Welt, wagte er kaum zu ahnen, wie seine Erfindung die Welt verändern würde. Bescheiden hat er den ihm von verschiedenen Seiten verliehenen Titel „Erfinder des Computers" nie akzeptiert: „Es hat viele Erfinder außer mir gebraucht, um den Computer, so wie wir ihn heute kennen, zu entwickeln"

129

Es gibt Windräder, eine Windmess-Station, eine Solaranlage und am Mühlenteich betreibt ein unterschlächtiges Wasserrad eine historische Schmiede. In der funktionsfähigen Bockwindmühle und in einer Holländer-Windmühle von 1911 erklären Müller das Mahlen. Im alten Kühllagerhaus an der Rückseite der beiden Lokschuppen erfährt man alles über die Brautechnik um 1910: Dort befindet sich eine Historische Brauerei, deren Herzstück ein 15 hl Sudfass von 1909 ist.

Das Freigelände bewahrt mit dem Museumsgarten auch ein besonderes Stück Zeitgeschichte: die Ruderalvegetation in der Bahnbrache. Denn immerhin überlebte in diesem Großstadtbiotop ein Staudenknöterich, der als Samen aus Versehen mit der Bahn von der Halbinsel Sachalin zum Anhalter Bahnhof kam.

Übrigens zeigt sich das Deutsche Technikmuseum auch auf dem heutigen Stand der Technik: Ein integratives Leitsystem ermöglicht auch blinden und sehbehinderten Menschen den Besuch des Museumsparks. Fröhliche Wissenschaft eben.

Weithin sichtbarer Blickfang des Technikmuseums ist der an der Fassade hängende Rosinenbomber des Typs C 47 „Skytrain". Dieses Original-Flugzeug ist ein bleibendes Denkmal der Berliner Luftbrücke

Lansstr. 8, Dahlem
830 14 38
mv@smb.spk-berlin.de
Dahlem-Dorf
110/183/X11/X83
4, erm. 2 DM, Di-Fr 10-18, Sa/So 11-18 Uhr
www.smb.spk-berlin.de/mv/

Ethnologisches Museum

Zeitreise zu Kunst und Kulturen der Welt

Die Welt- und Zeitreise findet täglich außer Montags statt. Die graue Stadt neigt sich nach Südosten, kippt mit Südseeindianern einen „Kawa" und fährt mit James Cook auf Balsabooten weit bis Fatu Hiva oder Tonga und weiter nach Siam. Wir folgen den Flüssen, die durch die Gossen von Jakarta strömen und schweben mit den xylophonen Klängen der Gamelan über den Feldern von Bali und den Wäldern von Sumatra. Nun machen wir Mama Afrika unsere Aufwartung, wo Bronzereliefs und Terrakotta-Bildnisse von alten, hoch entwickelten Kulturen künden. Weiter geht's nach Guatemala zu den Mayas, zwischen Chichén Itzá und Tenochtitlán streifen wir die Tolteken, sehen aztekische Götterfiguren aus Stein und Goldobjekte aus Kolumbien und Peru. Je-

Rechnen Sie mit Kultur.

Schloß Charlottenburg: Götterfiguren

www.berliner-zeitung.de — nur bei BerlinOnline

Lebendig erzählt und gründlich recherchiert von Hochkultur bis Underground – die Berliner Zeitung mit einem der angesehensten Feuilletons in Deutschland. Dazu jeden Donnerstag das komplette Wochenprogramm im Kulturkalender mit Infos und Tipps für Bühne, Kino und Szene.

»Es lohnt, auf das Label NAXOS zu achten, wenn man möglichst viele wichtige Interpretationen großer Musik nach Hause tragen möchte. (…) Bei NAXOS erscheint eine hörenswerte Einspielung eines jeden Werkes!«

Prof. Joachim Kaiser
Deutschlands führender Musikkritiker

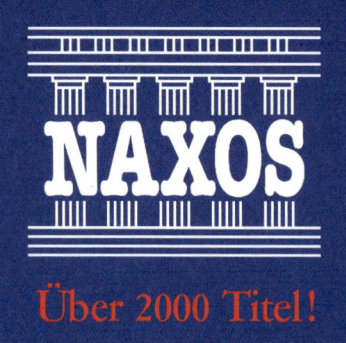

NAXOS

Über 2000 Titel!

www.naxos.de

mand tanzt das Ritual des Candomblé, das die Städte von Keto und Sabé verwandelte, und schon sind wir wieder im Museumsshop und brauchen einen neuen Film.

Das Ethnologische Museum (bis 1999 Museum für Völkerkunde) gehört zu den größten und bedeutendsten seiner Art: Nahezu 500.000 Objekte aus allen Erdteilen, ein großer Bestand an Tonaufnahmen, Fotodokumenten sowie Filmen, dazu eine wissenschaftliche Fachbibliothek mit 70.000 Monografien und 450 laufenden Fachzeitschriften lassen das Herz jedes Ethnologen höher schlagen. Auch für Freizeitethnologen ist reichlich sinnliches Futter vorhanden, besonders in Form der großen Bootshalle in der Dauerausstellung „Südsee" zu Kulturen aus Ozeanien und Australien. Hier sind unterschiedlichste Wasserfahrzeuge vom einfachen Rindenkanu bis zu hochseetauglichen Kähnen ausgestellt, darunter auch ein begehbares Doppelrumpfboot der Tonga-Inseln. Es ist eine Rekonstruktion nach Skizzen von James Cook.

Doch natürlich ist das Museum keine Tourismusbörse. Es sammelt, bewahrt und erforscht vor allem die materiellen Kulturzeugnisse vorindustrieller Gesellschaften. Durch das systematische Erfassen von Zeugnissen überwiegend außereuropäischer Kulturen will man diese vor dem Vergessen bewahren. Es gibt Sammlungen zu Afrika, amerikanischer Archäologie, amerikanischer Ethnologie, Europa, islamischem Orient, Ost- und Nordasien, Süd- und Südostasien, Südsee und Australien sowie Musikethnologie. Die Afrika-Sammlung mit hervorragenden Werken aus fünf Jahrhunderten zählt zu den bedeutendsten der Welt.

Filmmuseum Berlin

Besuch bei Marlene – Reise durch die Deutsche Filmgeschichte

Der Film hat eine schicke Adresse: Sony-Town, Potsdamer Platz – also im Herzen der Stadt. Hier wohnen Heinz Rühmann und Marlene Dietrich. Und auch Fritz Lang und Erich Pommer. Genau genommen wohnt im Filmhaus natürlich nur ihr Nachlass, aber wer wird denn so kleinlich sein? In der Hinterlassenschaft von Stars steckt doch immer noch ein faszinierendes Glitzern. Und im Archiv des Berliner Filmmuseums lagern mehr als 380 Nachlässe und Teilnachlässe von Persönlichkeiten und Betrieben aus der Filmbranche. Hier ist man unter den Sternen des Kinohimmels, allesamt akribisch sortiert und erschlossen: Jede Sammlung trägt den Namen des Nachlassbildners oder des Materialgebers, die Archivalien sind nach Filmtiteln, Personen- oder Firmennamen und/oder auch nach Stichworten sortiert.

Das Filmhaus beherbergt unter einem Dach nicht nur die Sammlungen des Filmmuseums Berlin und seine Bibliothek, dazu eine Dauerausstellung zur Filmgeschichte auf 1.500 qm sowie Wechselausstellungen auf 300 qm, sondern auch eine Filmschule (dffb), zwei Kinos mit künstlerischem und innovativem Repertoire (Arsenal 1 + 2), ein Online-Center, die Deutsche Mediathek, ein Museumsshop und die Bar „Billy Wilder's" (zu diesem Namen

Potsdamer Str. 2, Tiergarten
30 09 03-0
info@filmmuseum-berlin.de
S Potsdamer Platz
U Mendelssohn-Bartholdy-Park
12, erm. 8 DM, Di-So 10-18, Do 10-20 Uhr
www.filmmuseum-berlin.de

MUSEEN

hat der Regisseur ausdrücklich seine Zustimmung gegeben). Macht summa summarum etwa 18.000 Quadratmeter Fläche rund ums Kino.

Seit das Filmmuseum im Februar 1963 (damals noch unter dem Namen Deutsche Kinemathek e.V.) gegründet wurde, hat man fleißig gesammelt, sehr fleißig: Über eine Million Szenen-, Porträt- und Werkfotos, 30.000 Drehbücher, 20.000 Plakate, 60.000 Filmprogramme, Zulassungskarten, filmografische und biografische Materialien, Architektur- und Kostümskizzen, Nachlässe sowie Projektoren, Kameras und Zubehörgeräte von 1895, der Frühzeit des Kinos, bis heute. Eben alles, was mit der Geschichte des Films, des Kinos und zum Teil auch des Fernsehens zu tun hat.

Einen Teil dieser Sammlungen zeigt das Filmmuseum in einer Dauerausstellung als eine thematisch und chronologisch gegliederte Reise durch die deutsche Filmgeschichte, natürlich nicht ohne ein paar Ausflüge nach Hollywood. Einen Schwerpunkt bilden auch die künstlichen Welten des Fantasy- und Sciencefiction-Films. Etwa 12.000 deutsche und ausländische Stumm- und Tonfilme lagern im Filmhaus, ein Hauptgewicht ist dabei der Avantgarde-, Experimental- und Dokumentarfilm. Ein Verleih sorgt dafür, dass die Bestände der Kinemathek sowie Produktionen der Deutschen Film und Fernseh-Akademie Berlin für nichtkommerzielle Spielstellen wie kommunale Kinos, Filmclubs, Volkshochschulen oder Universitäten auch zugänglich sind. Seit 1977 konzipiert und organisiert das Filmmuseum Berlin dazu die Retrospektiven der Berlinale. Filmmuseum im Filmhaus, das ist Film satt – bis die Popcorntüte leer ist.

Zu Lebzeiten wa[r] Marlene Dietrich nich[t] mehr nach Berlin zu[rück]gekehrt. Ihre letz[te] Ruhestätte woll[te] Deutschlands einzig[er] Weltstar aber in ihr[er] Heimatstadt haben, s[ie] liegt in Berlin-Friede[nau]. Auch ihr Nachla[ss] befindet sich nun [in] Berlin – ausgestellt i[m] Filmmuseum. Darin sin[d] alle Phasen ihr[es] Lebens aufgehoben: F[o]tos, Film- und Show[-] kostüme, Privatgard[e]robe, Requisiten, Brief[e], Dokument[e]

Von 1810-40 hat **Karl Friedrich Schinkel** weit über Preußen hinaus die Baukunst mitbestimmt. Der Baumeister verhilft dem Klassizismus zu einer unvermuteten Bedeutung. Schinkel gelingt immer wieder die geniale Synthese im Kunstwerk, fügt Gegensätze ausgewogen zusammen. Der „absoluten Ordnung" der Symmetrie setzt der Baumeister die asymmetrische „griechische Freiheit" entgegen

Friedrichswerdersche Kirche

Preußische Köpfe: Panorama klassizistischer Bildhauerei

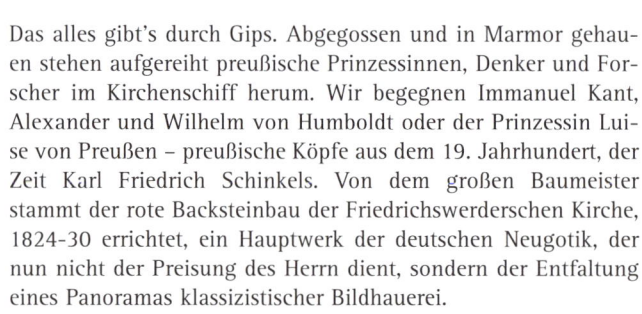

Das alles gibt's durch Gips. Abgegossen und in Marmor gehauen stehen aufgereiht preußische Prinzessinnen, Denker und Forscher im Kirchenschiff herum. Wir begegnen Immanuel Kant, Alexander und Wilhelm von Humboldt oder der Prinzessin Luise von Preußen – preußische Köpfe aus dem 19. Jahrhundert, der Zeit Karl Friedrich Schinkels. Von dem großen Baumeister stammt der rote Backsteinbau der Friedrichswerderschen Kirche, 1824-30 errichtet, ein Hauptwerk der deutschen Neugotik, der nun nicht der Preisung des Herrn dient, sondern der Entfaltung eines Panoramas klassizistischer Bildhauerei.

Den Zweiten Weltkrieg überlebte das Gotteshaus schwer beschädigt, erst 1987 wird es nach langjähriger Restaurierung als eine neue Dependance der Nationalgalerie seiner neuen Bestimmung zugeführt und bekommt einen Beinamen angefügt: „Schinkelmuseum". Im Emporengeschoss ist folglich eine Dokumentation zum Leben und Werk Schinkels zu sehen, dazu Reproduktionen seines zeichnerischen und druckgrafischen Werks.

Den Mittelpunkt bilden jedoch die insgesamt 90 ausgestellten Skulpturen, darunter der Originalgips von Johann Gottfried Schadow für die Marmorgruppe der preußischen Prinzessinnen.

Werderscher Markt, Mitte
208 13 23
nng@smb.spk-berlin.de
U Hausvogteiplatz
100/147/157/200/257/348
4, erm. 2 DM, Di-So 10-18 Uhr
www.smb.spk-berlin.de/fwk/

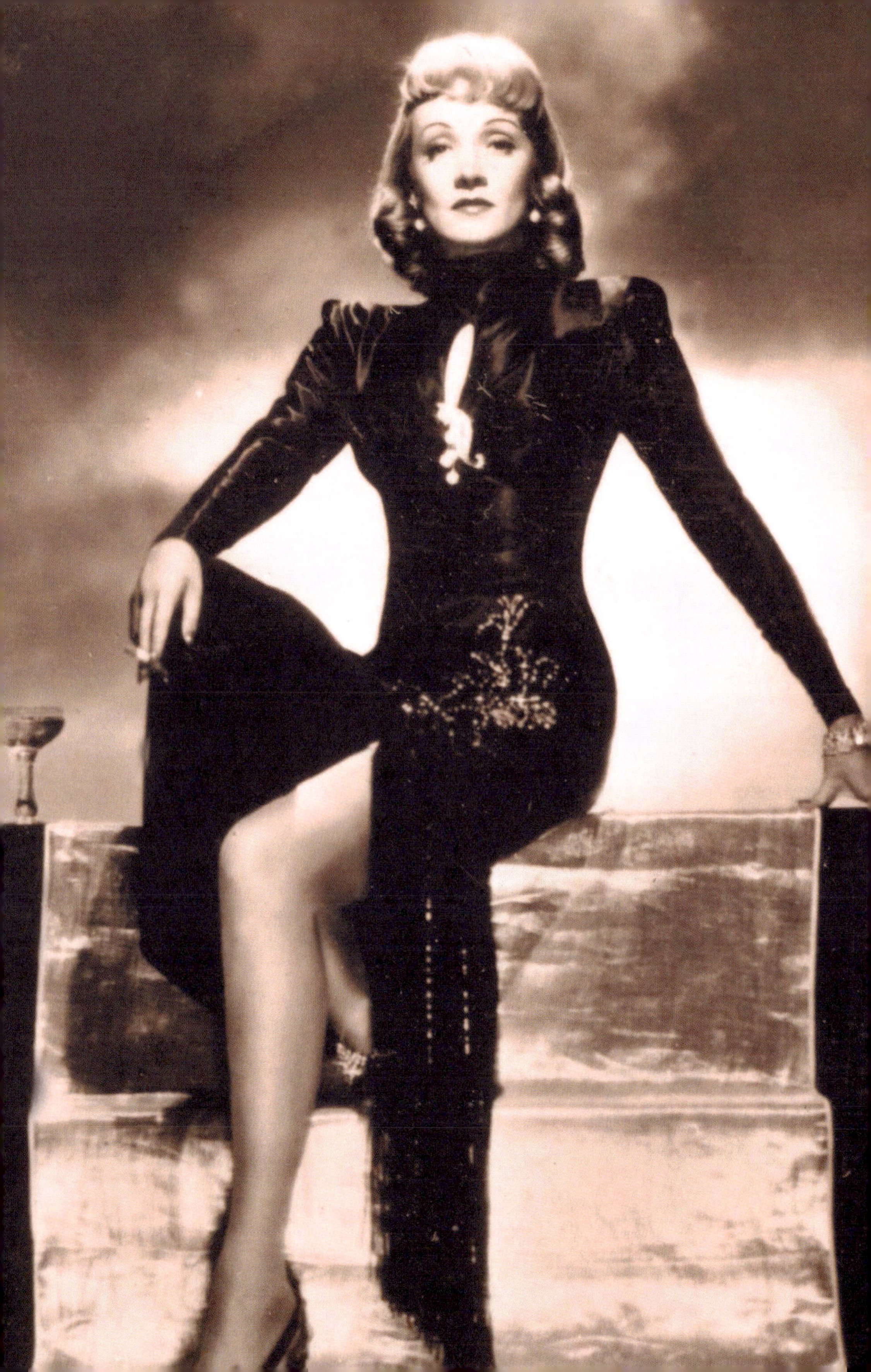

Mit diesen Arbeiten entfaltet sich Glanz und Gloria preußischer Bildhauerei zwischen Klassik und Romantik. Neben Werken Schadows füllen Arbeiten von Christian Friedrich Tieck, Christian Daniel Rauch, Emil Wolff, Theodor Kalide und Ridolfo Schadow den Innenraum der einschiffigen Halle, der sich mit den lichten Farben seiner Sandstein-Imitationsmalerei wirkungsvoll an der den englisch-gotischen Chapels nachempfundenen roten Backsteinbauweise reibt.

Gemäldegalerie

Jedem seine Mona Lisa – Spitzenkunst in rauen Mengen

Matthäikirchplatz 8, Tiergarten
☎ 20 90 55 55
✉ gg@smb.spk-berlin.de
🅂 🅄 Potsdamer Platz
🚌 129/148/200/248/341/348
🎟 4, erm. 2 DM, Di-So 10-18, Do 10-22 Uhr
🖥 www.smb.spk-berlin.de/g

Die 162 Mäzene, deren Namen in der Eingangsrotunde stehen, stimmen gleich auf das Kommende ein: Was in den folgenden Sälen hängt, ist höchste Kunst in rauen Mengen. Die Gemäldegalerie bietet 1300 Bildwerke vom Feinsten. Allesamt Maler, die keinen Vornamen mehr nötig haben: Botticelli, Dürer, Cranach, Raffael, Brueghel, Velázquez, Vermeer und Poussin geben sich ein Stelldichein auf 7000 Quadratmetern.

Bei so viel Auswahl findet jeder seine Mona Lisa: Zum Beispiel die „Madonna in der Kirche", die Jan van Eyck 1425 übergroß im Kleinformat verewigte. Oder Rembrandts „Mann mit dem Goldhelm", der gar nicht von Rembrandt ist. Oder Caravaggios lüsterner Nackedei „Amor als Sieger". Den Altarraum im kathedralenartigen Grundriss der Galerie hat Rembrandt fest im Griff. Mit 16 Gemälden – Originale wohlgemerkt – dominiert er die Präsentation.

Wilhelm von Bode sorgte wie kein Zweiter für das Weltniveau der Galerie, die 1830 im Alten Museum eröffnet wurde. Als Direktor von 1890 bis 1929 konnte er in der Blütezeit des städtischen Mäzenatentums, das die Tafel am Eingang so eindrücklich repräsentiert, Meisterwerke der abendländischen Malerei vom 13. bis ins 18. Jahrhundert erwerben. Nach dem Zweiten Weltkrieg war die Sammlung zerschlagen. Ein Teil zerstört, ein Teil im Ostberliner Bode-Museum ausgestellt und der dritte Teil seit 1957 in Dahlem ausgelagert. Ein absurdes Szenario bot sich im Westen noch bis in die neunziger Jahre: Die wenigen Besucher verliefen sich täglich in den verschachtelten Räumen des Dahlemer Museumskomplexes und suchten die Giottos, Altdorfers, Tizians, Rubens' und Gainsboroughs.

Seit 1998 ist nun alles wieder vereint und wohlfeil geordnet. Die Architekten Hilmer & Sattler entwarfen den Neubau an der südwestlichen Ecke des Kulturforums am Kemperplatz. Für 280 Millionen DM entstand eine Pinakothek von Weltrang un-

Für das genaue Studium aller Alten Meister in der Gemäldegalerie hat niemand genügend Kondition. Der Besucher muss eine Auswahl treffen. Und selbst das fällt im Angesicht der vielen Blickfänge im Museum schwer

weit der Neuen Nationalgalerie. Ein fast zwei Kilometer langer Rundgang führt durch 53 Säle und Kabinette. Eine digitale Galerie dient im Sockelgeschoss der zeitgemäßen Vertiefung in die Malereien vor dem Bildschirm. Sauber sind die Gemälde in der Hauptgalerie nach Entstehungsort, -zeit und zum Teil nach Gattungen sortiert. Die Altdeutschen, Flamen und Holländer werden vor schilfgrüner, weißgrauer und taubenblauer Seide serviert, die Südeuropäer jenseits der Säulenhalle vor Rosarot.

Überhaupt sind die seidenbespannten Wände das Schönste, was die Innenausstattung zu bieten hat. Ihr edler Schimmer versetzt die Bilder in einen Schwebezustand, der die Räumlichkeit des Gemalten zauberhaft verstärkt. Ganz anders hingegen wirkt die lange, leblose Säulenhalle, die Besucher mit Platzangst nicht gefahrlos durchqueren können. Dagegen hilft auch die Brunnenskulptur von Walter de Maria in ihrer Mitte nichts. Bedauerlich auch, dass man von keiner der eigens entworfenen Sitzbänke die Gemälde zufriedenstellend sieht.

Vielleicht hatte der Bauherr bei der Planung in kluger Voraussicht schon eine andere Nutzung im Sinn. Denn kaum hatten die Werke ihr Heim bezogen, stand ihr baldiger Auszug schon wieder fest. Laut Masterplan der Stiftung Preußischer Kulturbesitz soll die Gemäldegalerie in Zukunft zurück ins erweiterte Bode-Museum auf die Museumsinsel. Jan Kelch, der Direktor der Galerie, wünscht sich einen neutralen Erweiterungsbau – als Ausgleich zur imperialen Aura des Bode-Museums und womöglich als Erinnerung an die Zeit am Kulturforum. Nach dem Umzug wären der Gemäldegalerie jedenfalls mehr als die bisherigen 250.000 Besucher im Jahr gewiss.

Der Schamane **Joseph Beuys** war ein Meister der Selbstinszenierung – von seinen Eskapaden an der Düsseldorfer Akademie bis zu seinem Einsatz für grüne Politik. Doch auch seine Installationen aus Filz und Fett erlangten im Nachkriegsdeutschland Kultstatus. Das bombastische Beuys-Lager im Hamburger Bahnhof allerdings ist manchem Kurator zuviel der Inszenierung

Hamburger Bahnhof

Maos Lächeln und Beuys' Raum – Das „Museum der Gegenwart"

Der jüngste Ableger der Nationalgalerie bietet Kunstvergnügen schon beim S-Bahn-Fahren: Blau und grün leuchtet der Hamburger Bahnhof bis zu den Gleisen zwischen Friedrichstraße und Lehrter Stadtbahnhof. Der Minimalist Dan Flavin hat kurz vor seinem Tod die farbigen Leuchtstofflampen an der Fassade befestigen lassen und so mit einfachsten Mitteln die Gratwanderung zwischen Kunst-am-Bau und Kitsch geschafft.

Für Erleuchtung und Aufklärung über zeitgenössische Kunst sorgt das selbst erklärte „Museum für Gegenwart" seit November 1996. Als nach der Wiedervereinigung der Platz in der Neuen Nationalgalerie zu eng wurde, baute Josef Paul Kleihues im Auftrag des Preußischen Kulturbesitzes den spätklassizistischen Kopfbahnhof zum Museum um. Auch an einigen Details erkennt man die vergangene Nutzung: Im östlichen Ehrenhofflügel zeigt ein altes Deckengemälde die Allegorien von Verkehr und Technik. Und auf dem Vorhof des Museums markiert ein buntes Blumenbeet die Scheibe, auf der sich bis 1884 die Lokomotiven drehten. Nun finden im Gemäuer die jüngsten Werke aus der Nationalgalerie, die Sammlung Marx sowie wechselnde Sonderausstellungen auf 10.000 Quadratmetern Unterschlupf.

Invalidenstr. 50-51, Tiergarten
39 78 34 11/ 703 27 64
hbf@smb.spk-berlin.de
S Lehrter Stadtbahnhof
U Zinnowitzer Straße
157/245/248/340
Tram 6/8/50
4, erm. 2 DM, Di/Mi/Fr 10-18, Do 10-22, Sa/So 11-18 Uhr
www.smb.spk-berlin.de/hbf

MUSEEN

Der Löwenanteil entfällt auf die lichte Haupthalle, die ein eisernes Tragwerk dominant überspannt. Hierein passen metall- und steingraue Großskulpturen, wie der „Berlin Circle" von Richard Long, das Iglu von Mario Merz oder die Blei-Bibliothek von Anselm Kiefer. Sie stammen fast alle aus der Sammlung von Erich Marx, der sein Vermögen mit Reha-Kliniken verdiente. Dank der Ausstellungspolitik seines Repräsentanten Heiner Bastian behält sein Besitz eine bestimmende Position im Hamburger Bahnhof. Nicht jeden Museumskurator macht das glücklich.

Anhänger von Joseph Beuys finden im westlichen Ehrenhofflügel einen weltweit beispiellosen Andachtsraum: Dicht gedrängt lagern hier die Basaltsteine, Talgblöcke und Filzdecken des Schamanen – zum Leidwesen von Beuys-Experten, die nur vom Künstler autorisierte Installationen mögen. Wie die meisten Werke von Beuys, darunter ein Konvolut von 450 Zeichnungen, sind auch die gezeigten Hauptwerke der amerikanischen Malerei aus der Sammlung Marx. Im langen Schlauch östlich der Haupthalle hängen die Berühmtheiten von Robert Rauschenberg, Cy Twombly und Andy Warhol, dessen riesiger Siebdruck „Mao" diskret von der Stirnseite zulächelt.

Auch wichtige Wanderausstellungen finden ab und an den Weg in die Invalidenstraße. Sigmar Polkes große Retrospektive, die Skandalschau „Sensations" mit junger, britischer Kunst und die Ausstellung des Video-Sternchens Pipilotti Rist erfreuten sich großer Beliebtheit.

Noch bleibt das Museum aber unvollendet: Den Durchgang zum unfertigen Anbau westlich der Haupthalle durfte der Bildhauer Günther Uecker zur Eröffnung des Museums mit Holzlatten zunageln. Fast wäre es also gelungen, aus der Not eine Tugend zu machen.

Farblich herrscht allemal Harmonie im Hamburger Bahnhof: In dieser Hinsicht passen die grauen Großskulpturen von Richard Long und Anselm Kiefer sowie das eisengraue Tragwerk der ehemaligen Bahnhofshalle zueinander

138

Mit Berlin-Teil. *Frankfurter Allgemeine*
ZEITUNG FÜR DEUTSCHLAND

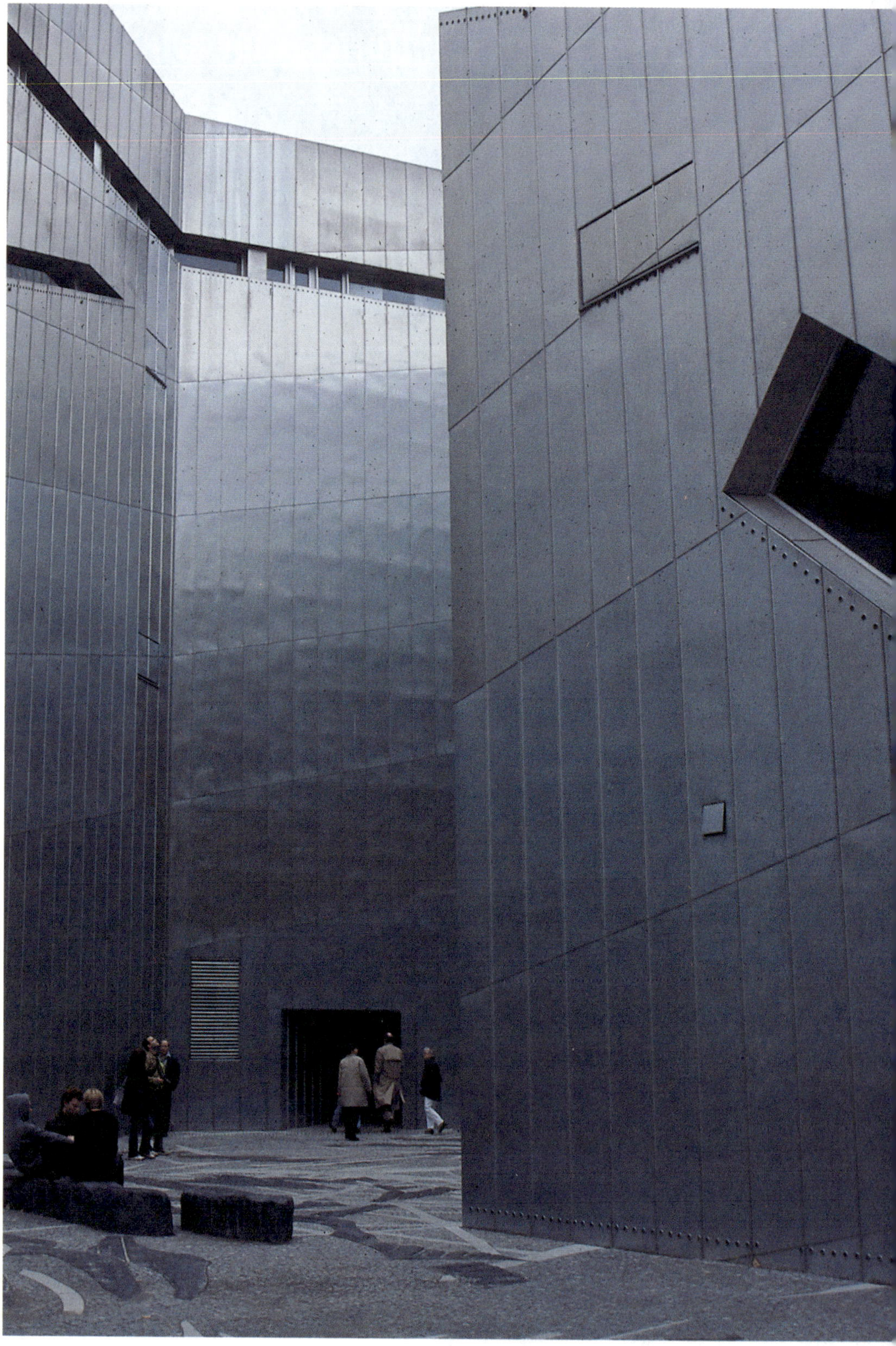

Eines der extravagantesten Gebäude Berlins ist das Jüdische Museum. Blitzförmig breitet sich der Bau aus und zog bereits mehrere hunderttausend Besucher an

Eigentlich wollte **Daniel Libeskind** Musiker werden. Er gab jedoch die Musik zugunsten der Architektur auf. Im Jahr der Maueröffnung zieht der 1946 in Polen als Sohn jüdischer Holocaust-Überlebender geborene Architekt nach Berlin, wo er das ursprünglich als Erweiterungsbau des Berlin Museums geplante Jüdische Museum errichtet. Im Januar 1999 wurde der extravagante Bau eröffnet

Jüdisches Museum

Im Blitzbau: Das größte jüdische Museum Europas

Das Museum ist noch völlig leer, da verfügt es bereits über eine zugkräftige Attraktion sondergleichen: Das Gebäude, nach Plänen des Architekten Daniel Libeskind, gehört zu den extravagantesten Bauten Berlins. Mit der eigenwillig blitzförmigen Architektur sei Libeskind „ein Monument der Verstörung gelungen", lobt die Presse. In den ersten zwei Jahren seit der Eröffnung des Hauses im Januar 1999 zählte man bereits über 340.000 Besucher. Mehrere hunderttausend Menschen haben sich also ein Museum angesehen, in dem gar nichts zu sehen ist! Doch ganz unumstritten ist der Bau nicht. Für den bekannten Journalisten Hendrik M. Broder ist es „ein Museum, dessen Erbauer eigentlich eine atonale Oper komponieren wollte, sich aber im letzten Moment für ein Gruselkabinett ohne Klimaanlage, dafür aber mit schrägen Wänden entschieden hat". Die Hülle ist also schon mal gelungen. Nur wie sie gefüllt wird, ist noch etwas unklar. Klar ist, es geht um deutsch-jüdische Vergangenheit. Klar ist, es geht um pädagogische Vorbeugung gegen Rassismus. Klar ist, es wird ein Superlativ: Das größte jüdische Museum Europas. Mehr als ein halbes Jahrhundert nach dem Mord an den europäischen Juden soll es deutsch-jüdische Geschichte von den frühesten Zeugnissen bis in die Gegenwart darstellen. Dazu wird das Museum eine Forschungs- und Dokumentationsstelle sein und ein Veranstaltungsort.

Am 9. September 2001 ist die tatsächliche Eröffnung des Jüdischen Museums, dann mit Exponaten. Die historische Dauerausstellung soll Einblick in das Leben und die Schicksale deutschsprachiger Juden geben. Für die Museumsmacher gilt es, die Vielfalt jüdischen Lebens in Deutschland zu zeigen, und wie diese die deutsche Gesellschaft geprägt und mitgestaltet hat. Ihr Kredo: „Wir wollen lebendig machen, was zerstört wurde."

MUSEEN

Lindenstr. 9-14, Kreuzberg
25 99 33 00
info@jmberlin.de
Hallesches Tor
240
u. V. 10, erm. 5 DM,
tgl. 10-20 Uhr
www.jmberlin.de

Käthe-Kollwitz-Museum

Zwischen Kunst und Mutterschmerz – Gram des Krieges

Aus gutem Grund sind die zweisprachigen Tafeln mit den Lebensdaten von Käthe Kollwitz das größte Exponat im Erdgeschoss des Museums. Diese Vita ist weltweit zum Musterschicksal einer Mutter und Künstlerin während der beiden Weltkriege geworden. Der frühe Tod ihres Sohnes Peter auf den Schlachtfeldern Flanderns wird hier ebenso erwähnt wie der Verlust ihrer Professur an der Berliner Akademie der Künste 1933. Das Käthe-Kollwitz-Museum ist fast schon ein Anti-Kriegs-Museum.

Am Anfang der Karriere der Kollwitz steht der Radierungszyklus „Ein Weberaufstand", der auch den Rundgang durch das Museum eröffnet. Als die düster-realistischen Blätter 1898 in der „Großen Berliner Kunstausstellung" hingen, machten sie das zeichnerische Talent und das sozialkritische Anliegen der Kollwitz stadtbekannt. Die folgenden, grauen Selbstportraits zeigen eine „Nachdenkende Frau" in fast immer gleicher Pose: Eine Hand hält die Stirn, eine andere verschließt den Mund. Das sind direkte, biografische Spiegelbilder des immer gleichen Themas: Der Schmerz über den Verlust des Sohnes wiegt schwer und ist unsagbar.

Die Mutter-Krieg-Kind-Thematik durchzieht die gesamte Präsentation. Von der Plakatwerbung für die „Frauenmilchsammelstelle" im Erdgeschoss bis zur kleinen Skulptur der „Abschiedswinkenden Soldatenfrauen" unter der Dachkuppel des Museums. Stets ist die Darstellung dem Realismus verhaftet und die einzige Farbe Schwarz-Weiß. Es sei denn, in dem vierstöckigen Gebäude ist parallel eine Sonderausstellung aufgebaut. Mit Werken von Egon Schiele, Max Beckmann, Lesser Ury oder Horst Janssen gibt es hier ein- bis zweimal im Jahr auch Bunteres zu sehen.

Für die Gründung des Kollwitz-Museums sorgten zwei gewichtige Mäzene. Zum einen vermachte der Galerist Hans Pels-Leus-

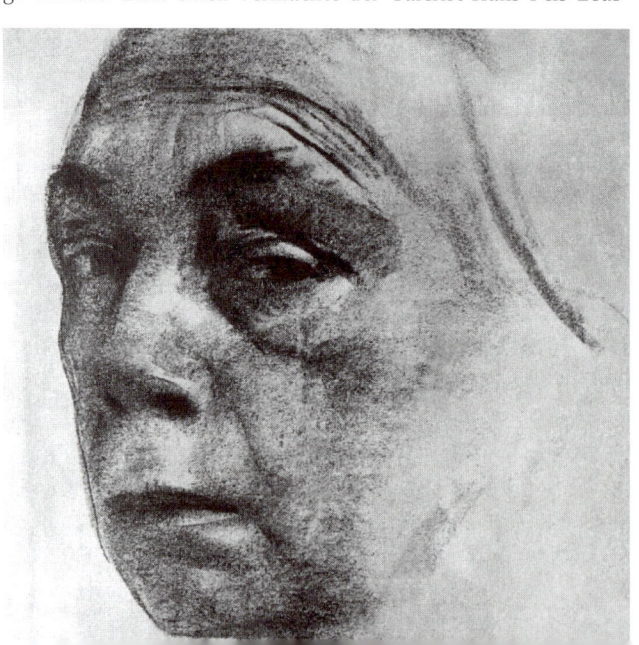

Fasanenstr. 24, Wilmersdorf
882 52 10
info@kaethe-kollwitz.de
U Kurfürstendamm
109/119/129/219/249
8, erm. 4 DM, Mi-Mo 11-18 Uhr
www.kaethe-kollwitz.de

Werke der Berliner Graphikerin und Bildhauerin – wie dieses Selbstportrait von 1924 – bestimmen natürlich die Exponate im Käthe-Kollwitz-Museum. Ausstellungen mit anverwandter moderner Klassik sorgen aber für Abwechslung

den der Kollwitz-Stiftung viele Werke aus eigenem Besitz. Zum anderen renovierte die Deutsche Bank das „Wintergarten-Ensemble" in der Fasanenstraße, zu dem die 1871 erbaute Villa des geheimen Kommerzienrat Schirmer gehört. Hier zog 1986 das Museum ein, die Galerie Pels-Leusden und das angehörige Auktionshaus Villa Grisebach liegen gleich nebenan.

Wie sehr das Schaffen der Kollwitz für die Weltkriegszeit steht, zeigt nicht nur der stark vergrößerte Lebenslauf am Eingang des Museums. Auch für Altkanzler Kohl war das Œuvre überaus historisch bedeutsam: Er ließ ein denkwürdiges „Blow-Up" von Kollwitz' „Pietà" in Schinkels Neuer Wache Unter den Linden aufstellen. Neben der prominenten Sitzstatue von Gustav Seitz auf dem Kollwitzplatz am Prenzlauer Berg, deren Abguss sich ebenfalls im Museum befindet, hat die Künstlerin dadurch ein weiteres, allerdings umstrittenes Denkmal erhalten.

Kunstgewerbemuseum und Kupferstichkabinett

Private Begegnungen – Erlesene Kunst in kompakten Räumen

nstgewerbemuseum,
rbert-von-Karajan-
. 10, Tiergarten

266 29 02

kgm@smb.spk-
rlin.de

U Potsdamer Platz

129/148/200/248/
1/348

4, erm. 2 DM,
-Fr 10-18, Sa/So
-18 Uhr

www.smb.spk-
rlin.de/kgm

pferstichkabinett,
atthäikirchplatz 6,
rgarten

266 20 02

kk@smb.spk-
rlin.de

U Potsdamer Platz

129/148/200/248/
1/348

4, erm. 2 DM,
-Fr 10-18, Sa/So
-18 Uhr

www.smb.spk-
rlin.de/kk

Hinter der weiten, schiefen Ebene, auf der die Skateboardfahrer am Kulturforum ihre Luftsprünge machen, liegen nicht nur die Schätze der Gemäldegalerie. Auf der einen Seite breitet das Kunstgewerbemuseum hier Kostbarkeiten vom mittelalterlichen Gisela-Schmuck bis zum Design des 20. Jahrhunderts aus. Doch das Gebäude von Rolf Gutbrod von 1985 ist weitaus weniger repräsentativ als der Martin-Gropius-Bau, der extra für die frisch gegründete Kunstgewerbe-Sammlung hundert Jahre zuvor errichtet wurde. Und so unglücklich die Architektur von außen wirkt, so umständlich sind auch die Räume im Inneren gegliedert.

Auf der anderen Seite bietet das Kupferstichkabinett erlesenen Kunstgenuss in sehr viel kompakteren Räumen. 1994 eröffnete dieser Teil des Museumskomplexes mit einer Überblicksschau, die den reichen Bestand an Holzschnitten, Bleistiftzeichnungen oder Lithografien vom 14. bis ins 20. Jahrhundert exemplarisch aufblätterte.

Bereits 1652 begann die Sammlungsgeschichte: Der Große Kurfürst kaufte damals 2500 Zeichnungen für die Bibliothek des brandenburgisch-preußischen Hofes. König Friedrich Wilhelm III. gründete dann 1831 das Kupferstichkabinett, das mittlerweile 80.000 Handzeichnungen und 520.000 Drucke besitzt. Kein Wunder, dass daraus ein fast allumfassendes Ausstellungsprogramm hervorgeht. Von mittelalterlichen Manuskripten über Zeichnungen des Renaissancemalers Tizian, Radierungen des Berliners Daniel Chodowiecki bis ins 20. Jahrhundert und zur Fotografie reichte bisher die Palette. Ein Stockwerk tiefer zeigt die Kunstbibliothek in Ergänzung dazu Buchdrucke, Plakate und Typografien mit Seltenheitswert.

Die bisherigen Publikumslieblinge waren im Jahr 2000 Sandro Botticellis Illustrationen zu Dantes „Göttlicher Komödie", die das

Daniel Chodowiecki war eine führende Figur im Berliner Kunstbetrieb um 1800. Er portraitierte das Stadtleben in Genreszenen, die als Druckgraphik weite Verbreitung fanden, und illustrierte Werke von Schiller, Goethe und Klopstock. Der Vorreiter des Bürgerlichen Realismus machte sich besonders als Direktor der Berliner Akademie einen Namen

MUSEEN

Kupferstichkabinett 1882 aus dem Besitz des Duke of Hamilton erwarb und nun durch einige Leihgaben komplettierte. So konnten die Besucherscharen nun Dante, Vergil und Beatrice auf dem gesamten Weg durch die Hölle, über den Läuterungsberg und in den Himmel verfolgen. Eine begleitende Neue-Medien-Show verwandelte die berühmte Wanderung auf Papier in einen Zeichentrickfilm.

Das Exklusivste aber sind die ganz privaten Begegnungen im Kupferstichkabinett: Wer will, kann die lichtscheuen Kunstwerke seiner Wahl aus ihrem dunklen Lager befreien, in den Studiensaal bestellen und dort beim Tête-à-tête bestaunen.

Märkisches Museum

Vom Dorf zur Großstadt: Berliner Heimatkunde

„...schaut auf die Stadt", rief der damalige Regierende Ernst Reuter während der Berlin-Blockade den „Völkern der Welt" zu. Das war damals ziemlich dramatisch. Heute ist es ein berühmtes Zitat. An das Geschehen erinnert der gleichlautende Titel der Dauerausstellung zur Geschichte und Kulturgeschichte Berlins. Doch geht's hier natürlich nicht nur um die Nachkriegszeit, sondern um das ganze Geschehen von den dörflichen Anfängen im 13. Jahrhundert bis zur Gegenwart als größte deutsche Stadt. Seit über 125 Jahren dokumentiert das Märkische Museum die geschichtliche und städtebauliche Entwicklung von Berlin durch die Jahrhunderte hinweg.

Der Museumskomplex entstand 1899 bis 1908 nach Plänen des Berliner Stadtbaurats Ludwig Hoffmann, der sich in einem Architekturwettbewerb durchgesetzt hatte. Davor war das 1874 gegründete Märkische Museum provisorisch im Palais Podewils (dem heutigen Podewil) untergebracht. Hoffmanns aus Vorbildern der Gotik und Renaissance interessant konstruiertes Gebäude, illustriert gewissermaßen kongenial den Wechsel der Epochen. Dabei spiegelt sich die märkische Region, die im Museum dokumentiert wird: Der walmdachbekrönte Turm ist eine Kopie des Bergfried der Bischofsburg in Wittstock, die durchbrochenen Schaugiebel und der Ornamentbesatz der gotischen Fassadenteile haben ihr Vorbild in der Katharinenkirche in Brandenburg/Havel. Von dort stammt auch der Roland vom Altstädter Rathaus, der als Reproduktion neben dem Haupteingang des Museums steht. Doch gilt das Gebäude nicht als würdiges Beispiel für gut geklaut, sondern als ein bedeutendes Zeugnis für historistischen Museumsbau in Deutschland.

Seit dem Abschluss von Teilrekonstruktionen ist das Märkische Museum seit Oktober 1999 wieder zugänglich. Es ist das Stammhaus der Stiftung Stadtmuseum, die 1995 aus der Vereinigung von Märkischem Museum und dem ehemaligen Berlin Museum entstanden ist.

*Während der Luftbrücke wird **Ernst Reuter** weltberühmt. In einer bewegenden Rede vor dem Reichstags-Gebäude appelliert der SPD-Politiker: „Ihr Völker der Welt, schaut auf diese Stadt!" Ein heute legendärer Satz an den eine Dauerausstellung im Märkischen Museum erinnert. 1948 wird Reuter zum ersten Regierenden Bürgermeister Westberlins gewählt*

Am Köllnischen Park
Mitte
☎ 30 86 60
✉ info@stadtmuseum.de
🅄 Märkisches Museum
🚌 147/240/265
🎫 8, erm. 4 DM, mittwochs frei, Di–So 10–18 Uhr
💻 www.stadtmuseum.de/menu.htm

Mit Gotik und Renaissance spielt die Architektur des Märkischen Museums. Der Turm ist eine Kopie des Bergfrieds der Bischofsburg in Wittstock

144

Ein Hauch von Disney World weht durch den prächtig-kitschigen Lichthof im Martin-Gropius-Bau. Die Exponate darin gelungen zur Geltung zu bringen, zählt zu den schwierigen Aufgaben eines jeden Ausstellungsmachers

Martin-Gropius-Bau und Museum der Dinge

Imposante Ausstellungen im Schein von Stuck, Gold und Marmor

Die „Sieben Hügel" im Milleniumsjahr 2000 waren der Gipfel. Für 30 Millionen DM trug diese Schau im Martin-Gropius-Bau für ein halbes Jahr nicht weniger als das gesamte Wissen der Menschheit zusammen. Ken Adam, der gemeinhin die Filmkulissen für James Bond erfindet, baute im ohnehin überwältigenden Lichthof des Ausstellungshauses ein Szenario der Superlative. Aber auch die Inszenierungen in den restlichen Räumen überfluteten die Reize sondergleichen. Von Descartes Schädel bis zum Fußball spielenden Roboterhund, von der buddhistischen Votivstele bis zum Supermodell – die 350.000 Besucher wurden multimedial und interaktiv bedient.

Der Gropius-Bau, westlich des Grenzstreifens zwischen Kreuzberg und Mitte gelegen, fristete lange ein Mauerblümchendasein. Erst 1981 war das kriegszerstörte Gebäude mit Senatsmitteln wiederhergestellt. Seitdem besitzt es wieder den Charme des Königlichen Kunstgewerbemuseums, das Martin Gropius und Heino Schmieden im Stil der späten Schinkel-Schule hundert Jahre zuvor entwarfen. In Glanz und Gloria erstrahlt besonders der Lichthof des zweieinhalbstöckigen Palazzos – und schlittert im Schein von Stuck, Gold und Marmor haarscharf am Kitsch vorbei.

Mit den entsprechend imposanten Ausstellungen sorgte der Bau in den achtziger Jahren für frischen Wind in der provinziellen Kunstenklave Westberlin. „Zeitgeist" hieß die erste Sensation, die hier 1982 die Gegenwartskunst in weltstädtischen Ausmaßen ausbreitete und dabei der jungen, wilden Malerei aus Berlin zum Durchbruch verhalf. Dies gab den folgenden Großprojekten im Haus die Richtung vor: Berlin suchte Anschluss an die globale Kulturindustrie und fand besonders in der Stiftung Deutsche Klassenlotterie einen freizügigen Finanzier. Verschiedene Organisationen besorgen seitdem die Inszenierungen von Kunst, Ge-

Niederkirchner Str. 7, Kreuzberg
☎ 25 48 61 11
✉ post@gropiusbau.berlinerfestspiele.de
Ⓢ Ⓤ Potsdamer Platz
Ⓢ Anhalter Bahnhof
🚌 248
🎟 10, erm. 7 DM, Di-So 10-20, Sa 10-22 Uhr
💻 www.gropius-bau.de

Weitere Informationen:
3sat Presse und Öffentlichkeitsarbeit
c/o ZDF, 55100 Mainz
Tel.: 06131/706479
oder unter www.3sat.de

:3sat

ZDF ORF SRG ARD

Kulturzeit:
das ist tägliches Fernseh-Feuilleton. Themen, Personen, Entscheidungen –
kulturpolitisch fokussiert oder aber mit der Elle der Kultur neu vermessen.
Anregend, aufregend und beunruhigend, wenn es sein muss.
Montag bis Freitag, 19.20 Uhr in 3sat

anders fernsehen

schichte, Film oder Ethnologie. Neben der Zeitgeist-Gesellschaft, die sich unter Christos Joachimedes um die bildende Kunst des 20. Jahrhunderts verdient macht, sind die Berliner Festspiele hier regelmäßig zugegen. Ob mit „Berlin-Moskau" 1995 oder den „Sieben Hügeln" 2000. Auch Berliner Museen geben Gastspiele: Das Deutsche Historische Museum dekorierte den Bau nach dem Motto „Einigkeit und Recht und Freiheit" und feierte so die fünfzigjährige Bundesrepublik.

Die verworrene Organisationsstruktur des Hauses, das der Senat – noch – betreibt aber nicht besitzt, führte auch zu Opfern. Die Berlinische Galerie, die bislang einen Teil der Räume mit ihrer lokal kolorierten Kunstsammlung bespielte, konnte nach dem erneuten Umbau des Gebäudes 1999 nicht wieder einziehen. Hingegen ist das ehemalige Werkbundarchiv als „Museum der Dinge" auf 1000 Quadratmeter ins zweite Obergeschoss wiedergekehrt. Manchmal wirken seine Wechselausstellungen wie Kuriositätenkabinette: Eierschneider liegen neben DDR-Papier, Designermöbel stehen neben Wundertüten-Automaten. So werden die „Dinge", die den Alltag verzaubern, liebevoll zu Kunstwerken gemacht. Und die Barrieren zwischen „High" und „Low" stürzen ein. Denn auch exquisiteste Hochkultur fehlt nicht im Museum der Dinge: Nach dem Wiedereinzug war ein Schatz aus dem Besitz von Microsoft-Gründer Bill Gates hier zu Gast: Der Codex Leicester von Leonardo da Vinci, zeichnerisch kommentiert von Joseph Beuys. Natürlich half das neueste Computer-Equipment, die wahnwitzig teuren, wissenschaftlichen Manuskripte von Leonardo zu erläutern.

In Zukunft wird der Martin-Gropius-Bau wohl eine Art Bundeskunsthalle. Der ehemalige Staatsminister Michael Naumann stellte jedenfalls die Übernahme durch den Bund in Aussicht und sicherte dem repräsentativen Haus eine staatstragende Funktion. Damit wird der Gropius-Bau zum Grand Palais der Hauptstadtkultur und bleibt weiterhin die Kulisse für millionenschwere Großartigkeiten.

Die Ausstellung „Deutschlandbilder" in Gropius-Bau, die das Plakat davor ankündig war 1997 ein heiß debattiertes Projekt. Mit den Mitteln der Kunstgeschichte suchte man damals nach einer nationalen Identität

Im Winkel 6-8, Dahlem
☎ 83 90 12 87
✉ mek@smb.spk-berlin.de
🚇 Dahlem-Dorf
🚌 110/183/X11/X83
🎫 4, erm. 2 DM, Di-Fr 10-18, Sa/So 11-18 Uhr
🖥 www.smb.spk-berlin.de/mek/

Museum Europäischer Kulturen

Europa im Blick: Die Arche Noah versunkener Bilderwelten

Dieses Museum ist gewissermaßen der World Wildlife Fund unter den Museen! Es kümmert sich um eine vom Aussterben bedrohte Spezies – um gefährdete Bilder. Wo ist etwa der legendäre „Röhrende Hirsch am Waldesrand" geblieben, der in Öl oder als Druck jahrzehnte zur Grundausstattung des spießbürgerlichen Wohnzimmers gehörte, der längst brutal von seinem Platz überm Sofa vertrieben wurde? Wo sind die Schlafzimmerbilder mit in holdem Reigen tänzelnder Elfen? Solche heute gern verschmähte Kitschkunstwerke finden letzten Lebensraum im Dahlemer Museum Europäischer Kulturen, einer Arche Noah versunkener Bilderwelten.

Doch die 1999 aus einer Vereinigung des Museums für Volkskunde sowie der europäischen Sammlungen des Museums für Völkerkunde hervorgegangene Institution hat mit der Präsentation von solcherart Kitschkunst natürlich mehr im Sinn als ein Reservat bedrohter Nutz- und Gebrauchswerke abzugeben. Sie zeigt anschaulich, wie Bilder in den Alltag der Menschen einzogen. So konnten bis ins 15. Jahrhundert hinein Bilder meist nur in Kirchen betrachtet werden. Erst durch die Erfindung technischer Reproduktionsverfahren, nahmen sie ihren Siegeszug ins Wohnzimmer. Und das natürlich nicht nur in Deutschland, sondern überall in Europa. Das Konzept des Museums Europäischer Kulturen trägt dem Rechnung. Es will nationale und regionale Phänomene in einem europäischen Kontext sichtbar machen. Die Ausstellung „Kulturkontakte in Europa – Faszination Bild" zeigt anschaulich am Beispiel des Mediums Bild, wie verflochten die Geschichte der Europäer jenseits nationaler Grenzen ist.

Das illustriert bereits der Vertriebsweg: Mitte des 19. Jahrhunderts kaufte der kunstbeflissene Bürger seine Wanddekoration ganz einfach beim Wanderhändler. Beispielsweise so einem wie ihn die Ausstellung in einer nachgestellten Szene präsentiert. Neben seinem lebensgroßen Pferd, über und über mit Bilddrucken behängt, preist ein junger Verkäufer wie auf einem Marktplatz seine Ware an: Mit südeuropäisch akzentuierter Stimme tönt es „Bilder, schöne Bilder" aus dem Off. Diese Bildnisse sind also anscheinend bereits über die Alpen gewandert. Derart anschaulich lässt sich nachvollziehen, wie ein europäischer Motivschatz entstanden ist.

Rund 270.000 Objekte beherbergt die Sammlung europäischer Ethnographica, eine der größten der Welt. Sie blickt auf 1.700 Quadratmetern über zwei Etagen in Räume – öffentliche, wie Kirchen, Galerien oder Marktplätze, und private, wie Wohnzimmer. Sie widmet sich dem Verhältnis zum Bild am Beispiel der Religionen, bildungsbürgerlicher Repräsentation und der Darstellung des Fremden. Beginnend bei Altargemälden und religiösen Tapisserien des 15. Jahrhunderts bis zu den digitalen Spielereien heutiger Zeit werden Gemeinsamkeiten, aber auch Unterschiede der Kulturen beleuchtet. Auch unser „Röhrender Hirsch" ist übrigens keine urdeutsche Angelegenheit, sondern verweist auf Traditionszusammenhänge bis ins alte Griechenland. Wieder was gelernt.

Museum für Indische Kunst

Besuch bei den Göttern des indo-asiatischen Kulturraums

Indien – das klingt gleich exotisch. Ein Land der Träume und Projektionen, der Mythen und des Schreckens ist der indische Subkontinent. Hermann Hesse nannte es ein „Heimwehland", für Alberto Moravia war es „das Gegenteil von Europa". Das Land der Maharadschas und Märchen hat von Goethe bis zu den Beatles viele Abendländler fasziniert. Ein Land zwischen unermesslicher Prunksucht und erbärmlicher Armut, voller Tradition und tief empfundener Spiritualität. Und ungefähr zehn Flugstunden von Deutschland entfernt. Oder auch nur ein paar Ecken. Berlin-Dahlem-Dorf. Lassen wir Indien zu uns kommen. Und nicht nur Indien, gleich den ganzen Subkontinent und die an-

Lansstr. 8, Dahlem
830 13 61
mik@smb.spk-berlin.de
Dahlem-Dorf
110/183/X11/X83
4, erm. 2 DM, Di-Fr 10-18, Sa/So 11-18 Uhr
www.smb.spk-berlin.de/mik

grenzenden Länder! Das Museum für Indische Kunst zeigt nämlich neben indischem auch Kunst und Kunsthandwerk aus Pakistan, Afghanistan, Sri Lanka, Nepal und Tibet. Bis tief nach Südostasien und Zentralasien reicht die Sammlung und vom zweiten Jahrhundert v. Chr. bis in die Gegenwart.

Seit Oktober 2000 zeigt sich die Schau in neu gestalteten Ausstellungsräumen. Durch die Verwendung natürlicher Materialien wie Sandstein, Schiefer und Holz werden die Exponate in einem annähernd ursprünglichen Zusammenhang präsentiert. So sind Wandmalereien auch in Wände eingelassen, Skulpturen entsprechend ihrem natürlichen Standort in Nischen ein- und auf Sockeln ausgestellt. Die indische Kultur wird in einer Vielzahl von Objekten aus fast 3000 Jahren, angefangen von Siegeln und Keramik-Exponaten aus prähistorischer Zeit und Skulpturen aus verschiedenen Epochen des Hinduismus bis zum Buddhismus mit nahezu lebensgroßen Buddha- und Bodhisattwaskulpturen vorgeführt. Auch die dritte in Indien entstandene Religion, der Jainismus, ist mit Kultbildnissen vertreten.

Weltberühmt ist das Museum aber durch seine „Turfan"-Sammlung, die das architektonische Zentrum der Ausstellung bildet. Benannt nach dem Zielort der ersten von vier königlich-preußischen Zentralasien-Expeditionen zeigt sie Wand- und Textilmalereien, Stoffbilder, Lehm- und Holzfiguren aus dem 2. bis 12. Jahrhundert. Ursprünglich zierten diese buddhistische, an der Nördlichen Seidenstraße gelegene Höhlenklöster und Tempel. Eine nach ihren Originalmaßen rekonstruierte Kulthöhle mit mächtiger Kuppel und teilweise mit Originalbemalung ist Hauptattraktion des Museums.

In einem Medienraum lässt sich mit Filmen und digitalen Medien das religiöse Leben des heutigen Indiens kennen lernen. Nehru, der Gründungspremier der Nation, hat Indien einmal ein „Irrenhaus der Religionen" genannt. Und tatsächlich begegnen einem im Museum für Indische Kunst viele Götter. Über die erfährt man nebenbei recht erstaunliches: So soll der Hindu-Gott Krishna 16.000 (!) Freundinnen gehabt haben. Dagegen war Casanova doch ein Waisenknabe. Manch einer mag sich nach dem Besuch der Ausstellung auch fragen, wie Rama, die siebte Inkarnation Vishnus, als Margarine auf deutschen Frühstückstischen landen konnte. Das Karma ist eben unbegreiflich.

Museum für Kommunikation

Reden mit Robotern: Brief, Telefon, Internet

Nichts ist langweiliger als eine Briefmarkensammlung. Was aber, wenn sich darin die berühmteste und wohl legendärste Briefmarke der Welt befindet: die „Blaue Mauritius"? Im Museum für Kommunikation ist sie zu sehen. Dabei ist sie nur ein spektakuläres Exponat unter vielen, das in dem aufwändig restaurierten wilhelminischen Prunkbau an der Leipziger Straße gezeigt wird. Bis man zur „Blauen Mauritius" vorstößt, hat man auf seinem Rundgang bereits mit Robotern kommuniziert und neue Medien getestet.

Von Robotern begrü[ßt] wird man im imp[o]santen Innenhof d[es] Museums für Komm[u]nikation. Einer dav[on] will ständig, dass ma[n] mit ihm Ball spie[lt]

Leipziger Str. 16, Mitte
20 29 42 02
mkb.berlin@t-online.de
U Stadtmitte
142/348
Frei, Di-Fr 9-17, Sa/So 11-19 Uhr
www.museumsstiftung.de/berlin1.htm

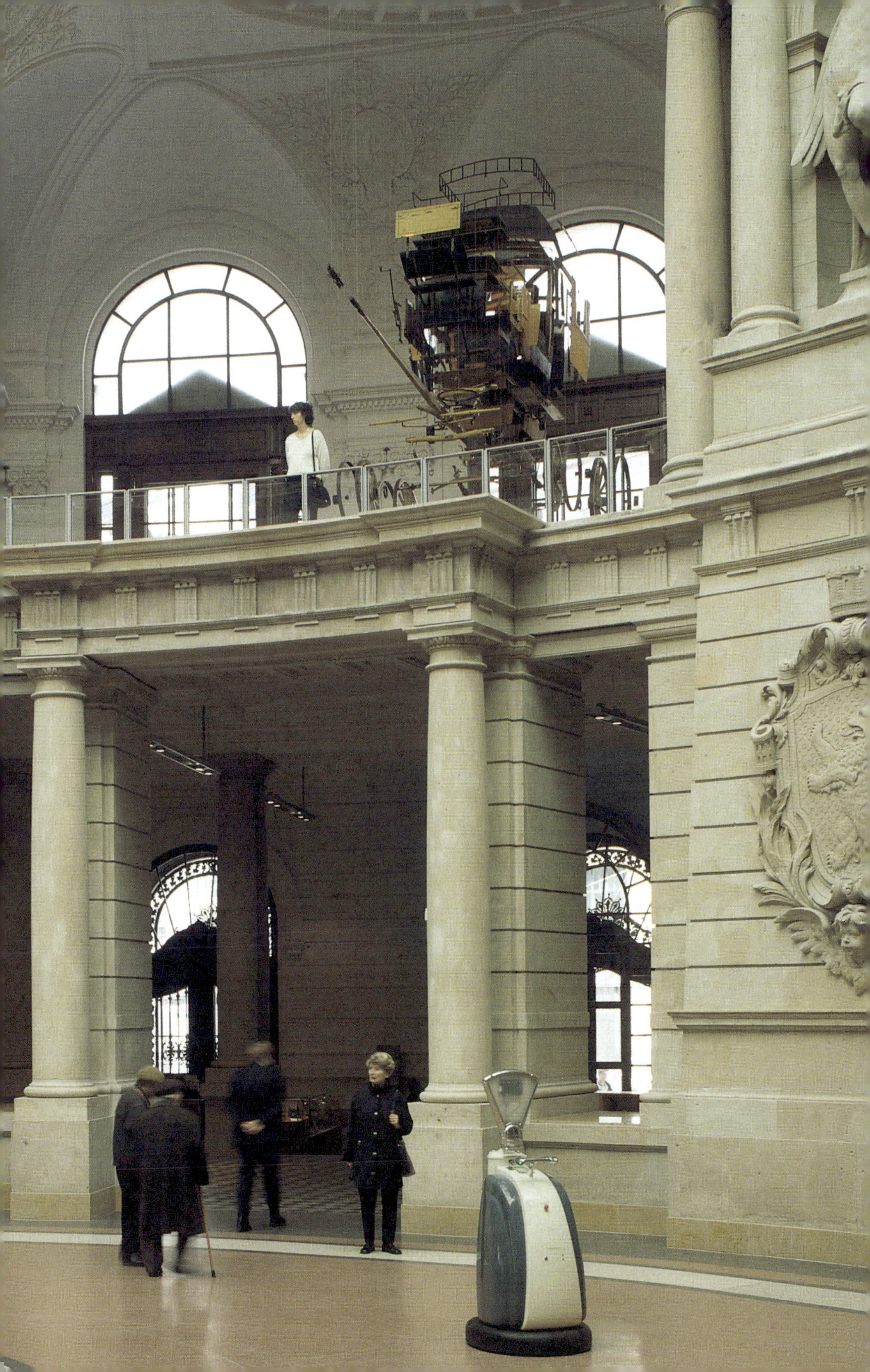

Denn in dem Ausstellungskonzept steht die berühmte Briefmarke, ebenso wie die älteste Postkarte der Welt, die sich ebenfalls in der Schatzkammer der Sammlung bewundern lässt, nur für einen Aspekt in der Geschichte der Kommunikation. Und zwar für einen nahezu vergangenen. Mehr als die Vergangenheit interessiert hier die Deutung von Kommunikation für Gegenwart und Zukunft. „Wege der Verständigung" zeichnet das Museum nach, das 1872 als erstes Postmuseum der Welt öffnete.

Begrüßt wird man gleich von der Zukunft. Drei Roboter rollen durch den eindrucksvollen Lichthof mit seinen dreigeschossigen Galerien, dem architektonischen Herzstück des Museums. Sie haben, wie sich das für Roboter vermutlich gehört, funktionelle Namen: „Komm-Rein!", „Also-Gut!" und „Mach-Was!". „Komm-Rein!" ist, richtig, für die Begrüßung zuständig, kann aber auch Tipps zur Ausstellung geben. „Also-Gut!" kennt sich prima in der Geschichte und der Architektur des Museums aus und „Mach-Was!" ist der Animator. Er will zum Beispiel ständig, dass man mit ihm Ball spielt.

Wem es etwas peinlich ist, mit Maschinen zu reden, der kann sich in der „Schatzkammer" unter dem Lichthof die siebzehn kostbarsten Exponate des Museums ansehen. Etwa den ins All gereisten „Kosmos-Stempel", die ersten Telefonapparate von Bell, Fernsehröhren aus der Steinzeit des Fernsehens oder eben die „Blaue Mauritius". Oder er geht zuerst auf die Galerien, wo einem zentrale Fragen der Kommunikationsgeschichte vorgeführt werden: Wie verändern Medien die Wahrnehmung von Raum und Zeit zum Beispiel, oder welche Auswirkung hat die Beschleunigung von Personen, Waren- und Datenverkehr? Es geht dabei weniger um die technologischen Entwicklungen, vielmehr steht die Veränderung des gesamten Lebens durch die Medien im Zentrum.

Wer sich doch mehr für die technischen Aspekte interessiert, wird in Sälen, die sich an die Galerien anschließen, fündig. Hier hat die technische Entwicklung, etwa des Telefons, den Vorrang vor der Darstellung des Telefonierens. In einer digitalen Medienwerkstatt darf man sich schließlich mit Computern und Internet spielerisch amüsieren. Und wer nach all der Kommunikation noch Lust auf ein Gespräch von Mensch zu Mensch hat, kann ins Museumscafé (mit Terrasse) einkehren und – kommunizieren.

Auch von außen und beleuchtet sieht das Postmuseum eindrucksvoll aus. Vielleicht sogar ein wenig romantisch – wie ein Liebesbrief

Museum für Naturkunde

Zwischen Jurassic Park und Brehms Tierleben

Der größte Stolz des Museums ist 12 Meter hoch, 23 Meter lang und ziemlich vom Fleisch gefallen. Kein Wunder, denn er ist 150 Millionen Jahre alt. Als der Brachiosaurus brancai in der Jurazeit sein Dasein fristete, ahnte er vermutlich kaum, dass er mal dem Berliner Museum für Naturkunde, einer Einrichtung der Humboldt-Universität, zu einem Superlativ verhelfen würde: Sein Knochengerüst ist das größte aufgestellte Saurierskelett in einem Museum der Welt.

Natürlich hat der Dinosaurier einen Ehrenplatz im zentralen

Invalidenstr. 43, Mitte
20 93 85 91
bernd.domning
@rz.hu-berlin.de
Nordbahnhof
Zinnowitzer Straße
157
Tram 22/46/70
5, erm. 1,20, Familien 12 DM, Di–So 9.30–17 Uhr
www.museum.hu-berlin.de

Raum des Museums, einem glasüberdachten Lichthof. Aber er ist beileibe nicht das älteste Exponat. Diesen Rekord hält ein 4.6 Milliarden Jahre alter Meteorit aus der Zeit der Entstehung des Sonnensystems. Auch die sich in bemerkenswerter Farben- und Formenvielfalt zeigenden gut 3400 Stücke von 1077 Mineralarten der Sammlung können auf ein beträchtliches Alter zurückblicken. Darunter befinden sich übrigens auch historisch bedeutende Stücke aus der Sammlung Alexander von Humboldts. Besonders wertvoll ist das Stück Pechblende, an dem erstmals 1789 das Element Uran nachgewiesen wurde. Auch Stücke aus der alten Meteoritensammlung von E.F.F.Chladni (1756-1827), dem Begründer der Meteoritenkunde, gehören zu den Museumsschätzen.

Aber bleiben wir noch einen Moment beim Brachiosaurus. Im selben Ausstellungssaal befindet sich nämlich auch das berühmte Fossil des Urvogels Archaeopteryx lithographica. Mit diesem Fossil konnte die Tatsache der organischen Evolution belegt werden. Eindrucksvoll beweist es die Abstammung der Vögel von den Reptilien. Bisher wurden nur sieben fossile Reste dieser Spezies gefunden. Das „Berliner Exemplar" im Naturkundemuseum zeichnet sich durch den sehr guten Abdruck des Gefieders im Plattenkalk aus.

In der Saurierhalle sind mit mehr als 30 Saurierskeletten alle bedeutenden Sauriergruppen vertreten: Dinosaurier, Meeresreptilien, Pterosaurier und säugetierähnliche Reptilien. Auf rund 6000 Quadratmetern Ausstellungsfläche gibt das Museum für Naturkunde mit über 7600 Exponaten einen repräsentativen Überblick zur Evolution des Lebens auf der Erde, zur europäischen Tierwelt, zu Meteoriten und Mineralien. Einige Tiergruppen wie die Huftiere und Primaten werden in eigenen Sälen vorgestellt. Auch die über 1800 Fossilien im Ausstellungssaal der Paläontologie geben einen aussagekräftigen Abriss über die Entwicklung des Lebens auf der Erde. Es ist das größte und traditionsreichste naturhistorische Museum in Deutschland.

Besonders anschaulich wird Flora und Fauna in „Großdioramen" vorgeführt. Das sind Räume mit gewölbter Decke, in denen ein

MUSEEN

Vom Fleisch gefallen: Der Brachiosaurus brancai ist ein Herzstück des Museums für Naturkunde

MUSEEN

Naturausschnitt mit der entsprechenden Tierart und Vegetation dargestellt ist. Sie entstanden von 1918 bis 1925 und gehören zu den ersten in dieser Form und Größe.

Museum für Vor- und Frühgeschichte

Von der Steinzeit ins antike Troja – Schätze der Menschheit

Der wohl berühmteste Steinzeitbewohner fehlt in dem Museum, das Zeugnisse der prähistorischen Kulturen Europas und Vorderasiens von ihren Anfängen bis ins Mittelalter zeigt. Aber Fred Feuerstein entspricht, wie wir schon immer geahnt haben, nicht wirklich dem Menschen dieser Zeitspanne. Der typische Steinzeitbewohner war Jäger und Sammler, der nomadisierend dem jagdbaren Wild nachzog. Feste Wohnplätze oder solche, die doch von Zeit zu Zeit immer wieder aufgesucht wurden, fanden sich nur dort, wo die Natur sie bot, also in Höhlen. Haustiere waren unbekannt. So gehört auch Feuersteins „Dino" ins Reich der Fiktion. Im Museum für Vor- und Frühgeschichte ist natürlich alles streng wissenschaftlich dargestellt. Eine der größten überregionalen Sammlungen zur Entwicklung der Kulturen der Alten Welt präsentiert sich in sechs Ausstellungsräumen. Die Steinzeit umfasst die ungeheure Zeitspanne vom Ursprung des Menschen (Gattung Homo) vor ungefähr 2.5 Millionen Jahren bis zum Beginn der Metallzeiten vor 4000 Jahren. Die Darstellung der Menschheitsentwicklung geht in dem Museum aber noch über die Steinzeit hinaus bis ins Mittelalter.

Mit der Altsteinzeit beginnt der chronologisch angelegte Rundgang. Die Frühkultur des Menschen, seine ältesten Werkzeuge und künstlerischen Äußerungen sind ebenso dokumentiert wie die eiszeitliche Tierwelt. Der kulturelle Aufschwung in der Jungsteinzeit wird im nächsten Saal vorgeführt. Er findet seinen Niederschlag im Hausbau, in der Viehzucht, in Weberei und Flechtkunst. Die Töpferei entfaltet sich in einem beachtlichen Formenreichtum. Die Formenkreise der Keramik dienen heute zur Bestimmung der verschiedenen benachbarten Kulturen. Interessanterweise ist dabei übrigens festzustellen, dass die Menschen im Orient sich in der Hinsicht schneller zivilisiert haben, als die bäuerlichen Sippen unserer Vorfahren hier in Europa, die sich nur zögernd zu dörflichen Gemeinschaften zusammenrauften.

Weiter geht es im Zeitraffer durch die Jahrtausende. Auf die Bronzezeit (ab ca. 2000 v. Chr.) mit den Themen Metallurgie, Handel und Verkehr, Lebenswelten, Tod und Jenseitsglaube folgt die größte prähistorische Kaukasus-Sammlung außerhalb Russlands. Flugs sind wir etwa 700 vor Christus in der europäischen Eisenzeit gelandet. Es gibt römerzeitliche Funde aus dem freien Germanien und kunsthandwerkliche Produkte aus den römischen Provinzen zu bestaunen. Zum Abschluss des Rundgangs wird ein Einblick in die Archäologie des deutschen Hochmittelalters gegeben.

(ab Ende 2002 bis 200? wegen Umbau geschlossen)
Schloss Charlottenbur? (Langhansbau),
Spandauer Damm 22,
Charlottenburg
☎ 32 67 48 11
✉ mvf@smb.spk-berlin.de
Ⓤ Richard-Wagner-Platz
🚌 109/145/210/X21
🎫 4, erm. 2 DM,
Di-Fr 10-18,
Sa/So 11-18 Uhr
🖥 www.smb.spk-berlin.de/mvf/

In seinem Archäologiestudium befasst sich **Heinrich Schliemann** besonders intensiv mit den Werken Homers. Nach genauer Analyse der Epen „Ilias" und „Odyssee" bestimmt er 1868 einen Hügel im Nordwesten Kleinasiens als Standort der Stadt Troja. Er gräbt in zwölfjähriger Arbeit tatsächlich neun übereinander liegende Siedlungsschichten aus und entdeckt den „Goldschatz des Priamos".

Im zweiten Stock folgt ein besonderes Herzstück des Museums: Die Heinrich-Schliemann-Sammlung mit den berühmten „Trojanischen Altertümern", die der Archäologe 1881 „dem deutschen Volk zum ewigen Besitz und ungetrennter Aufbewahrung in der Reichshauptstadt" schenkte. Rund 500 Exponate zeichnen die 3000-jährige Geschichte der legendären antiken Stadt Troja im nordwestlichen Kleinasien nach.

Noch zu Beginn des 20. Jahrhunderts zählte das Berliner Museum für Vor- und Frühgeschichte zu den drei bedeutendsten prähistorischen Sammlungen der Welt. Der Zweite Weltkrieg setzte diesem Ruhm ein Ende, das Museum erlitt große Bestandsverluste. Sämtliche Gold- und Edelmetallfunde wurden 1945 als Kriegsbeute nach Russland gebracht, wo sie bis heute deponiert sind. Teile der wertvollen Sammlung wie der „Schatz des Priamos" (2300 v. Chr.) sind seither nur noch in Form von Kopien zu sehen.

Musikinstrumenten-Museum

Hier spielt die Musik – vom 16. Jahrhundert bis heute

Der Ton einer Stimmgabel ist zwar absolut rein, aber auch ziemlich langweilig. Schaut man sich seine Schwingungen auf einem Oszillogramm an, dann ist da nur eine glatte Wellenlinie. Ihr fehlen alle Unregelmäßigkeiten, die auf jene Obertöne hindeuten, die erst den musikalischen Klang ausmachen. Für die Musik ist es folglich ein Glück, dass keines der herkömmlichen Musikinstrumente einen physikalisch reinen Ton erzeugt.

Im Musikinstrumenten-Museum finden sie sich alle – von der Blockflöte der Renaissance bis zur Mighty-Wurlitzer-Orgel des 20. Jahrhunderts. Unter den rund 500 Exponaten des 1888 durch den preußischen Staat begründeten Museums sind auch etliche echte Raritäten: etwa zwei Querflöten, auf denen einst König Friedrich II. seine Melodien gepfiffen hatte. Oder ein Hammerflügel von Joseph Brodmann (um 1810), das dem Komponisten

Von der Blockflöte bis zur Mighty-Wurlitzer-Orgel, vom Hammerflügel bis zur Stradivari - das Musikinstrumenten-Museum führt viele Möglichkeiten der Tonerzeugung vor

Tiergartenstr. 1, Tiergarten
☎ 25 48 10
✉ sim@sim.spk-berlin.de
Ⓢ Ⓤ Potsdamer Platz
🚌 129/142/148/248/341/348
🎫: 4, erm. 2 DM,
Di-Fr 9-17,
Sa/So 10-17 Uhr
🌐 www.sim.spk-berlin.de

Carl Maria von Weber gehörte. Vielleicht hat er darauf ja Teile seines Meisterwerks „Der Freischütz" komponiert?
Außerdem findet sich ein zusammenklappbares Reisecembalo aus dem Besitz der Liselotte von der Pfalz und eine echte Stradivari-Geige von 1703 unter den Schätzen. Die komplette Entwicklung der europäischen Musik vom 16. bis ins 20. Jahrhundert ist in dem nach einem Entwurf Hans Scharouns errichteten Gebäude im Tiergartener Kulturforum zu sehen. Und natürlich auch zu hören. Denn viele der Instrumente werden bei Führungen oder in Konzerten vorgeführt. Nur die öde Stimmgabel nicht. Dabei sorgt die doch immerhin für den richtigen Ton, den Kammerton A.

Potsdamer Str. 50, Tiergarten
266 29 55
nn@smb.spk-berlin.de
Potsdamer Platz
129/148/200/248/341/348
4, erm. 2 DM, Di/Mi/Fr 10-18, Do 10-22, Sa/So 11-18 Uhr
www.smb.spk-berlin.de/nn

Neue Nationalgalerie

What a feeling – durch siebzig Jahre westliche Hochkultur

Böse Zungen behaupten, der Architekt Ludwig Mies van der Rohe habe einfach seinen Entwurf der kubanischen Bacardi-Rum-Firmenzentrale aus der Schublade gezogen, ihn ein wenig verändert und schon sei die Neue Nationalgalerie fertig gewesen. Doch der archaische Tempel an der Potsdamer Straße verströmt nicht gerade das karibische „Feeling" des weißen Rums; er ist geruchlos, klar und rechtwinklig wie ein Eiswürfel im Longdrink-Glas. Dem Architekten ging es um Prototypen: Man könne, so meinte er zu seiner Verteidigung, „nicht jeden Montag eine neue Architektur erfinden".
Seit ihrer Vollendung 1968 beweist die Neue Nationalgalerie, wie sehr sich architektonische Wagnisse lohnen. Auf einem wuchtigen Natursteinsockel thront der Stahlskelettbau, umsäumt von

Ob Picassos „Umarmung" im Stahlskelettbau oder die Außenskulpturen davor: Die Sammlung der Neuen Nationalgalerie bietet dem Kunstliebhaber eine breite Palette klassisch-moderner Meisterwerke

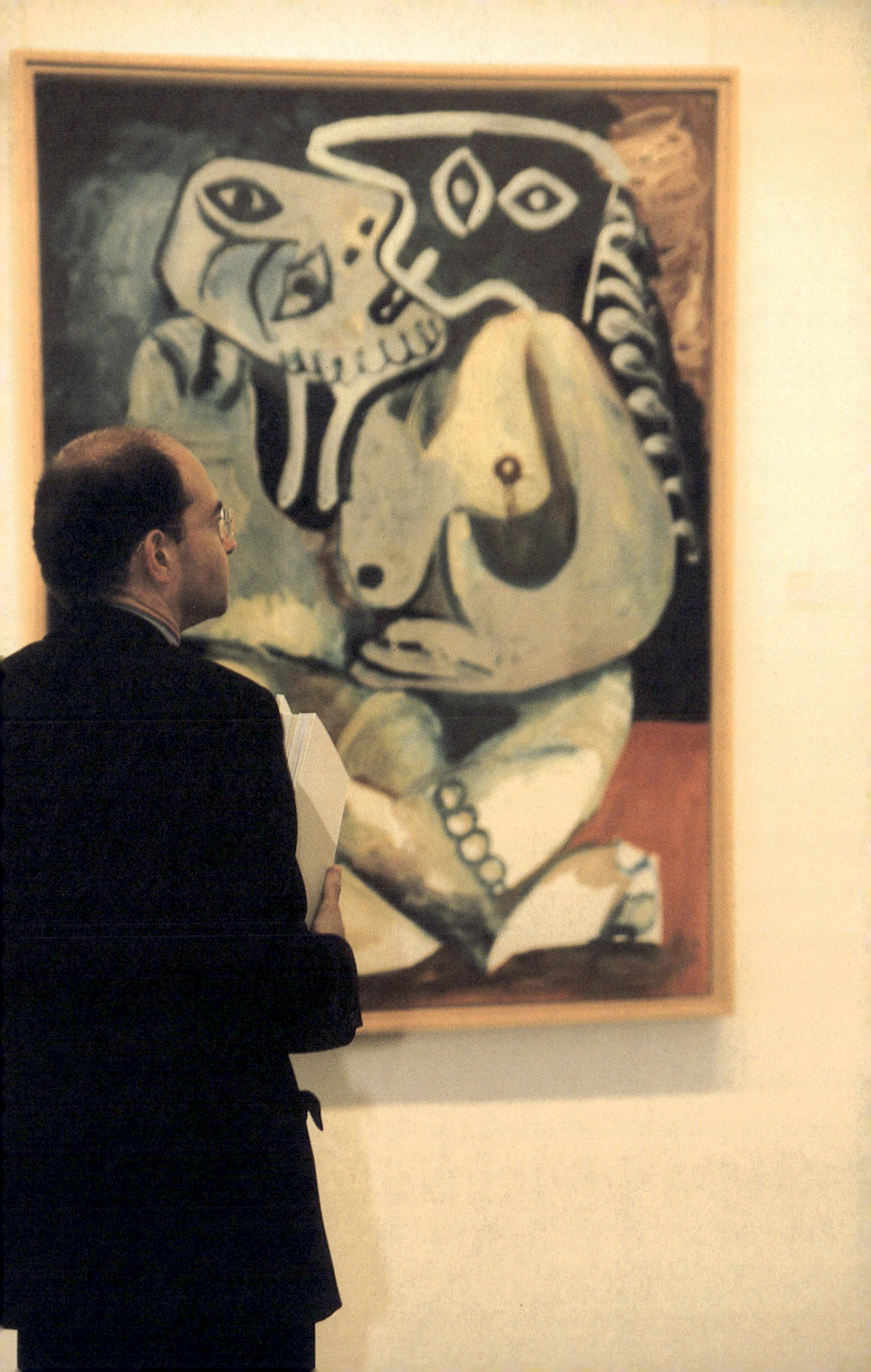

TAPETEN · BODENBELÄGE · STOFFE

Untermann
Aus Liebe zum Detail

Nürnberger Straße 18 · Am Tauentzien · 10789 Berlin · Tel. (030) 211 50 41 · Fax (030) 218 62
Fordern Sie bitte unseren Prospekt an

Außenskulpturen. Riesige Glasplatten bilden die Außenhaut des Museums, Tageslicht durchflutet das fast wandlose, obere Ausstellungsgeschoss. Dieser Raum alleine ist ein Kunstwerk. Da macht es fast nichts, dass die Exponate der hier ausgebreiteten Wechselausstellungen nur schwer gegen die Herrschaftlichkeit der Architektur ankommen. Selbst Anselm Kiefers Bleiflugzeuge und Rebecca Horns kinetische Skulpturen hatten es da schwer in den neunziger Jahren. Ohnehin ist im fast doppelt so großen Untergeschoss auf 4425 Quadratmetern genügend Platz für Sonderausstellungen von Picasso und Co., sowie die Bestände der Nationalgalerie. Im Rücken des Untergeschosses schließt sich direkt ein Skulpturengarten an, der im Sommer königliche Ruhe bietet.

Die Stiftung Preußischer Kulturbesitz beauftragte Mies van der Rohe an seinem 75. Geburtstag 1961 mit dem Neubau einer Nationalgalerie im Westteil der Stadt. Zwei Sammlungen sollte sie beherbergen: Zum einen die Werke aus der Alten Nationalgalerie, die nach dem Zweiten Weltkrieg im Westen geblieben waren. Zum anderen die 1945 gegründete Sammlung der Galerie des 20. Jahrhunderts, die den Verlust von über 400 Werken der Moderne durch die Naziherrschaft wieder gutmachen sollte.

Nach der Umstrukturierung der Museen im wieder vereinten Berlin beheimatet die Neue Nationalgalerie nun Skulpturen und Gemälde von Beginn des 20. Jahrhunderts bis in die sechziger Jahre. Der Rundgang im Untergeschoss führt auf dämpfendem Teppich chronologisch – aber nicht lückenlos – durch siebzig Jahre westliche Hochkultur. Ein frühes Glanzlicht fällt dabei auf die Prostituierten am „Potsdamer Platz", die der Expressionist Ernst Ludwig Kirchner 1914 düster und kantig auf der Leinwand festhielt. Ein Stück Stadtgeschichte wird hier ersichtlich und spürbar. Denn das verruchte Werk hängt nun ganz in der Nähe des neuen Potsdamer Platzes mit seinen Durchschnittsbauten und seiner Shopping-Mall – fernab von jeglichem Sexappeal.

Zu den Kernstücken der Sammlung gehören elf Gemälde von Max Beckmann, die einen Querschnitt durch sein Schaffen von 1906 an bieten. Danach zeigen Otto Dix und George Grosz, wie man in Neuer Sachlichkeit gegen das Spießertum anmalte. Auch Hanna Höchs Dada-Collagen und -Montagen werden gebührend gewürdigt. Die üblichen Modernen folgen: Max Ernst, Paul Klee, Wassily Kandinsky. Informel, „l'art brut" und die Gruppe „Cobra" vertreten die Zeit des Wiederaufbaus der europäischen Malkultur.

Den krönenden Abschluss bildet das terrorismusgeprüfte Riesenformat „Who's afraid of Red, Yellow and Blue IV", das letzte Gemälde des Amerikaners Barnett Newman. Dieter Honisch, von 1975 bis 1997 Direktor der Neuen Nationalgalerie, stellte im Januar 1982 die Neuerwerbung zur Schau. Am 13. April 1982 fühlte sich tatsächlich ein Student von Rot, Gelb und Blau provoziert und beschädigte die 16.6 Quadratmeter Leinwand, die so grandios mit der Architektur korrespondiert. Doch auch in diesem Fall heilt die Zeit alle Wunden. Wer den Makel heute findet, schenkt dem Werk in Zeiten des schnellen Bilderkonsums lobenswert intensive Aufmerksamkeit.

MUSEEN

Mit der Neuen Nationalgalerie kehrte die Baukunst von **Ludwig Mies van der Rohe** noch einmal nach Berlin zurück. Nachdem die Nazis das von ihm geleitete Bauhaus in Steglitz geschlossen hatten, emigrierte er 1938 in die USA und baute dort Meilensteine im Internationalen Stil. Die Nationalgalerie am Kulturforum gehört heute zweifelsfrei zu den Ausnahmebauten der Stadt

Pergamonmuseum

Beispielhafte Präsentation antiker Monumentalarchitektur

Bodestr. 1-3, Eingang Kupfergraben, Mitte
20 90 55 77
ant@smb.spk-berlin.de
S U Friedrichstraße
S Hackescher Markt
100/157/348
Tram 1/2/3/4/5/13/15/53
8, erm. 4 DM, Di-So 10-18 Uhr
www.smb.spk-berlin.de/ant/

Das Exponat, das dem Museum den Namen gegeben hat, ist raumfüllend und sein Anblick überwältigend: Der Pergamon-Altar, ein Teil der Tempelruinen aus Pergamon in Kleinasien. Eine riesige Treppe füllt eine Seite des hallenartigen Raumes, die anderen Wände werden weitgehend von Wandreliefs beherrscht, und dazwischen lockt eine Fülle von Einzelobjekten oder Modellen.

Dem sinnlichen Staunen des Betrachtens kann der Besucher durch handfeste Informationen, die zum Exponat angeboten werden, intellektuelles Sinnieren hinzusetzen. Man taucht in eine längst vergangene Zeit ein. Das provoziert durchaus eine ausgiebige Verweildauer. Auch der Schriftsteller Peter Weiss muss sich lange am Altar von Pergamon aufgehalten haben. Sehr lange. In seinem Roman „Ästhetik des Widerstands" füllen seine Gedankenassoziationen angesichts des Monumentes, das seit seiner Wiederauffindung im 19. Jahrhundert zu den bekanntesten auf der Berliner Museumsinsel zählt, ein volles Kapitel.

Schnell avanciert nach der Eröffnung in den 30er-Jahren die Rekonstruktion eines Drittels des Altars mit der Zusammenstellung der originalen Friesplatten sowie der großen Treppe im Maßstab Eins zu Eins zum Publikumsmagneten. Aber natürlich ist der prächtige Altar des Zeus und der Athena, dessen Skulpturenfries zu den Glanzstücken hellenistischer Baukunst gehört, nicht das einzige bedeutende Kunstwerk in dem Museum. Schon immer sind hier noch andere ansehnliche Antiquitäten und Sammlungen ausgestellt. Inzwischen beherbergt es sogar gleich fünf Museen: das Vorderasiatische Museum, die Ostasiatische Sammlung, das Islamische Museum, das Museum für Volkskunde und schließlich die Antikensammlung. Doch der Pergamonaltar ist nun mal die Hauptattraktion und eigentlich auch der Anlass, dass das Arsenal überhaupt errichtet wurde.

Als man 1897 die Grabungen in Pergamon abschließt und die bedeutenden Funde nach Berlin transportiert, tritt den verantwortlichen Herren ein Problem unübersehbar vor Augen. Wohin damit? Mit einem behelfsmäßig errichteten Bau, der ausschließlich aus einem großen Saal besteht – gerade groß genug, um den mächtigen Opfertisch aufzunehmen – hat man kein Glück. Schon wenige Jahre nach der Eröffnung dieses ersten Pergamonmuseums plagt das Gebäude ein leichtes Unwohlsein. Risse an den Wänden deuten bedrohlich auf ein Absinken der Fundamente hin. Das Provisorium muss wieder abgerissen werden.

Jetzt beauftragt der Generaldirektor der Berliner Museen, Wilhelm von Bode, den Architekten Alfred Messel mit dem Bau eines Ausstellungshauses. Es soll das 1830 von Karl Friedrich Schinkel mit dem klassizistischen Prachtbau des Alten Museums begonnene Museumsinsel-Ensemble städtebaulich vollenden. Mehr als zwanzig Jahre werkelt man an der Errichtung. Messel stirbt derweil und Ludwig Hoffmann übernimmt die vom Kaiser

Die Spree umfließt d
Museumsinsel. Vor
ist das Bode-Museu
zu sehen, dahinter d
Pergamonmuseum i
Abendlicht. Dazwische
fährt die S-Bah

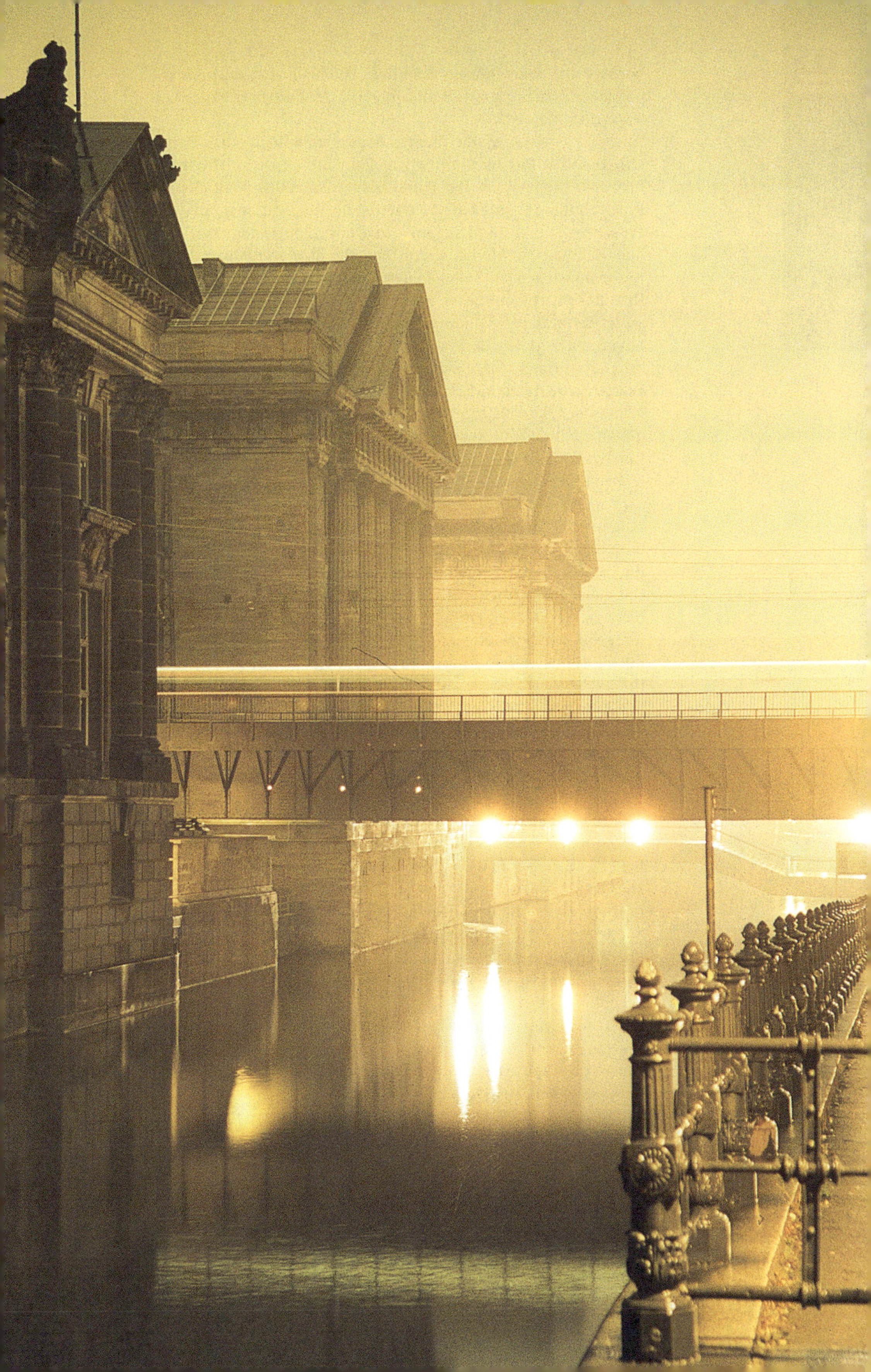

höchstselbst abgesegneten Baupläne. Als herausragendes Exponat findet der Pergamonaltar dort nach der Fertigstellung 1930 seine neue Heimstatt.

Auch ein zweites, weltberühmtes Ausstellungsstück erhält darin sein Domizil. Das Ischtar-Tor von Babylon. Es ist im Originalmaßstab rekonstruiert. Das Portal kennzeichnet den Beginn einer Prachtstraße der antiken Weltmetropole. Sie war ursprünglich zwischen 20 und 24 Meter breit und etwa 250 Meter lang. Auf den Wandflächen befinden sich Darstellungen von Löwen, Stieren und Drachen als Symbole der Hauptgottheiten Babylons.

Dem Rekonstrukteur ist nichts zu schwer. Die beispielhafte Präsentation antiker Monumentalarchitektur geht weiter. Mit der auf einer Länge von 33 Metern und einer Höhe von 5 Metern mit zwei Tortürmen aufgebauten Prachtfassade der jordanischen Wüstenresidenz von Mschatta wird ein anschauliches Bild frühislamischer Baukunst gegeben. Erst 1840 entdeckt, gelangt der größere Teil der mit Reliefs bedeckten Fassade aus dem 8. Jahrhundert 1903 in das damals im Bau befindliche Kaiser-Friedrich-Museum (das heutige Bode-Museum). Die Überführung gibt ein Jahr später den Anstoß zur Einrichtung einer Islamischen Abteilung an den Museen, von der bald wichtige Impulse zur Ausbildung einer islamischen Kunstwissenschaft ausgehen. 1932 wird die Fassade in das Pergamonmuseum umgesetzt.

Die ganzen Monumente stehen in ebenso gewaltigen Architektursälen. Wie in keinem anderen Museum der Welt sind hier in ihrer Größe überwältigende Rekonstruktionen unter Einbeziehung originaler Fundstücke zu bestaunen. Raumwirkung und Proportionsverhältnisse antiker Baukunst werden sinnlich erlebbar. Ein Disneyland der Archäologie.

Jetzt laufen wir durch das Markttor von Milet: Die zweistöckige Fassade des römischen Nordtores zum Staatsmarkt der kleinasiatischen Stadt Milet wurde vermutlich in den zwanziger Jahren des 2. Jahrhunderts nach Christus errichtet. 1903 finden deutsche Archäologen die Trümmer der Fassade bei Grabungen in der Türkei. Der Fund wird mit den türkischen Behörden gerecht geteilt. Etwa 80 Prozent der erhaltenen Bauglieder der Säulenarchitektur werden nach Berlin überführt und später im neuen Pergamonmuseum wieder originalgetreu aufgebaut.

Doch nicht nur solche Mammut-Stücke sind zu sehen. In ständigen Ausstellungen werden zahlreiche andere Funde aus Mesopotamien, Griechenland oder Rom gezeigt, von Götterstatuen über Handwerkszeug bis zu Münzen nahezu die ganze Palette antiker Geschichte.

Das Museum ist übrigens mit einem Funk-Guide-System ausgerüstet. Der Besucher erhält eine Art Walkman, über den zu den meisten Exponaten Informationen abrufbar sind. So kann man individuell

Hier geht's zur Antikensammlung. Das Pergamonmuseum ist gewissermaßen ein Disney-Land der Archäologie

durch Pergamon und Babylon wandeln auf den Spuren König Nebukadnezars oder des biblischen Daniels und muss sich nicht einer Führung anschließen, um etwas erklärt zu bekommen.

Das berühmteste Beispiel antiker Monumental-Architektur fehlt freilich. Vom Nachbau des babylonischen Turms haben die Rekonstrukteure abgesehen. Vermutlich mangels einfügbarer Originalteile. Vielleicht aber auch, weil man denselben Fehler, der nach 1. Mose 11 in völliger Sprachverwirrung endete, nicht ohne Not wiederholen wollte. Das ist eben Professionalität!

Sammlung Berggruen

Gut und teuer – die klassische Moderne von Picasso bis van Gogh

Der alte Mann, der oft durch die Ausstellungsräume wandelt, vor manchen Werken innehält und gerne mit den Besuchern plauscht, ist kein Geringerer als der Hausherr selbst. Nicht nur seine Sammlung der Klassischen Moderne, sondern auch Hans Berggruen bewohnt den sogenannten Stülerbau. Er liegt in bester Gesellschaft gegenüber vom Schloss Charlottenburg und in Symmetrie zum Ägyptischen Museum. Unterm Dach sind die Privatgemächer des Ehepaars Berggruen. Auf zwei Etagen darunter präsentiert es einen Teil seiner Kunstjuwelen, deren Schätzwert sich für manchen Kenner auf insgesamt eine Milliarde Mark beläuft.

Im Zentrum der Auswahl steht das letzte omnipotente Künstlergenie der Moderne, das wie kein zweites alle Stile und Moden des frühen 20. Jahrhunderts beherrschte: Mit „Picasso und seine Zeit" lockt folgerichtig eine ständige Ausstellung die Besucher, auch wenn die Exponate regelmäßig wechseln. Über 70 Gemälde, Skulpturen und Papierarbeiten aus allen Schaffensperioden des Meisters verteilen sich im überschaubaren Gebäude mit der zentralen Treppenhausrotunde. August Stüler entwarf es Mitte des 19. Jahrhunderts als westliche Gardekaserne des Regiments „Garde du Corps".

Paul Klee, der zweite Augapfel von Heinz Berggruen, ist mit nicht weniger wertvollen Werken vertreten. Seine kleinformatigen Aquarelle, poetischen Skripturen und fragilen Malereien gehören fest in den Kanon der historischen Avantgarde. Die Wegbereiter und -gefährten von Picasso und Klee komplettieren das großbürgerliche Szenario. Darunter sind Hauptwerke von Cézanne, van Gogh, Georges Braque und Alberto Giacomettis eindrücklich dürre Menschenskulpturen.

Heinz Berggruen, 1914 in Berlin geboren, kehrte 1996 mit der Sammlung in seine Heimatstadt zurück. Der jüdische Journalist emigrierte 1936 in die USA und gründete nach dem Zweiten Weltkrieg seine erste Galerie in Paris. Bald war sie die erste Adresse im internationalen Kunsthandel. Berggruens vielgerühmte Freundschaften zu den Künstlern – allen voran natürlich Picasso – und seine Galeristenkontakte ermöglichen ab den sechziger Jahren den Aufbau der konzentrierten Privatsammlung, ganz nach persönlichem Dünken.

Ein letzter Akt von Michael Naumann als Staatsminister für Kul-

Schloßstr. 1, Charlottenburg
20 90 55 55
shb@smb.spk-berlin.de
Richard-Wagner-Platz
109/145/210/X21
4, erm. 2 DM,
Di-Fr 10-18,
Sa/So 11-18 Uhr
www.smb.spk-berlin.de/shb

Zwar spielt Berlin in keiner Schaffensperiode von **Pablo Picasso** eine besondere Rolle. Doch der Kunsthändler Heinz Berggruen, gebürtiger Berliner, schloss in Paris mit Picasso Freundschaft und sammelte fortan dessen Werk. Ihm verdankt die Hauptstadt nun über 70 Werke des omnipotenten Künstlergenies, dessen Nachname zum Inbegriff für moderne Kunst geworden ist

Mit Ehefrau und Kunstsammlung lebt er unter einem Dach gegenüber von Schloss Charlottenburg: Heinz Berggruen demonstriert sein intimes Verhältnis zur Klassischen Moderne, hier zu einem Paul Klee

tur war der Ankauf eines Großteils der Sammlung zum Dumping-Preis von 200 Millionen DM. Denn Berggruens Leihgabe an die Stiftung Preußischer Kulturbesitz war zunächst zeitlich begrenzt. So ging ein weiterer Wusch des Sammlers in Erfüllung, und die von den Nazis vertriebene Moderne wird zum festen Bestandteil der Hauptstadtkultur.

„Hauptweg und Nebenwege" heißt die Autobiografie des Mäzens, benannt nach einem Werk von Paul Klee. Im hauseigenen Laden liegt auch die Taschenbuchausgabe bereit. Wer Glück hat, dem signiert der betagte wie betuchte Verfasser sogar ein Exemplar.

Topographie des Terrors

„Ort der Täter" – Mahnung gegen Rechts

Hier war das Zentrum des Bösen. Von diesem Ort aus wurden die Befehle zur Verfolgung und Ermordung politischer Gegner und ganzer Völker, der Juden, der Sinti und Roma, gegeben. Hier wurden die organisatorischen Voraussetzungen für die Deportation und Vernichtung geschaffen.

Die Stiftung und Ausstellung „Topographie des Terrors" hinter dem Martin-Gropius-Bau, hat ihren Sitz auf dem ehemaligen „Prinz-Albrecht-Gelände" zwischen Stresemann- und Niederkirchnerstraße. Hier befanden sich zwischen 1933 und 1945 die zentralen Institutionen des NS-Verfolgungsapparates: Gestapo, die SS-Führung, der Sicherheitsdienst der SS (SD), ab 1939 auch das Reichssicherheitshauptamt. Dort befand sich auch das „Hausgefängnis" der Gestapo: Es bestand aus 33 Zellen und wurde für Häftlinge genutzt, an deren Vernehmung die Gestapo ein besonderes Interesse hatte. Hier saßen Mitglieder des deutschen Widerstands zwischen den Folterverhören genauso ein wie der bekannte Berliner Rabbiner Leo Baeck.

Nach 1945 wurde das Gelände planiert und als Schuttplatz und Fahranfänger-Übungsgelände genutzt. Erst 1986 wurden die

Stresemannstr. 110, Kreuzberg (Eingang Niederkirchnerstraße)
☎ 254 50 90
✉ info@topographie.de
Ⓢ Ⓤ Potsdamer Platz
Ⓢ Anhalter Bahnhof
🚌 129/248/341
🏛 Frei, Di-So 10-18, Mai-Sept. 10-20 Uhr
🖥 www.topographie.de

Franco Raggi

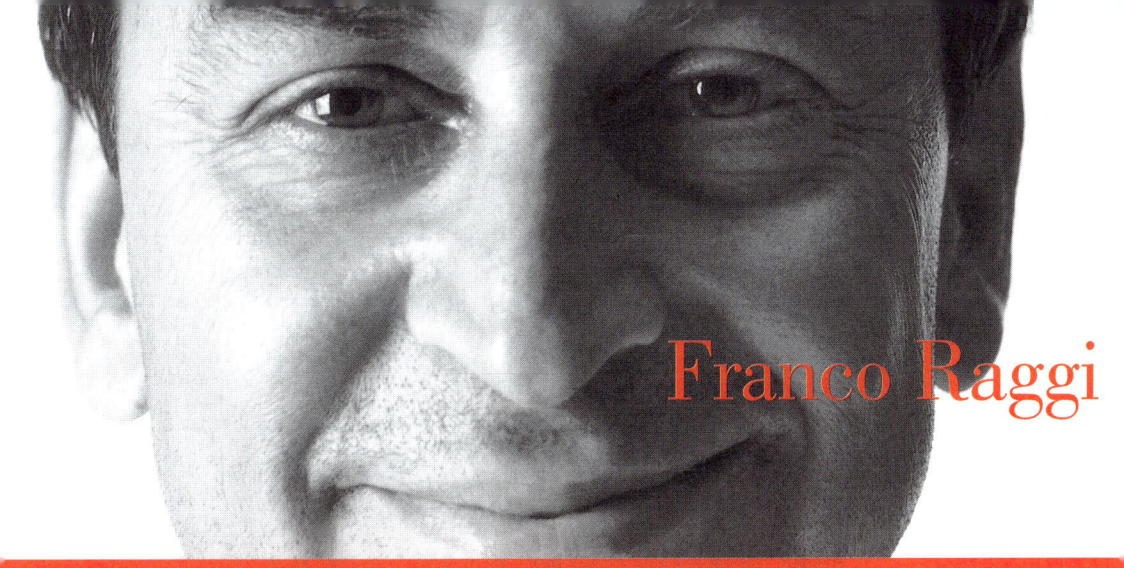

FontanaArte

Flûte

Österreich
Agentur: Josef Schlenkert
Franziskanerplatz 8
3550 Langenlois
Ph +43 2734 3626
Fx +43 2734 36614

PLZ 5 - 6 - 7 - 8 - 9
Agentur: Francesco Cappiello
Am Schlossberg 7
83115 Neubeuern
Ph +49 8035 875901
Fx +49 8035 875902

PLZ 4 - 5
Agentur: Klaus Hoeterkes
Mohnstr. 2
41466 Neuss
Ph +49 2131 462655
Fx +49 2131 462656

Deutschland
PLZ 0 - 1 - 2 - 3
Agentur: Liane Kaven
Weimarische Str. 4
10715 Berlin
Ph +49 30 85730201
Fx +49 30 85730203

Italy
20094 Corsico/Milano
Alzaia Trieste 49
Ph +39 02 45121
Fx +39 02 4512660
www.fontanaarte.it
info@fontanaarte.it

Liste der Bezugsquellen und Anfrage von Katalogen   Deutschland 0800-183 0481

Kellergewölbe wieder freigelegt. 1987, im Rahmen der 750-Jahr-Feier Berlins, wurde darin in einer provisorischen Ausstellung die Geschichte des Ortes dokumentiert. Diese Ausstellung stieß in der Öffentlichkeit auf so viel Widerhall, dass sie zunächst auf unbestimmte Zeit verlängert wurde. 1992 wurde die „Topographie des Terrors" gegründet. Seit 1995 arbeitet sie als eine selbstständige Stiftung öffentlichen Rechts und wird gemeinsam vom Land Berlin und von der Bundesrepublik Deutschland getragen. Ziel ist die Vermittlung der Geschichte des Nationalsozialismus und die Anregung zur Auseinandersetzung mit der NS-Vergangenheit und ihren Folgen. Dazu entsteht auf dem Prinz-Albrecht-Gelände ein Internationales Dokumentations- und Begegnungszentrum, das in Dauerausstellungen über „Geschichte des Geländes", „Topographie des Terrors" und „Gestapo-Hausgefängnis" informieren will.

Der Rabbiner **Leo Baeck** war eine der großen geistigen Persönlichkeiten des liberalen deutschen Vorkriegsjudentums. 1943 wurde er in das Konzentrationslager Theresienstadt deportiert. Er überlebte und wurde nach 1945 Präsident der Weltunion für Progressives Judentum. Das nach ihm benannte Leo-Baeck-Institut gehört heute zu den größten unabhängigen jüdischen Forschungseinrichtungen in der Welt

Vitra Design Museum

Forum für Design und Architektur

Paul Kahlfeld ist ein cleverer Architekt. Er schrieb ein Buch über Hans-Heinrich Müller, den Baumeister der Berliner Abspannwerke in den zwanziger Jahren. So bekam Kahlfeld den Zuschlag, die neuen Nutzungskonzepte der leer stehenden „Kathedralen der Elektrifizierung" architektonisch umzusetzen. Aus Stromverteilern sollten Kulturfabriken werden: Noch bis 1993 wurde im Abspannwerk „Humboldt" die Spannung von 30 auf 6 Kilovolt verringert. Bereits im Jahr 2000 zog das Vitra Design Museum in den dunkelroten Backsteinbau am nördlichen Prenzlauer Berg.

Mit 100 Metern Länge und nur 7 Metern Breite ist die einstige Transformatorenhalle der absonderlichste Museumssaal von Berlin. Auch die dezentrale Lage des Museums am S-Bahn-Ring ist nicht eben publikumswirksam. Beides aber hindert nicht am Erfolg der hiesigen Ausstellungen zum Design des 20. Jahrhunderts. Im Gegenteil: Die Peripherie adelt das Vitra Design Museum, das sich gern zukunftsweisend und innovativ gibt.

Die gezeigten Objekte stillen die Sehnsucht der Neuen Mitte nach den Einrichtungstrends abseits der eingetretenen Pfade im Stadtzentrum. Architekturstudenten und Graphik-Designer, Möbelhändler und Kunsthistoriker ziehen die Ausstellungen gleichermaßen an. Immerhin zeigen sie die Spitze der Entwurfsleistungen der letzten hundert Jahre: die bunten Wohnlandschaften des Dänen Verner Panton, die Stadtvisionen von Frank Lloyd Wright, die Design-Klassiker von Ray und Charles Eames. Auch kurioses findet man im Ausstellungsschlauch: Design zum Aufblasen oder Möbel für Kinder.

Direktor Mateo Kries war beim Amtsantritt 2000 ein frischer Mittzwanziger. Das trägt natürlich zum jovialen Image des Museums bei. Es ist der erste Ableger des Vitra Design Museums in Weil am Rhein, das gesplittert und gewellt am Dreiländereck von Frankreich, Deutschland und der Schweiz liegt. Frank O. Gehry schuf 1989 diese Ikone der architektonischen Dekonstruktion. Den Auftrag dazu gab die Stiftung der Möbelfirma Vitra, die spe-

Kopenhagener Str. 58, Prenzlauer Berg
473 77 70
info@design-museum.de
S U Schönhauser Allee
10, erm. 6 DM, Di-So 11-20 Uhr
www.design-museum-berlin.de

Das Portrait von Verner Panton, der Erfinder von phantastischer Wohnlandschaften und Design-Klassikern prangte zur Eröffnung des Vitra Design Museums an der Backsteinfassade des ehemaligen Abspannwerks „Humboldt"

Verner Panton –
Eine Retrospektive
01. Juli – 15. Oktober

zialisiert auf den Nachbau von Klassikern des Stuhl-Designs ist. Hier stellt man nicht nur die eigene Kollektion zur Schau, sondern konzipiert die thematischen Wanderausstellungen, die irgendwann auch den Prenzlauer Berg erreichen.

Ein Kiez, das bislang ohne Museum auskam, erfährt so seine kulturelle Aufwertung. Das ist auch ganz im Sinne der Stromfirma Bewag, die nach Interessenten für ihre verwaisten Abspannwerke sucht. Das Vitra Design Museum ist bestimmt ein geeigneter Köder, um trendbewusste Großstädter in die verbleibenden Räume des „Humboldt" zu locken.

Kuriosa und Spezielles

Die vollständigen Adressen und Infos finden Sie im Register

An die Zeit, als in Westberlin noch nach allen Himmelrichtungen Osten war, erinnert das Haus am Checkpoint Charlie. Es ist das Berliner Mauermuseum. Seit 1963 dokumentiert es Leben und Sterben mit und an der Mauer, die die ganze Stadt auf einer Länge von 155 Kilometern durchzog. In ständigen Ausstellungen werden die mitunter abenteuerlichen Wege und Mittel gezeigt, die Menschen für ihre Flucht benutzten. Auch wie Maler die Mauer interpretierten und sich „Von Gandhi bis Walesa – Gewaltfreier Kampf für die Menschenrechte" manifestierte.

Aus Anlass des 50. Jahrestages der Luftbrücke wurde 1998 das Alliierten-Museum auf einem ehemaligen Kasernengelände der amerikanischen Schutzmacht eröffnet. Es will die Erinnerung frisch halten an das Engagement der Westmächte für Berlin und Deutschland in der Zeit von 1945 bis 1994. Dabei geht es neben der Vermittlung von politischer und militärischer Geschichte auch um Alltagsgeschichte. Ein berühmtes Exponat ist übrigens das Wachhäuschen vom Checkpoint Charlie. Auch ein britisches Hastings-Flugzeug aus der Zeit der Luftbrücke ist ausgestellt. Die vierte alliierte Macht, die Sowjetunion, hatte bereits 1967 damit angefangen, die Erinnerung an ihre Heldentaten wach zuhalten.

Kleine und große Fluchten: Im Haus am Checkpoint Charlie wird die Mauerzeit dokumentiert

Der Botanische Garten gehört zu den pflanzenreichsten und schönsten seiner Art in Europa. Dank Tropenhaus fühlen sich auch exotische Pflanzen in Berlin wohl

Im Gebäude, in dem die deutsche Wehrmacht 1945 ihre bedingungslose Kapitulation unterzeichnet hatte, gründete sie das „Museum der totalen Kapitulation des faschistischen Deutschlands im Großen Vaterländischen Krieg 1941-1945". Das erschien dem deutsch-russischen Verein, der 1994 die Trägerschaft übernahm, etwas zu lang. Als Museum der Kapitulation erinnert es heute an die Vernichtungspolitik der Nazis, den Kriegsverlauf und den Soldatenalltag.

Das Luftwaffenmuseum der Bundeswehr zeigt Flugzeuge, Geräte und Uniformen aus der 100-jährigen Geschichte der militärischen Luftfahrt in Deutschland. Weniger um Militärgeschichte als um die Bedeutung des Pazifismus und den Schrecken der Kriege geht es dem kleinen Anti-Kriegs-Museum in Wedding, das einen Original-Luftschutzkeller vorführt. „Das Jahrhundert der Weltkriege" heißt seine Dauerausstellung.

Das Ende des 17. Jahrhunderts erbaute Schloss Friedrichsfelde liegt idyllisch in einem von dem berühmten Landschaftsarchitekten Peter Joseph Lenné angelegten Garten. Seit 1991 gehört es zu den Einrichtungen des Stadtmuseums Berlin. In 14 Räumen ist bildende und angewandte Kunst des 18. und frühen 19. Jahrhunderts zu sehen. Auch ganz beschaulich und vor allem bedeutend größer ist der vor gut hundert Jahren angelegte Botanische Garten. Er gilt als einer der pflanzenreichsten und schönsten seiner Art in Europa. Hier wachsen etwa 18.000 Pflanzenarten, mit denen verschiedene Vegetationszonen Europas und der Welt illustriert werden. Dabei sind dem Garten auch ein Großes Tropenhaus, das Viktoria-amazonica- und das Mittelmeer-Haus sowie eine riesige Baumschule behilflich. Im dazugehörigen Botanischen Museum (Eingang Königin-Luise-Straße) wird die Geschichte der Pflanzenwelt dokumentiert.

Um eine Pflanze ganz besonderer Art dreht es sich auch im Hanfmuseum. Es widmet sich allen Aspekten rund um die alte Kulturpflanze, beispielsweise dem Thema „Dein Rausch – das unbekannte Wesen". Es wird aber auch gezeigt, dass Hanf nicht für einen gepflegten Rausch gut ist. Kiffers Liebling ist als nachwachsender Rohstoff äußerst umweltfreundlich nutzbar als Dämm- und Isolierstoff, zur Fasergewinnung, Textil- und Papierherstellung und sogar als Medizin. Ein Abschnitt der Ausstellung ist dem Kabarettisten und bekennenden Kiffer Wolfgang Neuss selig gewidmet. Von dem stammt das Bonmot: „Auf deutschem Boden soll nie wieder ein Joint ausgehen."

Auch ein anderer liebster Freund mancher Menschen ist mu-

MUSEEN

MUSEEN

seumsreif: Das **Hundemuseum** ist zweifellos eine sehr berlinische Rarität. Lange war es das einzige Hundemuseum der Welt, bis es einen Ableger auf der Insel Rügen eröffnete. Es versammelt Tausende von Exponaten rund um den bellenden Vierbeiner. Ob die Liebe der Berliner zum Hund bereits im Mittelalter ihre Wurzeln hat, lässt sich vielleicht im **Museumsdorf Düppel** überprüfen. Es ist die Rekonstruktion eines mittelalterlichen märkischen Dorfes, das sich tatsächlich einmal an dieser Stelle befand. Von Ostern bis Oktober wird hier mittelalterliches Leben vorgeführt.

Einen Eindruck von der Wohnkultur im Biedermeier vermittelt das 1759-61 errichtete **Knoblauch-Haus**, es ist das älteste erhaltene Wohnhaus im Nikolaiviertel. Es wurde zunächst in barocker Form errichtet und später klassizistisch umgestaltet. **Das stille Museum** ist ruhender Pol für den in Berlin lebenden russischen Künstler Makarov. Er stellt darin vor allem seine eigenen Werke aus.

Das 1985 gegründete **Schwule Museum** ist die weltweit einzige Institution dieser Art, die sich der systematischen Erforschung und öffentlichen Darstellung schwulen Lebens in all seinen Erscheinungsformen widmet. In wechselnden Ausstellungen wird historisch wie soziologisch alles rund um diese sexuelle Präferenz behandelt.

Um homoerotischen Sex geht es nebenbei auch in Beate Uhses **Erotik-Museum**. Vor allem geht es um Sex. Und dafür interessieren sich jährlich eine viertel Million Besucher, womit diese 1996 eröffnete Museumsneugründung zu den zugkräftigsten Berliner Museen gehört. Mehr als 5000 Exponate aus aller Welt, die ältesten aus dem 16. Jahrhundert, hat das Flensburger Unternehmen rund ums „Thema Nummer eins" zusammengetragen. Da gibt es Lithografien mit Studien des Hurenmilieus von Heinrich Zille, erotische Miniaturen aus Asien und Indien, geschnitzte Dildos aus Bali und afrikanische Fruchtbarkeitsmasken. Eine besondere Abteilung ist dem ersten Sexualforscher Magnus Hirschfeld gewidmet. Geschäftstüchtig hat Beate Uhse im Erdgeschoss noch einen Sexshop eingerichtet, damit sich der angeregte Besucher auch über heutiges Sexspielzeug kundig machen kann. Der Eintritt in Museum wie Shop ist natürlich erst ab 18 Jahren erlaubt.

Für Jüngere besser geeignet sind das **Kinder- und Jugend-Museum Prenzlauer Berg** und das **Labyrinth-Kindermuseum**. Hier werden Erlebniswelten für Kinder geschaffen. In temporären und ständigen Ausstellungen sind Kinder von 4-14 Jahren zum Mitmachen angehalten. Anfassen, probieren, klopfen, herumlungern ist hier ganz ausdrücklich erlaubt. Nicht unbe-

Weltweit die einzige Institution dieser Art das Berliner Schwule Museum. Hier findet sich alles rund um homosexuelles Leben in Kunst und Alltag

u den zugkräftigsten
liner Museen gehört
 Erotik-Museum von
eate Uhse. Zwischen
uchtbarkeitsmasken,
balinesischen Dildos
d erotischen Darstellungen ferner Völker
eht sich alles nur um
das Eine

dingt zum Berühren geeignet sind jedoch die Figuren im **Puppentheater-Museum**. Das Haus zeigt in wechselnden Sonderausstellungen Theaterpuppen in ihren unterschiedlichen Spieltechniken und Märchen verschiedener Kulturen.

Das **Zucker-Museum** in Wedding gehört zum Technikmuseum. Es ist das älteste Spezialmuseum zur Kulturgeschichte des Zuckers und zeigt Objekte aus allen Gebieten, die irgendetwas mit dem süßen Stoff zu tun haben: Von der Zuckerrübe bis zum Haushaltszucker, vom Modell der ersten Zuckerrübenfabrik bis zur Zuckerdose aus der Zeit Friedrichs des Großen spannt sich der Bogen dieser „süßesten Sammlung der Welt". Ähnlich kurios ist das Köpenicker **Wäschereimuseum**, das historische Waschgeräte und Utensilien vorführt. Das von dem älteren Ehepaar Amlow betriebene Privatmuseum öffnet nur einmal im Monat, um seine Schätze wie „Johns Volldampfwaschmaschine", die „Turmperle", den „Rubbelblitz" zu zeigen.

Wo waren sie neulich zwischen 12 Uhr und Mittag? Ob die **Polizeihistorische Sammlung** wohl als Alibi taugt? Etwas für Krimi-Freunde ist sie auf jeden Fall. Ihr Tatort befindet sich im Berliner Polizeipräsidium. Berühmte Kriminalfälle und die Ausrüstung der Polizei im Spiegel der Zeit sind Motive der Ausstellung. Raritäten aus 100 Jahren öffentlichem Personennahverkehr im Untergrund sind im **Berliner U-Bahn-Museum** ausgestellt. Im alten Stellwerk des U-Bahnhofs Olympiastadion werden allerlei Devotionalien von Dienstraumausstattungen bis zu Bahnhofsnamensschildern präsentiert.

Im 1970 eröffneten **Sportmuseum** wird nicht vorgeturnt. In dem zum Deutschen Sportforum gehörenden Gebäude neben dem Olympiastadion sind die 1924/25 gegründeten Sammlungen zur Sportgeschichte untergebracht. In jährlich wechselnden Wander- und Sonderausstellungen gibt es Einblick in seine Bestände zur deutschen, Berliner und olympischen Sportgeschichte, zur Geschichte des DDR-Sports sowie zum „AIMS-Marathon-Museum of Running".

MUSEEN

Radio zum Hinhören.
Kulturtipps zum Hingehen

Jede Stunde Kultur. Immer um fünf vor. **info**RADIO 93.1

GALERIEN

Seit dem Mauerfall hat die Gegenwartskunst Hochkonjunktur in der Stadt. Das alte Galerienzentrum am Ku'damm hat heute ausgedient, dafür rekrutieren die Händler in der August- und Zimmerstraße die neue Avantgarde

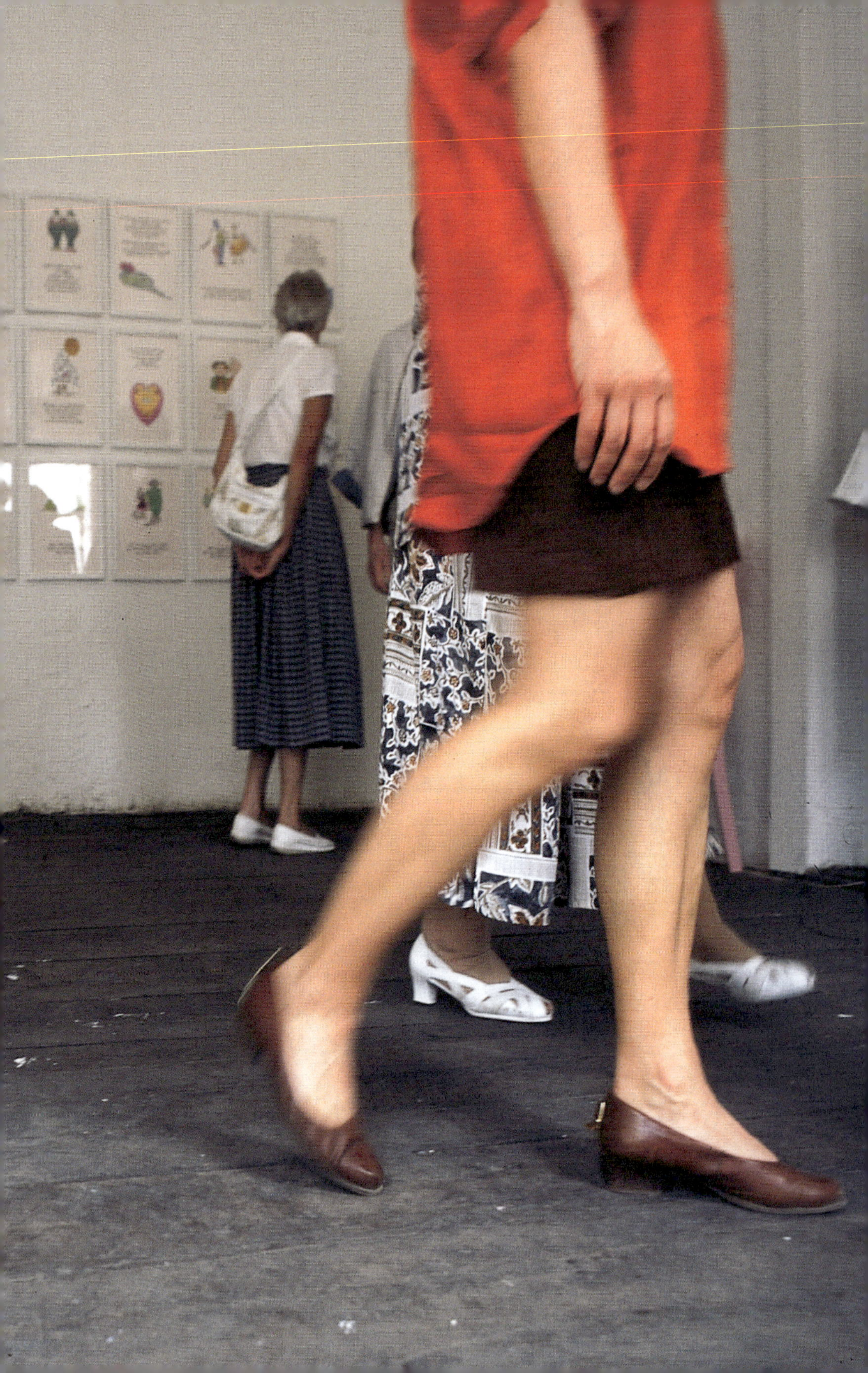

Auguststraße Kunst der 90er-Jahre im Großstadtidyll

Die vollständigen Adressen und Infos finden Sie im Register

Friedrich Loock war 1988 ein unfreiwilliger Pionier der Avantgarde. Er tischlerte damals hauptberuflich im Maxim Gorki Theater und stellte nebenher in seiner Wohnung an der Ecke von Tucholsky- und Auguststraße Kunstwerke von Freunden aus. Die künstlerische Zukunft des gemütlichen, fast verschlafenen Straßenzugs im Herzen Berlins war da noch gar nicht auszumalen. Gelegen in der ehemaligen Spandauer Vorstadt mit dem Scheunenviertel, war der Kiez im 19. Jahrhundert der Hinterhof von Berlin für arme Arbeiter und jüdische Einwanderer gewesen. Er blieb bis zum Ende der DDR ein ungepflegtes Großstadtidyll.

Nach dem Mauerfall steigt zwischem dem damals noch rußgeschwärzten Hackeschen Markt und dem immer noch ruinösen Kulturzentrum Tacheles eine umtriebige Szene wie Phönix aus der Asche. In den preiswerten und unsanierten Provisorien ließen sich zunächst Künstler und dann Galeristen nieder. Heute ist die Auguststraße selbst für New Yorker Größen „the place to be". Friedrich Loock nutzte damals die Gunst der Stunde, mietete die Ladenräume im Parterre und gründete die Galerie Wohnmaschine, benannt nach einem Architekturkonzept von Le Corbusier. Noch heute bleibt er seinen Stammkünstlern aus DDR-Zeiten treu und präsentiert nun auf der anderen Straßenseite die Video-Portraits von York der Knöfel und die poppige Malerei von Anton Henning.

Nicht minder legendär unter den hiesigen Kunsthändlern ist Gerd Harry Lübke. Seine 1992 eröffnete Galerie EIGEN+ART ist berstend voll während der „Rundgänge", die er mit ins Leben rief. Kunst sehen und gesehen werden, lautet ihr Motto. Seit 1994 ziehen bis zu 1000 Szenegänger an ausgesuchten Samstagnachmittagen von Haus zu Haus. Rotwein und Flaschenbier inklusive. Zum Markenzeichen ist nicht nur der eigenartige Name der Galerie avanciert. Auch in eigener Person weiß „Judy"

Der Andrang der Besucher ist nicht nur am samstäglichen Galerienrundgang groß in der Galerie Wohnmaschine. Pastellfarbene Töne und üppige Formen dominieren sowohl die Kunst, als auch das Outfit der meisten Szenegänger

GALERIEN

Der Leipziger Gerd Harry Lübke hat seinen Stammsitz in der Auguststraße gefunden. In seiner Galerie EIGEN+ART reift die junge Kunst bis zur Ernte für die nächste documenta oder für die Messe ART FORUM BERLIN im Kunstherbst

Lübke als Marionettenspieler des Kunstbetriebs der Neuen Mitte aufzutreten. Fünf seiner hauseigenen Künstler durfte er auf die documenta 1997 nach Kassel schicken. Vier davon, namentlich Jörg Herold, Yana Milev sowie Carsten und Olaf Nicolai, stellte er schon zu Vorwende-Zeiten aus. Denn die erste Galerie EIGEN+ART, die weiterhin als Dependance besteht, gründete Lübke 1983 in Leipzig.

Doch auch von weiter her zog es die Galeristen in das Dreieck zwischen Oranienburger-, Rosenthaler- und Torstraße. Esther Schipper und Michael Krome entflohen Mitte der neunziger Jahre dem damals noch marktführenden Rheinland. Die Galerie Schipper & Krome setzt in der Linienstraße auf kühne Konzeptkunst: Liam Gillick baut minimalistische Bühnenbilder aus knallbuntem Plexiglas; Carsten Höller sorgt für Glücksgefühle, indem er betörende Sauerstoffmasken bereitstellt. Im Vergleich zu diesen neuen Medien ist die nahe Ruine des Kulturzentrums Tacheles mit ihren zusammengeschweißten Skulpturen eine Gedächtniskirche der Alternativen.

Wie man die alte Substanz in Mitte szenetauglich macht, zeigen Nachwuchsgaleristen wie Tim Neuger und Burkhard Riemschneider, die aus Westberlin kamen. Ihre Galerie neugerriemschneider verleiht einer ehemaligen Fabrikremise zwischen Linien- und Auguststraße die hohen Weihen junger Kunst. Skulpturen von Olafur Eliasson oder Tobias Rehberger stehen auf schickem Asphaltboden; die Fotos von Loveparade und Katholikentag des Turner-Preisträgers Wolfgang Tillmans heften mit Klebestreifen direkt an der reinweißen Wand.

Als 1996 die Galerie Mehdi Chouakri eröffnete, stellte die Künstlerin Sylvie Fleury Einkaufstaschen von Chanel in den klinisch renovierten Raum in der Gipsstraße und schrieb einen Werbe-

Pae White installie dieses riesige Mobile Schauraum der Gale neugerriemschneid Zwischen solch filig ner Bastelarbeit u den wuchtigen Spo wagen von Tob Rehberger oszilliert d designbewuss Galerieprogran

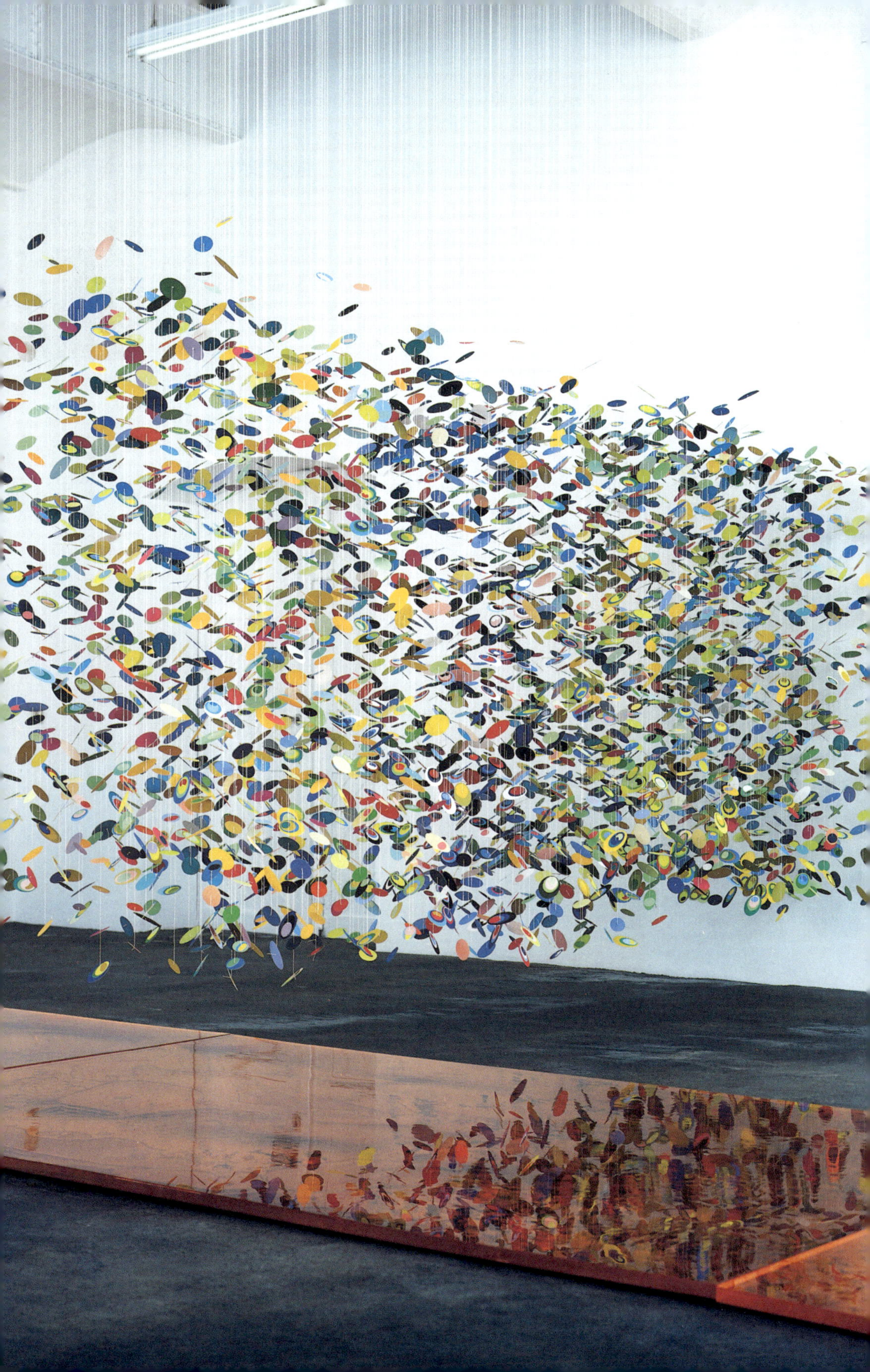

GALERIEN

spruch der Kosmetikindustrie darüber. Diese Verbindung von Kunst, Design und Mode kennzeichnet Chouakris Programm, aus dem so mancher Künstler flugs in der Sammlung von Paul Maenz im Neuen Museum Weimar unterkam.

Die ähnlich erlesene Sammlung Hoffmann thront gleich neben Mehdi Chouakri über den Dächern von Mitte. Erika und Rolf Hoffmann, vormals Fabrikanten der Van-Laack-Bekleidung, erwarben die Sophie-Gips-Höfe von der Treuhand und errichteten in den obersten Stockwerken ihr edles Privatdomizil. Jeden Samstag schlurfen Besuchergruppen auf Filzpantoffeln durch das repräsentative Loft-Ambiente, das den Lebensstil der Oberschicht mit der kritischen Gegenwartskunst versöhnt. Zum Abschluss der Führung gibt es zwischen Großformaten von Gerhard Richter, Sigmar Polke und Frank Stella Apfelsaftschorle zu trinken.

„Milch und Honig weit weit weg gebracht", lautet hingegen der weit, weit sichtbare Schriftzug von Lawrence Wiener auf dem Penthouse der Hoffmanns. Der Konzeptkünstler erinnert damit an das Schicksal der hiesigen jüdischen Kultur, die während des Naziregimes ausgelöscht wurde und nun langsam ihre alten Plätze in der Umgebung der Neuen Synagoge wieder belebt. Im Parterre der Sophie-Gips-Höfe stellt die Galerie Contemporary Fine Arts, ebenfalls eingewandert aus Charlottenburg, deftigbrachiale Kunstwerke aus: die morbide Schwarz-Weiß-Zeichnerei des Berliners Mark Brandenburg, skulpturale Aborte der Britin Sarah Lucas, Schmuddelbilder und Satire-Collagen des für seine großen Foto-Portraits bekannten Thomas Ruff.

Nebenan in den Hackeschen Höfen lassen Sanierung und Tourismus kaum noch diejenigen künstlerischen Freiräume, die Anfang der neunziger Jahre das Bild von Mitte prägten. Einzig die von Helen Adkins als Galerie betriebene Museumsakademie Berlin bewahrt sich auf einer großzügigen Fabriketage im Nebenhof immer noch den Charme des Provisorischen. Matthias Arndt, der als erster in den noch eingerüsteten Hackeschen Höfen ausstellte, nutzt nur noch das umgebaute Trafohäuschen in Hof III zu

Mehdi Chouakri stellt sich schon mal Schlafzimmermöbel in die Galerie. Beschienen von Leuchtstofflampen ist Sylvie Fleurys „Bed Room Ensemble", gebaut nach dem Vorbild des Pop-Artisten Claes Oldenburg

Ist ein schwangerer Tisch „Die kosmische Lösung", wie der Titel der Arbeit von Pina und Via Lewandowsky verheißt? Neben dem Paar gehören Sophie Calle, Thomas Hirschhorn und Michael Müller zu den Stars bei Arndt & Partner

178

GALERIEN

Ausstellungszwecken. Die Galerie Arndt & Partner hat es mittlerweile in die Auguststraße verschlagen, wo sie den Allround-Aktionisten Via Lewandowsky, die Spurensucherin Sophie Calle und den Landkartenzeichner Michael Müller feilbietet. Doch im Sommer 2001 will Matthias Arndt schon wieder umziehen: in das heranwachsende Kunsthandelszentrum in der Zimmerstraße. Die Galerie Bodo Niemann hat sich bei der Übersiedlung von Westberlin in die Auguststraße mehr der zeitgenössischen Fotografie zugewandt, kümmert sich aber in ihrem Nebenprojekt „picture:perfect" weiterhin um Klassiker wie den Modefotografen Erwin Blumenfeld. Die Galerie Berinson sowie Kicken Berlin, die verstärkt historische Aufnahmen verkaufen, machen das Foto-Angebot in Mitte komplett.

Doch auch etwas entfernt von der Hauptschlagader Auguststraße pulsiert der Kunsthandel in Mitte. Barbara Thumm, die frühere Partnerin der Galerie Gebauer an der Torstraße, hat neben Unternehmensberatungen und Werbeagenturen in der Dircksenstraße eine prominente Adresse gefunden. In der geräumigen, betongrauen Galerie Barbara Thumm schinden die Pop-Portraits

Schon wieder Leuchtstofflampen: Die Skulptur von Dan Flavin im Hintergrund lässt das Sammlerpaar Erika und Rolf Hoffmann in ihrem Penthouse hoch über den Sophie-Gips-Höfen in erhabenem Licht erscheinen

des britischen Klassikers Alex Katz ebenso Eindruck wie die Plattenbau-Skulpturen der Berlinerin Sabine Hornig.
Eine ebenfalls gute Figur machen die Installationen in der Galerie Neu. Die Inhaber Thilo Wermke und Alexander Schröder wurden ihrem Ruf als Avantgarde unter den Kunsthändlern gerecht und haben ein absonderliches Domizil gefunden, das am entgegengesetzten Ende der Spandauer Vorstadt im Klinikum Charité liegt. Der fein gestriegelte Galerien-Bungalow war vorher ein Pferdestall der Veterinärmedizin. Von innen bietet sich dem erschöpften Rundgänger ein sagenhafter Ausblick auf saftige Weiden am Rande der Galerien-Szene. Und selbst dieses Gras durfte einmal der Kunst den Boden bereiten: Der Konzeptualist Cerith Wyn Evans bat während seiner Vernissage ein waschechtes Kamel zum Fototermin ins Grüne. Ergo: Im Großstadtidyll um die Auguststraße gedeihen die Kunstsprossen der Jahrtausendwende irgendwo zwischen Theoriekontext und Spaßkultur.

GALERIEN

Berliner Westen Von klassisch-modern bis wild

Die vollständigen Adressen und Infos finden Sie im Register

Wenn die betuchten Flaneure die Geschäfte am Ku'damm des Abends verlassen, hält mancher Einkehr in die Galerie Bremer. Doch nicht nur zum Kunstgenuss. Ins Hinterzimmer hat Hans Scharoun, der Architekt von Philharmonie und Staatsbibliothek West, in den fünfziger Jahren eine Bar gebaut, deren Flair originalgetreu weiterlebt. Hier begrüßt Rudolf van der Lak – weißhaarig, dunkelhäutig und über achtzig Jahre alt – die Stammgäste mit Handschlag und serviert stadtbekannte Schlummerdrinks.

Anja Bremer, die 1985 verstorbene Lebensgefährtin van der Laks, kehrte 1946 aus den USA nach Berlin zurück, zeigte erstmals die von den Nazis als „entartet" diffamierten Künstler in ihrer Wohnung und zog 1955 mit den Werken in die Fasanenstraße. An der dortigen Bar traf sich die gesamte Berliner Bohème in den Jahren des Wiederaufbaus. Skulpturen und Bilder, die an die Formensprache dieser Zeit erinnern, bevölkern noch heute die kleinen Räume im Parterre. Mit Contenance zeigt Galerist und Barmann van der Lak hier Berliner Klassiker wie Karl Hofer und Bernhard Heiliger, aber auch Jüngere, solange sie sich der Tradition der Moderne verpflichten.

Über fünfzigjährig ist auch die Galerie Pels-Leusden, die erst 1986 vom Ku'damm in die Nachbarschaft der Galerie Bremer zog. Seither ist die imposante, 1892 vollendete Stadtvilla des Berliner Architekten Hans Grisebach das passgerechte Ausstellungshaus für Kostbarkeiten der deutschen klassischen Moderne. Zwischen Corinth, Zille, Beckmann oder Dix hängt auch mal gediegene Nachkriegskunst von Emil Schumacher oder Gotthard Graubner. In denselben herrschaftlichen Räumen kommt die Kunst auch unter den Hammer. Das Auktionshaus Villa Grisebach, vom Pels-Leusden-Chef Bernd Schultz iniziiert, bringt Re-

Der diskrete Charme der Bourgeoisie: Rudolf van der Lak bewirtet internationale Sammler der Nachkriegsmoderne seit fünfzig Jahren an der Bar von Hans Scharoun im Hinterzimmer der Galerie Bremer

180

korderlöse. Zum Beispiel fand 1998 Emil Noldes „Rotblondes Mädchen" für 1.9 Millionen DM einen Käufer.
Ebenso distinguierte Kunst für die entsprechende Kundschaft präsentiert der Kunsthandel Wolfgang Werner gegenüber. Die Werke von László Moholy-Nagy bis Antonio Tàpies sind in vergleichsweise kleinen Räumen wie in einem Juweliergeschäft zwischen silbriger Textiltapete und mattgrauem Teppichboden gebettet. Versiert im Handel mit allen Glanzlichtern der figurativen Moderne ist zweifelsohne Dieter Brusberg. Die Galerie Brusberg thront seit 1982 hoch über der Kreuzung von Ku'damm und Uhlandstraße. Die prunkvolle Altbauetage durchkreuzen abgedunkelte Kabinette, postmodern gebrochene Türbögen und Kunststoffboden – fast im Stil einer Arztpraxis aus den achtziger

Trotz offener Türen wirkt die Villa Grisebach, der Stammsitz der Galerie Pels-Leusden, eher einschüchternd als einladend. Begrüßt wird hier mit Vorliebe, wer klassische Moderne kaufen oder ersteigern will

Jahren. Die Werke des Hausheiligen Max Ernst, aber auch ostdeutscher Maler wie Bernhard Heisig und Werner Tübke zeigen sich so vor einem neutralen Hintergrund.
Ganz anders die Galerie Brockstedt: In der behaglichen Wohnatmosphäre einer Beletage präsentiert sie deutsche Kunst aus der ersten Hälfte des 20. Jahrhunderts zwischen den entsprechenden Antiquitäten. Wie die Galerie Brusberg kam sie aus Hannover, fährt ein ebenfalls figuratives Programm und verwaltet die Nachlässe von Richard Oelze, Ivo Hauptmann und Horst Janssen. Geometrisch-klassisch-modern zeigt sich die Galerie STOLZ, die sich in der Goethestraße auf Konstruktivismus und Russische Avantgarde spezialisiert hat. Hier greifen Liebhaber von El Lissitzky oder Alexander Rodschenko gerne tief ins Portemonnaie. Wertvoller Expressionismus liegt in den Depots von Florian Karsch in der Hardenbergstraße. Seit 1955 führt er die Galerie Nierendorf, die älteste Privatgalerie der Stadt. Doch der rührige Kenner der deutschen Klassischen Moderne ist zudem Mäzen und Künstler. Nicht nur, dass er der Berlinischen Galerie bereits die Hälfte seiner Bestände vermachte. Zu ihren Gunsten fertigt der Hobbyzeichner auch Portraits von jedermann für 200 Mark

das Stück. Stolze 27.000 DM kamen so in drei Jahren für die verwaiste Berlinische Galerie zusammen.

Doch Karsch hält nichts von zeitgenössischer Kunst, mit der Michael Haas nebenher handelt. Die nach ihm benannte Galerie verkauft Etabliertes von James Ensor bis Joan Miró, die Galerie Haas und Fuchs konzentriert sich nebenan auf die weniger bekannte Gegenwart. Der Kölner Künstler Thomas Grünfeld – berüchtigt für seine skurrilen Wolpertinger aus ausgestopften Tieren – hat anlässlich einer Einzelausstellung dem Galeristenpaar das passende Denkmal gesetzt: eine possierliche Promenadenmischung aus Hase und Fuchs.

Neben Dieter Brusberg ist Gunar Barthel einer der wenigen Galeristen, die sich der ostdeutschen Nachkriegskunst widmen. Barthel verließ 1987 die DDR und zog nach einem Intermezzo in Bremen kurz vor dem Mauerfall in die Fasanenstraße. Carlfriedrich Claus, dessen hermetische Sprach-Bilderräume die Galerie Barthel & Tetzner vertritt, brachte es als „Staatskünstler" sogar bis in den neu ausgestatteten Reichstag.

Nur zwei Hausnummern entfernt wartet ein weiterer großer Name des Berliner Kunsthandels. Hinter den hohen Schaufenstern der Galerie Springer & Winckler direkt neben der S-Bahn-Trasse agierte einst Rudolf Springer – wie Anja Bremer und Gerd Rosen eine Schlüsselfigur nach dem Krieg. Heute bieten hier Sohn Robert und Gerald Winckler, die 1998 aus Frankfurt am Main kamen, Arbeiten von Dieter Appelt und Georg Baselitz, beides Professoren der nahen Hochschule der Künste.

Auch hinter Fine Art Rafael Vostell verbirgt sich ein legendenumflorter Vater, der allerdings kein Galerist, sondern Künstler war: Wolf Vostell sorgte in den sechziger Jahren mit Happenings und Videos für die revolutionäre Verbindung von Kunst und Leben. Zum Wahrzeichen wurde der Beton-Cadillac, den er anlässlich des Skulpturen-Boulevards 1987 auf dem Ku'damm parkte. Der 1998 verstorbene Fluxus-Künstler und seine Genossen prägen den Künstlerstamm der Galerie, darunter so schillernde Namen wie Yoko Ono und Nam June Paik.

Die schwarze Baskenmütze von Anselm Dreher ist zwar ähnlich markant wie das Samtkäppi von Wolf Vostell. Doch seine Ausstellungen beschränken sich auf schlichtere Stile: Mit Konzeptkunst und Minimalismus bietet die Galerie Anselm Dreher seit 1967 dem Westen was Neues. Um die schwer verkäuflichen Wahrnehmungs- und Gedankenspiele von Lawrence Weiner bis John M. Armleder zeigen zu können, handelte Dreher zwischenzeitlich sogar mit Zeichnungen des Schriftstellers Günther Grass. Ähnlich durchdacht sind die Ausstellungen in der Galerie Thomas Schulte. Von 1991 bis 2000 arbeitete Schulte mit dem Genfer Eric Franck zusammen, nun handelt er im Alleingang, etwa mit renommierter Konzeptkunst aus den USA. Ein gelungener Coup war die Installation von Sol LeWitt, der einmal die gesamte Galerie mit Wänden aus Gasbetonsteinen diagonal durchzog. Mit Werken der Berliner Hermann Pitz, Katharina Sieverding und Johannes Kahrs stellt die Galerie lokale Bezüge her. Hermann Pitz gehörte in den achtziger Jahren zu den jungen, revoltierenden Bildhauern, die Clemens Fahnemann als Galeristen für ortsspezifische Skulptur berüchtigt machten. Nun versteht

---

Als Didi und Stulle, die Helden des Comic-Zeichners Fil, in die Ortschaft Baselitz fahren, hängen Bäume und Häuser kopfüber vom Himmel. So weit ist das Markenzeichen des deutschen Malermeisters **Georg Baselitz** schon in die Alltagswelt vorgedrungen. Die Galerie Springer & Winckler vertreibt Werke des berühmtesten unter den Professoren der Berliner Hochschule der Künste

---

Ein Künstler muss auc für seine persönlich Unverkennbarkeit sor gen: Der 1998 verstor bene Wolf Vostell wa führender Berline Fluxist. Heute betreib sein Sohn die Galeri Fine Art Rafael Voste in der Knesebeckstraß

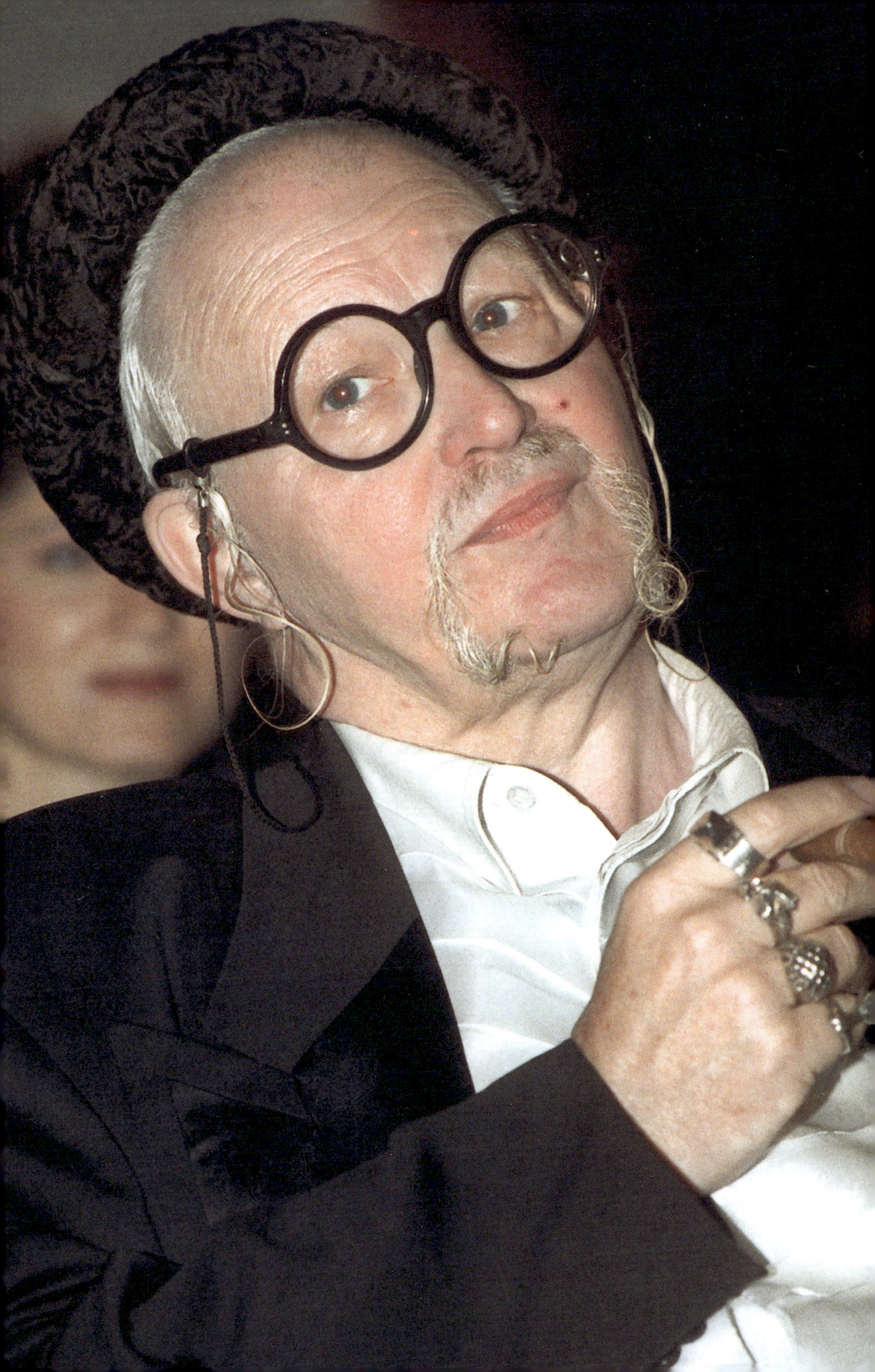

sich die Galerie Fahnemann auf Braveres: Sie ediert unter anderem die formalistischen Farbfelder von Günther Förg oder Imi Knoebel.

Schon seit 1968 mischt die Galerie Eva Poll im Berliner Kunstbetrieb mit. Parallel zu ihren Räumen am Lützowplatz, wo sie die figurativen Gemälde und Skulpturen von Volker Stelzmann, Maxim Kantor oder Sabine Grzimek zeigt, ist die Kunststiftung Poll in Mitte seit 1998 ganz der Fotografie vorbehalten. In Tiergarten-Nähe zu Poll gesellte sich Mitte 2000 die Dependance der Galerie Nothelfer. Hier ist Platz für Malerei im Riesenformat und die großen Skulpturen von Eduardo Chillida, dessen 90-Tonner „Berlin" nun vorm Bundeskanzleramt steht. Im engen Stammsitz von Georg Nothelfer, der dem Landesverband Berliner Galerien vorsteht, konzentriert man sich seit 1971 auf die Vertreter von Informel und Tachismus. Von zeitgeistigen Trends und ständigen Umzügen, die die Kunst im Bezirk Mitte bestimmen, bleiben diese Positionen gänzlich unberührt.

Wer mit den „Jungen Wilden" in den achtziger Jahren Geschäfte machte, ist heute meistens jung und wild geblieben. Die Galerie tammen & busch vertritt zwar noch entsprechende Maler wie Walter Libuda, setzt aber auch auf die großen Skulpturen von Trak Wendisch und Pit Kroke. Bernd Busch und Werner Tammen haben nach zehn Jahren ihr Riesendomizil in einer ehemaligen Kreuzberger Reißverschlussfabrik verlassen und zogen 2000 ein Stück weiter an den Chamissoplatz. Mit dieser Lage tanzen sie aber immer noch weit aus der Reihe.

So auch die Raab Galerie. Sie war bald nach ihrer Eröffnung 1979 unweit der Neuen Nationalgalerie eine führende Adresse für die figurbetonte Malerei aus Berlin und zehrt weiterhin von diesen goldenen Zeiten. Genauso pflegt das Programm der Galerie Michael Schultz die starken Pinselstriche von Markus Lüppertz, A.R. Penck oder K.H. Hödicke, die einst für Furore sorgten. Mittlerweile begleiten gediegene Kataloge die Einzelausstellungen der ehemaligen Provokanten, die sich heute noch in der „Paris Bar" mit Gleichgesinnten treffen.

Wer also die geräuschvolle Schickeria der Achtziger vermisst, speist am besten dort. Wer aber dem Weltbürgertum der Fünfziger nachhängt, trinkt abends sein gepflegtes Glas in der Galerie Bremer.

Formalistische Farbfelder dekorieren den Stand der Galerie Fahnemann auf der Kunstmesse ART FORUM BERLIN. Vor solchem Hintergrund kann jedwedes Management ruhig seinen Tagesgeschäften nachgehen

B&B Italia. Die Wahl von Qualität, Harmonie und zeitgenössischem Lebensstil.

Serie UP 2000, Sitzsystem von Gaetano Pesce entworfen.
B&B Italia - Strada provinciale 32 - 22060 Novedrate (Co) - I
Tel +39 031 795 213 Fax +39 031 795 224
www.bebitalia.it e-mail: beb@bebitalia.it

B&B ITALIA
Zeitlos wertvoll

GALERIEN

Spezialitäten von der Ikone bis zum Manga

Die vollständigen Adressen und Infos finden Sie im Register

Mord und Totschlag sind eigentlich nur auf Bildern ein Thema im Kunst-Business. Doch zum Jahreswechsel 1993/1994 erschütterten zwei Morde das Galerienviertel am Ku'damm. Ikonenschmuggel und Russenmafia waren damals in den Schlagzeilen der Berliner Boulevardblätter, denn irgendwelche undurchsichtigen Machenschaften hatten die Ikonenhändler Witaij Ljachowskij und Avraham Gleser das Leben gekostet.

In der Ikonengalerie Mönius meint man noch heute, die Gefahr ein wenig zu spüren. Das höfliche Aufsichtspersonal lässt einen kaum aus den Augen, wenn man zwischen den religiösen Bilderschätzen herumstöbert. Holztafeln mit Heiligenportraits hängen bis unter die Decke, dazwischen stehen Vitrinen mit Devotionalien und profanem Geschirr. Zwischen den Teppichhändlern und Auktionshäusern, die diesen Abschnitt des Ku'damms prägen, wirkt die Ikonengalerie mit ihrem Weihrauchgeruch wie eine Kapelle der Mysterien.

Ähnlich die Ikonengalerie Grassmann in Schöneberg: Die Anbetungstafeln stapeln sich samt Zubehör in der rustikalen, hölzernen Innenausstattung. Auf dem Schaufenster sind die Konturen von Zwiebeltürmen mit Silberfolie nachgezeichnet. Das passt prima zum Blattgoldgrund der Ikonen. Und verleiht dem Geschäft zudem die folkloristische Note, die sich bestens in das Straßenbild fügt.

Am entfernten Prenzlauer Berg präsentieren zwei Galerien die Kunst unserer Antipoden. Die TEH Gallery zeigt sogenannte Tribal Art der Inseln Südostasiens. Einmal breitete sich hier die „Faszination Borneo" mit Holztotems, Perlenschmuck und Pfeilköchern auf knallblauem Teppich aus. Daneben dokumentierten die braun-weißen Bilder eines anonymen, holländischen Fotografen, wie intakt die Kultur der Stämme noch 1932 war.

Zwei Hausnummern entfernt geht die Reise noch weiter nach Südosten. Die Aboriginal Art Gallery widmet sich nicht erst seit Sydney 2000 den Ureinwohnern Australiens. Sie besitzt ein großes Sortiment an Didgeridoos. Mensch und Tier kooperieren beim Bau dieser landestypischen Blasinstrumente: Die Aushöhlung der Eukalyptusstämme erfolgt durch Termiten, die Imprägnierung und Bemalung von Menschenhand. Außerdem schmücken die punktierten Malereien gefragter Aborigines-Künstler die Galerie, und daneben hängt der obligate Bumerang. Mitten in der Kunstszene von Mitte liegt die Galerie Ngano, die zeitgenössische Steinskulpturen aus Zimbabwe verkauft. Ein spezieller Kniff verleiht den Werken den besonderen Glanz: Die einheimischen Bildhauer bearbeiten die großen Serpentin-Steine zunächst ganz herkömmlich mit Hammer und Meißel, schleifen

Aedes East, die Dependance der Architekturgalerie in den Hackeschen Höfen, zieht nicht nur ambitionierte Bauherren und Planer an. Im angeschlossenen Café erholen sich die Touristen vom Sightseeing in der Neuen Mitte

Hinter großen Schaufenstern und unter den S-Bahn-Bögen am Savignyplatz residiert heute die Galerie Aedes West. Hier stehen brandneue architektonische Entwürfe in Wechselausstellungen zur Diskussion

sie dann mit Sandpapier und überziehen sie schließlich mit einer Schicht aus Wachs. Zwischen den Serpentinen, die magisch-heilende Kräfte ausstrahlen sollen, zeigt die Galerie passende, zeitgenössische Kunst aus unseren Breitengraden. „Ngano" bedeutet in der Sprache der Shona in Zimbabwe „Geschichte" oder „Erzählung" und steht für das esoterisch-ethnologische Programm der Galerie.

Die nahe gelegene Galerie Asian Fine Arts versucht den Kulturtransfer auf ganz anderem Weg. Alexander Ochs und Jaana Prüss vertreten hauptsächlich chinesische Maler, die mittlerweile im Westen leben. Ihre Werke sind Mischwesen aus der traditionellen Kultur ihrer Herkunft und der hier etablierten Kunst. Diese Form der globalen Vernetzung steht gerade hoch im Kurs: Großausstellungen wie die Biennale in Venedig wurden auf der Suche nach neuen Trends fündig bei Asian Fine Arts.

Nicht minder hohes Ansehen genießt die Galerie Aedes. Kristin Feireiss und Helga Retzer eröffneten 1980 diese erste Architekturgalerie in Deutschland. Neben ihrem Stammhaus Aedes West unter den S-Bahn-Bögen am Savignyplatz hat die Galerie seit 1995 ein Domizil im Osten. Der holländische Stararchitekt Ben van Berkel entwarf die Innenräume von Aedes East mitten in den Hackeschen Höfen. Zu jeder Aedes Galerie gehört auch ein Café. Kulturprominenz findet man aber eher am Savignyplatz, wohingegen die Hackeschen Höfe fest in Touristenhand sind. Ihr Bundesverdienstkreuz hat sich die Architektur-Galeristin Kristin Freireiss redlich verdient: Seit zwanzig Jahren wirft das Ausstellungsprogramm von Aedes ein kritisches Auge auf die Bauten sowohl im Neuen Berlin als auch weltweit.

Derartige Weihen der Hochkultur hat die Kunst der Comic-Zeichnung noch nicht erhalten. Jedenfalls nicht wirklich. Denn immerhin kopierte schon die Pop-Art die plakativen Bildergeschichten im Abklatschverfahren, und junge Künstler schauen sich gerne etwas bei den japanischen Manga-Zeichnungen und Anime-Videos ab. Neben der Cartoonfabrik, die auf der Kunstmeile Auguststraße neben kleinen Ausstellungen besonders Postkarten, Poster und Bücher anbietet, ist Grober Unfug ein unvergleichliches Comic-Imperium. In Mitte hat der Laden nun auch eine Filiale, der Hauptsitz ist noch fest in Kreuzberger Händen. Auf der Suche nach Seltenheiten und Seltsamkeiten durchsuchen Comic-Experten hier das internationale Archiv. Die zahllosen Hefte sind fein säuberlich nach Sprachen und Helden sortiert und in Klarsichthüllen gesichert. Im Hinterzimmer zeigt die Comic-Galerie gerahmte Originalzeichnungen, obskure Plastikfiguren in Vitrinen oder den Sprühdosenwandbildgott WON. Das Angebot in der deutschen Abteilung an der Zossener Straße reicht vom Merchandise-Produkten der Simpsons bis zum selbstverlegten Fanzine. Eine Skulptur von Statler und Waldorf, den Mecker-Opas aus der Muppets-Show, ist hier ebenso erhältlich wie die Berliner-Schnauze-Comics mit Didi und Stulle, den Anti-Helden aus der Zeichenfeder von Fil.

GALERIEN

In einem der Höfe zwischen Sophien- und Gipsstraße versteckt, liegt die geräumige Halle der Galerie Asian Fine Arts, dem Durchferhitzer für chinesische Künstler auf dem Weg in den westlichen Kunstbetrieb

foto: daniel josefsohn — weber & soltek

zoe ...tunis.........tänzerin..........in berlin seit 1995

die stadt bin ich *zitty*

berlins stadtmagazin

Zimmerstraße Zukunft im Niemandsland

Die vollständigen Adressen und Infos finden Sie im Register

Fernab vom Schuß und doch ganz nah am Checkpoint Charlie liegt die Zukunft des Berliner Kunsthandels. Ein Gewerbehof in der Zimmerstraße, an der die Mauer zwische Mitte und Kreuzberg entlanglief, macht Platz für ambitionierte Galeristen. Mäßig fließt der Verkehr auf der unbelebten Straße. Die Fassadenreihe hat noch Lücken wie ein Milchzahngebiss. Es ist – wie schon in der Spandauer Vorstadt – der Kunstbetrieb, der als erster Wirtschaftszweig das Potential von solch typischem Berliner Niemandsland erahnt.

Schon Mitte der neunziger Jahre kam Max Hetzel aus Köln hierher und provozierte die Berliner Kollegen mit teurer, museumsreifer Gegenwartskunst von Jeff Koons bis Gerhard Merz. Das Repertoire des Global-Players ist nun erweitert um brandaktuelle Positionen. Der Brite Glenn Brown bemalt riesige Ölschinken mit realistischer Weltraum-Sciencefiction. Richard Phillips wieder belebt die Seventies in lasziven Pop-Art-Portraits. Parallel arbeitete die Galerie Max Hetzler mit Architekturstars wie Max Dudler zusammen, die aus dem Bauboom in Berlin Profit schlagen konnten.

Im Quergebäude desselben Gewerbehofs eröffnete Volker Diehl nach 15 Jahren in Charlottenburg 2000 eine neue Galerie mit seiner Partnerin Rilana Vorderwuehlbecke. Frisch wie der graue, gegossene Kunststoffboden ist die Ware an der Wand der Galerie Diehl Vorderwuehlbecke. Man wähnt sich auf dieser weitläufigen Fabriketage fast in Chelsea, dem neuen New Yorker Galerienviertel. Diehl ist Mitbegründer der Kunstmesse „ART FORUM BERLIN", die seit 1996 der Kölner Messe die Stirn bietet und sich besonders auf ganz zeitgenössische Kunst versteht. Im fünften Jahr erzielte dieser sechstägige Erntedank im Kunstherbst mit fast 21.000 Besuchern einen neuen Rekord.

Im Vorderhaus wartet die Galerie Nordenhake mit hoch gehandelten Zeitgenossen auf. Claes Nordenhake, seit 1973 im Geschäft, hat seinen Stammsitz in Stockholm und seit Oktober 2000 einen Koffer in Berlin. Rémy Zaugg gibt hier seine pastellfarbenen Wort-Gemälde zu lesen; Anthony Gormley stellt seine rostigen und doch so lebensechten Menschenskulpturen auf.

Die Galerie Barbara Weiss bevorzugt nach acht Jahren anspruchsvollem Programm in der Potsdamer Straße seit 2001 ebenfalls die Randlage am zuwachsenden Mauerstreifen. Neben der Extrem-Konzeptualistin Maria Eichhorn und der Videokünstlerin Heike Baranowski zählen auch ältere Zeitgenossen wie Niele Toroni und Thomas Bayerle zu ihrem Künstlerstamm. Und die nächsten Nachzügler kommen bestimmt in die Zimmerstraße: Nach der Galerie Klosterfelde kündigen auch Arndt & Partner den Umzug in den Gewerbehof an. Bei weiterem Zulauf ist der Kiez auf dem besten Weg, dem geteilten Berliner Galerienbetrieb einen neuen Schauplatz zu eröffnen: Keine Charlottenburger Klassik im Altbau, keine Mitte-Experimente in der Hinterhof-Remise, sondern gehobene Gegenwart auf der Fabriketage.

Vom rußschwarzen Hackeschen Markt über die engen Räume der Auguststraße in die gehobenen Lofts der Zimmerstraße: **Matthias Arndt** ging wie kein zweiter Galerist mit den Moden in der Berliner Galerienlandschaft. Mit scharfem Blick, gestützt von Fingerspitzengefühl, lenkt er die Geschicke bei Arndt & Partner und einer Agentur für Kunst- und Kulturvermittlung

LITERATUR

Das literarische
Leben pulsiert
wieder in Berlin.
Hier wohnen
Hunderte von
Literaten, vom
Nobelpreisträger
bis zum Under-
grounddichter.
Die Verlagsland-
schaft blüht.
Treffpunkte sind
Literaturhäuser,
Salons
und Kneipen

LITERATUR

Literarisches Colloquium Berlin

Altmeister und Nachwuchspflege: Autoren, Workshops, Preise

Am Sandwerder 5, Wannsee
☎ 81 69 96-0
✉ mail@lcb.de
Ⓢ Wannsee
🚌 114/116/118/211/316/318/620
🖥 www.lcb.de

„Ein grässlicher Kasten im Stil einer imitierten Ritterburg", schrieb Carl Zuckmayer missfällig über die Villa, in der er 1925 einen Sommer lang wohnte. Immerhin etwas Gutes entdeckte er doch: „Es hat einen Park mit Seegrund und ein großes, achteckiges Turmzimmer." Nein, das ist kein schlechtes Wohnen, wie auch die Wohngegend beileibe nicht die Schlechteste ist, hier am Großen Wannsee.

Der 1884/85 erbaute „Kasten" – weniger architekturgewandte Zeitgenossen als Zuckmayer würden es vielleicht eine prächtige Stadtvilla nennen – hat seitdem viele illustre Gäste beherbergt. Denn seit 1963 ist darin das Literarische Colloquium Berlin e.V. (LCB) untergebracht. Stipendiaten des Berliner Senats wohnen hier. Und Autoren aus aller Welt. 1965 traf sich in dem Haus die legendäre Gruppe 47. Später waren Ernst Jandl, Alfred Andersch und Hans Magnus Enzensberger ebenso zu Gast wie Elias Canetti, John Steinbeck und Pier Paolo Pasolini. Geschätzt wird das LCB durch seine Arbeitstagungen, Lesungen und Workshops bekannter Schriftsteller. Spätere Berühmtheiten wie Peter Bichsel, Hermann Peter Piwitt, Nicolas Born und Hubert Fichte gingen bei Altmeistern wie Günter Grass, Hans Werner Richter und Peter Rühmkorf in die Dichterschule. Denn Nachwuchsförderung ist ein wichtiges Anliegen der vom Schriftsteller und Professor Walter Höllerer gegründeten Institution im Grünen.

Jedes Jahr leben junge Autoren für mehrere Monate mit einem

Durch diese hehren Hallen wandelten Berühmtheiten wie Günter Grass, Ernst Jandl, Elias Canetti oder John Steinbeck. Das LCB gibt zeitgenössischer Literatur den repräsentativen Rahmen

Aufenthaltsstipendium des Berliner Senats im Turmbau am Wannsee, um in Ruhe an ihrem Stil zu feilen. Jungtalente wie Rainald Goetz, Maxim Biller, Raoul Schrott, Libuse Monikova und Thomas Meinecke waren darunter. Auf Nachwuchsautoren wie Judith Herman, Inka Parei und Georg Klein wurden Verlage erst durch die Autorenwerkstätten des LCB aufmerksam. Auch Übersetzerwerkstätten gibt es. Dort können jeweils acht Teilnehmer vier Monate lang mit Unterstützung eines Mentors eine bislang unveröffentlichte Übersetzung weiterentwickeln.

„Alle, die heute etwas mit Literatur zu tun haben – nicht in einem organisatorischen, sondern in einem ästhetischen Sinne – sind durch dieses Haus gegangen und haben etwas mitgenommen für die Literatur", schrieb Michael Krüger 1982, als das Haus verkauft werden sollte, in den „Akzenten". Dazu kam es zum Glück nicht, gleichwohl hat das LCB wie viele Kulturinstitutionen Geldsorgen. Seine Kulturaustauschprogramme kann es zum Teil nicht mehr finanzieren. Geplante Projekte fielen bereits der Haushaltslage zum Opfer. Die Arbeit im LCB wird hauptsächlich von der Senatsverwaltung für Forschung, Wissenschaft und Kultur getragen. Dazu kommen Mittel der Stiftung Preußische Seehandlung, der Bertelsmann-Stiftung, der Robert-Bosch-Stiftung und des Auswärtigen Amtes für Stipendien und Preise. Denn immerhin drei Literaturpreise werden vom LCB vergeben: Berliner Literaturpreis, Lyrik-Debütpreis und der von Günter Grass gestiftete, hochangesehene Alfred-Döblin-Preis für noch unveröffentlichte Prosamanuskripte.

Bis Ende der 80er-Jahre hatte man neben dem guten Buch auch Film im Mittelpunkt der Arbeit. In der Villa befand sich ein eigenes Film- und Tonstudio, Filme wie „Deutschland Bleiche Mutter" (1980) von Helma Sanders-Brahms wurden vom LCB produziert. Um aktueller Literatur in den elektronischen Medien ein Forum zu bieten, arbeitet das LCB mit dem Deutschlandfunk in der monatlichen Sendung „Studio LCB", in der renommierte Autoren unveröffentlichte oder gerade erschienene Texte vorstellen. Neunmal im Jahr funkt man auch auf Radio Bremen im „Literarischen Club". Die von Walter Höllerer, Norbert Miller und Joachim Sartorius herausgegebene Zeitschrift „Sprache im technischen Zeitalter" wird seit knapp drei Jahrzehnten im LCB redaktionell betreut. 1965 erschien der aus dem ersten Prosaworkshop hervorgegangene Kollektivroman „Das Gästehaus", weitere 125 Bände der Reihen „LCB-Editionen" und „Text und Porträt" folgten. Und ein bisschen was tut man auch für den Lesernachwuchs. Beim LCB-Sommerfest, jedes Jahr von einem anderen deutschen Verlag ausgerichtet, gibt es neben zahlreichen Lesungen ein kunterbuntes Kinderprogramm.

*Der Literaturprofessor **Walter Höllerer** gehörte zu den frühen Förderern von späteren Literaturstars wie Günter Grass oder Hans Magnus Enzensberger. Der Herausgeber der Zeitschrift „Akzente" gründete 1963 das Literarische Colloquium in Wannsee, um der Einriegelung Westberlins eine künstlerische und intellektuelle Offenheit und Vielfalt gegenüberzustellen*

Literaturforum im Brecht-Haus

Rund um BB: Archiv, Gedenkstätte, Vorführungen

Nur ein paar Häuser entfernt, in der Chausseestraße 131, wohnte bis zu seiner Ausbürgerung 1976 noch Wolf Biermann. Fast täglich war er wohl hier an der Nummer 125 vorbeigekommen,

Chausseestr. 125, Mitte
282 20 03/282 80 42
info@lfbrecht.de
U Zinnowitzer Straße
www.lfbrecht.de

der letzten Wohn- und Arbeitsstätte Bertolt Brechts und seiner Frau Helene Weigel. Von Dichter zu Dichter schrieb Biermann dem früheren Nachbarn „Herrn Brecht" damals ein Gedicht: „Was, dachte er,/das sind doch die Fleißigen/vom Brechtarchiv./Was, dachte er,/seid ihr immer noch nicht fertig./Mit dem Ramsch?"

Auch dreißig Jahre später sind „die vom Archiv", dem Bertolt-Brecht-Archiv der Akademie der Künste, nicht fertig. Sitzen noch immer in Brechts letztem Domizil und sortieren den Nachlass. Als Gedenkstätte zu besichtigen, sind die Wohn- und Arbeitsräume. Von seinem Arbeitszimmer aus konnte Brecht geradewegs auf den Dorotheenstädtischen Friedhof blicken, wo er 1956 sein allerletztes Quartier gefunden hat. Auch ein Kellerrestaurant, dessen Spezialität die österreichischen Lieblingsgerichte der gebürtigen Wienerin Helene Weigel sind, und eine Buchhandlung gibt es im Brecht-Haus.

Und das Literaturforum. Natürlich widmet es sich besonders der Pflege des Brecht-Erbes. Jährlich im Februar veranstaltet es die auf eine mehr als zwanzigjährige Tradition zurückblickenden internationalen „Brecht-Tage", eine multimediale und interdisziplinäre Einrichtung von gutem Renommee. Daneben bietet die von der 1992 gegründeten Gesellschaft für Sinn und Form e.V. getragene Einrichtung das ganze Jahr über eine breite Palette von Veranstaltungen an, etwa zu Brechts Theaterarbeit oder seiner Zusammenarbeit mit Musikern und Bühnenbildnern. Ebenso gehören literarisch-musikalische Abende von Brecht-Interpreten wie Gina Pietsch oder Ines Paulke zum Repertoire.

Auch dem Nachwuchs gibt das Literaturforum eine Chance. Unter dem Titel: „Vorstellungen. Vom Berliner Senat mit Arbeitsstipendien unterstützte Autorinnen und Autoren präsentieren Arbeitsproben" finden seit September 1998 jährlich Werkstattlesungen statt, in denen dann genau das geschieht, was der ellenlange Titel verspricht: Junge Stipendiaten stellen neue Texte vor.

Bertolt Brecht, der wohl herausragendste Dramatiker des 20. Jahrhunderts, gründete 1949 nach der Rückkehr aus dem Exil in Ostberlin zusammen mit Helene Weigel das Berliner Ensemble. Ab 1954 residierte es im Theater am Schiffbauerdamm. Unweit davon wohnte Brecht bis zu seinem Tod in der Chausseestraße 125

Literaturhaus Berlin

Im Wintergarten: Bücher, Backwerk, Literaten

Fasanenstr. 23, Wilmersdorf
☏ 887 28 60
U Kurfürstendamm
www.literaturhaus.de

Literatur und Caféhaus. Das gehört spätestens seit den zwanziger Jahren zusammen wie Bohnen und Speck. Legendär etwa das Café des Westens („Café Größenwahn") oder das „Romanische Café", von der Jahrhundertwende bis zu seiner Zerstörung im Bombenhagel des Zweiten Weltkrieges ein Sammelpunkt der Literaten, Kritiker und Berliner Bohème: T.S. Eliot, André Gide, Thomas Wolfe, Pirandello, George Grosz, Heinrich Mann, Hasenclever, Brecht und Roda Roda waren Stammgäste. Alfred Polgar scharrte seine Verehrer um sich und auch manche „Dichter, die als Dichter verkleidet waren" (Hermann Kesten) bevölkerten die Tische.

Natürlich hat also auch das Literaturhaus, das 1986 als erstes seiner Art in Deutschland eröffnet wurde, ein Café und ein ganz prächtiges dazu – das „Café-Restaurant Wintergarten". Gelegen in der Fasanenstraße, einer ruhigen Nebenstraße des Kurfürstendamms, zählt es zu den schönsten Caféhäusern Berlins. Ein Wintergarten also. Nach ihm erhielt das „Wintergarten-Ensemble" seinen Namen, das das Gebäude mit zwei benachbarten durch einen kleinen Skulpturengarten verbundenen Gründerzeitvillen umschließt. Die eine beherbergt heute das Käthe-Kollwitz-Museum, die andere das Auktionshaus Villa Grisebach. Feine Nachbarn.

Im Sommer lädt auch der idyllische Garten oder die Terrasse zum Sitzen ein. Wer sich in der kleinen aber feinen Buchhandlung „Kohlhaas & Company" im Souterrain des Literaturhauses einen Roman gekauft hat, kann ihn hier gleich entspannt bei einem Cappuccino oder einem anständigen Glas Rotwein zu lesen beginnen. Oder sich ganz unliterarisch von der beträchtlichen Auswahl an Zeitungen aus aller Welt verführen lassen.

Natürlich ist es auch ein idealer Treffpunkt oder „Wartesaal der Poesie" (Hermann-Josef Fohsel) zum Ein- oder Ausklang einer Dichterlesung im ersten Stock, im Kaminraum oder dem Tucholsky-Raum des Literaturhauses. Und natürlich kann man hier mitunter auch den einen oder anderen berühmten Schriftsteller oder Publizisten antreffen. Zwei Appartements stehen für Gäste des Hauses bereit, die gelegentlich auch an Literaten, Künstler oder Wissenschaftler vermietet werden.

Das von Herbert Wiesner und Ernest Wichner verantwortete Programm findet vor allem intellektuellen Formen des Dialogs und elitäre Repräsentationsarten dem repräsentativen Rahmen der Villa angemessen. Neben Autorenlesungen gibt es Vorträge, Diskussionen, Symposien und Literaturausstellungen.

Dabei war die Gründerzeitvilla zwischenzeitlich ganz schön vor die Hunde gekommen. Zuerst gehörte sie einem Korvettenkapitän. Der hieß Hildebrandt, war später Abgeordneter von Charlot-

in idyllischer Garten und eine Gründerzeitvilla in Kudammnähe – as Literaturhaus ädt auch als Café zur Muße ein

tenburg und nahm an den ersten beiden deutschen Nordpolfahrten teil. 1889 ließ er sich die Villa bauen und pflegte redlich die Gastfreundschaft, auch zu Literaten: 1929 las hier Vladimir Nabokov. Danach machte das heute denkmalgeschützte Bauwerk als Reservelazarett, Volksküche, Studentenheim, Bordell und Disco mitunter zweifelhafte Karriere. In den 80er-Jahren rettete eine Bürgerinitiative die Villa vor dem Abriss.

Jetzt arbeiten in der Fasanenstraße 23 keine Huren oder DJs mehr, sondern sorgsame Arbeiter am Sprachmaterial, das zu Kunst geformt wird. So unterschiedliche Autoren wie Oskar Pastior, H.C. Artmann, Friederike Mayröcker, F.C. Delius, Paul Auster und Durs Grünbein gehörten und gehören zu den Gästen des geräumigen Stadtpalais in bester Citylage.

Der „Lolita"-Autor **Vladimir Nabokov** gehört zu den bedeutenden russischen Persönlichkeiten, die vor dem Zweiten Weltkrieg an der Spree gewirkt haben. Er gab auch in der Wilmersdorfer Villa eine Lesung, die später das Literaturhaus beherbergen sollte

Majakowskiring 46/48, Weißensee

485 24 50

mail@literaturwerkstatt.org

107/150/250
Tram 52/53

www.literaturwerkstatt.org

literaturWERKstatt Berlin

Ziemlich zeitgenössisch: Literaturzüge, Spoken Word, Internet

W, E, R, K. Vier große Buchstaben, eingerahmt von neun beziehungsweise fünf kleinen Lettern. Mit dieser eigenwilligen Schreibweise unterstreicht die literaturWERKstatt ihr Profil. Es geht ums dichterische Werk natürlich, aber nicht als Abgeschlossenes, sondern als „mögliches Resultat prozessualen Arbeitens, als Ausdruck einer subjektiv geführten Auseinandersetzung mit Sprache, Gesellschaft und Literatur".

Dialog also ist das Stichwort, Austausch, Vergleich. Das Gespräch zwischen Verfasser und Publikum pflegt die literaturWERKstatt zum Beispiel durch internationale Literatur-Festivals und Kolloquien. Im jährlichen Lesewettbewerb „Open-Mike" stellen sich junge Schriftsteller zwei Tage lang in öffentlicher Lesung dem Publikum und einer Autoren-Jury. Die „Sommernacht der Lyrik" feiert regelmäßig die Poesie, seit dem Jahr 2000 findet sie unter dem Titel „Weltklang – Nacht der Poesie" auf dem

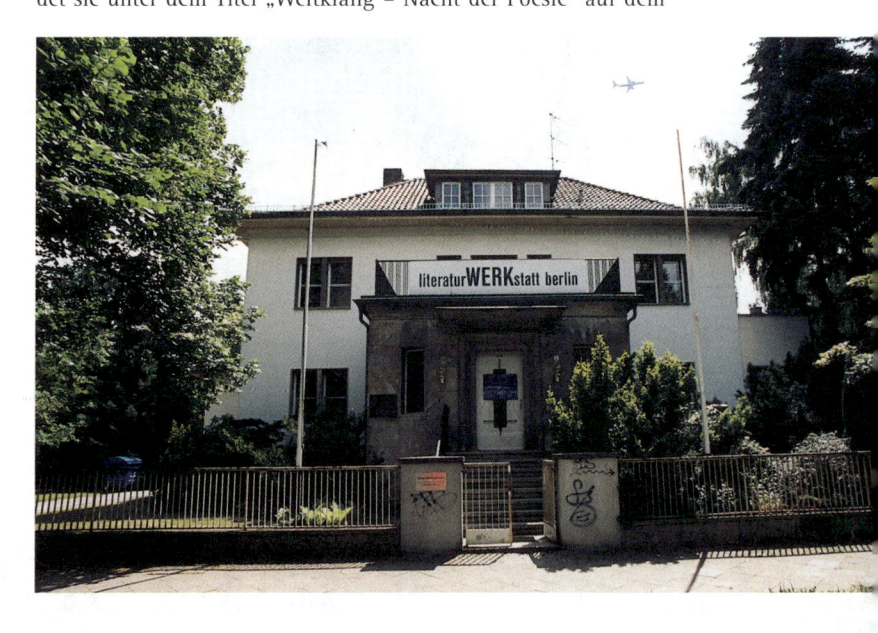

Potsdamer Platz statt. Ein erfolgreiches Unternehmen. Literatur nicht fürs stille Kämmerlein, sondern Literatur als gesellschaftliches Ereignis.

Hervorragend versteht es die literaturWERKstatt auf der modernen „Event"-Klaviatur zu spielen. Eines ihrer wichtigsten Projekte war der „Literatur Express Europa 2000". Ein Sonderzug mit 103 Autorinnen und Autoren aus 43 Ländern fuhr von Portugal bis Russland quer durch Europa und hielt in 19 Städten. Am 14. Juli 2000 traf er in Berlin-Friedrichstraße ein, dem Zielbahnhof des Sonderzugs, begrüßt von Presse, Funk und Fernsehen und vielen Tausend Berlinern.

Dieser Sonderzug aus Pankow könnte der letzte aus dem langjährigen Domizil der literaturWERKstatt am Majakowskiring in Pankow gewesen sein. Denn die amerikanische Jewish Claims Conference will ihr Haus zurück und ist dabei, es für 2,2 Millionen Mark zu verkaufen. Es gibt keinen Mietvertrag. Von heute auf morgen könnte die Institution ohne Bleibe dastehen. Ausweichorte werden seit Monaten diskutiert, auch das Podewil ist im Gespräch, doch Thomas Wohlfahrt, Leiter der literaturWERKstatt, hält nichts von Provisorien, von denen man schon wüsste, dass sie nicht besonders haltbar wären.

Dabei ist er nicht einmal besonders scharf darauf, in der alten renovierungsbedürftigen Villa zu bleiben, in der die Einrichtung seit 1991 beheimatet ist. Ein Haus mit bewegter Geschichte. Ein Nazi baute sie auf jüdischem Grundbesitz, 1945 von der Roten Armee enteignet, diente sie in den 50er-Jahren niemand Geringerem als Otto Grotewohl, dem ersten Ministerpräsidenten der DDR, zur Wohnung. 1956 wurde die Villa Gästehaus des Ministerrats. 1980 bekam die Berliner Sektion des DDR-Schriftstellerverbandes das Haus als Judaslohn für ein positives Abstimmungsverhalten, das den Ausschluss von neun Autoren aus dem Schriftstellerverband zur Folge hatte. Keine gute Ausgangslage, das Haus wurde von vielen Schriftstellern mehr oder weniger offen boykottiert.

Nach der Wende besetzen Autoren das abgeschirmte Literaturrefugium und öffneten es für das Publikum mit der Gründung der Literaturbrücke Berlin e.V., aus der die von Thomas Wohlfahrt geleitete literaturWERKstatt entsprang. Zu deren Literaturverständnis vom Werk als Prozess passt auch das von ihr initiierte Internet-Projekt www.lyrikline.org. Auf dieser Homepage kann man sich Gedichte berühmter Autoren des 20. Jahrhunderts vorlesen lassen; von ihnen selbst vorgetragen. Darunter Ingeborg Bachmann, Gottfried Benn und Paul Celan.

Ihre alte Villa in Weißensee muss die literaturWERKstatt Berlin bald verlassen. In der Kulturbrauerei soll sie ihre neue Heimstatt bekommen

Christa Wolf gehörte zu den bekanntesten Autoren der DDR und den prominentesten Kritikern der realsozialistischen Kulturpolitik. Nach dem Zusammenbruch der DDR geriet die selbst jahrzehntelang bespitzelte Autorin wegen ihrer kurzzeitigen Stasi-Mitarbeit ins Zwielicht. Aus der Akademie der Künste tritt sie aufgrund der Diskussion um ihre Person aus, wird aber 1994 wieder aufgenommen

Pop und Poesie Literatursalons und Wort-Varietés

Die vollständigen Adressen und Infos finden Sie im Register

Der Dichter liest. Hinterher kann man am Büchertisch sein Werk kaufen und vielleicht bekommt man auch noch eine Widmung reingeschrieben. Es gibt eine ganze Reihe von Leuten in Berlin, die halten rein gar nichts von der klassischen Methode der Literaturvermittlung mit Lesepult, Wasserglas und Seltersflasche, womöglich im gleißenden Licht. Noch dazu ohne Alkohol! Ja, und geraucht darf auch nicht werden.

Mit solcherart unsinnlichem Frontalunterricht kann eine hübsche blonde Frau gar nichts anfangen. Deshalb veranstaltet sie seit Mai 1995 Lese- und Konversationsabende der gemütlichen Art: den literarischen **Salon von Britta Gansebohm**. Hier redet man an samtgedeckten Tischen, mit Plätzchen, Kerzen und Blumen einer offenen, freien Konversationsgesellschaft das Wort, an der jeder teilnehmen und sich beteiligen kann. Und seinen Rotwein kann man auch dabei trinken. Zum Wohl.

An den Salonabenden, die seit 1998 im Klub des Podewils stattfinden, frönt man gegenwärtiger Literatur. Hier lesen so unterschiedliche Autorinnen und Autoren wie Kathrin Röggla, Alexa Hennig von Lange, Judith Hermann, Tanja Dückers, Ilja Richter oder Thomas Kapielski. Doch nicht nur bekannte Namen, auch noch unbekannte Autoren erhalten ein Forum für ihre Bücher. Dabei geht es allerdings immer nach dem etwas starren Schema: 50 Minuten Lesung, Pause, später noch mal 15 Minuten Lesung, abschließend Diskussion. Der Salondame gefällt es so.

Auch andere wissen die Leselust zu steigern. Hartmut Fischer stellt in seiner Buchhandlung und Galerie **Juliettes Literatursalon** Autoren der Avantgarde vor. Häufig gibt es dazu szenische Auftritte, gerne mit erotischer Thematik. Literatur, Kunst und Theorie sollen hier aufeinander treffen. Namensgeberin ist eine Romanfigur des Marquis de Sade, die lasterhafte Juliette dient nun als Metapher „für eine Aufklärung anderer Art: im Abseits kulturbürgerlicher Normen". Künstler und Autoren wie Blixa Bargeld, Thomas Brasch oder Ivan Stanev gehören zu den Stammgästen des Salons.

Wohl keine andere deutsche Stadt offeriert so viele Bühnen für die Literatur wie Berlin. Neben den Buchhandlungen von Buchhändlerkeller bis Kiepert und dem Kultur-Kaufhaus Dussmann veranstalten auch Cafés und Kneipen Autorenlesungen. Gerade

Schon zu Kaisers Zeiten eröffnete das Kaffee Burger in der Torstraße in Mitte. Heute beherbergt es ebenso Berlins Vorleseszene mit ihren „Schau-Lesungen" wie Wladimir Kaminers „Russendisko"

ARTE NOVA
KLASSISCHE GRENZGÄNGER

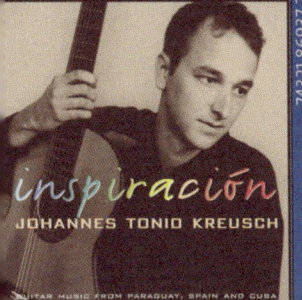

74321 86937 2

Musik für Gitarre von Agustin Barrios-Mangoré, Francisco Tárrega, Isaac Albéniz, Joaquín Rodrigo, Leo Brouwer, J.T. Kreusch

„Inspiración ist ein sehr persönliches Album. Auf dieser CD ist Musik vereint, die mich lange schon begleitet, mich inspiriert und für die Gitarre begeistert hat." (J.T. Kreusch)

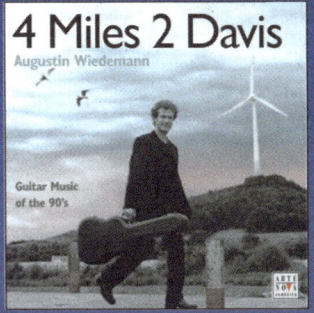

Musik für Gitarre von Roland Dyens, Dušan Bogdanović, Sting, Helmut Jasbar

„Einen Popsong wie Stings „Message in a Bottle" als Instrumentalstück für eine einzelne klassische Gitarre so locker zum Swingen zu bringen – dazu braucht man hohe Spielkunst. Der Gitarrist Augustin Wiedemann hat sie!" (Abendzeitung, 17. März 2001)

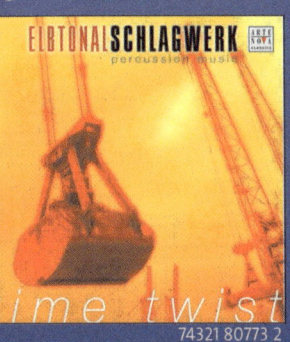

74321 77074 2

Percussion-Stücke von Thomas Gauger, Russel Peck, André Jolivet, Nigel Westlake, Kaoru Wada, Stephan Krause

„Auf seiner zweiten CD zeigt das Hamburger Ensemble Elbtonalschlagwerk erneut, wie spannend und abwechslungsreich ein (fast) reines Percussion-Programm sein kann ... Am knackigsten jedoch: Russel Pecks Komposition „Lift off", die den Start eines Helikopters klangmalerisch nachahmt: Knatter! Röhr!" (Hamburger Morgenpost, 21 Juni 2001)

74321 80773 2

Leszek Zadlo: Saxophon
Chris Beier: Piano, Hexachord, Programming

Chris Beier und Leszek Zadlo – ein Duo ohne Grenzen, so auch hier in seiner neuesten Produktion für Saxophon und Instrumentarium. Von Slawisch anmutender Melancholie bis hin zu maurischem Kolorit, von fernöstlichen Assoziationen bis zu europäisch Vertrautem kann man sich unvoreingenommen einer musikalischen Kontemplation der besonderen Art hingeben.

74321 80790 2

74321 77632 2

Cornelius Claudio Kreusch – Live! At Steinway Hall / New York

„Was Cornelius Claudio Kreusch hier abliefert, ist brillantes Solo-Klavierspiel, das nur so vollgepackt ist mit Virtuosität, Fantasie, Esprit und Kreativität ... In den Balladen massiert Kreusch mit wenigen Noten das Herz und die Seele des Zuhörers, um dann furios wieder harte Akkorde und verquere Läufe in die Tasten zu meißeln ... Grandios." (Jazzthing, November 2000)

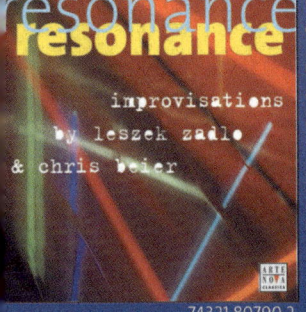

ARTE NOVA CLASSICS

www.artenova.de

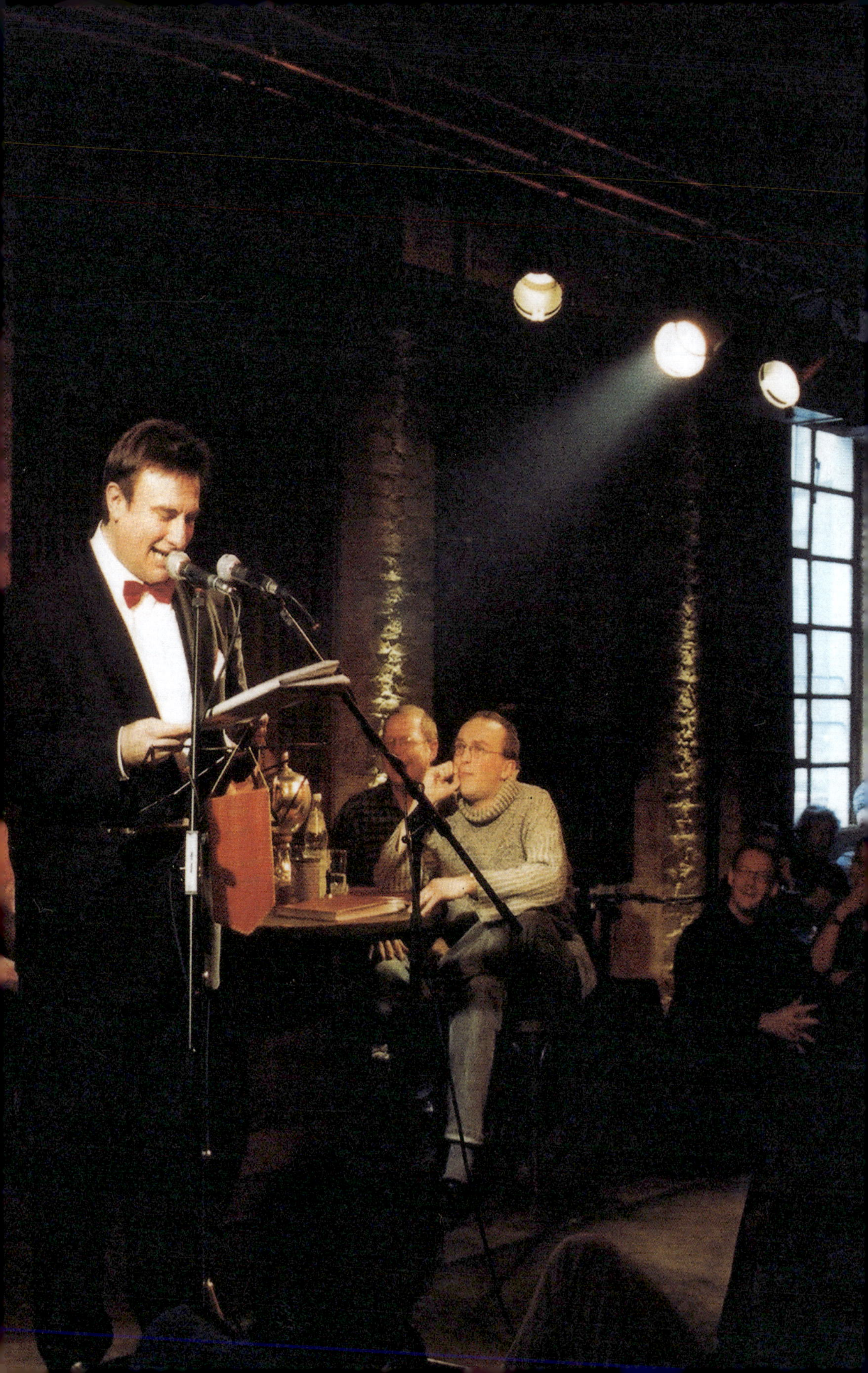

nn Dr. Seltsam ntags um 13 Uhr zu nem Frühschoppen t, dann ist die Bude l. Seit zehn Jahren sentiert der dicke oderator im Smoking e halbes Dutzend toren, die inzwischen der Szene fast Kult- rs sind

in diesen floriert eine Literaturszene eigener Art. Hier wird Literatur als Pop inszeniert. Von in weihevoller Aura vorgetragener Dichtung unter hundert andächtig Schweigenden hält hier niemand etwas. In den Szene-Clubs in Prenzlauer Berg und Mitte treffen Slam-Poeten wie Bastian Böttcher oder Ahne ihre Fans und die junge russisch-deutsche Künstlerszene um ihren Star Wladimir Kaminer hat sich längst vom Geheimtipp ins Feuilleton überregionaler Zeitungen geschrieben. Mit „Text und Ton das Ohr am Zahn der Zeit" legt Sonntag für Sonntag die **Reformbühne Heim & Welt** um Falko Hennig, Michael Stein und Kaminer. Mit Jakob Hein gehört auch der Sohn eines berühmten DDR-Schriftstellers und PEN-Präsidenten gelegentlich dazu. The Next Generation. Die „Schau-Lesungen" im Kaffee Burger in Mitte sind nahezu kleine Pop-Konzerte, da steht Thomas Kapielski am Diaprojektor und Kaminer an der „Russendisko".

Jeden Sonntagmittag amüsieren sich bei **Dr. Seltsams Frühschoppen** in der Kalkscheune hunderte Zuschauer über eine Leseshow, bei der fünf Autoren und eine Autorin tief gründelnd komische Betrachtungen über alltägliche Nichtigkeiten vorlesen. Sarah Schmidt, Hans Duschke, Horst Evers, Hinark Husen, Andreas Scheffler und Jürgen Witte betreiben diese Vorlesekultur unter der Moderation des Kabarettisten Dr. Seltsam bereits seit über zehn Jahren. Inzwischen gibt es ihr „Best of" gar auf CD. Horst Evers gehört neben Bov Bjerg und Manfred Maurenbrecher auch zu den Protagonisten im **Mittwochsfazit**, einer „wilden Mischung aus komischen Geschichten, Liedern, Szenen und sinnlosem Gerede".

In einer Kneipe mit dem poetischen Namen **An einem Sonntag im August** entspinnt sich jeden Donnerstag um 21.30 Uhr die Lesereihe „Erotisches zur Nacht". Das findet auch mittwochs in der **Böse Buben Bar** statt. Autoren wie Benjamin von Stuckrad-Barre oder Tim Staffel suchen sich für ihre Buchpremieren literaturfremde Orte, die Lesungen gleichen Partys. Das Markenzeichen „Berlin-Literatur" zieht auch Verlage und Literaturagenten an. Inzwischen ist Berlin nach München die zweitgrößte Verlagsstadt Deutschlands.

Die 1973 von Ingeborg Drewitz und anderen Autoren gegründete **Neue Gesellschaft für Literatur** Berlin (NGL) verfügt über keine eigenen Veranstaltungsräume. Gleichwohl veranstaltet sie regelmäßig Schullesungen, die „Berliner Autorentage", die „Biennale kleinerer Sprachen" sowie die „Berliner Märchentage". Die Dezentralität ist Programm. Die Gesellschaft wird institutionell vom Land Berlin gefördert, und zählt rund 600 Mitglieder, darunter viele Autoren wie Tanja Dücker und Kemal Kurt. Hier hat man mit dem Netzwerk „New Voices" und einem „Wettbewerb für junge Literatur" insbesondere die kontinuierliche Betreuung junger Autoren zwischen 15 und 25 Jahren im Blick. Um den Lesernachwuchs kümmert sich **LesArt**, eine europaweit einzigartige Einrichtung für Kinder und Jugendliche, die kreative Modelle der Leseförderung entwickelt.

LITERATUR

Mit **Manfred Maurenbrecher** hat die Berliner Vorleseszene nicht nur einen kraftvollen Songpoeten in ihrer Mitte, sondern auch einen Doktor der Germanistik. Zusammen mit anderen Wortartisten wie Hans Duschke und Michael Stein zelebriert er die Reformbühne Heim und Welt, mit Bov Bjerk und Horst Evers gibt er das allwöchentlich im Mittwochsfazit

Das Einzige von Mozart,
    was Sie bei uns nicht bekommen.

| Bücher | Musik | DVD & Video | Games | Software | Geschenke |

Wählen Sie Ihren Wunschtitel. Schnell und einfach, aus über 100.000 Klassik-CDs.

crazy for you
amazon.de

INSTITUTIONEN

Allerlei Organisationen präsentieren in Berlin ihr vielfältiges **Kulturprogramm**. Hier gibt es neue Kunst und alte Filme zu sehen, man kann Archive ergründen, Diskussionen verfolgen oder fremden Klängen lauschen

Akademie der Künste

Wieder vereinigte Kultur nach einem zerrissenen Jahrhundert

Hanseatenweg 10, Tiergarten
☎ 39 07 60
✉ info@adk.de
Ⓢ Bellevue
Ⓤ Hansaplatz
🚌 123
🎫 8 DM, erm. 5 D
Mo 13-19, Di-So 10-
Uhr
🖥 www.adk.de

Wenn die Akademie der Künste im Jahre 2002 wieder am Pariser Platz residiert, ist die lange Odyssee einer geschichtsträchtigen Institution erst einmal zur Ruhe gekommen. Dann werden die Touristenscharen zwischen Hotel Adlon und Brandenburger Tor durch die Glasfassade des Neubaus einen direkten Einblick in die Freiheit der Künste bekommen. Günter Behnisch, der schon beim Bau des Bonner Bundestages die Demokratie transparent gemacht hat, konnte nach sechs Jahren Streit, zwischen Akademie und Senat, seinen Entwurf größtenteils durchsetzen.

Voraussichtlich 2002 also wird der kriegszertrümmerte Kern des Arnimschen Palais', das die Königliche Akademie der Künste 1907 bezogen hatte, von einer durchsichtigen Hülle umgeben sein wie Reliquien in einem Schrein. Das alte-neue Gebäude vereint dann endlich die Ausstellungs- und Veranstaltungsräume, die Büros und das Archiv. Den größten Teil des 20. Jahrhunderts waren sie nämlich über den Ost- und Westteil der Stadt verstreut.

Kurfürst Friedrich III., der spätere König Friedrich I. von Preußen, gründete 1696 die „Academie der Mahler-, Bildhauer- und Architectur-Kunst" zur Aus- und Weiterbildung der Künstler. 1833 kam die Musikabteilung hinzu und 1926 – in der Blütezeit unter dem Präsidenten Max Liebermann am Pariser Platz – die Dichtkunst. Bis 1937 hatten die Nazis die Mitglieder systematisch aus dem Arnimschen Palais vertrieben. Dann baute Albert Speer sein Germania-Modell in den sogenannten Liebermann-Sälen, die heute die Glashaut von Behnisch ummantelt.

Nach dem Krieg stritten sich Ost und West um die wahre Nachfolge der Akademie. 1950 gründete sich die spätere „Akademie der Künste der DDR". Arnold Zweig wurde ihr erster amtierender Präsident, nachdem der vorgesehene Kandidat Heinrich Mann im amerikanischen Exil verstorben war. Unter den Aktivitäten zu DDR-Zeiten erreichte besonders die Literaturzeitschrift „Sinn und Form" internationales Renommee, das bis heute anhält. Erst 1954 zog der Westen nach, berief Hans Scharoun an die Spitze der Institution und entfaltete seit 1960 im Neubau von Werner Düttmann ein Kulturprogramm von Weltrang.

Mit dem Mauerfall stürzten die Barrieren zwischen den Akademien nicht sofort ein. Nach dem dreijährigen Intermezzo einer neuen Ostberliner Akademie unter Heiner Müller und zähen Verhandlungen mit dem Senat wurde Walter Jens im Juni 1994 Präsident der wieder vereinigten Akademie der Künste Berlin-Brandenburg. Seit 1997 präsidiert der ungarische Schriftsteller György Konrád über etwa 350 Mitglieder, 150 Mitarbeiter und einen Jahresetat von 20 Millionen DM, den Berlin, Brandenburg und die Stiftung Deutsche Klassenlotterie zum Großteil tragen. Bis zum geplanten Umzug bleibt der Düttmann-Bau im Hansaviertel der Hauptwohnsitz. Neben Ausstellungen, Konzerten, Lesungen, Theater-, Tanz- und Filmvorführungen finden hier regelmäßig Preisverleihungen und Stipendienvergaben an die Künstler aller Sparten statt.

In den 300 Jahren ihres Bestehens bemühte sich die Akademie, die Künste zu fördern und dabei die jeweilig passende, politische Verantwortung zu übernehmen. Die Liste der Direktoren und Präsidenten, Mitglieder und Ehrenmitglieder umfasst die gesamte Garde deutscher Hochkultur: Chodowiecki, Goethe, Schinkel, Mendelssohn-Bartholdy, Käthe Kollwitz, Arnold Schönberg, Thomas Mann, Bertolt Brecht, Heinrich Böll, Günter Grass. Viele ihrer Nachlässe sind seit 1993 in der Stiftung Archiv der Akademie vereint. Die 4000 laufenden Meter Archivgut, 60.000 Kunstwerke und 250.000 Bände ihrer Bibliothek werden bald im Keller am Pariser Platz lagern. Denn den hinteren Teil des Neubaus musste man aus Geldmangel an das Hotel Adlon abtreten. Doch diesen Kompromiss wird Behnischs Gewächshaus der Kunst zwischen dem neu gebauten Historien-Kitsch am Pariser Platz bestimmt vertragen.

Berliner Festspiele

Schauplatz für Musik, Theater, Tanz, Literatur, Kunst und Film

Alles soll nun anders werden. Ulrich Eckhardt hat 28 Jahre die Institution freundlich geführt, die für die Organisation mehrerer Festivals und Programmreihen verantwortlich zeichnet: Die Berlinale, das Theatertreffen, das JazzFest, die Berliner Lektionen, die Musik-Biennale, die jugendkulturellen Bundeswettbewerbe Theatertreffen der Jugend, Treffen Junge Musik-Szene und Treffen Junger Autoren sowie, gewissermaßen als Herzstück, die Berliner Festwochen. 1951 wurden die Festspiele als kultureller Frontstadtposten gegründet und in den siebziger Jahren auf das Konzept einer Drehscheibe zwischen Ost und West umgepolt, zu einem Forum des Ost-West-Dialogs. Doch nun wird alles anders werden.

Die strategische Funktion des Brückenschlags zwischen Ost und West war zu Zeiten des Kalten Krieges wichtig, ist aber nach dem Zusammenbruch des Ostblocks längst obsolet geworden. Nun ist Eckhardt-Nachfolger Joachim Sartorius angetreten, die Berliner Festspiele neu zu erfinden.

Erste Neuheit: Der Bund hat die alleinige Trägerschaft der Berliner Festspiele übernommen. Zweite Änderung: Die Freie Volksbühne wird zum Berliner Festspielhaus. Sartorius ist so der erste Berliner Festspielleiter, der ein eigenes Theater bespielen wird. Drittens: Es soll mehr gefeiert werden. „Kultur kommt von Feiern!", ruft Sartorius, zuvor Generalsekretär des Goethe-Instituts in München. Er will Feste feiern im Garten der Freien Volksbühne. Feste sind Öffnung, Rummel, sind Begegnung. „Leben ist die Kunst des sich Begegnens", meinte bereits Vinicius de Moraes, der große brasilianische Poet. Feste muss man feiern, wie sie fallen, weiß der Volksmund.

Und Sartorius sorgt für Gelegenheiten der Begegnung. Dem JazzFest hat er bereits ein neues Konzept verpasst, er will ihm eine Jazz-Meile von der Freien Volksbühne, vorbei am Literaturhaus in der Fasanenstraße und dem Jüdischen Gemeindehaus, bis zum Quasimodo in der Kantstraße beigeben. Das Festspielhaus,

INSTITUTIONEN

Schaperstr. 24, Wilmersdorf
254 89-0
redaktion@berlinerfestspiele.de
U Spichernstraße
Je nach Veranstaltung
www.berlinerfestspiele.de

die Freie Volksbühne, soll „Gravitationszentrum" sein. Darin wird Theatertreffen wieder seine Bühne finden, wie einst im Mai. Die Festwochen sowieso. Doch der neue Intendant strebt darüber hinaus einen mehr oder weniger durchgehenden Spielbetrieb an. Er will große Namen, große Werke nach Berlin holen, aber auch die Grenzgänger zwischen den Genres, zwischen Video, Literatur und Performance präsentieren. Lauter Gelegenheiten zur Begegnung.

Auch die Reihe der „Berliner Lektionen" wird weitergehen, ein seit 1987 gemeinsam mit der Bertelsmann AG veranstaltetes Forum der geistigen Auseinandersetzung. Politiker, Gelehrte, Musiker, Sportler, Unternehmer, Schriftsteller, Zeugen dieses Jahrhunderts begeben sich hier in eine anregende und nachdenkliche Zwiesprache mit dem Publikum. So unterschiedliche Persönlichkeiten wie Wolf Biermann, Willy Brandt, Christo, Michail Gorbatschow, Nadine Gordimer, Hildegard Knef, Teddy Kollek, Yehudi Menuhin, Peter Ustinov oder Billy Wilder erteilten sonntags vormittags schon eine „Lektion".

Seit 2001 ist **Joachim Sartori** neuer Intendant d Berliner Festspiele Zwischen 1986 ur 1994 leitete er da Künstlerprogramm des DAAD in Berlin bevor er als Genera sekretär des Goeth Instituts nach Mün chen ging. Ein Funktionär mit He für die Poesie: Er is Lyriker

daad-galerie, Kurfürstenstr. 58, Tiergarten
☎ 20 22 08 25
✉ BKP.Berlin @daad.de
Ⓤ Nollendorfplatz
🏛 Frei, tgl. 12.30-19 Uhr
💻 www.berlinerkuenstlerprogramm.de

DAAD Deutscher Akademischer Austauschdienst

Internationale Künstler auf dem Weg zum Weltruhm

Neben Tafelspitz und Apfelstrudel erwartet den Gast des Café Einstein auch frisch gemachter Augenschmaus nur eine Etage höher. Das zweite Geschoss der Caféhaus-Villa in der Kurfürstenstraße bewohnt nämlich die daad-galerie. Die bildenden Künstler aus dem Berliner Austauschprogramm stellen seit 1979 die Resultate ihres Stipendienaufenthaltes in der schlichten Herrschaftlichkeit der Villa zur Schau. Ein Hauch von Kunstwelt legt sich seitdem über den Kaffeeduft aus der unteren Etage.

Seit 1965 machen internationale Künstler aus den Sparten Literatur, Musik, Film und Bildende Kunst auf dem Weg zum Weltruhm für ein Jahr Zwischenstation in Berlin. Was als Programm der Ford Foundation begann, führt der DAAD mit den Mitteln des Auswärtigen Amtes und des Berliner Senats seit 1965 fort. Neben Unterhalt, Wohn- und Arbeitsraum für die Stipendiaten sorgt er für die Zusammenarbeit mit den städtischen Institutionen aus Kunst und Wissenschaft.

Die Literaturförderung nimmt sich seit dem Mauerfall besonders der jungen Schriftsteller aus Osteuropa an und erleichtert ihnen den Kontakt zu deutschen Verlagen. Aber auch etabliertere Literaten wie die Ungarn Georges Tabori, György Konrád oder Péter Nádas kamen so nach Berlin. Auf der Gästeliste tummelt sich mittlerweile ein Best-of der Weltliteratur: Ingeborg Bachmann, Stanislaw Lem, Michel Butor oder Mario Vargas Llosa.

In den sechziger und siebziger Jahren mischte der DAAD die recht konservative Berliner Musikszene auf. Neue Musik von György Ligeti, John Cage oder Krystof Penderecki erklang plötzlich in den hiesigen Konzerthallen. Elektroakustik und Performance sorgten in den Folgejahren für noch mehr Avantgarde. István Szabó half der DAAD, seinen Film „Mephisto" zu realisieren; Jim Jarmusch und Andreij Tarkowskij nutzten Berlin als Stützpunkt zur Projektplanung. So manchen Dokumentar- und Experimentalfilm vermittelt der Austauschdienst an internationale Festivals, allen voran die Berlinale.

Die Förderung der Bildenden Kunst, die Friedrich Meschede verantwortet, hat allerdings einen besonderen Status im Berliner Künstlerprogramm. Es ist der einzige Bereich, in dem eine Jury die Gäste nominiert und so für ein handverlesenes Programm sorgt. Das macht sich auch außerhalb der Galerie bemerkbar: Matt Mullican hängte seine symbolträchtigen Fahnen in den S-Bahnhof Alexanderplatz und in den Glaskubus der Neuen Nationalgalerie, Micha Ullman setzte der Bücherverbrennung auf dem August-Bebel-Platz ein Denkmal und Renée Green dozierte in der „Freien Klasse" der Hochschule der Künste. Für besonderes Aufsehen sorgte die Show des britischen Shooting-Stars Damien Hirst in der daad-galerie. Er installierte hier ein Schmetterlingshaus und dekorierte es mit monochromen Gemälden in giftigen Farben. Am Ende der Ausstellung übersäten die Leichen der fragilen Falter das Parkett – ein Stückchen Wiener Morbidität über dem Caféhaus.

István Szabó hat eine Vorliebe für die Kippfiguren im Kulturbetrieb des Nationalsozialismus. Seine vom DAAD geförderte Verfilmung des Romans „Mephisto" erhielt 1982 den Oscar. Und jüngst drehte Szabó, der auch an der Deutschen Film- und Fernsehakademie in Berlin dozierte, einen Film über Wilhelm Furtwängler, den Dirigenten der Philharmoniker im Dritten Reich

Haus am Lützowplatz

„Kunst ist politisch" – Kooperationen zwischen Jung und Alt

Das Haus am Lützowplatz ist ein Kind des Kalten Krieges. Ein Genossenbund aus Sozialdemokraten, IG-Metallern und Kunstschaffenden rief 1963 den Fördererkreis Kulturzentrum Berlin e.V. am Lützowplatz ins Leben und kaufte das Vereinshaus am südlichen Tiergartenrand. Konrad „Jule" Hammer leitete fast dreißig Jahre die Institution, die sich noch heute den Leitsatz „Kunst ist politisch" auf ihre Fahnen schreibt.

Während der Kabarettist Wolfgang Neuss das „Domizil" im Souterrain des Hauses als „Mann mit der Pauke" aufführte, fanden im Obergeschoss Vorträge, Gesprächsrunden und Ausstellungen zur Kunst und Berliner Kulturgeschichte statt. Kontakte zu den damaligen Ostblock-Staaten standen im Vordergrund der Kulturarbeit. Künstler aus Polen, Bulgarien oder der DDR wurden vor den Eisernen Vorhang gelockt und ihre Werke am Lützowplatz präsentiert. Auch der Mai-Salon war sozialpolitisch motiviert: Nicht etwa der Wonnemonat, sondern die Arbeiterwelt war das Thema dieser Reihe.

Nach dem Tod von Konrad „Jule" Hammer 1991 übernahm Karin Pott die Leitung. Die Auflösung des Warschauer Pakts und die Wiedervereinigung Deutschlands erforderten ein neues Konzept. Heute besinnt sich das Haus am Lützowplatz verstärkt eines nicht mehr nur ostwärts gerichteten Mäzenatentums: Mit Ehrung des Fluxus-Pioniers Emmet Williams anlässlich seines 75. Geburtstages im Jahr 2000 und den Präsentationen von etablierten Künstlern wie Elvira Bach oder Anna und Bernhard Blume bleibt das Haus im Gespräch. Und kann sich so Ausstellungen mit Nachwuchskünstlern leisten. Eine Besonderheit im Konzept sind die Kooperationen von Jung und Alt. So ging Rebecca Horn, berühmte Professorin an der Hochschule der Künste, mit ihrer

Lützowplatz 9, Tiergarten

261 38 05

office@hausamluetzowplatz-berlin.de

U Nollendorfplatz

100/129/187/341

Frei, Di-So 11-18 Uhr

www.germangalleries.com/Haus_am_Luetzowplatz

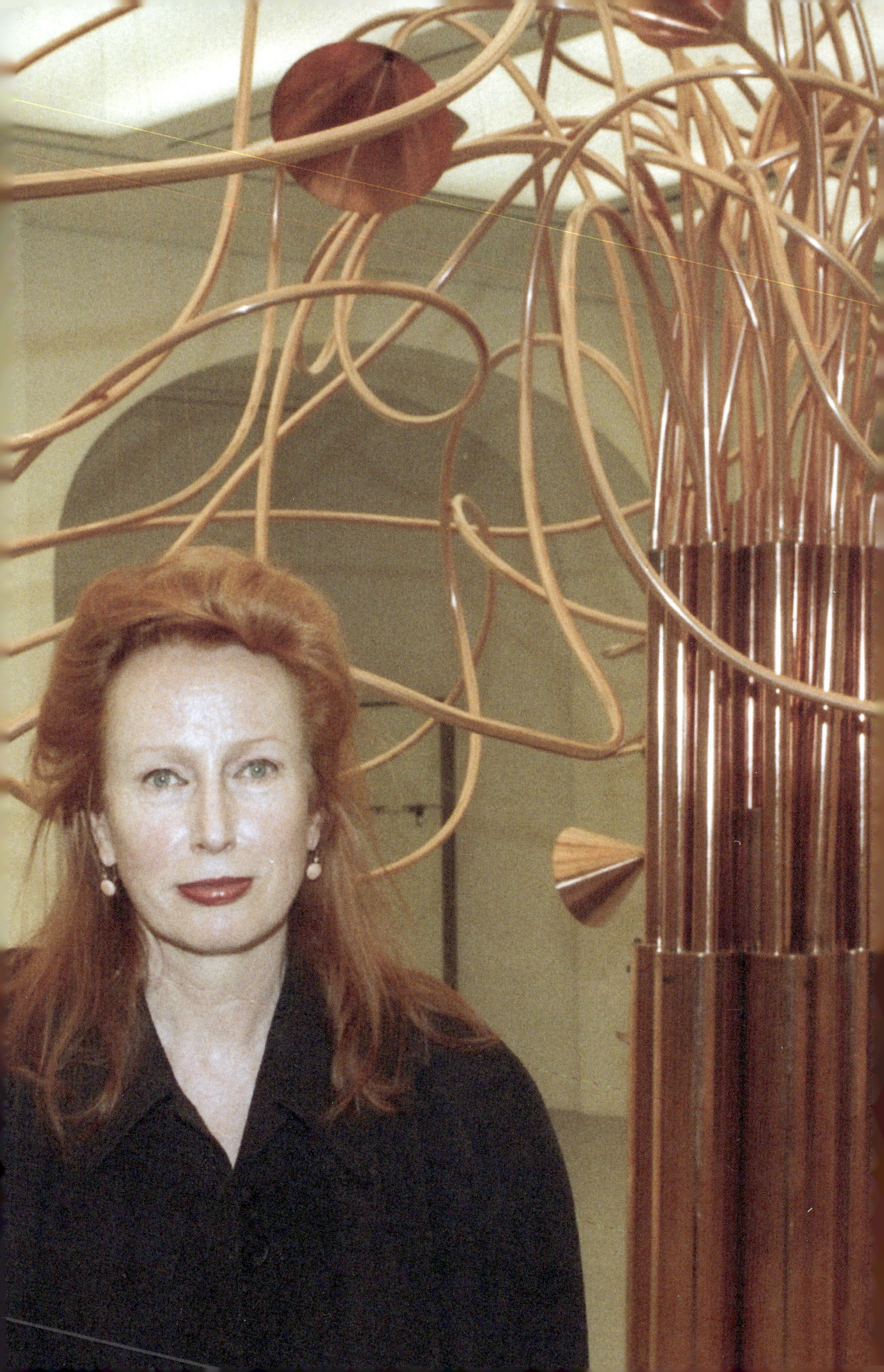

pferrot wie ihre
nst leuchten die
aare von Rebecca
orn. Die Professorin
 der Berliner HdK
igte ihre mecha-
sch-poetischen
ulpturen sowohl im
aus am Lützowplatz,
s auch schon im New
rker Guggenheim
useum

Klasse auf Pilgerfahrt nach Santiago de Compostela und zeigte die künstlerischen Souvenirs im Haus am Lützowplatz.

Die goldenen, sozialdemokratischen Tage scheinen mit der Errichtung des CDU-Flaggschiffs am Lützowplatz gezählt. Doch bemüht sich das Haus weiterhin um die Tradition am Standort. Immerhin sorgt jetzt die Bar „Trompete" in den Räumen des ehemaligen „Domizil" für Kulturprominenz: Schauspieler Ben Becker lädt mit seiner „Trompetengesellschaft" zu publikumswirksamen Jazz-Sessions.

Haus am Waldsee und Haus am Kleistpark

Kunstvillen zwischen Idylle und Melancholie

Nomen est omen: Kein Ausstellungsgebäude der Stadt liegt so malerisch wie das Haus am Waldsee. Inmitten eines 10.000 Quadratmeter großen Grundstücks steht die Villa im englischen Landhausstil, gebettet in eine Gartenlandschaft mit einer kleinen Freilichtbühne und besagtem See im Rücken des Hauses. Dass in dieser Nostalgie auch die jungen Triebe der zeitgenössischen Kunst gedeihen, passt nicht so recht ins Bild. Doch 1946 übernahm das Kunstamt Zehlendorf die Villa aus dem Besitz der Alliierten und sorgte mit seinen Aktivitäten seither für Gesprächsstoff über Berlin hinaus.

Im August 1945 debütierten hier die Berliner Philharmoniker unter Sergiu Celibidache und namhafte Solisten wie Dietrich Fischer-Dieskau und Hermann Prey intonierten das ein oder andere Lied. Kurz nach Kriegsende erhielten hier die ortsansässigen Künstler ihre Lebensmittelmarken, und die Freilichtbühne ersetzte so manche zerbombte Schauspielstätte.

Dank des engagierten Ausstellungsprogramms feierte die brache Kunstszene der Stadt hier ein Wiedersehen mit der Klassischen Moderne. Retrospektiven von Schmidt-Rottluff, Picasso und Wols, später Frieda Kahlo und Andy Warhol hielten Einzug in

INSTITUTIONEN

Haus am Waldsee
Argentinische Allee 30, Zehlendorf
☎ 801 89 35/63 21 52 34
✉ info@hausamwaldsee-berlin.de
Ⓢ Mexikoplatz
🚌 112/211/629
🎟 6, erm. 4 DM, Di-So 12-20 Uhr
🌐 www.hausamwaldsee-berlin.de

Haus am Kleistpark
Grunewaldstr. 6-7, Schöneberg
☎ 75 60 69 64
Ⓤ Kleistpark
🚌 148/187/248
🎟 Frei, Di-So 12-18 Uhr

Anfang der zwanziger Jahre ließ der Berliner Architekt Max Werner das Einfamilienhaus am idyllischen Waldsee in Zehlendorf errichten. Seit 1946 lädt das Kunstamt des Bezirks zu viel beachteten Ausstellungen ins Grüne

die Zehlendorfer Villa. Bis heute spüren die hauseigenen und geladenen Kuratoren die Trends in der zeitgenössischen Kunst auf und bündeln sie mit Vorliebe zu Gruppen- und Themenausstellungen. „Heftige Malerei" hieß die Präsentation 1980, die die Berliner „Jungen Wilden" aufs internationale Parkett hob.

Wie in fast allen ambitionierten Häusern gehört es auch hier zum guten Ton, seit den neunziger Jahren verstärkt osteuropäische Kunst zu zeigen, sich global mit anderen Institutionen zu vernetzen und den schrumpfenden Etat mit Sponsorenhilfe aufzufrischen. So sichert sich das Haus am Waldsee die prominenteste Position unter den Kunstämtern Berlins.

Doch das Kunstamt Schöneberg kann sich ebenso daneben sehen lassen. Auch seine Residenz, das Haus am Kleistpark, verspricht dem Namen nach eine romantische Lage. Der dreistöckige Bau an der Grunewaldstraße wirkt imposant von Außen, im Inneren aber sieht man die Haushaltskürzungen an allen Ecken und Enden. Ein gusseisernes Geländer rankt sich durchs voluminöse Treppenhaus zu den drei großen Ausstellungsräumen im obersten Geschoss. Hier stellt jährlich ein vom Bezirksamt preisgekrönter Fotograf aus. Ebenso führt die Kooperation mit der Neuen Gesellschaft für Bildende Kunst zu Publikumserfolgen, etwa der Retrospektive der Feministin Hannah Wilke im Jahr 2000. Doch das totgekürzte Kulturbudget lässt sonst keine großen Sprünge zu, und die Livemusik, die manchmal aus den Proberäumen im mittleren Geschoss ins Treppenhaus dringt, trägt eine entsprechend melancholische Note.

John-Foster-Dulles-Allee 10, Tiergarten
397 87-0, Kasse: 39 78 71 75
info@hkw.de
100
Je nach Veranstaltung, Di-So 10-21 Uhr
www.hkw.de

Haus der Kulturen der Welt

Folklore, Fakten, Freude – Das Schaufenster der Weltkulturen

Ein nackter Frauenarsch wirbt für eine Rio-Party im Haus der Kulturen der Welt. Mit solchen sexistischen Klischees um Aufmerksamkeit zu buhlen, passt eigentlich nicht zum ehrwürdigen Schaufenster der Weltkulturen, das seit 1989 in der ehemaligen Kongresshalle im Tiergarten residiert. Das Plakat warb denn auch für eine Fremdveranstaltung im Restaurant des Hauses. „Eine Diffamierung anderer Kulturen", warf Hans-Georg Knopp, der Generalsekretär des Hauses, dem Pächter danach vor, auch das Brasilianische Generalkonsulat hatte gegen diese Darstellung protestiert.

Natürlich geht Kulturvermittlung anders im Haus der Kulturen. „Vorrangiges Ziel ist es, dem deutschen Publikum fremde Kulturen in sämtlichen Medien und Erscheinungsformen vorzustellen", heißt es im Selbstverständnis. Nachdem Knopp im Herbst 1996 die Leitung übernommen hatte, wurde das zeitweilig eher akademisch als sinnlich umgesetzt. Man erfreut sich mehr an intellektuellen Formen des Dialogs und elitären Repräsentationsarten wie Ausstellungen, Diskussionsrunden, Vorträgen, Symposien. Das bringt zwar Veranstaltungen auf hohem Niveau – auch der Dalai-Lama schaut gelegentlich vorbei – aber mit der Ausstrahlung eines intellektuellen Elfenbeinturms füllt sich das „weltweit einzigartige Experiment" nur zögerlich mit Leben. In-

Auch der **Dalai-Lama** besuchte schon das Haus der Kulturen der Welt. Im Alter von fünf Jahren wurde er geistliches Oberhaupt der Tibeter. Nach einem gescheiterten Aufstand gegen die chinesische Herrschaft in Tibet 1959 flüchtete er nach Indien, wo er eine international nicht anerkannte Exilregierung gründete

"Schwangere Auster" nennen das 1956/57 zur Internationalen Bauausstellung errichtete Gebäude eigentlich nur noch Fremdenführer. Für Berliner aller Länder ist die ehemalige Kongresshalle längst das Haus der Kulturen der Welt

zwischen hat man sich daher auch auf populäre Reihen wie das Open-Air-Kino oder regelmäßige Weltmusikkonzerte zurückbesonnen.

Und das Konzept geht auf. Über 300.000 Besucher strömen alljährlich in die „Schwangere Auster", dem Berliner Kosenamen für die einstige Kongresshalle. Doch so nennen das 1956/57 zur Internationalen Bauausstellung errichtete Gebäude eigentlich nur noch Fremdenführer. Für Berliner aller Länder ist es längst allein das Haus der Kulturen, der schwerfällige Zusatz „der Welt" wird einfach mitgedacht.

1988 wurde es gegründet, als Nachfolger der seit 1979 von den Berliner Festspielen alle drei Jahre veranstalteten Reihe „Horizonte – Festival der Weltkulturen" – einer der geistigen Väter dieser Reihe war übrigens neben dem Aspen Institut der damalige Bundeskanzler Helmut Schmidt. Ein Jahr später zog die zu 50 Prozent vom Berliner Senat und dem Auswärtigen Amt betriebene Institution in sein Tiergartener Domizil. Seitdem gab es mehr als 7.000 Ausstellungen, Konzerte, Lesungen, Vorträge und Filme aus und über die Länder Asiens, Afrikas, Amerikas und Australiens zu erleben. Folklore, Fakten, Freude. Einmal um die ganze Welt – und dabei stets mitten in Berlin.

Internationales Design Zentrum

Kuppler zwischen Wirtschaft, Design und der Öffentlichkeit

Dem Bezirk Friedrichshain gehört die Zukunft. Schon vor den Trendsettern der Subkultur meinte das jedenfalls die innovativste Wirtschaftsbranche der Stadt. Das Internationale Design Zentrum (IDZ) eröffnete seine neuen Räume in der so genannten Oberbaum-City bereits im Oktober 1997. Kaum ein Szene-Club hatte damals an der Warschauer Straße geöffnet. In der stillgelegten Glühbirnenfabrik der Ost-Marke Narva sollte ein Lei-

Rotherstr. 16, Friedrichshain
293 35 10
idz@idz.de
S U Warschauer Straße
147
Je nach Veranstaltung, Mo-Do 9-17, Fr 9-15 Uhr
www.idz.de

stungszentrum der emporstrebenden Design- und Multimedia-Industrie wachsen. Ein polierter Fremdkörper im trostlos-schönen Friedrichshain zwischen der Spree und den Bahngleisen.

Das IDZ versteht sich als Vermittler zwischen Wirtschaft, Design und der Öffentlichkeit. Seit seiner Gründung 1968 bietet der gemeinnützige Verein eine breite Palette an Dienstleistungen an: Er berät Unternehmer, vermittelt die Kreativen an die Industrie, richtet Konferenzen aus, organisiert Meetings für die Privatwirtschaft, unterhält eine Bibliothek und kuratiert Ausstellungen zum Produktdesign.

Über nicht weniger als die „soziologischen, ökonomischen, technischen, ästhetischen und historischen" Dimensionen des Designs möchte das IDZ laut Selbsterklärung informieren. Das ist eine satte Portion Ganzheitlichkeit bei handfesten finanziellen Interessen. Unter allen seinen Aktionen findet besonders die Deutsche Designkonferenz breite Aufmerksamkeit. Alle zwei Jahre treffen sich Wissenschaftler, Designer und Wirtschaftler und tauschen sich zu Themen wie „Wachstumsimpulse für die neuen Bundesländer" (1994) oder „Faszination Marke" (2000) aus.

Das hoch gesteckte Ziel des IDZ ist die Mitwirkung am „Corporate Image" der Hauptstadt. Der Umzug vom Ku'damm in die Oberbaum-City war dafür richtungsweisend. Die IDZ-Galerie bespielt hier verschiedene, noch leer stehende Büroräume. Zum Beispiel den Kuppelraum im aufgestockten Narva-Turm, der hoch überm Friedrichshain den schönsten Ausblick aller Berliner Galerien bietet. Das Duo Bär+Knell stellte dort seine Möbel aus dahingeschmolzenen Plastikflaschen aus, und 1998 gastierte die „Faszination Mercedes Design" in den Panorama-Räumen. Von hier oben wirkt die Stadt wie ein buntes Gebäudepuzzle, das man gar nicht zum „Corporate Image" wieder vereinigen muss.

Für **Ariane Mnouchkine** gehören Politik, Revolution, Fest und Theater zusammen, diese Lehre aus der Studentenrevolte führte sie schon 1970 zu dem Stück „1789", mit dem sie berühmt wurde. Ihren bilderreichen, sehr körperlichen Theaterstil voller multikultureller Einflüsse, führt sie mit dem Pariser Théâtre du Soleil zur Meisterschaft

Auguststr. 69, Mitte
243 45 90
info@kw-berlin.de
Oranienburger Straße
Tram 1/13
5, erm. 3 DM, Di/Do/So 12-18, Fr/Sa 12-21 Uhr
www.kw-berlin.de

Kunst-Werke Berlin

Kunstverein für die trendbewusste Szene in Mitte

Vom Hotelzimmer bis zum Schulraum, vom Ladenlokal bis zur Toilette reichten einmal die Örtlichkeiten, in denen sich die junge Berliner Kunst rund um die Auguststraße ausbreitete. Klaus Biesenbach legte mit der Ausstellung „37 Räume" 1992 einen Grundstein für die trendbewusste Szene in Mitte. Zu dieser Zeit war die ehemalige Margarinefabrik, die heute die Kunst-Werke beherbergt, noch ganz marode. Doch mittlerweile hallt der glänzende Ruf des Kunstvereins sogar bis nach New York. Der umtriebige Gründervater Biesenbach ist daran nicht ganz unschuldig.

Während die aufwändigen Restaurierungen und Umbauten noch andauerten, waren die Aktivitäten in den Kunst-Werken schon in vollem Gange. „When tekkno turns to sound of poetry" hieß 1995 eine viel beachtetes Projekt zur Kontext-Konzept-Kunst. Doch auch Vertreter des erhabenen Establishments wie Gerhard Merz stellten hier aus. Ende 1998 waren die Kunst-Werke Hauptaustragungsort der ersten Berlin-Biennale. 80.000 Besucher zählten damals die Kunstprovisorien in Mitte, darunter auch das leere Postfuhramt in der Oranienburger Straße und die Ruine der Akademie der Künste Ost am Pariser Platz.

Seit ihrer endgültigen Instandsetzung 1999 holen die Kunst-Werke die großen Namen des weltweiten Kunstbetriebs nach Berlin. Die Skandal-Briten Jake und Dinos Chapman zeigten hier ihre makaberen Farbfotos eines KZ-Infernos im Spielzeugformat. Der smarte Matthew Barney ließ hier live und im Film „Cremaster 2" seine Kunst-Muskeln spielen. Und Catherine David, die Leiterin der documenta 1997, dokumentierte hier die Situation im Nahen Osten mit den Mitteln der Kunst.

Neben den 2000 Quadratmetern Ausstellungsfläche bieten die Kunst-Werke auch Wohn- und Arbeitsraum für Künstler im denkmalgeschützten Vorderhaus aus dem 18. Jahrhundert. Illuster sind auch die verschiedenen Vortragsreihen und nicht zuletzt das schillernde Vernissagenpublikum. Das Allround-Talent Christoph Schlingensief unterhielt hier neben seinem Büro das Wohnzimmerkino Club 69. Doch wehe dem, der sich hier Böses denkt! 69 ist schlichtweg die Hausnummer der Institution in der Auguststraße.

Mariannenplatz 2, Kreuzberg
616 90 30
frameworks@frame.co.at
Kottbusser Tor und Görlitzer Bahnhof
129/140
Frei, Mi-So 14-20 Uhr
www.bethanien.de

Künstlerhaus Bethanien

Die Kunstwelt in Kreuzberg: Kulturzentrum, Projektwerkstatt

Als der junge Theodor Fontane in der Mitte des 19. Jahrhunderts in der Central-Diakonissenanstalt Bethanien die Ordensschwestern pharmazeutisch belehrte, stand die kreative Zukunft des Gebäudes noch in den Sternen. Denn die Patienten, die die Schwestern am verschlafenen Mariannenplatz noch bis 1970 umsorgten, wurden erst vier Jahre später von Künstlern abgelöst. Heute erinnert die merkwürdig gotisierende Architektur mit den

Das verwunschene Bethanien-Krankenhaus beherbergt heute Ausstellungsräume, Ateliers, eine türkische Bibliothek und immer noch die originale Apotheke. In Sommernächten gibt's am Kreuzberger Mariannenplatz auch Freiluftkino

zwei putzigen Türmen rechts und links des Portals noch an die vergangenen Zeiten.

In den ersten 25 Jahren seines Bestehens hat das Künstlerhaus Bethanien über 500 Maler, Bildhauer und Theaterschaffende aus aller Herren Länder beherbergt. Als Westberlin noch ein Enklaven-Dasein fristete, kam so der Duft der großen, weiten Kunstwelt nach Kreuzberg. Mit einem Stipendium in der Tasche können die Gäste des Hauses bis heute die zwei Wohnungen und 24 Atelierräume nutzen und stellen die Arbeitsergebnisse danach in den Ausstellungsräumen zur Schau. So manche Künstlerkarriere hat so ihren Anfang genommen. Aber auch große Namen stehen auf der Gästeliste: Heiner Müller und Ariane Mnouchkine, Andreij Tarkowskij und Theodoros Angelopoulos gaben hier in Theater- und Filmseminaren ihre Regiekünste an den Nachwuchs weiter. Und Bruce Naumans berühmteste Video-Skulptur „Anthro-Socio", die auf der documenta 1992 für Beklemmung sorgte, gastierte später hier.

Das Bethanien dient auch der türkischen Namik-Kemal-Bibliothek, der Musikschule und dem Kunstamt Kreuzberg als Unterkunft. Das Kunstamt fährt im Erdgeschoss des Hauptgebäudes ein zeitgenössisches Ausstellungsprogramm und ergänzt sich dadurch mit dem Künstlerhaus. Stadtbekannt ist die hiesige Druckwerkstatt des Berufsverbandes Bildender Künstler, die sowohl für traditionelle als auch für zukunftsweisende Reproduktionstechniken exzellent gerüstet ist. Dennoch hapert es hier – wie im Bethanien überhaupt – an einem gesicherten Etat.

So bleibt auch das Künstlerhaus zwangsläufig nicht vom Kunst-Sponsoring verschont. Die Philip Morris Kunstförderung GmbH unterstützt das Atelierprogramm seit 1993. So kann Christoph Tannert, seit 2000 Leiter des Hauses, im Angesicht der finanziellen Engpässe leichter durchatmen – dank der Zigarettenindustrie. Für alle Fälle steht im Bethanien immer noch die originale Krankenhaus-Apotheke hinter einer Glastür bereit.

Künstlerhof Buch

Moderne Kunst hinterm Scheunentor

Klassische Skulpturen, die auf Wiesenkräutern thronen, zeugen noch von der Tradition im Künstlerhof Buch. In den achtziger Jahren bezog das „Büro für architektonische Kunst" der DDR das mittelalterliche Gehöft

Alt-Buch 45-51, Pankow
☎ 94 10 80 12
Ⓢ Buch
🚌 158/159
🕐 Frei, Di-Fr 15-19, Sa/So 11-19 Uhr

Der Kontrast könnte größer nicht sein: Auf der einen Seite von Alt-Buch stehen die immer gleichen Mietskasernen einer Plattenbausiedlung in hartem, sozialistischem Realismus. Auf der andern Straßenseite liegt der verträumte Künstlerhof Buch, ein mittelalterliches Gut mit dreizehn Wirtschaftsgebäuden und Stallungen zwischen gepflasterten Höfen. Auf den 30.000 Quadratmetern arbeiten im Schnitt dreißig Künstler in den Einzelateliers, in der Holz- und der Metallwerkstatt sowie unter der provisorischen Überdachung am angrenzenden Schlosspark. Das „Großatelier", ein Klotz im Neubaustil der DDR, ist das einzige Bindeglied zwischen der bäuerlichen Gemütlichkeit und der kalten Wohnsiedlung im Süden.

Das kreative Potential des Geländes hatte Käthe Kollwitz schon 1921 entdeckt und bemühte sich, es für mittellose Künstlerinnen zu gewinnen. Sie scheiterte aber an der Stadtverwaltung, weil

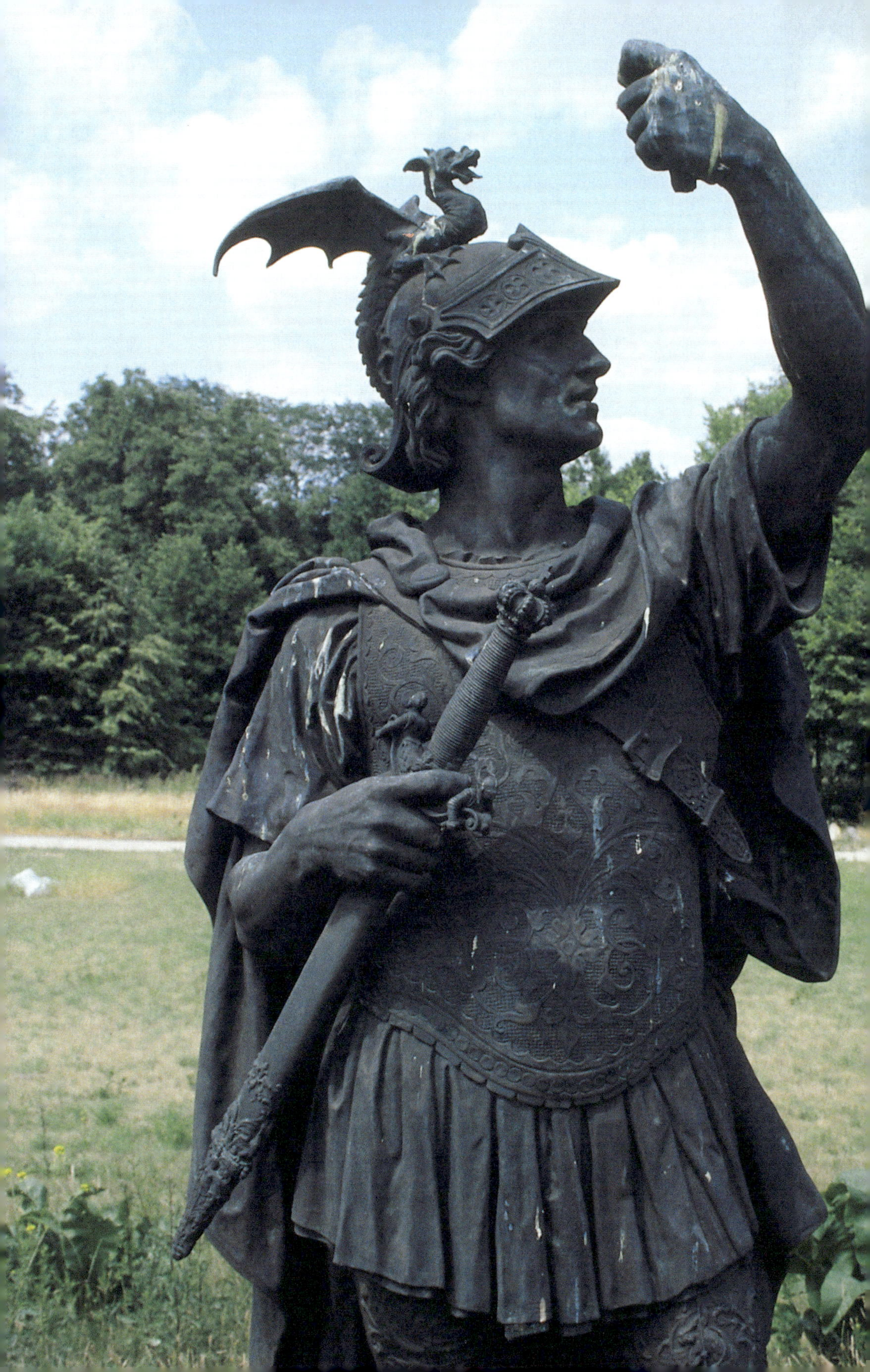

das Bucher Schloss als Sommersitz für den Oberbürgermeister unabkömmlich war. Die spätere Umwandlung des städtischen in ein volkseigenes Gut und die Sprengung des Schlosses 1964 machten klar, dass nach dem Krieg ein anderer politischer Wind über die Gehöfte wehte.

Erst 1981 wurde der kulturelle Kahlschlag wieder gutgemacht: Der Magistrat gründete das „Büro für architekturbezogene Kunst" und baute den Atelier- und Werkstattkomplex auf. Fortan trafen sich hier die Bildhauer und Maler – sogar zu Sommerseminaren mit internationaler Besetzung. Nach der Wende konnten die Proteste der Künstler und Mitarbeiter des Hofes die Schließung gerade noch abwenden. So betreut seit 1995 die Akademie der Künste das denkmalgeschützte und renovierungsbedürftige Gelände. Und droht regelmäßig mit der Kündigung des Unterhalts, solange der Senat sich nicht genügend beteiligt. Doch weiterhin verfügen der Berufsverband Bildender Künstler und die Stipendiaten der Akademie über die weitläufigen Ateliers, die zum Künstlerfest einmal im Jahr ihre Scheunentore öffnen. Malerei und Bildhauerei, Theater und Musik treten dann aufs Kopfsteinpflaster und sorgen für Volksfeststimmung. Überhaupt ist die Kunst hier ganz publikumsnah, seien es die zahlreichen, traditionell behauenen Steinskulpturen im Freien oder der bunte Ziehharmonikaspieler über dem Eingang zur Künstlerklause. Nach alter Gutshof-Manier pflegt die hiesige Produktion noch ganz das bewährte Handwerk.

In den ehemaligen Kleintierställen zeigt die Galerie des Künstlerhofs ebenfalls Kunst, die weder zeitgenössisch-großstädtisch, noch gänzlich provinziell ist. Sondern fest in der Tradition vor Ort verankert. Wer diese Tradition auf Fotos und Texten nachvollziehen will, wird in das markanteste Bauwerk gelockt: Gleich neben dem Eingang steht der possierliche Taubenturm.

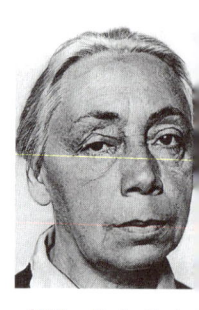

Käthe Kollwitz ist die repräsentativste Künstlerin Berlins. Ihre Werke sind gezeichnet vom frühen Verlust ihres Sohnes und von ihrer Unterdrückung im Dritten Reich. Die sozialkritisch klagenden Figuren der Kollwitz berührten noch Helmut Kohl. Er ließ ihre „Pietà" vergrößern und das „Blow-Up" äußerst staatstragend in Schinkels Neuer Wache aufstellen

Oranienstr. 25, Kreuzberg
615 30 31
ngbk@snafu.de
U Kottbusser Tor
129
Frei, tgl. 12-18.30 Uhr
www.ngbk.de

Neue Gesellschaft für Bildende Kunst

Basisdemokratischer Kunstverein mit Außenwirkung

Ein kampflustiger Stern mit roten Zacken ist das Logo der Neuen Gesellschaft für Bildende Kunst (NGBK). Neben dem Neuen Berliner Kunstverein ging sie als Spaltprodukt mit Linkstendenz aus der Teilung des Berliner Kunstvereins im Jahre 1969 hervor. Diese Zahl ist symptomatisch: Eine neue Gesellschaftsform war das Ziel der NGBK, und bis heute gilt Basisdemokratie: Jedes Mitglied ist gleichberechtigt, das Programm bestimmt die Jahresversammlung – nicht etwa ein Direktor – und unabhängige, temporäre Arbeitsgruppen bereiten die Ausstellungen vor. In den drei Jahrzehnten ihres Bestehens haben sich diese Prinzipien erfolgreich gegen jede Kunstvereinsmeierei gewehrt.

Ebenso ideologiegeprüft wie die Organisation sind auch die Themen. Der Nationalsozialismus geriet in Ausstellungen zu „Renzo Vespignani – Über den Faschismus" 1976 und wieder 1987 zur „Ästhetischen Faszination im Faschismus" ins Visier. Genauso

Eva und Adele sind die schrillsten Künstle Berlins. Als Gesamt kunstwerke lächeln si auf jeder prominente Vernissage in die Kameras. So auch im Neue Berliner Kunstverei anlässlich ihrer eigene Ausstellungseröffnun

gilt das Interesse feministischen Inhalten und den Arbeiten von Künstlerinnen. Heute sind die Präsentationen zwar weniger didaktisch, aber weiterhin Minderheiten und Tabuthemen vorbehalten. Das „RealismusStudio" und die Arbeitsgruppe Fotografie beschäftigen sich kontinuierlich mit der Wechselbeziehung zwischen Körper und Computer, Menschenbildern und Medienwelten, Freiräumen und Neubauten.

Die Zentrale der NGBK liegt in der Oranienstraße, der Kulturmeile des ehemaligen Krawall-Kiezes SO 36 in Kreuzberg. Hinter einem Buchladen getarnt liegen die Ausstellungsräume und bieten dem Berliner Establishment beachtlich Paroli. So holte Ende der neunziger Jahre eine Arbeitsgruppe unter dem Titel „Unterbrochene Karrieren" verdrängte Helden aus dem Unterbewusstsein des Kunstbetriebs. So kam das bedeutende Werk der früh verstorbenen Feministin Hannah Wilke in großem Umfang ans Tageslicht.

Doch auch in der Wahl der Ausstellungsräume bleibt die NGBK ihren Grundsätzen treu und reißt die Museumswände nieder. Plakatgroße Werke kleben im U-Bahnhof Alexanderplatz als Kunst im öffentlichen Raum, und ganze 16 Außenstationen hatte die Ausstellung „Integrale Kunstprojekte" 1993 – vom Kaufhaus bis zur Forensischen Abteilung der Bonhoeffer-Klinik. Durch solche Taten verwirklicht sich der Traum der Avantgarde, die Kunst im Leben aufzuheben.

Neuer Berliner Kunstverein

Stars und Newcomer – mit Verleihmöglichkeit

Wem das nötige Kleingeld für Gegenwartskunst fehlt, dem hilft der Neue Berliner Kunstverein (NBK). 1970 gründete er die erste Artothek in Deutschland und verleiht seitdem Werke renommierter wie unbekannter, zumeist Berliner Künstler. Mit einer

Chausseestr. 128, Mitte
280 70 20-2
nbk@nbk.org
U Oranienburger Tor
Frei, Di-Fr 12-18, Sa/So 12-16 Uhr
www.nbk.org

INSTITUTIONEN

Mark ist man dabei und kann gegen diese geringe Versicherungsgebühr sein Heim mit Originalen schmücken oder sein eigenes Fernsehprogramm mit den entliehenen Kunst-Videos gestalten.

Neben dieser Form der Kunstvermittlung hat sich der NBK, der aus dem 1965 gegründeten Berliner Kunstverein hervorging, besonders der Verbindung von Ost und West verschrieben. Schon sein Umzug vom Ku'damm in die Chausseestraße setzte dafür 1994 ein deutliches Zeichen: Als der Bezirk Mitte dem ehemaligen Kunstzentrum Charlottenburg den Rang ablief, zog es den Kunstverein ostwärts an den Rand der Spandauer Vorstadt. Folgerichtig dominiert die osteuropäische Kunst das Ausstellungsprogramm. Alexander Tolnay, der aus Ungarn stammende Direktor des Kunstvereins, ist mit ihr schon aus biografischen Gründen bestens vertraut. So kommen junge Prager, Slowenen oder Budapester in die Hauptstadt, die sich als Tor zur Kunst aus Osteuropa bislang recht schwer tat.

Den anderen Schwerpunkt bildet der lokale Bezug: Bei der jährlichen „Ortsbegehung" sammelt ein Gastkurator taufrische Werke aus den Berliner Ateliers und stellt den Nachwuchs in den Räumen des NBK für einen Monat aus. Für Diskussionen über kunstpolitische Themen und für Künstlergespräche gibt es den wöchentlichen „Treffpunkt NBK". Doch auch der globalen Vermittlungsarbeit will Direktor Tolnay Genüge tun: Eine eigene Reihe widmet sich der Fotokunst aus fernen Ländern wie Australien und Japan, aber auch den Nachbarn Frankreich und der Schweiz.

Dazwischen liegen die Einzelausstellungen: Von Stars der zeitgenössischen Szene wie Per Kirkeby bis zu Newcomern wie Hans Hemmert. Was letzterer in den unwirtlichen Ausstellungsräumen des NBK platzierte, passte wie die Faust aufs Auge: Vier nagelneue Wagen standen im Ladenparterre mit den großen Schaufenstern und verwandelten den Kunstverein in einen Autosalon. Besser gesagt: in ein Autokino. Denn vom Fahrzeuginneren aus konnte man bekannte Spielfilme anschauen. Allerdings trugen die Darsteller statt des Originaltextes die philosophischen Gedanken von Martin Heidegger zum Thema Raum vor. Schade nur, dass man die Exponate noch nicht für eine Spritztour aus der Artothek entleihen kann.

Am Spreeufer östlic der Jannowitzbrück ziert eine große, minimalistische Backsteinskulptur vo **Per Kirkeby** das Kraftwerk Mitte de Berliner Bewag. Geo logische Expeditione dienen dem Bildhau und Maler, der seit den Sechzigern inte nationalen Ruf ge nießt, als Ideengebe Im Jahr 2001 feiert ihn der Neue Berline Kunstverein mit eine Einzelausstellung

Klosterstr. 68-70, Mitte
24 74 96
pr@podewil.de
U Klosterstraße
142/257
Je nach Veranstaltung, Mo-Sa 10-22 Uhr
www.podewil.de

Podewil

Spaß am Andersartigen: Interdisziplinäres Kulturzentrum

Wer hinter dem Namen Podewil eine Berlin-typische Abkürzung wie „KaDeWe" vermutet, wird lange rätseln. Die Abkürzung ist nämlich anderer Natur: Sie geht auf den Wirklichen Geheimen Kriegs-, Etat- und Kabinettminister Graf Heinrich von Podewils zurück. Besagter Podewils kaufte 1732 das barocke Palais an der Klosterstraße und wurde so zum Namenspatron der Kulturinstitution, die sich seit 1992 darin befindet.

Das Podewil versteht sich als Produktions- und Aufführungsort für alle darstellenden wie bildenden Künste. Das interdisziplinäre Konzept verbindet Musik, Theater, Performance, Tanz, Neue Medien und Bildende Kunst zu einem einzigen und einzigartigen Netzwerk. Kommunikation, Interaktion und globale Vernetzung – die Zauberworte der neunziger Jahre – bilden das Theoriegerüst. Wem aber die Theorie zu trocken ist, hier sieht und hört er sie auch praktisch umgesetzt. Denn die junge Kunst kennt keine Gattungsgrenzen mehr. Im Podewil gibt's Neue Musik mit Video-Projektionen, Netzkunst, DJ-Performances und Malerei in neuester Computertechnik.

Dieser Spaß am Heterogenen belebte das Haus schon zu DDR-Zeiten. Zweihundert Jahre nach dem Auszug des Grafen von Podewils begruben Kriegsbomben das Palais unter Schutt und Asche. 1951 begann man während der III. Weltfestspiele der Jugend mit dem Wiederaufbau und konnte acht Jahre später das „Haus der jungen Talente" hier einweihen. Bald sorgten 50 Arbeitsgemeinschaften der darstellenden wie angewandten Künste für ein überaktives, bunt gemischtes Programm vom Gesellschaftstanz bis zum „Festival des politischen Liedes", von der Fotografie bis zum gefeierten DDR-Jazz. Klub-Kultur gab es hier schon lange vor der coolen Club-Culture im Neuen Berlin. Seit 1965 beriet sich im heutigen Podewil der Klub Junger Philosophen, seit 1986 der Computerklub.

So gesehen lebt im Podewil eine Stück DDR-Kultur fort. Immer noch gibt es Arbeitsgruppen und Sommerfeste, immer noch arbeiten die Disziplinen eng zusammen. Heute hat jeder Teilbereich zwar seine eigenen Koordinatoren, Aufführungen oder Ausstellungen, aber die Arbeitsräume werden flexibel genutzt. Zehn Proberäume, ein 230 Quadratmeter großes Tanzstudio, sieben Ateliers, ein Klubraum und ein Saal, der zwischen 50 und 200 Zuschauer fassen kann, verteilen sich bis unters Dach. Hier kommen auch die „artists-in-residence" unter: Künstler wie die Choreografin Sasha Waltz, das Kammerensemble Neue Musik Berlin oder die Videokünstlerin Mathilde ter Heijne durften hier über mehrere Monate experimentieren.

Das internationale Medienkunstfestival „transmediale" ist eines der Aushängeschilder des Podewils. Es ging aus dem „VideoFest" der Berliner Filmfestspiele hervor und bietet heute in den Räu-

INSTITUTIONEN

Das Podewil entstand Anfang des 18. Jahrhunderts für den preußischen Hofrat Rademacher. Dreißig Jahre später ließ Graf von Podewils das Innere mit Stuck und Wandmalereien verschönern, was dem Krieg allerdings zum Opfer fiel

men des Podewils den innovativsten Computeranimationen, Fernsehsendungen, Videos und CD-Roms ein Forum. So weit es das Budget erlaubt, begleiten eine Ausstellung, ein Katalog und eine Preisverleihung das Festival, das immer noch parallel zur Berlinale im Februar stattfindet. So kann es passieren, dass kratzige Flimmerbilder mit Techno-Musik den goldenen Bären der Filmsubkultur erhalten.

Ufa-Fabrik

Wie Ökos leben: Grüne Kulturoase im Süden Berlins

Viktoriastr. 10-18, Tempelhof
75 50 30
info@ufafabrik.
Ullsteinstraße
Je nach Veranstaltung, Mo-Sa 10-19, So 14-19 Uhr, Café: Open End
www.ufafabrik.d

Der sprachmächtigste Sympathisant der Ufa-Fabrik war der unsterbliche Wolfgang Neuss. Dass auf diesem Planeten nie wieder ein Joint ausgehen dürfe, demonstrierte er gelegentlich in der Tempelhofer Kulturkommune. Diese dankte es ihm, indem sie einen ihrer Veranstaltungssäle in „Wolfgang-Neuss-Salon" umtaufte. Die Subkultur ist mittlerweile in der offiziellen Anerkennung weit vorangekommen. Die Pionierleistungen der Ufa-Kommune haben da kräftig mitgeholfen.

Zweifellos ist das Internationale Kulturzentrum Ufa-Fabrik eine Institution geworden, ein Beispiel für die geglückte Umsetzung eines alternativen Lebens- und Arbeitskonzeptes durchaus innerhalb der Gesellschaft. Das begann 1979 in der Illegalität und ist nun mitunter schmückendes Beiwerk senatsoffizieller Veranstaltungen: Ob Kulturstadt Europas 1988 oder Olympiabewerbung 1993 – die Ufa-Fabrik, offenbar unbeleckt von Berührungsängsten, mischt mit ihrem hauseigenen Circus oder den Samba-Trommlern „Terra Brasilis" mit.

Das Trommeln zum Handwerk gehört, hat die knapp 50-köpfige Kommune schnell begriffen, ebenso worauf es beim Verhandeln mit Behörden ankommt. Dabei war wichtig, dass sich die Alternativfamilie als verlässlicher Partner erwies. So was gefällt Beamten und Politikern. Hilfreich war natürlich auch, dass ihr Lebenskonzept bunt und exotisch war. So was gefällt Touristen und Medien.

Im Juni 1979 besetzten ein paar Dutzend Alternativer das Gelände der Ufa-Film Kopierwerke. Seitdem wächst und gedeiht auf dem gut 18.000 Quadratmeter großen Gelände ein kleines Staatswesen mit einzelnen Unternehmungs- und Rechtsformen. Längst ist das „kleine Stück Land unbegrenzter Möglichkeiten" („Ufa-Zeitung" 1979) legalisiert, mit Pachtvertrag ausgestattet und sogar als Kulturzentrum mit Steuergeldern institutionell gefördert. Unter dem Dach der mittelständischen GmbH „Ufa-Fabrik Berlin" mit mehreren Millionen Mark Jahresumsatz, tummeln sich heute etliche Vereine und Handwerksbetriebe. 45 Bewohner und über 190 Mitarbeiter zählt das beschauliche Lebens-, Wohn- und Arbeitsprojekt. Neben einem Nachbarschaftszentrum, einer Biobäckerei mit Naturkostladen, einer Freien Schule, einem Kinderbauernhof und dem Sportbereich gehören drei Bühnen sowie eine überdachte Open-Air-Bühne zum Areal. Vorwiegend Comedy-, Varieté-, Tanz-, Musik- und Kinderprogramme sind hier zu sehen. Doch man tut auch

Nach ihrem Freund **Wolfgang Neuss** (1923-1989) benannte die Ufa-Fabrik einen Veranstaltungssaal. Den kiffenden Star-Kabarettisten der 60er-Jahre, der jahrelang nicht mehr sein Charlottenburger Domizil verließ, vermochten die Ufa-Kommunarden immerhin nach Tempelhof zu locken

st besetzt ist die -Fabrik heute staatgefördertes Beispiel die geglückte Umzung eines alternati-Lebens- und Artskonzeptes chaus innerhalb der ellschaft. Mit Kulangeboten, Ökokerei, Freier Schule, chbarschaftszentrum d dem Café Olé

was für die Bildung: Durch das wiederholte Engagement der amerikanischen Sex-Performerin Annie Sprinkle haben die „Ufas" sicher verdienstvolles zur tabulosen Aufklärung der alternativen Szene beigetragen.

Ökologisches Bewusstsein war von Anfang an ein zentrales Thema und Anliegen der Kommune. Durch mehrere Umwelt-Projekte, von der Dachbegrünung bis zur dezentralen Energieversorgung, deren Ergebnisse nicht nur in einer Dauerausstellung dokumentiert, sondern auch live zu bewundern sind, ist aus dem Tempelhofer Terrain ein ökologisches Musterländle geworden, eine grüne Oase in der Großstadt. Selbst auf der Toilette geht es ökologisch korrekt zu: Nicht kostbares Trinkwasser wird da zum Spülen verwendet, sondern aufgefangenes und gefiltertes Regenwasser. Die Bewohner und wir ökologisch bewussten Besucher können nach dem Gang zum Klo also doppelt erleichtert sein.

Internationale Institutionen

Die vollständigen Adressen und Infos finden Sie im Register

Natürlich ist das Berliner **Amerika Haus** nur eines von acht Amerika Häusern in Deutschland, die dem Informations- und Meinungsaustausch über Politik, Wirtschaft, Kultur und Gesellschaft in den Vereinigten Staaten dienen. Doch dieses hier an der Charlottenburger Hardenbergstraße hat einmal Geschichte geschrieben. Denn hier nahm die Studentenbewegung der später so genannten „68er" ihren Anfang. Am 5. Februar 1966 fliegen nach einer Demonstration gegen den Vietnamkrieg vier Eier an die Fassade des Amerikahauses. Und was geschah? Es wurde Literatur. Der Schriftsteller Friedrich Christian Delius, ein Chronist des Nachkriegsdeutschlands, hat diesem Ereignis eine Erzählung gewidmet: „Amerikahaus und der Tanz um die Frauen". Inzwischen ist es längst wieder ruhiger um das Kulturinstitut der USA geworden. Es werden in regelmäßigen Abständen Vorträge, Lesun-

INSTITUTIONEN

Geladen war die Stimmung um das Amerika Haus häufig zur Studentenbewegung und deren Vietnamkrieg-Protesten. Heute ist ruhig geworden. Dafür öffnet das Amerika Haus nur noch für geladene Gäste

gen, Tagungen, Seminare, Ausstellungen und Filmvorführungen zu diversen Themen organisiert. Allerdings ist es mit dem Umzug der amerikanischen Botschaft von Bonn nach Berlin zu einem Bestandteil der amerikanischen Außenpolitik geworden. Das bedeutet, dass sein Programm sich nunmehr hauptsächlich an so genannte Multiplikatoren aus Politik, Wirtschaft, Kultur und Wissenschaft richtet.

Sonnige Strände und ewig sambatanzende Mulattinnen in sündig knappen Tangas unterm Zuckerhut, Karneval natürlich und Fußball, dazu ein paar Bilder der grünen Amazonashölle, von Straßenkindern, Armut, Verbrechen und Elend – das sind die prächtigen Klischees über Brasilien. Wie das so ist mit Klischees, etwas Wahres steckt immer in ihnen. Die Wirklichkeit aber ist weit vielschichtiger, bunter, ungerechter und poetischer. Diese Realität umfassend ins Bild zu setzen, hat sich das **Brasilianische Kulturinstitut ICBRA** (Instituto Cultural Brasileiro na Alemanha) vorgenommen. Es ist das erste Kulturinstitut seines Landes in Europa und sieht sich als ein Äquivalent zum deutschen Goethe-Institut. Wie dieses wird es vom Außenministerium finanziert, arbeitet aber unabhängig. Mit Symposien, Filmen, Konzerten will das Institut ein wahres Bild von Brasilien vermitteln. Auf einer Fläche, die größer ist als Europa, hat das Tropenland weitaus mehr zu bieten als Samba, Sonne, Straßenkinder. 1995 wurde es von dem damals in Berlin amtierenden brasilianischen Botschafter Sérgio Paulo Rouanet gegründet und vom brasilianischen Bundespräsidenten Fernando Henrique Cardoso eröffnet. Sechs Monate später wurde die Institution zudem als gemeinnütziger Verein anerkannt. Zunächst setzte man vor allem auf akademische Formen des Dialogs, veranstaltete Lesungen, Podiumsgespräche und Symposien und hielt ansonsten vor allem Sprachkurse ab. Doch durch Co-Produktionen und Beteiligungen am populären Welt-Musik-Festival „Heimatklänge" oder dem Karneval der Kulturen, öffnete sich das ICBRA zunehmend auch für populäre Möglichkeiten der Kulturvermittlung. Auch brasilianische Filmreihen, Konzerte mit populärer, klassischer und traditioneller brasilianischer Musik, Theaterstücke und Tanzvorführungen werden veranstaltet. Und natürlich fehlt da mitunter das neben Samba und Bossa Nova wohl bekannteste Exportprodukt Brasiliens nicht: Caipirinha. Dabei ist der laut Statistik beliebteste Cocktail der Deutschen gar nicht das Lieblingsgetränk der Brasilianer. Am Zuckerhut trinkt man lieber Cervesa – Bier.

Warum stammen eigentlich so viele Opernsänger aus Bulgarien? Eine Frage, die das Bulgarische Kulturinstitut vielleicht zu beantworten vermag. Denn die Vermittlung bulgarischer Kunst und Kultur in Deutschland ist seine Hauptaufgabe. 1962 wurde es eröffnet, seitdem ist es dreimal umgezogen und hat zuletzt seinen Mitarbeiterstamm stark verkleinert von 35 auf fünf. Man fördert den Künstleraustausch und bemüht sich in Veranstaltungen, ein aktuelles Bild des kulturellen Schaffens in Bulgarien zu zeigen, sowie die Geschichte des Landes darzustellen. Seit 1989 ist Bulgarien bestrebt, sein vormals kommunistisches Wirtschaftssystem umzuwandeln und ausländische Investoren ins Land zu holen. Nur mit bescheidenen Schritten kommt es darin voran. In einem soll es Bulgarien aber schon weit gebracht haben: Es gilt als das europäische Zentrum für Raubkopien. Illegal produzierte Musik-CDs aus Bulgarien werden von Polen bis nach Südafrika verkauft. Und warum stammen nun so viele Opernsänger aus Bulgarien? Nun, das liegt womöglich am Einfluss der orthodoxen Kirche, deren Gesänge einige Gemeinsamkeiten mit der Opernmusik haben. Das bildet die Stimme.

Als erstes Kulturinstitut des skandinavischen Landes wurde das Finnland-Institut in Deutschland 1994 gegründet. Es soll Forum finnischer Kunst und Kultur, Wissenschaft und Technologie sowie Wirtschaft sein. Seitdem hat das Institut nicht nur zahlreiche Ausstellungen und Konzerte finnischer Musiker gezeigt, Symposien, Vorträge und Lesungen veranstaltet, sondern auch einen Filmclub über den zeitgenössischen finnischen Film ins Leben gerufen. Bei dem kommen natürlich nicht nur die Werke der bekanntesten Filmemacher Finnlands, der Brüder Kaurismäki, auf die Leinwand. In der ca. 2.600 Bände umfassenden Bibliothek mit acht Tageszeitungen und diversen Zeitschriften kann jeder Gast nach Herzenslust in Deutsch, Finnisch, Schwedisch oder auch Englisch schmökern.

Das Haus Ungarn, vor 20 Jahren als kulturelles Schaufenster der

Das französische Kultur-Zentrum Maison de France – Institut Français am Kurfürstendamm eröffnete 1950. Hier werden nicht nur Sprachkurse geboten, sondern auch Filme, Theatervorführungen und andere kulturelle Veranstaltungen

INSTITUTIONEN

damaligen Volksrepublik im sozialistischen Bruderland DDR eröffnet, bekam in den Jahren vor der Wende eine besondere Bedeutung für die Andersdenkenden und anders fühlenden Intellektuellen der DDR. Denn die Ungarn hielten nicht soviel von einer völligen Abschottung gegen den Westen. Hier wurden unzensierte Filme gezeigt, kontroverse Diskussionen geführt. 1989 sollte Ungarn dann auch für viele DDR-Flüchtlinge das Tor zum Westen werden. Nach der Wende nahm man das Thema „Grenzenlos" gleich zum Motto und versuchte über den nationalen Blickwinkel hinaus, die Situation und die Möglichkeiten Osteuropas zu definieren. In der ersten Etage befindet sich das Café Zsolnay mit landestypischen Spezialitäten und Ausblick auf den Alexanderplatz, daneben die Mediathek des Hauses mit 9000 Bänden in deutscher und ungarischer Sprache, aktueller Tagespresse, Zeitschriften, eine Videothek ungarischer Filme und eine Phonothek. Auch das Programmkino Balázs befindet sich hier, das den „grenzenlosen" Blick über den ungarischen Kirchturm hinaus mit Filmreihen über Kuba, Brasilien oder das Kino aus Mittel- und Osteuropa unterstreicht.

Im Januar 2001 endete eines der längsten Verfahren der Berliner Justizgeschichte. Der Terrorist Johannes Weinrich, führendes Mitglied der Gruppe um den Top-Terroristen „Carlos", wurde wegen des Anschlages auf das französische Kultur-Zentrum **Maison de France – Institut Français** zu lebenslanger Haft verurteilt. Bei dem Bombenanschlag am 25. August 1983 gab es einen Toten und 23 Verletzte. So gefährlich geht es normalerweise natürlich nicht in dem Kulturzentrum zu. Bereits 1950 öffnete die deutsch-französische Begegnungsstätte am Kurfürstendamm. Hier werden nicht nur Sprachkurse geboten, sondern Filme und Theatervorführungen und andere kulturelle Veranstaltungen. Im Ostteil der Stadt kam 1984 das Centre Culturel Français Unter den Linden hinzu. Es war das einzige westliche Kulturzentrum in der DDR. Von den Ostdeutschen wurde es geradezu gestürmt, denn vor allem in der Bibliothek konnte man sich unzensiert über das westliche Ausland informieren. Nach der Wende wurde der Standort aufgegeben. Mit Konzerten, Ausstellungen und Lesungen beteiligt sich das Institut Français am kulturellen Ge-

Im Herzen der Stadt, am Hackeschen Markt befindet sich seit Apr 2000 das British Council in lichtdurchfluteten Räumen: ein modern ausgestattete Information Centre m direktem Internet-Zugang zu britischen Quellen

Das Russische Haus der Wissenschaft und Kultur liegt in einem Filetstück der Stadt, an der feinen Französischen Straße in Mitte mit Edelboutiquen und Prachtkaufhäusern. Es beherbergt auf über 29.000 Quadratmetern mehrere Veranstaltungssäle und das größte Foyer Berlins

schen der Stadt. Auch das deutschlandweit operierende Bureau du Théâtre ist hier angesiedelt.

Schaufenster ihrer Kulturen mit kulturellen und politischen Veranstaltungen, Sprachkursen und Bibliotheken sind auch das Italienische Kulturinstitut, das Tschechische Zentrum, das Rumänische Kulturinstitut und das Japanisch-Deutsche Zentrum Berlin. Letzteres ist allerdings kein staatliches Kulturinstitut. Träger ist eine deutsch-japanische Stiftung, die die Einrichtung als Forum für den akademischen und kulturellen Austausch zwischen Deutschland, Japan und Europa begreift.

Das Russische Haus der Wissenschaft und Kultur ist dagegen eine hundertprozentig staatliche Einrichtung der Russischen Föderation. Gelegen in einem Filetstück der Stadt, an der feinen Französischen Straße in Mitte mit Edelboutiquen und Prachtkaufhäusern, verteilt es sich über 29.000 Quadratmeter auf sieben Geschossen. Darunter befinden sich Konzert- und Kinosäle, vier Ausstellungsräume, ein Musiksalon, ein Bankettsaal sowie das größte Foyer Berlins. 2000 Menschen finden in der Eingangshalle bequem Platz. Auch eine Bibliothek mit 39.000 Bänden, eine Musik- und Kunstschule, ein Ballett- und Aerobic-Studio sowie die Räume verschiedener deutsch-russischer Vereine finden im Russischen Haus Platz. Immerhin gehören Russen inzwischen mit den Türken und Polen ja zu den größten nichtdeutschen Ethnien in der Stadt.

Natürlich hat auch das Land der größten Immigrantengruppe Berlins ein Kulturzentrum. Rund 200.000 Menschen türkischer Abstammung leben heute in der deutschen Hauptstadt. Im Türkischen Haus steht aber nicht nur der Kulturaustausch zwischen den Nationalitäten an erster Stelle. Aus den Gastarbeitern der 60er-Jahre ist in der dritten und vierten Generation mittlerweile eine selbstbewusste Immigrantengesellschaft geworden. Eine Minderheit, die nach Meinung des türkischen Generalkonsulats, dem das Kulturzentrum untersteht, allerdings gefährdet sei, ihre gemeinsame Identität zu verlieren. Den in Deutschland zwischen den Kulturen aufgewachsenen Generationen sollen ihre Wurzeln aufgezeigt werden.

Eine der ältesten Kulturorganisationen ist natürlich britisch. Seit 1934 ist The British Council die für den internationalen Kulturaustausch zuständige Vertretung Großbritanniens im Ausland, seit 1959 auch in Deutschland. Am Hackeschen Markt, einem der Zentren der Berliner Kulturszene, befindet sich seit April 2000 das britische Kulturinstitut in neuen Räumen, die so gar nichts von britischem Understatement und britischer Teegemütlichkeit ausstrahlen. Ein lichtdurchflutetes Foyer, fließende Formen, moderne Architektur. Trotz veränderter Optik wird im British Council kein neues Kapitel angelsächsischer Kulturarbeit aufgeschlagen. Weiter stehen die traditionellen Schwerpunkte britischer Kulturvermittlung im Vordergrund. Neben Sprach- und Literaturkursen sind das vor allem eine Bibliothek und ein modern ausgestattetes Information Centre mit direktem Internet-Zugang zu britischen Quellen. God save the queen.

Wer seine Tickets online bestellt, wird an der Abendkasse nicht abserviert!

SUCHE KARTEN!

| Kultur | Tickets | Dating | eMail | Marktplatz | Tourismus |

Wir bieten Ihnen Tickets für 2000 Event-Termine, mit Lieferung in Ihren Briefkasten!

berlin.de
meine stadt im netz

Berlin.de

LOCATIONS

Getreu dem klassischen Goethe-Motto: „Wer vieles bringt, wird manchem etwas bringen", präsentieren sich einige multifunktionale Veranstaltungsorte – in alten Straßenbahndepots oder ehemaligen Brauereien, im Öko-Zeltbau oder Kalkscheunen

LOCATIONS

Ein ehemaliges Straßenbahndepot wurde mit der Arena zur multifunktionaler Veranstaltungshalle. Die marode Industrieanlage wurde ökologisch vorbildlich saniert

Arena

Ein Kessel Buntes: Konzerte, Theater, Modemessen, Partys

Eichenstr. 4, Treptow
533 20 30
arena@mixx.de
S Treptower Park
U Schlesisches Tor
265
Je nach Veranstaltung
www.arena-berlin.de

Als ulkige Schöne ist **Esther Schweins** in der Comedy-Show „Samstagnacht" bundesweit bekannt geworden. Für die Treptower Arena wagte sich die Schauspielerin an ihre erste Regiearbeit. Sie inszenierte „Caveman" von Rob Becker, ein Stück um den Neandertaler im Mann

Mit Peter Steins spektakulärer „Faust"-Inszenierung, dem Jahrhundertprojekt eines Theater-Marathons von insgesamt 21 Stunden an 34 Wochenenden, ist die Arena bei Kulturfreunden weltweit ein Begriff geworden. In Berlin ist sie das schon seit 1995. Allerdings war sie lange weniger als Ort für Theater bekannt, sondern als Ort für alles Mögliche. Eine Mehrzweckhalle wie die Schulaula, nur dass hier nicht Schülerbands aufspielen oder der Theaterkurs, sondern B.B. King und Santana, die Backstreet Boys, Lauryn Hill und Lenny Kravitz oder Mercedes seine S-Klassen-Präsentation und die Deutsche Bahn ihr Konzerntreffen abhalten.

Veranstaltungen aus den unterschiedlichsten Bereichen also, von Konzerten, Modemessen bis Produktpräsentationen und Partys und eben auch Theater, finden in der unter Denkmalschutz stehenden 7000 Quadratmeter großen Halle statt. Besonders letzteres liegt dem Chef Falk Walter besonders am Herzen, schließlich ist er gelernter Schauspieler. Vor Steins „Faust-Marathon" haben hier bereits andere Größen der internationalen Theaterszene ihre Visitenkarte abgegeben. Ariane Mnouchkine war mit ihrem Théâtre du Soleil ebenso hier wie das Londoner Théâtre Complicité oder „Le Cercle Invisible" der Chaplin-Tochter Victoria Chaplin. Mit der ersten Regiearbeit „Caveman" der Fernsehberühmtheit Esther Schweins wagte man sich auch an eine Eigenproduktion.

1927 als Busdepot errichtet, war das Gelände an der Treptower Eichenstraße im Grenzgebiet der Berliner Mauer später in Dornröschenschlaf gefallen. Zu DDR-Zeiten waren die Gebäude nicht einmal auf einer Karte eingezeichnet. Die alte Industriehalle war völlig marode, als Falk Walter und seine Mitstreiter sie wachküssten. Mit eigenen und EU-Mitteln wird die Arena ökologisch saniert: Ein eigenes Blockheizkraftwerk und Solarmodule sorgen für die nötige Energie. Dazu lässt sich durch verdunkelbare Oberlichter Tageslicht nutzen – in kaum einer Halle dieser Größenordnung ist dies möglich.

Heute gehören zum Arena-Komplex auch das Glashaus, ein als Club, Theater und Café genutztes Nebengebäude, durch das dereinst der Todesstreifen verlief. In der Glasfront des Cafés sind noch einige Glasziegel eingelassen, die Bestandteil der Berliner Mauer waren. Doch ein Gemischtwarenprofil ist bei einer Halle dieser Größenordnung kaum vermeidbar, will es wirtschaftlich arbeiten. Gleichwohl will Falk Walter seine Arena zukünftig als Gastspielhaus mit Projekten aus aller Welt, für Experimente, die an herkömmlichen Ensemble-Theatern undenkbar wären, schärfer profilieren.

Kulturbrauerei

Denkmalgeschützter Straßenblock – Raum für alle Gelegenheiten

Hinter der Kulturbrauerei verbirgt sich mehr als ein einziger Veranstaltungsort. Mit Kesselhaus, Feuerwehr, Alter Kantine, Galerie im Pferdestall, Alter Schlosserei und dem Hof 2 sind es deren sechs. Mindestens. Denn mit den Multiplex-Kinos der Village Filmtheater und einem Café kommen noch weitere hinzu, die sich auf dem Gelände befinden, aber nicht zur eigentlichen Kulturbrauerei GmbH gehören. Immerhin verfügt diese mit mehr als 7000 Quadratmetern Mietfläche über etwa 17 Prozent der vorhandenen Nutzfläche des Geländes. Daran lässt sich prima erkennen: Der Komplex ist riesengroß.

Er umfasst einen ganzen Straßenblock, reicht von der Knaackstraße über die Schönhauser Allee bis zur Sredzkistraße. Und das kam so: 1842 gründete der Berliner Apotheker Heinrich Prell eine kleine Brauerei mit Bierstube. Zehn Jahre später kauft ein gewisser Jobst Schultheiß Brauerei und Bierstube. Dem Bier verpasst er seinen später berühmt werdenden Namen. Durch die städtebauliche Konzipierung der heutigen Knaackstraße wächst das genutzte Areal 1867 von ursprünglich zwei auf zwölf Morgen. 1920 entsteht hier durch die Elefantenhochzeit von Schultheiß- und Patzenhofer-Brauerei die weltgrößte Lagerbierbrauerei.

1967 war allerdings Schluss mit Hopfen und Malz an der Schönhauser Allee. Die modernisierte Anlage der ehemaligen Kindl-Brauerei in Weißensee sorgt für ausreichende Braukapazitäten im Ostberliner Raum. Das Gelände wird teilweise als Möbellager genutzt. 1978 bekommt der ehemalige Brauerei-Komplex wegen seiner einzigartigen Architektur Denkmalschutz. Nach der Wende versucht die Treuhand das sanierungsbedürftige Mammut-Gelände vergeblich zu verkaufen. Schließlich schließt sie einen Mietvertrag mit der gemeinnützigen Kulturbrauerei GmbH ab und bewilligt 100 Millionen Mark für den Ausbau des Areals als Zentrum für Handel, Dienstleistung und Kultur.

Vor allem für letztere ist der Hauptmieter Kulturbauerei GmbH zuständig, geradezu verpflichtet durch den gewählten Namen. Man legt Wert auf eine Vielfalt von Veranstaltungen unter-

Knaackstr. 95, Prenzlauer Berg
441 92-69/70
info@kulturbrauerei.de
U Eberswalder Straße
Je nach Veranstaltung
www.kulturbrauerei.de

schiedlichster Genres. Böswillig könnte man das natürlich auch einen Gemischtwarenladen schimpfen, aber in dieser Bandbreite haben sich einige beliebte Veranstaltungsreihen und Gruppen etabliert: Die Cantina Flamenca präsentiert Stars des Genres wie Maria Serrano, gebürtige Sevillanerin und eine der bekanntesten Flamenco-Tänzerinnen Spaniens, und ist ein beliebter Treffpunkt der Berliner Flamenco-Szene geworden. Die Reihe „Ost(t)räume" stellt zeitgenössische junge Kunst aus Osteuropa vor und bemüht sich durch die Zusammenarbeit mit Künstlern, Kulturhäusern, Initiativen und sowohl international bekannte Gruppen, als auch Newcomer und Avantgardekünstler zu präsentieren. Mit dem Behindertentheater RambaZamba des Vereins Sonnenuhr, Mitgesellschafter der Kulturbrauerei GmbH, hat ein ernst zu nehmendes Bühnenprojekt seine Heimstatt auf dem Gelände gefunden. Gemeinsam mit den behinderten Schauspielern der Gruppe treten gelegentlich auch Stars wie die Schauspielerin Angela Winkler oder der Schlagersänger Guildo Horn auf. Und natürlich gibt es auch wieder Bier auf dem Gelände, allerdings fertig gebraut und frisch gezapft.

Tempodrom

Vom Zelt zum Öko-Neubau

Es war einmal, genau so muss dieser Text beginnen. Es war einmal eine Krankenschwester. Eines Tages erbt sie über eine halbe Million Mark. Statt es gewinnträchtig in einen Fond zu investieren oder ein Eigenheim zu bauen, kauft Irene Moessinger ein grünes Zirkuszelt, stellt es am Rande des damals verwaisten Potsdamer Platzes auf, in unmittelbarer Nähe der Berliner Mauer. Sie tauft es auf den Namen „Tempodrom" und eröffnet es mit Esel, Schwein und Ziegenbock.

Wie ein Märchen beginnt die Geschichte eines Veranstaltungsortes, der sich zu einem der Beliebtesten der Stadt mausern sollte. Die Zeltbühne war Karrieresprungbrett für Komiker wie Eisi Gulp oder die heute legendären Drei Tornados. Hunderte internationaler Stars von Bob Dylan, Johnny Cash bis Lou Reed gastierten im Tempodrom, lange Jahre hatte sogar eine Berühmtheit wie Nina Hagen ihren Berliner Wohnort auf dem Gelände des Zeltdorfs. Seit über zwei Jahrzehnten ist das Tempodrom bereits eine Berliner Institution, ein einzigartiger Veranstaltungsort von der auftretende Künstler und Besucher schwärmen.

1985, fünf Jahre nach der Gründung, zieht der Kulturzirkus an den Ort, der adäquat wie keiner scheint. Im grünen Tiergarten schlägt er auf dem Parkplatz

---

Neues Tempodrom, Askanischer Platz 4, Kreuzberg
☎ 263 99 80
✉ info@tempodrom-berlin.de
Ⓢ Anhalter Bahnhof
🏛 Je nach Veranstaltung
💻 www.tempodrom-berlin.de

Tempodrom am Ostbahnhof, Str. der Pariser Kommune 8-10, Friedrichshain
☎ 69 59 35 50
✉ tempodrom@tempodrom-am-ostbahnhof.de
Ⓢ Ostbahnhof
🏛 Je nach Veranstaltung
💻 www.tempodrom-am-ostbahnhof.de

Auch am Ostbahnhof, dem Ausweichquartier der beliebten Zeltbühne Tempodrom, geht die Post ab. Immerhin gehört das Gelände ja zum ehemaligen Postfuhramt in Friedrichshain

Mit **Irene Moessinger** verbindet sich eine Berliner Erfolgsgeschichte. Die Ex-Krankenschwester investierte 1980 eine Erbschaft in ein Zirkuszelt, aus dem gut zwanzig Jahre später einer der größten Veranstaltungsorte Berlins erwachsen sollte: Das Neue Tempodrom am Anhalter Bahnhof

der Kongresshalle – dem heutigen Haus der Kulturen der Welt – sein Zelt auf. Die neue Adresse lautet: An den Zelten (das war dann auch viele Jahre die Postanschrift von Nina Hagen). Hier entwickelt sich das Tempodrom mit dem beliebten Sommerfestival „Heimatklänge" zur „Kathedrale der Weltmusik" und wird zum bevorzugten Konzertort der Berliner. Die Hörer von Radio Fritz wählten das Tempodrom wiederholt zum beliebtesten Veranstaltungsort Berlins. Doch als das Bundeskanzleramt nach der Vereinigung in direkter Nachbarschaft des Zeltdorfs gebaut werden sollte, wurde der Pachtvertrag „aus Sicherheitsgründen" gekündigt. Mit Kampfgeist und viel Charme handelt Irene Moessinger beim Kanzler eine hübsche Entschädigung aus: Sechs Millionen Mark. Grundstock für die Errichtung des Neuen Tempodroms am Anhalter Bahnhof, eines 38 Millionen Mark teuren zeltartigen Öko-Neubaus.

Bis zur Fertigstellung Ende 2001 residiert das Tempodrom provisorisch auf dem ehemaligen Postgelände am Friedrichshainer Ostbahnhof. An diesem Ort setzt man mehr auf ein junges Szenepublikum, das auch durch den benachbarten Club Maria am Ostbahnhof angelockt wird. Club- und DJs-Events wie „Forgotten Paradise", „Sambodrom" und „Hirschbar" stehen für dieses Konzept, das auch nach der Fertigstellung des neuen Haupthauses in Kreuzberg fortgeführt werden soll.

Im weitaus größeren Neuen Tempodrom finden im Innern 4000 und draußen 1000 Besucher Platz. Hier will man neben den publikumswirksamen „klassischen" Veranstaltungen – Konzerte, Revuen, Theater, Festivals – auch neue Programmschwerpunkte verwirklichen: Kongresse, Messen, Bankette, Sportveranstaltungen und Produktpräsentationen. Im neuen Bau, der von Teilen der Grünen als „zu massiv" kritisiert wird, wird also tatsächlich auch inhaltlich ein neues Tempodrom entstehen. Ob es seinen eigentümlichen Charme, der den Kulturzirkus im Tiergarten so beliebt machte, auch im neuen Prachtbau entfalten kann, ist eine spannende Frage. Mit einem „Liquidrom", einer musikbeschallten Unterwasseranlage, und der elektronischen Arena betritt das Tempodrom jedenfalls forsch und zukunftsweisend Neuland.

Die Sängerin **Nina Hagen** ist dem Tempodrom seit Jahren verbunden. Jahrelang hatte sie in einem Wohnwagen auf dem Tiergartener Areal des Veranstaltungszelts ihren Berliner Wohnsitz. Heute wohnt sie mit ihrem Sohn Otis an einem See im Süden Berlins, bleibt dem Tempodrom aber erhalten. Sie veranstaltet dort regelmäßig indisch beseelte „Shiva Night"-Partys

Schönhauser Allee 176, Mitte
44 38 31 10
infopfefferberg@fefferwerk.de
Senefelderplatz
Je nach Veranstaltung
www.pfefferwerk.de/berg

Pfefferberg

Sozialarbeit und Subkultur mit Biergarten

Ohne den Bierdurst ist die Geschichte einiger Berliner Veranstaltungsorte undenkbar. Nicht nur die Kulturbrauerei (siehe dort) gründet sich auf dem Gelände einer ehemaligen Brauerei, auch auf dem Pfefferberg wurde dereinst Bier gebraut. Heute ist er ein Veranstaltungsort, der eigentlich ein Quartett ist. Mit Saal, dem Club Subground, Lounge und großem Garten bietet er vier Möglichkeiten der Zerstreuung. Der denkmalgeschützte Garten hoch über der Schönhauser Allee ist ein im Sommer gern besuchter Biergarten, da ist man ganz traditionsbewusst.

Denn wer immer jemanden dahin wünscht, wo der Pfeffer wächst, liegt hier falsch. Obgleich der Name das vielleicht nahe legt, wurde auf dem Pfefferberg nie Pfeffer angebaut. Der Name

231

LOCATIONS

bezieht sich auf einen bayerischen Braumeister namens Pfeffer, der im Jahr 1841 auf den Ausläufern des Höhenzugs Barnim vor den Toren der Stadt Berlin eine Brauerei gegründet hat. Die 13.504 Quadratmeter große Fabrikanlage fand sich aufgrund der ersten wilhelminischen Stadterweiterungen der Gründerzeit plötzlich mitten in Berlin wieder. Noch heute befinden sich übrigens unter dem südlichen Hof ausgedehnte Lagerkeller der ehemaligen Brauerei, deren Größe einmalig sind für Berlin. Nun, der Gründer war wie gesagt ein Bayer. Nach der Verschmelzung mit der Schultheiß Brauerei 1919 wurde das Werk stillgelegt. Anschließend siedelten nacheinander eine Brotfabrik, eine VEB-Großküche mit angeschlossener Arbeiterversorgung, Fuhrpark und Druckerei des „Neuen Deutschlands", eine Außenstelle der Poliklinik der Bauarbeiter, Verwaltungen und Lehrwerkstätten auf dem Gelände.

Nach der Wende erwächst dem Ort seine heutige Funktion. Die gemeinnützige Pfefferwerk Stadtkultur GmbH gründet gemeinsam mit der Kulturinitiative „Förderband e.V." das „Projekt Pfefferberg" und verpasst dem Gelände seine soziokulturelle Ausrichtung. Neben Kulturveranstaltungen aller Art kümmert man sich auch um Gemeinwesenarbeit, Kinder- und Jugendhilfe und Beschäftigungsförderung. Ende 1999 gelingt ihnen mit dem Erwerb des Geländes ein besonderer Coup. Nun kann man als Herr im eigenen Haus Konzerte veranstalten und verfügt über eine imposante Immobilie. Damit sichert man nicht nur die eigene Arbeit, sondern auch den Pfefferberg als Veranstaltungsgelände gegen Spekulationen. Durch die jährliche Reihe „Tanztage im Pfefferberg" hat man sich profiliert, der Club Subground ist ein beliebter Techno- und Reggae-Szenetreff. Erklärtermaßen soll die besondere Atmosphäre, die von der maroden Bausubstanz des Pfefferbergs ausgeht, bei der baulich notwendigen Sanierung des gesamten Areals erhalten bleiben. Nur Pfeffer will man immer noch nicht auf dem Pfefferberg anbauen.

Im Pfefferberg hat man zwischen Biergarten, Kellerclubs und Veranstaltungsbühne die Qual der Wahl – oder die Verbindung aus allem. Man ist ja flexibel

Rolf Walter/Berlin Mitte

Mitte drin.

Jetzt testen. 14 Tage kostenlos:
Tel. 030/2 60 09-555 oder www.tagesspiegel.de/service

Locations Zwischen Kiez und Kunst

Die vollständigen Adressen und Infos finden Sie im Register

Die berühmteste Ruine Berlins? Was für die einen vielleicht die Kaiser-Wilhelm-Gedächtniskirche ist, wird für andere das Kunsthaus Tacheles sein. Seinen Namen verdankt es einer Gruppe junger Musiker, die das Haus 1990 zusammen mit anderen Künstlern aus Ost und West besetzten und in den folgenden Jahren dem verfallenen Haus an der Oranienburger Straße mit ihrem Konzept aus Kunst und Chaos zu einer Touristenattraktion ersten Ranges machten. Inzwischen gehört die Oranienburger Straße mit ihrer Mischung aus Edelgastronomie, Galerien und abendlichem Straßenstrich kaum mehr zum Brennpunkt der Subkultur. Das Tacheles hat dieses Image aber lange aufrechterhalten können, obwohl es künstlerisch längst nicht mehr zu den innovativen Orten der Stadt zählt. Seit 1998 sind die Tacheles-Künstler auch keine Besetzer mehr. Man einigte sich nach mehreren verstrichenen Räumungsterminen mit den Investoren, der Kölner Fundus-Gruppe, auf einen symbolischen Mietpreis von einer Mark. Das 1906 erbaute und denkmalgeschützte Haus wird für sieben Millionen Mark saniert und umgebaut, neue Ateliers in der Ruine eingerichtet. Rein äußerlich soll sich durch die Instandsetzung an der Ruinenfront zur Straße nicht viel ändern. An der Rückseite aber wird alles neu gebaut, die noch gesperrten drei Etagen über dem Torbogen werden durch eine große Glaswand verkleidet, um die Flächen künftig als Kunstgalerie zu nutzen.

Die Brotfabrik in Weißensee war tatsächlich einst eine Bäckerei. Als „Brotfabrik Michael Kohler – Erste Zerpenschleuser Landbrotbäckerei" firmierte sie ab 1890. Davon hat sie heute nur noch den Namen behalten, längst werden hier ganz andere Brötchen gebacken, kulturelle Happen aus Kino, Bühne, Literatur und Kunst. Widmet sich das Kino in der Brotfabrik als Programmkino neben Klassikern, aktuellen nationalen Produktionen und weniger bekannten Filmen aus dem In- und Ausland, ist die „BrotfabrikBühne" eine Spielstätte für freie Theater, wobei sie sich unter der künstlerischen Leitung von Bert Bredemeyer weniger innovativen Bereichen als vorwiegend einem stadttheaterähn-

Die lange ungewi Zukunft des Kunstha Tacheles an Oranienburger Stra ist geklärt. Das Ha wird saniert, aber ol ihm den Ruine charme zu nehm

Der Schriftsteller **Thomas Brussig** widmet sich mit seinen ironischen Ro manen „Helden wie wir" und „Am kürzeren Ende der Sonnen allee", zu deren erfolg greichen Verfilmungen er die Drehbücher schrieb, der Auf bereitung der DDR-Vergangenheit. Als DJ kann man ihn bisweilen in der Kalk scheune erleben

Brot und Spiele: Die Öko-Bäckerei in der Ufa-Fabrik sorgt fürs Brot. Trotz ihres Namens werden in der Weißenseer Brotfabrik allerdings keine Backwaren gebacken

WO IST KÄPT'N NEMO?

lichen Klassiker-Spielplan verpflichtet fühlt. Die vom Kulturamt Weißensee betriebene Galerie in der Brotfabrik zeigt Ausstellungen mit wechselnden Schwerpunkten, überwiegend Präsentationen zeitgenössischer Kunst. In Zusammenarbeit mit der Neuen Gesellschaft für Literatur e.V. finden regelmäßig Lesungen statt.

Mit dem Charme einer nett dekorierten alten Fabriketage wartet die **Kalkscheune** auf. Seit einigen Jahren hat sie sich mit ihrer Mischung aus Cabaret, Jazz und Partys im Haus einer alten Kalkfabrik direkt hinter dem Friedrichstadtpalast etabliert. Manche maulen, ihr Programm sei früher anspruchsvoller gewesen, der Betreiber Frank Delenschke habe sich längst von einstigen Prinzipien verabschiedet („Man soll nur Dinge machen, von denen man was versteht. Das heißt auch, dass Rock, Techno und Hip-Hop bei uns nichts zu suchen haben", Delenschke 1996). Tatsächlich kennt die Kalkscheune mit gewinnträchtigen Techno- und House-Partys heute keine Berührungsängste mehr, mit dem Partyteam von „No Ufo" oder der von Radio Eins mitveranstalteten „Schönen Party" widmet man sich erfolgreich der Tanzszene. Im Rahmen letzterer konnte man schon mal den Erfolgsautor Thomas Brussig („Helden wie wir", „Sonnenallee") als DJ erleben – und dass der am liebsten harten Gitarrenrock mag, dürfte den Chef und Jazzfan Delenschke früher mehr geärgert haben. Neben Partys baut man aber weiter auf Konzerte und Cabaret. Jeden Sonntag ab 13 Uhr gibt es seit Jahren „Dr. Seltsams Frühschoppen", ein Wortvarieté mit Kultstatus. Publikumsliebling dabei ist Horst Evers, ein witziger Autor mit Dackelblick und Rampensau-Qualitäten.

In der Kalkscheune pflegt man die Mischung aus Cabaret, Jazz und Partys. Hier trifft Vorlesevarieté auf Gitarrenrock, Partyvolk auf Theatergänger. Zum Chill-Out geht's im Schonwaschgang

DURCHS JAHR

Berlin bietet an 365 Tagen im Jahr gute Unterhaltung. Und immer wieder Events, die die Stadt bewegen: Von der Berlinale bis zum Karneval der Kulturen, von Heimatklängen bis zur Langen Nacht der Museen

Lange Nacht der Museen

Zweimal jährlich am letzten Sonnabend im Januar und August

Das ist die Loveparade der schönen Künste! 150.000 Besucher lockt die „Lange Nacht der Museen" durchschnittlich an, die sich mittels Shuttle-Bussen auf eine Tournee durch gut 60 Berliner Museen und Institutionen machen. Die Häuser putzen sich zu diesem Anlass freilich besonders heraus, bieten Beiprogramme und Kulinarisches zu ihren Ausstellungen.

Kritiker sehen diese als Event gepriesene Massenwanderung auch als ein Ausverkauf der schönen Künste, die auf dem Grabbeltisch des Kulturkonsums geopfert werden würden. Aber jedem Tierchen sein Pläsierchen, und vielleicht kommt ja manch Teilnehmer später noch mal zurück, um sich ohne Trubel drum herum das eine oder andere Kunstwerk noch mal in Ruhe anzuschauen. Wäre ja nicht das Schlechteste.

MD Berlin, Chaussees 123, Mitte
28 39 74 44
info@mdberlin.d
Kombi-Ticket 20, erm. 12 DM
www.lange-nacht der-museen.de

---

*Als Schauspiel-Diva sorgte **Gina Lollobrigida** in den 50er-, 60er-Jahren für Glanz auf der Berlinale. Als Jury-Präsidentin sorgte sie 1986 für einen Skandal. Die Italienerin distanzierte sich öffentlich vom Wettbewerbsgewinner, Reinhard Hauffs RAF-Film „Stammheim". Es ist eben nicht einfach, einer Diva zu gefallen*

Internationale Filmfestspiele Berlin

Jährlich im Februar

Cannes ist schicker. Und Venedig wärmer. Doch die „Berlinale" gehört trotzdem seit ihrer Gründung 1951 neben Cannes und Venedig zu den führenden Filmfestivals der Welt. Sie gilt als „Arbeitsfestival", was bedeutet, dass hier die Leute meist tatsächlich im Kino sitzen, um sich Filmkunst anzugucken, als in Venedig auf dem Lido oder in Cannes auf der Croisette auf Stars zu warten.

Obwohl Stars auch bei der Berlinale gern gesehen sind. Diven wie Sophia Loren, Gina Lollobrigida oder Romy Schneider waren früher hier, heute hofft man vor allem auf die Superstars aus Hollywood. Das hatte dem langjährigen Festivalleiter Moritz de Hadeln gelegentlich den Vorwurf eingebracht, dass er sich zu stark an die US-Majors ranschmeißen würde, Hollywood-Ware einlädt, die mitunter noch während des Festivals regulär im Kino startet. Alles nur, um deren Stars aus dem sonnigen Kalifornien ins winterliche Berlin zu locken.

Früher hat die Berlinale ja im Juni stattgefunden. Ende der 70er-Jahre ist sie in den Februar verlegt worden, um sich vom Sommerfestival Cannes abzuheben. So wurde sie zum Arbeitsfestival. Vom Wetter waren die Filmfestspiele zu Zeiten des Kalten Krieges sowieso hochsensibel abhängig: nämlich der politischen Großwetterlage. Zu Westberliner Zeiten hatte der Ost-West-Dialog stets absolute Priorität.

Etliche Klassiker der Filmkunst sind unter den Gewinnern des „Goldenen Bären": „Die zwölf Geschworenen" von Sidney Lumet (1957), „Wilde Erdbeeren" von Ingmar Bergman (1958), „Alphaville" von Jean-Luc Godard (1965), „Die Sehnsucht der Veronika Voss" von Rainer Werner Fassbinder (1982) oder „Central do

Potsdamer Str. 5, Tiergarten
259 20-0
info@berlinale.c
Potsdamer Plat
12-13 DM, Berlinale-Palast: 20 DM, Kinderfilmfest: 5 DM
www.berlinale.de

Zur Langen Nacht d Museen drängelt si das Volk auch auf d Stufen des Pergamonatars. 150.000 Besuch locken die Museum nächte jeweils

238

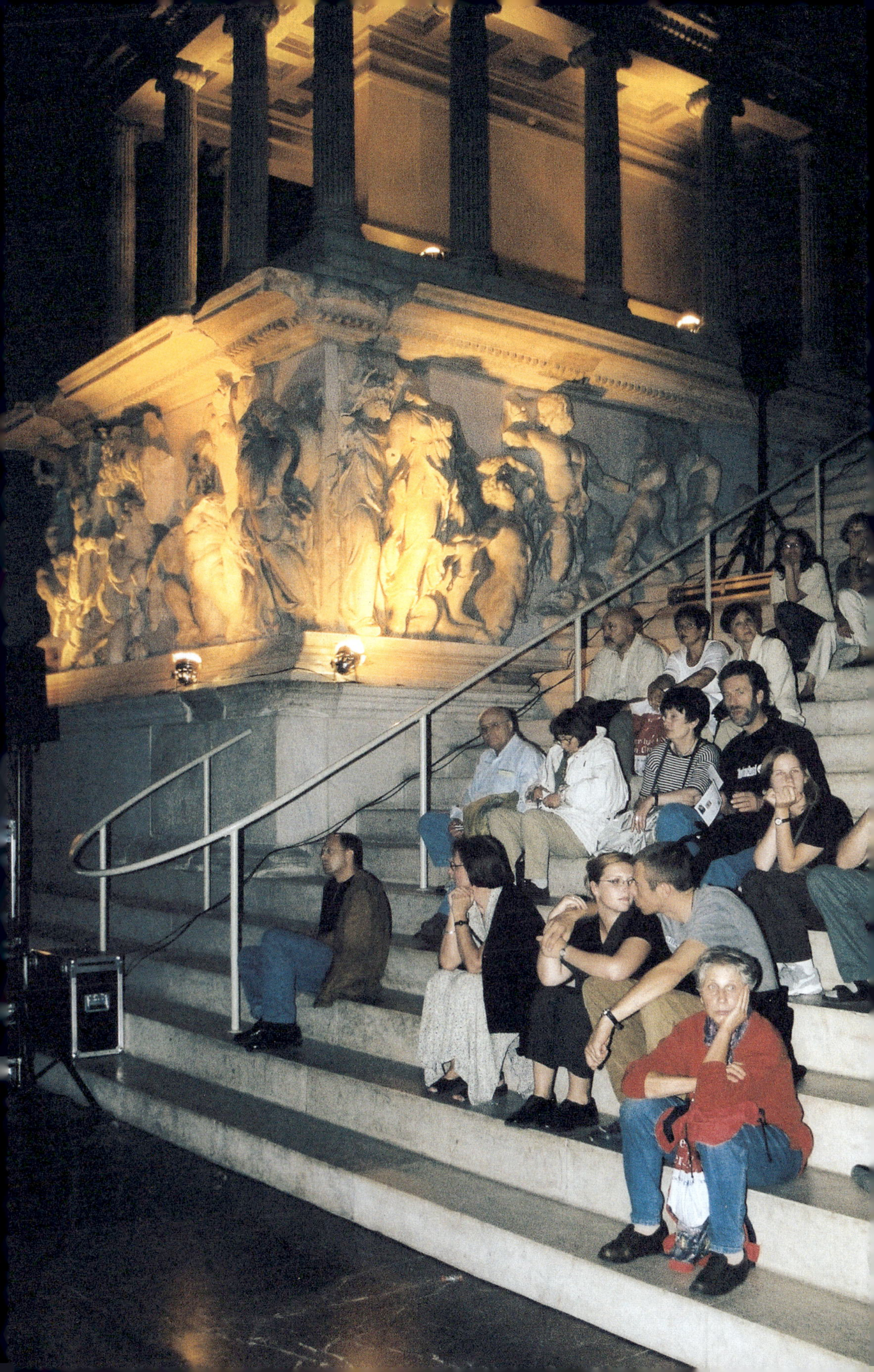

Brasil" von Walter Salles (1997), Auch US-Kultfilme wie „Smoke" von Wayne Wang (1995), „12 Monkeys" von Terry Gilliam und „Dead Man Walking" von Tim Robbins (1996) liefen zuerst auf der Berlinale.

Für Cineasten meist interessanter als der Wettbewerb ist die zweite Sektion des Festivals, das Internationale Forum des jungen Films, die es seit 1971 gibt. Die „Freunde der Deutschen Kinemathek" zeichnen dafür verantwortlich. Dort laufen vierstündige Filmessays aus Nordkorea oder auch neue deutsche Autorenfilme. Auch die gefeierte Langzeitdokumentation „Shoah" lief in dieser Sektion. Manchmal gibt es Streit zwischen Forum und Wettbewerb, obwohl man ja friedliche Kooperation propagiert. Aber so ist das ja manchmal unter Geschwistern.

2000 haben die Filmfestspiele zum 50. Jubiläum ihren zentralen Ort am Potsdamer Platz unweit des Filmhauses gefunden. Ein Jahr später verabschiedete sich de Hadeln nach 22 Jahren als Berlinale-Chef, um die Leitung an Dieter Kosslick zu übergeben. Wahrscheinlich wird dieser über kurz oder lang mit den selben Vorwürfen konfrontiert werden: Zu viele Stars, zu wenig Stars, zu viel Hollywood, zu wenig Hollywood ...

Der Komponist **Wolfgang Rihm** gilt als der erfolgreichste und produktivste Komponist der jüngeren Komponistengeneration. Weit über 100 Kompositionen aller musikalischer Gattungen füllen seinen Werkkatalog. Natürlich gehört der Musiker zu den Stammgästen der zeitgenössischen maerzmusik

maerzmusik

Jedes Jahr im März

Viel Neues für die Ohren bietet dieses internationale Festival für zeitgenössische Musik, das aus der „Musik-Biennale" hervorgegangen ist und nun jedes Jahr stattfindet. Es bietet Uraufführungen, Erstaufführungen, Rauminszenierungen, Multimediaprojekte und Gesprächsrunden junger oder jung denkender Komponistinnen und Komponisten. Zahlreiche Erstaufführungen von Nachwuchstalenten und namhaften Komponisten wie Luigi Nono, Wolfgang Rihm, György Ligeti oder Steve Reich geben den Programmen Kontur. Natürlich kann manch Ungehörtes dabei subjektiv als durchaus unerhört empfunden werden, aber keine Neue Musik ohne offene Ohren. Auch Strawinsky war seinerzeit umstritten, heute ist er ein moderner Klassiker.

Berliner Festspiele GmbH, Schaperstr. 24 Wilmersdorf
254 89-0
kartenbuero@berlinerfestspiele.de
Je nach Konzert
www.berlinerfestspiele.de/maerzmusik

[...]er Teppich, Stars,
[...]ogrammjäger und
[...]easten: Seit 2000
[...]der „Berlinale
[...]ast" im Stella
[...]sical Theater das
[...]trale Kino der
[...]nfestspiele

Die „Musik-Biennale" war ein DDR-Kind. 1967, im Vorjahr des Prager Frühlings und sechs Jahre nach dem Mauerbau, wurde sie zum ersten Mal in Ostberlin veranstaltet. 1991 wurde sie von den Berliner Festspielen adoptiert. Die 90er-Jahre verbrachte man mit Vergangenheitsaufarbeitung und widmete die „Musik-Biennale" jeweils einem Jahrzehnt der Musikgeschichte nach 1945. Dabei konfrontierte man exemplarische Werke Neuer Musik aus dem Westen mit solcher aus dem ehemaligen Ostblock. Im neuen Jahrhundert ist es nun vorbei mit dem Abschreiten des gespaltenen Horizonts. Man hört wieder nach vorne auf die unterschiedlichen Strömungen der Neuen Musik. Führende Interpreten, Ensembles und Orchester, darunter alle großen Berliner Klangkörper, das SWR-Orchester, das Ensemble Modern, das Klangforum Wien oder das Arditti String Quartet gehören zu den Stammgästen. Seit 2002 findet sie jährlich unter dem neuen Namen maerzmusik statt.

Theatertreffen Berlin

Jährlich im Mai

Als eine Leistungsschau des deutschsprachigen Theaters versteht sich das 1963 gegründete Theatertreffen. Eine fünf-, früher sieben- und ganz früher zehnköpfige Jury aus Theaterkritikern lädt zwischen Wien und Hamburg, Basel und Berlin bis zu zehn Aufführungen ein, die sie für „Bemerkenswert" oder gar „Herausragend" in einer Spielzeit hält. Diese Arbeit selbst ist ja auch schon bemerkenswert, da es ungefähr 2000 Aufführungen in einer Spielzeit gibt. Um wirklich alle sehen und beurteilen zu können, müsste jedes Jurymitglied also 400 Abende pro Jahr im Theater verbringen. Gemeinerweise hat das Jahr nur 365 Tage. Vielleicht aus dieser Erkenntnis heraus, soll ab 2002 die Jury wieder sieben Köpfe haben. Und sie wird deutlich verjüngt. Doch natürlich

DURCHS JAHR

Berliner Festspiele GmbH, Schaperstr. 24, Wilmersdorf
254 89-0
kartenbuero@berlinerfestspiele.de
20-95 DM
www.berlinerfestspiele.de/theatertreffen

Die Inszenierung „Sommernachtstraum – Ein europäischer Shakespeare" von Regisseurin Karin Beier gehörte vor einigen Jahren zu den Highlights des 33. Theatertreffens

DURCHS JAHR

bleiben ihre Kriterien hemmungslos subjektiv und somit völlig in Ordnung.

Das renommierte Festivalschiff fuhr flott zu der Zeit, als Berlin noch die geteilte Stadt war. Inzwischen ist es längst nicht mehr wie einst im Mai, sondern dümpelt vor sich hin, zunehmend lustlos nimmt das Fachpublikum von der Leistungsschau Kenntnis. Denn allzu häufig erwies es sich als reine Nachspielstation der Wiener Festwochen und der Salzburger Festspiele. Wenn es aber gut geht, dann spiegelt das Theatertreffen tatsächlich „Spannweite und Stilpluralität aktueller Theaterarbeit". Das zeigt sich in den letzten Jahren auch durch die zunehmende Ausweitung der Einladungen auf Tanz-, Musik- und Performance-Aufführungen. Die Grenzgänger der Künste haben längst das Theater erobert.

Das Festival will kein Wettbewerb sein, sondern beruft sich auf einen Arbeitscharakter. Gleichwohl werden drei Preise während des Treffens verliehen: mit dem „Theaterpreis der Stiftung Preußische Seehandlung" wird eine Person oder Gruppe geehrt, die sich in besonderer Weise um das deutschsprachige Theater verdient gemacht hat, der „Alfred-Kerr-Darstellerpreis" prämiert die herausragende Leistung eines Nachwuchsschauspielers und der „3sat-Innovationspreis" zeichnet eine oder mehrere richtungsweisende, künstlerisch-innovative Leistungen aus dem Kreis der eingeladenen Inszenierungen aus.

Ergänzt wird das Theatertreffen durch das „Internationale Forum junger Bühnenangehöriger" und den „Stückemarkt". Hier werden neue Theatertexte in Urlesungen vorgestellt.

Bis zu 500 Grupp
spielen über die ga
Stadt vert
jedes Jahr am 21. J
umsonst und (me
draußen auf der F
de la musi

Karneval der Kulturen

Jährlich zu Pfingsten (Mai/Juni)

Alles so schön bunt hier: Der Karneval der Kulturen ist längst die Lieblingsparade der Berliner. Über 350.000 Menschen feiern seit 1995 jedes Jahr zu Pfingsten die bunte Mischung der Stadt. Multikulti als gemeinsamer Nenner für die ganze Familie, na so was. Was Funkenmariechen und Tony Marshall nie geschafft haben, nämlich im protestantisch-nüchternen Berlin Karnevalsstimmung aufkommen zu lassen, gelingt seit fünf Jahren einer Allianz von gut 4000 Akteuren aus fast allen Erdteilen – einzig die Australier sind bisher noch nicht aus den Puschen gekommen. Von brasilianischer Samba bis chinesischem Löwentanz, von westafrikanischen Trommeln bis zu Berner Fasnachtsbläsern beweisen die über 100 Blöcke und Gruppen des Karnevals eindrucksvoll, dass Berlins Reichtum seine Internationalität ist. Neben dem Umzug gehören auch ein viertägiges Straßenfest, eine Kinderkarnevalsparade und viele Partys zum Karneval der Kulturen.

Traditionell führt die brasilianische Gruppe Afoxé Loni von Murah Soares die Parade des Karnevals der Kulturen an, fraglos einer der schönsten Blöcke: Weiß-gelb gekleidete Tänzer, pulsierende Trommelbeats und die afrobrasilianischen Götter tanzen unsichtbar mit

Werkstatt der Kulture
Wissmannstr. 32, Neu
kölln

60 97 70 22

info@karneval-berlin.de

www.karneval-berlin.de

Fête Company, Saar-
brücker Str. 25, Prenz-
lauer Berg

Info-Tel. über Infopool Berlin: 0190-
8 10 58
,21 DM/Min.

hallo@fete
delamusique.de

www.lafetedela
musique.com

Fête de la musique

Jedes Jahr am 21. Juni

Umsonst und meist draußen spielen bis zu 500 Gruppen und Musiker aus 100 Ländern auf rund 50 Bühnen über die gesamte Stadt verteilt, vor allem aber in Prenzlauer Berg, Friedrichshain, Kreuzberg und Mitte. Gratis fürs Publikum und gratis auch für die Musiker, denn niemand bekommt Gage. Trotzdem spielen auf der Fête nicht nur irgendwelche Kellerbands, sondern auch renommierte Orchester. Die Idee des Fests stammt aus Frankreich, wo 1982 der ehemalige Kulturminister Jack Lang dazu aufrief, den Tag zu nutzen, um überall spontan Musik zu machen. Von Paris bis Burkina Faso, von Argentinien bis Athen wird am 21. Juni konzertiert und dabei kaum eine musikalische Stilrichtung ausgelassen. Das Konzept geht auf: Seit 1996 beteiligen sich auch in Berlin immer mehr Bands an der Fête.

Jack Lang, der damalige französische Kulturminister, kam 1982 auf eine Idee, die seitdem ihren Siegeszug um die Welt antritt: Die Fête de la musique. Jahr für Jahr spielen rund um den Globus am 21. Juni tausende Musiker umsonst auf Straßen, Plätzen und Gebäuden

Internationales Literaturfestival Berlin,
Tommsenstr. 47, Charlottenburg

32 70 10 13/15

literaturfestival
@web.de

Gesamtkarte für Eröffnungsveranstaltung und Sophiensæle: 180, erm. 120 DM, Literaturen der Welt: 18, erm.12 DM, Kaleidoskop: 10, erm. 8 DM, Abschlussfest: 10 DM

www.literaturfestival.com

Internationales Literaturfestival

Jährlich im Juni

Erst seit 2001 findet das literarische Großereignis des Berliner Sommers statt. Etwa 150 Lesungen, Rezitationen, Gespräche, Diskussionen und Filme an zehn Tagen im Juni und an verschiedenen über die ganze Stadt verteilten Orten. In Schulen, Bibliotheken, Botschaften und so unterschiedlichen Stätten wie den Sophiensælen oder der DG Bank. Schriftsteller aus aller Welt sind eingeladen, zum ersten Durchgang kamen Literaturstars wie Nadine Gordimer, Antonio Tabucchi oder Lars Gustafsson. Das von Ulrich Schreiber initiierte und geleitete Festival endet mit einem Abschlussfest und einem Literaturmarathon: 25 Autoren lesen jeweils eine halbe Stunde.

DURCHS JAHR

Vielleicht Berlins bunteste Parade ist der schwul-lesbische Umzug beim Christopher Street Day. Er führt vom Kurfürstendamm zur Siegessäule. Dort Party angesagt.

CSD Berlin e.V., Fuggerstr. 7, Schöneberg
0177-277 31 76
info@csd-berlin.de
www.csd-berlin.de

Christopher Street Day

Jährlich im Juni

Was hier gezeigt wird ist nicht immer jugendfrei. Traditionell ist bei der Parade der Schwulen und Lesben viel nackte Haut zu sehen. Millionen Homosexuelle feiern in vielen Städten mit bunten Paraden den Christopher Street Day. Er geht auf die Ereignisse vom 27. Juni 1969 zurück, als eine Polizeirazzia in der Stonewall Inn Bar in der New Yorker Christopher Street zu Krawallen führte, die zu einem Symbol für Widerstand wurden. Die Paraden finden meist an den Wochenenden um den 27. Juni statt.

Loveparade.net GmbH, Alexanderplatz 5, Mitte
284 62 22
infopool@loveparade.net
Straße des 17. Juni, Großer Stern, Tiergarten
www.loveparade.de

Loveparade

Jährlich am zweiten Wochenende im Juli

Techno ist tot, doch Totgesagte leben länger. Noch immer strömen viele hunderttausend Raver aus der Provinz und aller Welt in die Stadt, um Bum-Bum-Beats zu hören, Bier und illegale Substanzen zu konsumieren und auf überteuerten Partys ein wenig Metropolen-Feeling zu erhaschen. Immer wieder gibt es Streit über die Folgeschäden der hochkommerziellen Massenversammlung für den Tiergarten Park. Trickreich hatte der Veranstalter „Planetcom" den Umzug als Demonstration angemeldet; sie brauchen so nicht für die Schäden zu haften, und gaben ihr so überaus politische Parolen wie „One World, One Love Parade" oder „Friede, Freude, Eierkuchen". Die Berliner Lokalpolitik unterstützt das Spektakel wegen des großen touristischen und Medien-Zuspruchs als Imagewerbung für Berlin. Doch seit 2001 eine Gegendemonstration schneller mit ihrer Demoanmeldung für die angestammte Love-Paradenstrecke war, mussten Senat

AUFSEHEN-erregend!

BERLINER FENSTER

Das neue Infotainment in den Wagen der Berliner U-Bahn. Wir sind da, wo viele Leute sind und Ihre Werbung Aufsehen erregen kann. 20 Stunden täglich, an 365 Tagen im Jahr. Zeitgemäße Werbung ist eine gute Investition. Wie gut, das können wir mit unserer aktuellen Marktforschung beweisen. Also, schnell aufsehen und Kontakt anregen! ▪ Tel. (030) 256 209 03 ▪ www.berliner-fenster.de Fordern Sie Info-Material an und lassen Sie sich Ihr individuelles Angebot erstellen.

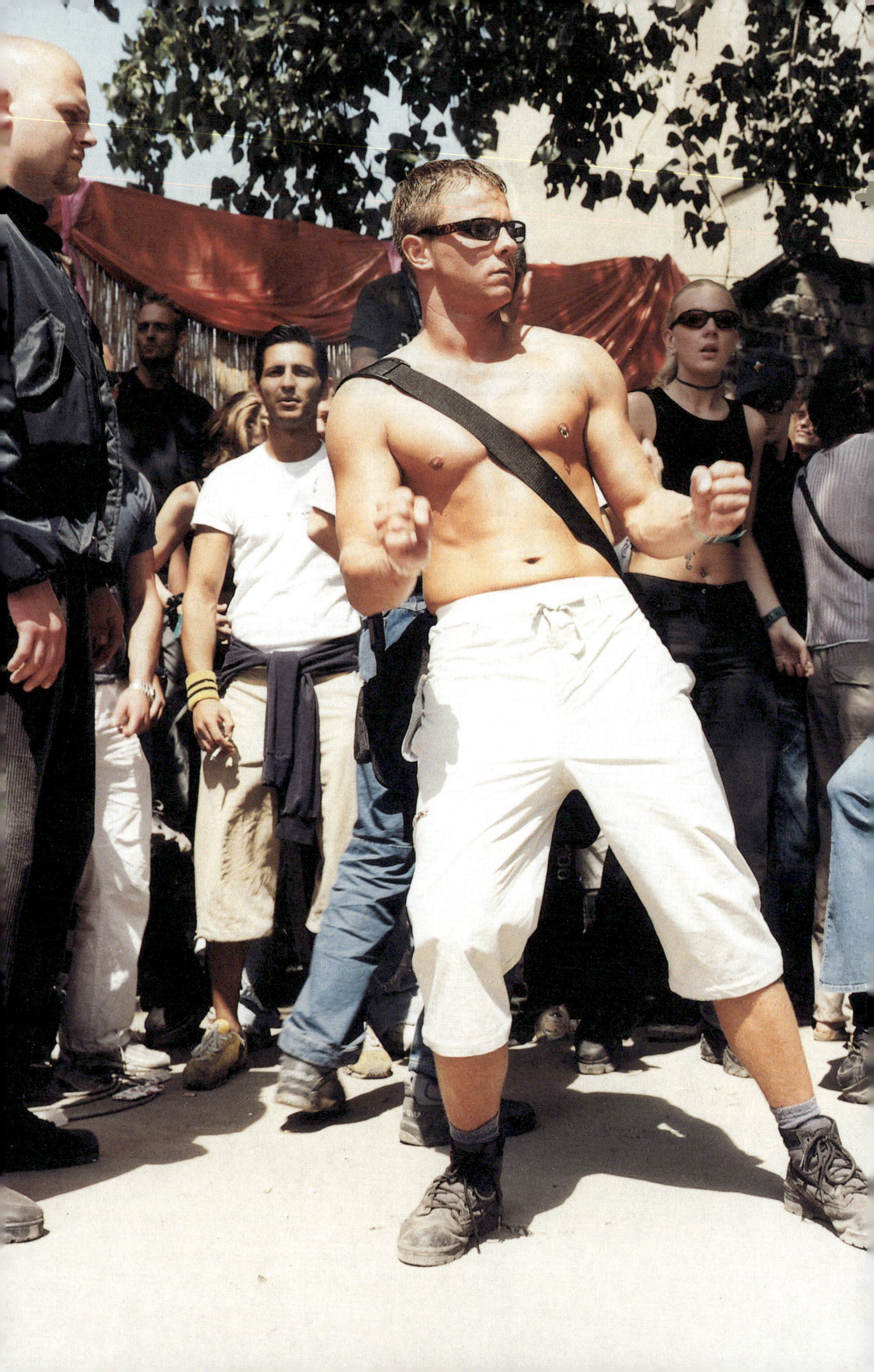

und schließlich auch „Planetcom" Farbe bekennen. Der Demostatus wird der lustigen Tanzparade aberkannt. Nun ist sie das, was sie immer war: Eine Sondernutzung öffentlichen Straßenraums für eine Party, bei der hunderttausende Spaß haben, die Stadt Imagegewinn und die Veranstalter Profit. Friede, Freude, Eierkuchen.

Heimatklänge

Jedes Jahr im Juli und August

Manche fahren in den Sommerferien um die Welt, andere bleiben in Berlin und gehen auf musikalische Weltreise. Die Heimatklänge – eine Initiative von Tempodrom und der Agentur Piranha zur Kulturstadt Europas 1988 – sind inzwischen zum größten europäischen Welt-Musik-Festival geworden. Das Besondere an diesem siebenwöchigen Sommerereignis: Die Musiker treten jeweils an fünf aufeinander folgenden Tagen auf und der Eintritt ist (fast) umsonst: Acht Mark.

In jedem Jahr steht ein anderer Kulturkreis im Mittelpunkt. Von Kuba bis Indien, von Ägypten bis Brasilien gingen die Trips bereits. Doch die musikalische Landkarte ist groß, so dass dem siebenwöchigen Festival wohl nicht so bald die Themen ausgehen werden. 1998 fanden die Konzerte zum letzten Mal zwischen dem Haus der Kulturen der Welt und dem Reichstag statt: Das frühere Tempodrom stand dem Bau des neuen Kanzleramtes im Wege. Bis zur Fertigstellung des Neuen Tempodroms am Anhalter Bahnhof (Ende 2001) findet das Festival übergangsweise im Zelt nahe des Ostbahnhofs im Bezirk Friedrichshain statt.

Tempodrom am Ostbahnhof,
der Pariser Kommune 8-10, Friedrichshain
69 59 35 50
tempodrom@tempodrom-ostbahnhof.de
Ostbahnhof
8 DM
www.tempodrom-ostbahnhof.de

Internationales Tanzfest Berlin

Jedes Jahr im August

Das größte jährliche Tanzfest Deutschlands bietet seit 1989 ein breites Spektrum der wichtigsten Künstler und Gruppen des zeitgenössischen Tanzes, aber auch Choreografien experimenteller Newcomer der internationalen Szene. Etliche Stars der Szene wie Pina Bausch oder Jirí Kyliáns Nederlands Dans Theater, die vielleicht lebendigste Ballettcompany Europas, gehörten wiederholt zu den Gästen. Das renommierte Tanzfestival ist eine gemeinsame Veranstaltung des Hebbel-Theaters mit der Tanzwerkstatt Berlin.

Die Loveparade hat ihren Demostatus verloren. Aber das macht nichts: Denn getanzt wird zwischen Brandenburger Tor und Berlins Clubs weiter. Natürlich auch im und am Tresor

Hebbel-Theater, Stresemannstr. 29, Kreuzberg
25 90 04 27/36
pr@hebbel-theater.de
Möckernbrücke/Hallesches Tor
129/341
Eintritt: 18-80 DM
www.hebbel-theater.de und www.tanzfest.de

Auch das Claud Gate Dance Theater aus Taiwan gastierte bereits beim „Tanz im August". Im Gepäck hatte es 1999 die Choreografie „Moon Water"

DURCHS JAHR

247

Berliner Festwochen

Jährlich im September

Ernst Reuter, der legendäre Berliner Regierende Bürgermeister, hatte die Idee. Die Völker der Welt sollten weiter auf diese Stadt schauen. Festspiele mussten in die Frontstadt. Das war 1951. Doch im ersten Nachkriegsjahrzehnt hieß das vor allem, das heimische Publikum mit den internationalen Entwicklungen in Musik, Theater und Tanz vertraut zu machen, von denen sich Deutschland durch die Nazizeit selbst isoliert hatte. Brot hatten die Berliner wieder genug, jetzt fehlten noch die Spiele.

Die Welt also. Internationale Highlights! Große Bühne! Klangvolle Namen! Komm'se her, komm'se ran! In den 50 folgenden Jahren bis heute gastierten bei den Berliner Festwochen die Crème de la Crème der internationalen Theater- und Tanzszene: Marcel Marceau, Georges Balanchine mit dem New York City Ballet, das Théâtre National Populaire Jean Vilars mit Gérard Philipe, Giorgio Strehler mit dem Piccolo Teatro di Milano, Jean-Louis Barrault, Ingmar Bergman, Peter Brook, Patrice Chéreau, Tadeusz Kantor, Ariane Mnouchkine mit ihrem Théâtre du Soleil – Pause zum Atemholen, weiter geht's – Pina Bausch, Luca Ronconi, Robert Wilson, Robert Lepage, Martha Graham bis hin zu Merce Cunningham, William Forsythe und der New Yorker Wooster Group mit Hollywood-Star Willem Dafoe.

Neben dem Theater pflegen die Berliner Festwochen vor allem die Musik. Es gibt wohl kein gewichtiges Orchester der Welt, das nicht während der Festwochen gespielt hätte. Hier schwenkten von Wilhelm Furtwängler bis Leonard Bernstein, von Karl Böhm bis Herbert von Karajan, von Lorin Maazel bis Claudio Abbado die Größten des Metiers den Taktstock. Vladimir Horowitz spielte 1986 nach über 50 Jahren erstmals wieder in Deutschland auf den Berliner Festwochen. Auch zahlreiche Auftragskompositionen zeitgenössischer Musiker wie Pierre Boulez, John Cage, Hans Werner Henze, Mauricio Kagel, Aribert Reimann oder Karlheinz Stockhausen bestellten die Festwochen. Seit 1965 sammeln sie sich unter einem Leitthema etwa „Berlin – New York" (1976), „Der Russische Symbolismus-Futurismus" (1983), „Japan und Europa" (1993), „Moskau – Berlin" (1995) oder zuletzt 2000, zum 50. Jubiläum, „Jahrhundertklang", die Rückschau aufs 20. Jahrhundert.

*Wenn **Willem Dafoe** mit der Wooster Group etwa zu den Berliner Festwochen in Berlin gastiert, weckt das Interesse auch bei Leuten und Medien, die normalerweise mit experimentellem Theater wenig anzufangen wissen. Ein Hollywood-Star – das verspricht eben immer auch ein bisschen Glamour*

Berliner Festspiele GmbH, Schaperstr. 24 Wilmersdorf
☎ 254 89-0
✉ kartenbuero@berlinerfestspiele.de
🎫 15-180 DM
🖥 www.berlinerfestspiele.de/berlinerfestwochen

ART FORUM BERLIN

Jedes Jahr im Oktober

An der Wende von September zu Oktober besetzt der internationale Kunsthandel für fünf Tage das Berliner Messegelände. Knapp 160 Galerien bieten hier die aktuellste Kunst feil, und insgesamt 21.000 Besucher sorgten im Jahr 2000 für einen neuen Rekord. Manch finanzpotenter Sammler zückt hier seine Brieftasche, um die Installation eines Berliner Jungstars zu erwerben

Messe Berlin GmbH, Messedamm 22, Charlottenburg
☎ 88 55 16 44
✉ info@art-forum-berlin.de
Ⓢ Witzleben
Ⓤ Kaiserdamm
🚌 9/X21/104/139/14
🎫 20, erm. 15 DM, tgl. 12-20 Uhr
🖥 www.art-forum-berlin.de

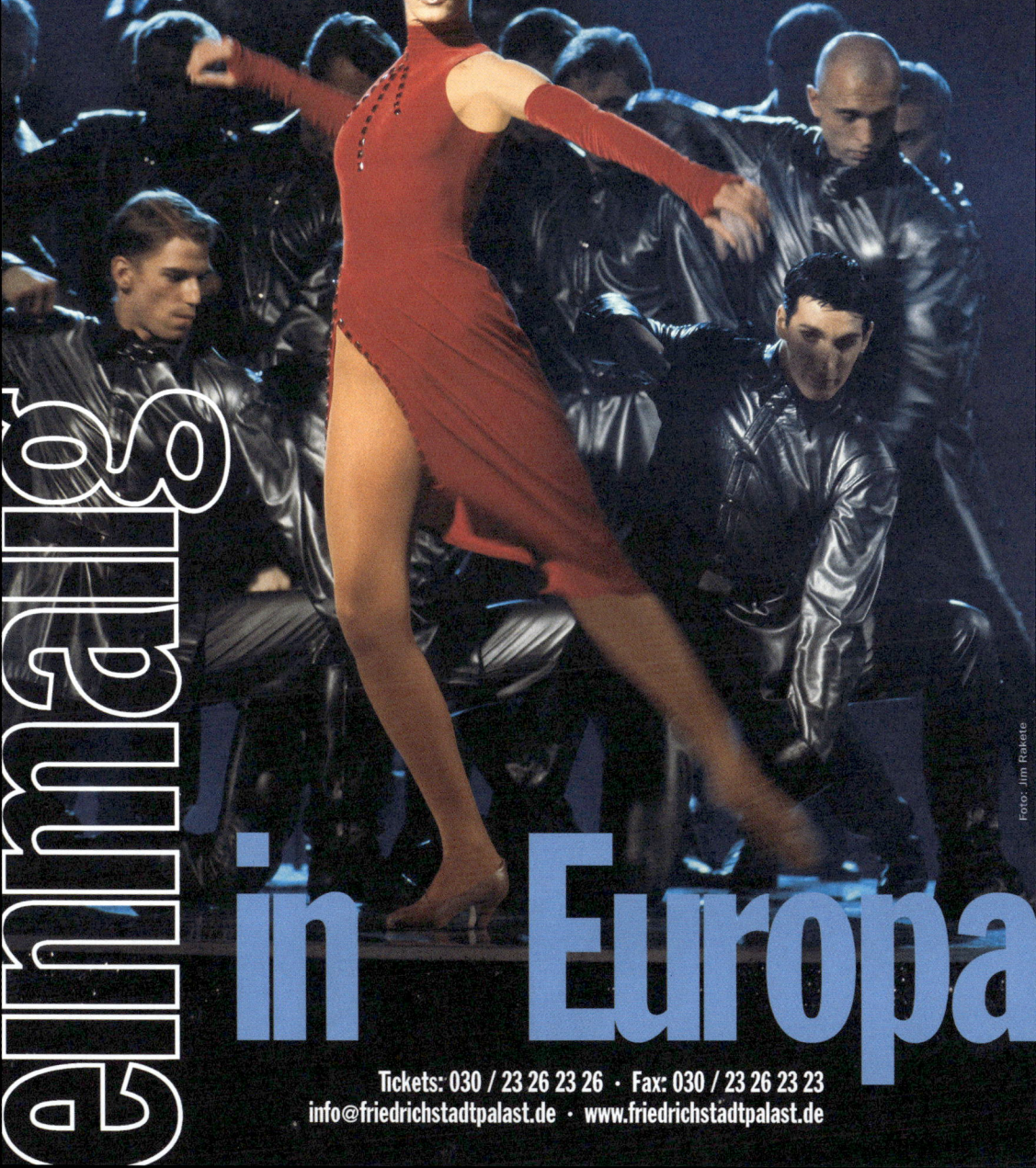

FRIEDRICHSTADT PALAST BERLIN
That's Entertainment

einmalig in Europa

Tickets: 030 / 23 26 23 26 · Fax: 030 / 23 26 23 23
info@friedrichstadtpalast.de · www.friedrichstadtpalast.de

Foto: Jim Rakette

oder einen Klassiker der Konzeptkunst. Den Schwerpunkt des ART FORUM BERLIN bilden sehr, sehr zeitgenössische Werke, darunter viel Fotografie und immer mehr Galerien aus Osteuropa. Den großen Kunstmessen in Köln und Basel bietet dieser Erntedank im Berliner Kunstherbst, den die European Galleries Projektgesellschaft 1996 ins Leben rief, somit eine ernst zu nehmende Konkurrenz.

JazzFest Berlin

Jährlich im November

Im traurigen Monat November verheißt das JazzFest Berlin ein bisschen Trost. Obgleich das 1964 gegründete Festival zuletzt etwas in die Kritik geraten ist, gehört es bis heute zu den wichtigsten Veranstaltungen des zeitgenössischen Jazz. In den ersten beiden Jahrzehnten dominierten noch überwiegend US-amerikanische Jazz-Stars das Festival, was für seinen Nimbus gar nicht so schlecht war. In den 80er-Jahren legte der langjährige künstlerische Leiter George Gruntz den Schwerpunkt dann erfolgreich auf Jazz als Weltmusik. 1995 wurde der Posaunist Albert Mangelsdorff sein Nachfolger, doch zuletzt begann das JazzFest in der Entwicklung zu stagnieren.

2001 hat der renommierte Musiker Nils Landgren die Nachfolge Mangelsdorffs übernommen. Er spielte mit so unterschiedlichen Stars wie ABBA, den Crusaders, Randy Crawford und Herbie Hancock. Seit 1998 ist er Mitglied der NDR-Bigband. Seine eigene Formation Funk Unit zählt zu den populärsten und einfallsreichsten Fusion-Bands der letzten Jahre. Landgren steht also für eine ziemliche musikalische Bandbreite, was dem JazzFest neuen Auftrieb verleihen könnte. Der Hauptveranstaltungsort wird vom Haus der Kulturen der Welt in die Freie Volksbühne, dem „Haus der Berliner Festspiele", wechseln. Dazu soll es eine „Jazz-Meile" vom Festspielhaus über das Literaturhaus in der Fasanenstraße und das Jüdische Gemeindehaus zum Jazzclub Quasimodo in der Kantstraße geben. Mitfinanziert wird das Festival von der ARD, das die Konzerte zum Teil überträgt.

Berliner Festspiele GmbH, Schaperstr. 24, Wilmersdorf

254 89-0

kartenbuero@berlinerfestspiele.de

15-60 DM

www.berlinerfestspiele.de/jazzfest

Während die Jazzmeile beim JazzFest noch Planung ist, ist das jährliche Bergmannstraßenfest längst eine Stets wird hier „Die Geschichte des Jazz" in allen seinen musikalischen Facette vorgeführt

REGISTER

Der Service zur Orientierung im Großstadtdschungel: Von A wie Abguss-Sammlung antiker Plastik bis Z wie Zuckermuseum. **Berlin kompakt.** Adressen, Kontakte, Seitenzahlen

A

Abguss-Sammlung antiker Plastik S. 118
Schloßstr. 69b, Charlottenburg
Tel.: 342 40 54
E-mail: stemmerk@zedat.fu-berlin.de
Bus 109/145/210/X21
Eintritt: Frei, Do-So 14-17 Uhr
Internet: www.fu-berlin.de/klassarch/ka/abguss.htm

Aboriginal Art Gallery S. 186
Rykestr. 37, Prenzlauer Berg
Tel.: 441 24 73
E-mail: info@aboriginal-art-gallery.de
U-Bhf. Eberswalder Straße
Tram 1/20
Eintritt: Di-Sa 14-22 Uhr
Internet: www.aboriginal-art-gallery.de

Aedes East S. 187
Hackesche Höfe, Hof II, Rosenthaler Str. 40/41, Mitte
Tel.: 282 70 15
E-mail: aedes@baunetz.de
S-Bhf. Hackescher Markt
U-Bhf. Weinmeisterstraße
Eintritt: Di-Fr 11-18.30, Sa/So 13-17 Uhr
Internet: www.aedes-galerie.de

Aedes West S. 187
Savignyplatz, Stadtbahnbögen 600, Charlottenburg
Tel.: 312 25 98
E-mail: aedes@baunetz.de
S-Bhf. Savignyplatz
Eintritt: Di-Fr 11-18.30, Sa/So 13-17 Uhr
Internet: www.aedes-galerie.de

Ägyptisches Museum und Papyrussammlung S. 118
Schloßstr. 70, Charlottenburg
Tel.: 34 35 73 11
E-mail: aemp@smb.spk-berlin.de
U-Bhf. Richard-Wagner-Platz
Bus 109/145/210/X21
Eintritt: 8, erm. 4 DM, Di-So 10-18 Uhr
Internet: www.smb.spk-berlin.de/amp/index.htm

Akademie der Künste S. 204
Hanseatenweg 10, Tiergarten
Tel.: 39 07 60
E-mail: info@adk.de
S-Bhf. Bellevue
U-Bhf. Hansaplatz
Bus 123
Eintritt: 8 DM, erm. 5 DM, Mo 13-19, Di-So 10-19 Uhr
Internet: www.adk.de

Akademie für Alte Musik S. 73
c/o Folkert Uhde, Adalbertstr. 20, Kreuzberg
Tel.: 694 14 15
E-mail: folkert.uhde@akamus.de
Eintritt: Je nach Konzert
Internet: www.akamus.de

Alliierten-Museum S. 168
Clayallee 135, Zehlendorf
Tel.: 818 19 90
E-mail: info@alliiertenmuseum.de
U-Bhf. Oskar-Helene-Heim
Bus 115/183
Eintritt: Frei, Do-Di 10-18 Uhr
Internet: www.alliiertenmuseum.de

Altes Museum – Antikensammlung S. 120
Bodestr. 1-3, Mitte
Tel.: 20 90 50
E-mail: ant@smb.spk-berlin.de
S-Bhf. Hackescher Markt
Bus 100/157/200/348
Tram 1/2/3/4/5/6/13/15/50/53
Eintritt: 8, erm. 4 DM, Di-So 10-18, Do 10-22 Uhr
Internet: www.smb.spk-berlin.de/ant/

Amerika Haus, S. 221
Hardenbergstr. 22-24, Charlottenburg
Tel.: 311 07-406
S-/U-Bhf. Zoologischer Garten
Eintritt: Je nach Veranstaltung, Bibliothek: Nach Vereinbarung

An einem Sonntag im August S. 201
Kastanienallee 103, Prenzlauer Berg
Tel.: 44 05 12 28
E-mail: info@erotisches-zur-nacht.de
U-Bhf. Eberswalder Straße
Internet: www.crotisches-zur-nacht.de

Ankerklause S. 100
Maybachufer/Ecke Kottbusser Brücke, Neukölln
Tel.: 693 56 49
E-mail: ankerklause@t-online.de
U-Bhf. Schönleinstraße
Eintritt: Do 5 DM, ansonsten frei, Mo ab 16, Di-So ab 10 Uhr
Internet: www.ankerklause.de

Anti-Kriegs-Museum S. 169
Brüsseler Str. 21, Wedding
Tel.: 45 49 01 10
E-mail: Anti-Kriegs-Museum@gmx.de
U-Bhf. Seestraße/Amrumer Straße
Eintritt: Frei, tägl. 16-20 Uhr
Internet: www.dhm.de/museen/akm

Arena S. 228
Eichenstr. 4, Treptow
Tel.: 533 20 30
E-mail: arena@mixx.de
S-Bhf. Treptower Park
U-Bhf. Schlesisches Tor
Bus 265
Eintritt: Je nach Veranstaltung
Internet: www.arena-berlin.de

Arndt & Partner S. 179/190
Auguststr. 35, Mitte
Tel.: 280 81 23
E-mail: arndt@arndt-partner.de
S-Bhf. Oranienburger Straße
U-Bhf. Weinmeisterstraße
Eintritt: Di-Sa 12-18 Uhr
Internet: www.arndt-partner.de

Arsenal S. 102
Potsdamer Str. 2, Tiergarten
Tel.: 26 95 51 00
E-mail: arsenal@fdk-berlin.de
S-/U-Bhf. Potsdamer Platz
Eintritt: 11 DM, Mitglieder 8 DM, Kinder 6 DM, kein Kinotag
Internet: www.fdk-berlin.de

ART FORUM BERLIN S. 248
Messe Berlin GmbH, Messedamm 22, Charlottenburg
Tel.: 88 55 16 44
E-mail: info@art-forum-berlin.de
S-Bhf. Witzleben
U-Bhf. Kaiserdamm
Bus 104/139/149/X21
Eintritt: 20, erm. 15 DM, tgl. 12-20 Uhr
Internet: www.art-forum-berlin.de

Asian Fine Arts/Prüss & Ochs Galerie S. 187
Sophienstr. 18, Mitte
Tel.: 28 39 13 87
E-mail: pruessochs@asianfinearts.de
S-Bhf. Hackescher Markt

U-Bhf. Weinmeisterstraße
Eintritt: Di-Sa 12-19 Uhr
Internet: www.asianfinearts.de

Astro-Bar S. 1
Simon-Dach-Str. 40, Friedrichshain
U-Bhf. Frankfurter Tor
Eintritt: Frei, tgl. ab 18 Uh
Internet: www.astro-bar.d

A-Trane S.
Bleibtreustr. 1/Ecke Pestalozzistr., Charlottenburg
Tel.: 313 25 50
E-mail: a-trane@a-trane.
S-Bhf. Savignyplatz
Bus 149
Eintritt: ca.15-20 DM, Sa 0.30 Uhr frei, tgl. 21-2 Uh Sa/So Open End
Internet: www.a-trane.de

B

Badenscher Hof S.
Badensche Str. 29, Wilmer dorf
Tel.: 861 00 80
E-mail: bh-info@badenscher-hof.de
U-Bhf. Berliner Straße
Bus 104/204/249
Eintritt: Mo-Do frei, Fr/Sa 6-25 DM, Mo-Fr ab 16, Sa ab 18 Uhr
Internet: www.badenscherhof.de

Bar jeder Vernunft S.
Schaperstr. 24, Wilmersdo
Tel.: 883 15 82
E-mail: reservierung@bar-jeder-vernunft.de
U-Bhf. Spichernstraße
Eintritt: 35-58 DM
Internet: www.bar-jeder-vernunft.de

BarLounge 808 S.
Oranienburger Str. 42/43, Mitte
Iel.: 28 04 67 27
E-mail: bobyoung@hotmail.de
S-Bhf. Oranienburger Stra
U-Bhf. Oranienburger Tor
Eintritt: Frei, tgl. ab 18 Uh
Internet: www.barlounge 808.de

Bastard S.
Kastanienallee 7-9, Prenzlauer Berg
Tel.: 44 04 96 69
U-Bhf. Eberswalder Straße
Eintritt: Je nach Veranstaltung, Di-Sa ab 22 Uhr

uhaus-Archiv S. 121
ngelhöferstr. 14,
rgarten
: 254 00 20
nail: bauhaus@
haus.de
Bhf. Nollendorfplatz
s 100/129/187/341
tritt: 7,80, erm. 3,90 DM,
-Mo 10-17 Uhr
ernet: www.bauhaus-
hiv.de

liner Ensemble S. 8
tolt-Brecht-Platz 1,
te
Kasse: 28 40 81 55
nail: berlinerensemble
oln.de
U-Bhf. Friedrichstraße
tritt: 10-60, erm. 10 DM
allen Platzgruppen auch
Vorverkauf)
ernet: www.berliner-
emble.de

liner
tspiele GmbH S. 205
aperstr. 24, Wilmersdorf
: 254 89-0
nail: redaktion@
linerfestspiele.de
Bhf. Spichernstraße
tritt: Je nach
anstaltung
ernet: www.berliner
tspiele.de

liner
twochen S. 248
liner Festspiele GmbH,
aperstr. 24, Wilmersdorf
: 254 89-0
nail: kartenbuero@
linerfestspiele.de
tritt: 15-180 DM
ernet: www.berlinerfest
ele.de/berlinerfestwochen

liner
mmerOrchester S. 76
nckelmannstr. 54a,
arlottenburg
: 325 88 23
nail: B.K.O@t-online.de
tritt: 20-35 DM
ernet: www.bko.de

liner Kino-
seum S. 112
ßbeerenstr. 57,
uzberg
n Telefon
Bhf. Mehringdamm
tritt: 9 DM

liner Philharmonisches
chester S. 64
bert-von-Karajan-Str. 1,
rgarten
: 254 88-0
nail: presse@berlin-
lharmonic.com

S-/U-Bhf. Potsdamer Platz
Bus 129/148/200/348
Eintritt: 18-213 DM
Internet: www.berlin-
philharmonic.com/index.htm

**Berliner Staats-
kapelle** S. 68
Deutsche Staatsoper, Unter
den Linden 7, Mitte
Tel.: 20 35 45 55
E-mail: subscribe@berliner-
staatskapelle.de
S-Bhf. Friedrichstraße/Unter
den Linden
U-Bhf. Französische
Straße/Stadtmitte
Bus 100/157/200/348
Eintritt: 22-70 DM
Internet: www.berliner-
staatskapelle.de

**Berliner U-Bahn-
Museum** S. 171
Stellwerk U-Bahnhof
Olympiastadion,
Charlottenburg
Tel.: 25 62 71 71
E-mail: redaktion@bvg.de
U-Bhf. Olympiastadion
Eintritt: 3, Kinder 2 DM,
jeden 2. Sa/Monat 10.30-16
Uhr
Internet: www.bvg.de/
service/citytours07.html

Berlin Sinfonietta S. 76
siehe Konzerthaus Berlin

**Berlins Volkstheater
Hansa** S. 22
Alt-Moabit 48, Tiergarten
Tel.: 39 90 99 09
E-mail: bhansa@aol.com
U-Bhf. Turmstraße
Bus 101/245/341
Eintritt: Mi/Do/So 39-49,50
DM, Fr/Sa 44-54,50 DM
Internet: www.hansa-
theater-berlin.de

b-flat S. 82
Rosenthaler Str. 13, Mitte
Tel.: 280 63 49
E-mail: binain@bigfoot.com
U-Bhf. Weinmeisterstraße/
Rosenthaler Platz
Eintritt: Je nach
Veranstaltung, tgl. ab 20
Uhr
Internet: www.lag.net/~
binain/bflat

BICE S. 76
c/o Klaus Schöpp,
Curtiusstr. 77, Zehlendorf
Tel.: 81 29 81 41
E-mail: schoeppklaus@
gmx.de
Eintritt: Je nach Konzert

BKA S. 61
Mehringdamm 34,

Kreuzberg
Tel.: 202 20 07
E-mail: bka@bka-berlin.de
U-Bhf. Mehringdamm
Bus 119/140/219
Eintritt: 20-45 DM
Internet: www.bka-berlin.de

**Blechbläserensemble
des BSO** S. 76
siehe Konzerthaus Berlin

Blu S. 97
Marlene-Dietrich-Platz 4,
Tiergarten
Tel.: 25 59 30 30
E-mail: info@blu-berlin.de
S-/U-Bhf. Potsdamer Platz
Eintritt: 20 DM, Fr/Sa ab 22
Uhr
Internet: www.blu-berlin.de

Böse Buben Bar S. 201
Marienstr. 18, Mitte
Tel.: 27 59 69 09
E-mail: info@erotisches-
zur-nacht.de
S-/U-Bhf. Friedrichstraße
U-Bhf. Oranienburger Tor
Tram13/50
Internet: www.erotisches-
zur-nacht.de

**Botanischer Garten und
Museum** S. 169
Königin-Luise-Str. 6-8,
Dahlem
Tel.: 83 85 01 00
E-mail: zebgbm@zedat.
fu-berlin.de
Bus 101/183/X83
Eintritt: 8, erm. 4 DM,
April-Sept. tägl. 9-20,
Winter 9-17 Uhr
Internet: www.bgbm.fu-
berlin.de/bgbm

**Brasilianisches Kultur-
institut ICBRA** S. 222
Schlegelstr. 26-27, Mitte
Tel.: 313 15 00
E-mail: icbra@icbra-
berlin.de
S-Bhf. Nordbahnhof
U-Bhf. Zinnowitzer Straße
Eintritt: Frei, Mo-Fr 11-16
Uhr
Internet: www.icbra-
berlin.de

**Bröhan-Museum –
Landesmuseum für
Jugendstil, Art Déco und
Funktionalismus
(1889-1939)** S. 122
Schloßstr. 1a, Charlotten-
burg
Tel.: 32 69 06-00
E-mail: info@broehan-
museum.de
U-Bhf. Richard-Wagner-
Platz
Bus 109/145/210/X26

Eintritt: 10, erm. 5 DM, Di-
So 10-18 Uhr und an allen
Feiertagen
Internet: www.broehan-
museum.de

Brotfabrik S. 234
Prenzlauer Promenade 3,
Weißensee
Tel.: 471 40 01-2
E-mail: info@brotfabrik
berlin.de
Tram 1/13/23/24
Eintritt: Kino: 10, Do 5 DM,
Theater: 18, erm. 14 DM,
Galerie: Mi-So 16-21 Uhr
Internet: www.brotfabrik
berlin.de

Brücke-Museum S. 124
Bussardsteig 9, Dahlem
Tel.: 831 20 29
E-mail: bruecke@
t-online.de
Bus 115
Eintritt: 8, erm. 4 DM,
Mi-Mo 11-17 Uhr
Internet: www.bruecke-
museum.de

**Bulgarisches Kultur-
institut** S. 223
Leipziger Str. 114-115, Mitte
Tel.: 229 95 27
E-mail: bulcult@face-
bulgaria.net
U-Bhf. Mohrenstraße/
Stadtmitte
Bus 142
Eintritt: Je nach
Veranstaltung, Mo-Fr 10-18
Uhr
Internet: www.face-
bulgaria.net

C

**Camerata instru-
mentale Berlin** S. 76
c/o Uwe Gaffrontke,
Leipziger Str. 118, Mitte
Tel.: 229 10 41
E-mail: gaffrontke@aol.com
Eintritt: 10-38 DM
Internet: www.camerata-
instrumentale-berlin.de

**Carrousel Theater an
der Parkaue** S. 38
Parkaue 29, Lichtenberg
Tel.: 55 77 52 52
E-mail: root@carrousel.de
S-/U-Bhf. Frankfurter Allee
Tram 17/23
Eintritt: 12-22,
Kinder 8-10 DM
Internet: www.carrousel.de

Cartoonfabrik S. 187
Auguststr. 83, Mitte
Tel.: 28 04 74 80
E-mail: info@cartoon

karten.de
S-Bhf. Oranienburger Straße
Eintritt: Di-So 14-20 Uhr
Internet: www.cartoon
fabrik.de

Central S. 103
Rosenthaler Str. 39, Mitte
Tel.: 28 59 99 73
E-mail: mailto@eyz-kino.de
S-Bhf. Hackescher Markt
Eintritt: 12 DM, Kinotag Mo 8 DM, Di/Mi 9,50 DM
Internet: www.eyz-kino.de

Chamäleon Varieté S. 53
Rosenthaler Str. 40/41, Mitte
Tel.: 282 71 18
E-mail: chamaeleon@chamaeleonberlin.de
S-Bhf. Hackescher Markt
Eintritt: 35-45, erm. 29 DM
Internet: www.chamaeleon berlin.de

Christopher Street Day S. 244
CSD Berlin e.V., Fuggerstr. 7, Schöneberg
Tel.: 0177-277 31 76
E-mail: info@csd-berlin.de
Internet: www.csd-berlin.de

Cinema Paris S. 104
Kurfürstendamm 211, Charlottenburg
Tel.: 881 31 19
E-mail: info@cinema-paris.de
U-Bhf. Uhlandstraße
Bus 109/110/119/129/219
Eintritt: 14 DM, Kinotag Mo 8 DM, Di/Mi 10 DM, Matinee 13 DM
Internet: www.cinema-paris.de

CinemaxX Colosseum S. 104
Schönhauser Allee 123, Prenzlauer Berg
Tel.: 44 01 81 81
E-mail: cxxbc@berlin.cinemaxx.de
S-/U-Bhf. Schönhauser Allee
Eintritt: Mi 9,50 DM, ab 17 Uhr 12 DM, Do 6 DM, ab 17 Uhr 12 DM, Fr-So 10 DM, ab 17 Uhr 13,50 DM, Kinotag: 8,50 DM, ab 17 Uhr 9,50 DM, Logenzuschlag 2 DM
Internet: www.cinemaxx.de

CineStar IMAX-Theater S. 105
Potsdamer Str. 4 (Sony-Center), Tiergarten
Tel.: 26 06 62 60
E-mail: info3@cinestar.de
S-/U-Bhf. Potsdamer Platz
Eintritt: 2-D-Filme 12,50 DM, Kinotag & Kinder bis 11 Jahre 9,50 DM/3-D-Filme 15,50 DM, Kinotag & Kinder bis 11 Jahre 13 DM
Internet: www.cinestar-imax.de

Contemporary Fine Arts S. 178
Sophienstr. 21, Mitte
Tel.: 288 78 70
E-mail: galery@cfa-berlin.de
U-Bhf. Weinmeisterstraße
Eintritt: Di-Sa 11-18 Uhr
Internet: www.cfa-berlin.com

D

aad-galerie S. 206
Kurfürstenstr. 58, Tiergarten
Tel.: 20 22 08 25
E-mail: BKP.Berlin@daad.de
U-Bhf. Nollendorfplatz
Eintritt: Frei, tgl. 12.30-19 Uhr
Internet: www.berliner-kuenstlerprogramm.de

Das stille Museum S. 170
Linienstr. 154a, Mitte
Tel.: 280 77 00
E-mail: makarov@thing.de
S-Bhf Oranienburger Straße
U-Bhf. Oranienburger Tor
Bus 157
Eintritt: 5 DM, Di-So 14-18 Uhr
Internet: www.thing.de/museum

Delicious Doughnuts S. 99
Rosenthaler Str. 9, Mitte
Tel.: 28 09 92 74
U-Bhf. Rosenthaler Platz
Eintritt: Sa/So 10 DM, tgl. ab 21 Uhr

Delphi S. 106
Kantstr. 12a, Charlottenburg
Tel.: 312 10 26
S-/U-Bhf. Zoologischer Garten
Bus 149
Eintritt: 14 DM, Kinotag Mo 8 DM, Di/Mi 10 DM

Deutsche Guggenheim Berlin S. 125
Unter den Linden 13-15, Mitte
Tel.: 202 09 30
E-mail: berlin.guggenheim@db.com
S-/U-Bhf. Friedrichstraße
Bus 100/200
Eintritt: 5, erm. 3 DM, Mo frei, tgl. 11-20, Do 11-22 Uhr
Internet: www.deutsche-guggenheim-berlin.de

Deutsche Oper S. 42
Bismarckstr. 34-37, Charlottenburg
Tel.: 343 84 01
E-mail: info@deutsche-oper-berlin.de
U-Bhf. Deutsche Oper
Eintritt: 17-200 DM
Internet: www.deutsche-oper-berlin.de

Deutsches Historisches Museum im Zeughaus S. 126
Unter den Linden 2, Mitte
(bis 2003 Ausstellungen im Kronprinzenpalais, Unter den Linden 3, Mitte)
Tel.: 203 04-0
E-mail: webadmin@dhm.de
Bus 100/157/200/348
Eintritt: Frei, tgl. 10-18, Do 10-22 Uhr
Internet: www.dhm.de

Deutsches Kammer-orchester S. 76
Suarezstr. 15-17, Charlottenburg
Tel.: 32 60 86 12
E-mail: office@dko-berlin.de
Eintritt: 26-38 DM
Internet: www.dko-berlin.de

Deutsches Symphonie Orchester S. 69
Charlottenstr. 56, Mitte
Tel.: 20 29 87 11
E-mail: tickets@dso-berlin.de
U-Bhf. Stadtmitte
Eintritt: 20-82 DM
Internet: www.dso-berlin.de

Deutsche Staatsoper S. 48
Unter den Linden 7, Mitte
Tel.: 20 35 45 55
E-mail: contact@staatsoper-berlin.org
S-Bhf. Friedrichstraße/Unter den Linden
U-Bhf. Französische Straße/Stadtmitte
Bus 100/157/200/348
Eintritt: 8-125 DM
Internet: www.staatsoper-berlin.de

Deutsches Technik-museum S. 128
Trebbiner Str. 9, Kreuzberg
Tel.: 902 54-0
E-mail: r.foerster@dtmb.de
U-Bhf. Gleisdreieck/Möckernbrücke
Bus 129/248
Eintritt: 5, erm. 2 DM, Di-Fr 9-17.30, Sa/So 10-18 Uhr
Internet: www.dtmb.de

Deutsches Theater und Kammerspiele S. 10

Schumannstr. 13a, Mitte
Tel.: 28 44 12 25
E-mail: service@deutsche theater-berlin.de
S-/U-Bhf. Friedrichstraße
Eintritt: 9-58 DM
Internet: www.deutsches-theater-berlin.de

**Die Schaubude –
Puppentheater Berlin** S.
Greifswalder Str. 81-84, Prenzlauer Berg
Tel.: 428 60 59
E-mail: info@bkv.org
S-Bhf. Greifswalder Straß
Eintritt: 18-24, erm. 12-1 DM, Kindervorstellungen: Kids 7, Erw. 10, erm. 8 DM
Internet: www.schaubude bkv.org

Die Stachelschweine S.
im Europa-Center, Charlottenburg
Tel.: 261 47 95
E-mail: info@diestachel schweine.de
S-/U-Bhf. Zoologischer Garten
Eintritt: 26-45 DM
Internet: www.diestachel schweine.de

Discovery Channel IMAX-Theater S.
Marlene-Dietrich-Platz 4, Tiergarten
Tel.: 44 31 61 31
E-mail: info.imax@berlin
S-/U-Bhf. Potsdamer Platz
U-Bhf. Mendelssohn-Bartholdy-Park
Eintritt: 2-D-Filme 12,90 DM, Kinotag & Kinder bis Jahre 9,90 DM/3-D-Filme 15,50 DM, Kinotag & Kinder bis 13 Jahre 13 DM
Internet: www.imax-berlin.de

Distel S.
Friedrichstr. 101, Mitte
Tel.: 204 47 04
E-mail: info@die-distel.berlin.de
S-/U-Bhf. Friedrichstraße
Bus 100/147/157
Tram 1/50
Eintritt: 14-37, Fr/Sa +4
Internet: www.distel-berlin.de

Dr. Seltsams Frühschoppen S. 2
in der Kalkscheune, Johannisstr. 2, Mitte
Tel.: 28 39 00 65
E-mail: horst@horst-evers.de
S-/U-Bhf. Friedrichstraße
S-Bhf. Oranienburger Stra

ternet: www.horst-
ers.de

ncker S. 100
nckerstr. 64, Prenzlauer
rg
.: 445 95 09
mail: zabine@berlin.
afu.de
Bhf. Prenzlauer Allee
am 1
tritt: 5-7 DM, fast tgl. ab
Uhr

iszeit S. 108
ughofstr. 20, Kreuzberg
.: 611 60 16
mail: mailto@eyz-kino.de
Bhf. Görlitzer Bahnhof
tritt: 11 DM, Kinotag Mo
0 DM, Di/Mi 9,50 DM
ernet: www.eyz-kino.de

semble mosaik S. 73
rter Str. 57, Tiergarten
.: 39 03 08 30
mail: info@ensemble-
osaik.de
tritt: 10-25 DM
ernet: www.ensemble-
osaik.de

semble Oriol Berlin S. 73
rdenbergplatz 2,
arlottenburg
.: 26 55 54 15
mail: ensemble-oriol@
afu.de
tritt: 20-50 DM
ernet: www.ensemble-
ol.de

semble United
rlin S. 73
Andreas Bräutigam,
hröderstr. 10, Mitte
.: 281 19 79
mail: ensemble.united@
rlin.de
tritt: Je nach Konzert
ernet: www.united
rlin.de

otik-Museum S. 170
achimstaler Str. 4,
arlottenburg
.: 886 06 66
U-Bhf. Zoologischer
rten
s 100/109/119/123/149
tritt: (ab 18 Jahren) 10,
m. 8 DM, Mo-So 9-24 Uhr
ernet: www.erotik
useum.de

hnologisches
useum S. 130
nsstr. 8, Dahlem
.: 830 14 38
mail: mv@smb.spk-

berlin.de
U-Bhf. Dahlem-Dorf
Bus 110/183/X11/X83
Eintritt: 4, erm. 2 DM,
Di-Fr 10-18,
Sa/So 11-18 Uhr
Internet: www.smb.spk-
berlin.de/mv/

Fête de la musique S. 243
La Fête Company,
Saarbrücker Str. 25,
Prenzlauer Berg
Tel.: Info-Tel. über Infopool
Berlin: 0190-58 10 58 (1,21
DM/Min.)
E-mail: hallo@fetedela
musique.de
Internet: www.lafetedela
musique.com

Filmbühne am
Steinplatz S. 108
Hardenbergstr. 12,
Charlottenburg
Tel.: 312 90 12
E-mail: annakruse@aol.com
S-/U-Bhf. Zoologischer
Garten
Bus 145
Eintritt: 11 DM, Kinotag
8,50 DM
Internet: www.
independents.de

Filmkunsthaus Babylon
Mitte S. 102
Rosa-Luxemburg-Str. 30,
Mitte
Tel.: 242 50 76
U-Bhf. Rosa-Luxemburg-
Platz
Eintritt: 10 DM, kein Kinotag

Filmmuseum Berlin –
Deutsche
Kinemathek S. 133
Potsdamer Str. 2, Tiergarten
Tel.: 30 09 03-0
E-mail: info@filmmuseum-
berlin.de
S-Bhf. Potsdamer Platz
U-Bhf. Mendelssohn-
Bartholdy-Park
Eintritt: 12, erm. 8 DM, Di-
So 10-18, Do 10-20 Uhr
Internet: www.filmmuseum-
berlin.de

Fine Art
Rafael Vostell S. 182
Knesebeckstr. 30,
Charlottenburg
Tel.: 885 22 80
E-mail: info@vostell.de
S-Bhf. Savignyplatz
U-Bhf. Uhlandstraße
Bus 109/110/119/129/149
Eintritt: Mo-Fr 11-19, Sa 11-

16 Uhr
Internet: www.vostell.de

Finnland-Institut in
Deutschland S. 223
Alt-Moabit 98, Alte Meierei,
Tiergarten
Tel.: 399 41 41
E-mail: info@finstitut.de
U-Bhf. Turmstraße
Bus 245
Eintritt: Konzerte: 15,
erm.10 DM, Mo 10-17, Di-
Do 11-19, Fr 9-15 Uhr
Internet: www.finnland-
institut.de

Finsterbusch-Trio S. 76
siehe Konzerthaus Berlin

Friedrichstadtpalast S. 54
Friedrichstr. 107, Mitte
Tel.: 23 26 23 26/Info-
Hotline: 23 26 22 03
E-mail: info@friedrichstadt
palast.de
S-/U-Bhf. Friedrichstraße
Eintritt: 25-99 DM
Internet: www.friedrichstadt
palast.de

Friedrichswerdersche
Kirche S. 134
Werderscher Markt, Mitte
Tel.: 208 13 23
E-mail: nng@smb.spk-
berlin.de
U-Bhf. Hausvogteiplatz
Bus 100/147/157/200/
257/348
Eintritt: 4, erm. 2 DM, Di-So
10-18 Uhr
Internet: www.smb.spk-
berlin.de/fwk/

Friends of Italian
Opera S. 32
Fidicinstr. 40, Kreuzberg
Tel.: 691 12 11
E-mail: info@thefriends.de
U-Bhf. Platz der Luftbrücke
Eintritt: 28, erm. 18 DM
Internet: www.thefriends.de

fsk S. 109
Segitzdamm 2, Kreuzberg
Tel.: 614 24 64
E-mail: fsk-kino@snafu.de
U-Bhf. Kottbusser
Tor/Moritzplatz
Eintritt: 11 DM, Kinotag
Mo/Di 9 DM
Internet: www.fsk-kino.de

Galerie
Anselm Dreher S. 182
Pfalzburger Str. 80,
Wilmersdorf
Tel.: 883 52 49
U-Bhf. Uhlandstraße/

Spichernstraße
Eintritt: Di-Fr 14-18.30, Sa
11-14 Uhr
Internet: www.galerie-
anselm-dreher.com

Galerie
Barbara Thumm S. 179
Dircksenstr. 41, Mitte
Tel.: 28 39 03 47
E-mail: b.thumm@berlin.
snafu.de
S-Bhf. Alexanderplatz/
Hackescher Markt
Eintritt: Di-Fr 13-19, Sa 13-
18 Uhr
Internet: www.bthumm.de

Galerie
Barbara Weiss S. 190
Zimmerstr. 88-91, Mitte
Tel.: 262 42 84
E-mail: barbaraweiss@
freenet.de
U-Bhf. Stadtmitte/
Kochstraße
Eintritt: Di-Sa 11-18 Uhr

Galerie Barthel &
Tetzner S. 182
Fasanenstr. 15, Charlotten-
burg
Tel.: 88 68 33 06
E-mail: galerie@barthel-
tetzner.de
U-Bhf. Uhlandstraße
Eintritt: Di-Fr 12-19, Sa 11-
14 Uhr
Internet: www.barthel-
tetzner.de

Galerie Berinson S. 179
Auguststr. 22, Mitte
Tel.: 30 87 24 09
E-mail: berinson@berlin.
snafu.de
S-Bhf. Oranienburger Straße
U-Bhf. Weinmeisterstraße
Eintritt: Di-Sa 15-19 Uhr
Internet: www.german
galleries.com/berinson

Galerie
Bodo Niemann S. 179
Auguststr. 19, Mitte
Tel.: 28 39 19 28
E-mail: bodonie@
bodonie.com
S-Bhf. Oranienburger Straße
U-Bhf. Weinmeisterstraße
Eintritt: Mi-Fr 13-18, Sa 12-
18 Uhr

Galerie Bremer S. 180
Fasanenstr. 37, Wilmersdorf
Tel.: 881 49 08
S-Bhf. Savignyplatz
U-Bhf. Uhlandstraße
Bus 109/110/119/129/149
Eintritt: Di-Fr 12-18, Mo-Sa
ab 20 Uhr

Galerie Brockstedt S. 181

Sächsische Str. 6, Wilmersdorf
Tel.: 885 05 00
E-mail: brockstedt@snafu.de
U-Bhf. Hohenzollernplatz
Bus 249
Eintritt: Di-Fr 14-18, Sa 10-14 Uhr
Internet: www.brockstedt.com

Galerie Brusberg S. 181
Kurfürstendamm 213, Charlottenburg
Tel.: 882 76 82-3
E-mail: galeriebrusb@metronet.de
U-Bhf. Uhlandstraße
Eintritt: Di-Fr 10-18.30, Sa 10-14 Uhr
Internet: www.germangalleries.com/brusberg

Galerie Diehl Vorderwuehlbecke S. 190
Zimmerstr. 88-91, Mitte
Tel.: 22 48 79 22
E-mail: info@dv-art.com
U-Bhf. Stadtmitte/Kochstraße
Eintritt: Di-Sa 11-18 Uhr
Internet: www.dv-art.com

Galerie EIGEN+ART S. 175
Auguststr. 26, Mitte
Tel.: 280 66 05
E-mail: berlin@eigen-art.com
S-Bhf. Oranienburger Straße
U-Bhf. Weinmeisterstraße
Eintritt: Di-Fr 14-19, Sa 11-17 Uhr
Internet: www.eigen-art.com

Galerie Eva Poll S. 82
Lützowplatz 7, Tiergarten
Tel.: 261 70 91
E-mail: galerie@poll-berlin.de
U-Bhf. Nollendorfplatz
Bus 129/187/341
Eintritt: Mo 10-13, Di Fr 11-18.30, Sa 11-15 Uhr
Internet: www.germangalleries.com/poll

Galerie Fahnemann S. 184
Fasanenstr. 61, Wilmersdorf
Tel.: 883 98 97
E-mail: galerie.fahnemann@t-online.de
U-Bhf. Spichernstraße
Bus 249
Eintritt: Di-Fr 14-18, Sa 12-14 Uhr
Internet: www.fahnemann.com

Galerie Gebauer S. 179
Torstr. 220, Mitte
Tel.: 280 81 70

E-mail: gal.gebauer@berlin.snafu.de
U-Bhf. Oranienburger Tor
Eintritt: Di-Sa 12-18 Uhr
Internet: www.galeriegebauer.de

Galerie Haas und Fuchs S. 182
Niebuhrstr. 5, Charlottenburg
Tel.: 881 88 06
E-mail: mfuchs@berlin.sireco.net
S-Bhf. Savignyplatz
Bus 149/X34
Eintritt: Di-Fr 10-13, 15-18, Sa 11-14 Uhr
Internet: www.germangalleries.com/Haas_Fuchs

Galerie Klosterfelde S. 190
Zimmerstr. 90-91, Mitte
Tel.: 283 53 05
E-mail: klosterfelde@berlin.snafu.de
U-Bhf. Stadtmitte/Kochstraße
Eintritt: Di-Sa 11-18 Uhr
Internet: www.klosterfelde.de

Galerie Max Hetzler S. 190
Zimmerstr. 90-91, Mitte
Tel.: 229 24 37
E-mail: max.hetzler@p-soft.de
U-Bhf. Stadtmitte/Kochstraße
Eintritt: Di-Sa 11-18 Uhr
Internet: www.artnet.com/mhetzler.html

Galerie Michael Haas S. 182
Niebuhrstr. 5, Charlottenburg
Tel.: 882 70 06
E-mail: mihaas@berlin.sireco.net
S-Bhf. Savignyplatz
Bus 149/X34
Eintritt: Di-Fr 10-18, Sa 11-14 Uhr
Internet: www.berlinergalerien.de/haas

Galerie Michael Schultz S. 184
Mommsenstr. 34d, Charlottenburg
Tel.: 324 15 91
E-mail: office@gallerie-schultz.de
S-Bhf. Charlottenburg
U-Bhf. Wilmersdorfer Straße
Eintritt: Di-Fr 14-19, Sa 10-14 Uhr
Internet: www.galerie-schultz.de

Galerie Neu S. 179
Philippstr. 13, Mitte

Tel.: 285 75 50
E-mail: galerieneu@snafu.de
U-Bhf. Oranienburger Tor
Eintritt: Di-Sa 11-18 Uhr

Galerie Ngano S. 186
Gipsstr. 23b, Mitte
Tel.: 28 59 93 40
E-mail: galerie@ngano.de
U-Bhf. Weinmeisterstraße
Eintritt: Mi-So 13-19 Uhr
Internet: www.ngano.de

Galerie Nierendorf S. 181
Hardenbergstr. 13, Charlottenburg
Tel.: 832 50 13
E-mail: galerie@nierendorf.com
S-/U-Bhf. Zoologischer Garten
Eintritt: Di-Fr 11-18 Uhr
Internet: www.galerie-nierendorf.de

Galerie Nordenhake S. 190
Zimmerstr. 88-91, Mitte
Tel.: 206 14 83
E-mail: berlin@nordenhake.com
U-Bhf. Stadtmitte/Kochstraße
Eintritt: Di-Sa 11-18 Uhr
Internet: www.nordenhake.com

Galerie Nothelfer S. 184
Corneliusstr. 3, Tiergarten
Tel.: 25 75 98 06
E-mail: webmaster@galerie-nothelfer.de
Bus 100/187/341
Eintritt: Di-Fr 15-18.30, Sa 10-16 Uhr
Internet: www.galerie-nothelfer.de

Galerie Pels-Leusden S. 180
Fasanenstr. 25, Wilmersdorf
Tel.: 885 91 50
E-mail: galerie@pels-leusden.de
U-Bhf. Uhlandstraße
Eintritt: Mo-Fr 10-18.30, Sa 10-14 Uhr
Internet: www.galerie-pels-leusden.de

Galerie Schipper & Krome S. 176
Linienstr. 85, Mitte
Tel.: 28 39 01 39
E-mail: office@schipper-krome.com
S-Bhf. Oranienburger Straße
U-Bhf. Oranienburger Tor
Eintritt: Di-Sa 11-18 Uhr
Internet: www.schipper-krome.com

Galerie Springer & Winckler S. 182

Fasanenstr. 13, Charlottenburg
Tel.: 315 72 20
E-mail: galerie@springer-winckler.de
U-Bhf. Uhlandstraße
Eintritt: Di-Fr 10-13, 14.30 19, Sa 11-15 Uhr
Internet: www.berlinergalerien.de/Springer_Winckler

Galerie STOLZ S. 1
Goethestr. 81, Charlottenburg
Tel.: 313 78 99
E-mail: stolzberlin@nexgo.de
S-Bhf. Savignyplatz
U-Bhf. Ernst-Reuter-Platz
Eintritt: Nach Vereinbarun

Galerie tammen & busch S. 1
Chamissoplatz 6, Kreuzber
Tel.: 69 40 12 27
E-mail: bbusch@berlin.snafu.de
U-Bhf. Platz der Luftbrück Gneisenaustraße
Bus 119
Eintritt: Di-Fr 13-18, Sa 1 14, So 15-18 Uhr
Internet: www.tammen-busch.de

Galerie Thomas Schulte S. 1
Mommsenstr. 56, Charlottenburg
Tel.: 324 00 44
E-mail: mail@galerie thomasschulte.de
S-Bhf. Charlottenburg
U-Bhf. Wilmersdorfer Stra
Bus 101
Eintritt: Mo-Fr 11-18, Sa 15 Uhr
Internet: www.galerie thomasschulte.de

Galerie Wohnmaschine S. 1
Tucholskystr. 35, Mitte
Tel.: 30 87 20 15
E-mail: info@wohn maschine.de
S-Bhf. Oranienburger Stra
Eintritt: Di-Fr 14-19, Sa 1 17 Uhr
Internet: www.wohn maschine.de

Gemäldegalerie Kulturforum S. 1
Matthäikirchplatz 8, Tiergarten
Tel.: 20 90 55 55
E-mail: gg@smb.spk-berlin.de
S-/U-Bhf. Potsdamer Platz
Bus 129/148/200/248/

1/348
tritt: 4, erm. 2 DM, Di-So
-18, Do 10-22 Uhr
ernet: www.smb.spk-
rlin.de/g

eenwich   S. 97
osstr. 5, Mitte
.: 29 09 55 66
Bhf. Weinmeisterstraße
tritt: Frei, tgl. ab 19 Uhr

ips-Theater   S. 36
onaer Str. 22, Tiergarten
.: 39 74 74 77
mail: info@grips-
eater.de
Bhf. Hansaplatz
tritt: 16-23, Kinder 10
M
ernet: www.grips-
eater.de

ober Unfug   S. 187
ssener Str. 32, Kreuzberg
.: 69 40 14 90
mail: groberunfug@
online.de
Bhf. Gneisenaustraße
tritt: Mo-Fr 11-19, Sa 11-
Uhr
ernet: www.grober
fug.de

üner Salon   S. 84
lksbühne, Rosa-
xemburg-Platz 2, Mitte
.: 28 59 89 36
mail: salondame@
uener-salon.de
Bhf. Rosa-Luxemburg-
atz
tritt: Chanson 28, Swing
, Salsa und Tango 4-7 DM
ernet: www.gruener-
on.de/salon.htm

ackesches Hof-
eater   S. 32
senthaler Str. 40/41,
tte
.: 283 25 87
mail: eckermann@
afu.de
Bhf. Hackescher Markt
m 1/2/3/4/5/15/53
tritt: 20-25, erm. 12 DM
ernet: www.hackesches-
ftheater.de

mburger Bahnhof S. 137
validenstr. 50-51,
rgarten
.: 39 78 34 11/703 27 64
mail: hbf@smb.spk-
rlin.de
Bhf. Lehrter Stadtbahnhof
Bhf. Zinnowitzer Straße
s 157/245/248/340
m 6/8/50

Eintritt: 4, erm. 2 DM,
Di/Mi/Fr 10-18, Do 10-22,
Sa/So 11-18 Uhr
Internet: www.smb.spk-
berlin.de/hbf

Hanfmuseum   S. 169
Mühlendamm 5, Mitte
Tel.: 242 48 27
E-mail: hanfmuseum@
hanflobby.de
U-Bhf. Klosterstraße
Bus 142
Eintritt: 5 DM (Kinder bis 10
Jahre frei), Di-Fr 10-20,
Sa/So 12-20 Uhr
Internet: www.hanflobby.de/
hanfmuseum/index.htm

**Haus am Checkpoint
Charlie**   S. 168
Friedrichstr. 44, Kreuzberg
Tel.: 25 37 25-0
E-mail: info@Mauer-
Museum.com
U-Bhf. Kochstraße
Bus 129
Eintritt: 12, erm. 6 DM, tgl.
9-22 Uhr
Internet: www.mauer-
museum.com

Haus am Kleistpark S. 209
Grunewaldstr. 6-7,
Schöneberg
Tel.: 75 60 69 64
U-Bhf. Kleistpark
Bus 148/187/248
Eintritt: Frei, Di-So 12-18
Uhr

**Haus am
Lützowplatz**   S. 207
Lützowplatz 9, Tiergarten
Tel.: 261 38 05
E-mail: office@hausam
luetzowplatz-berlin.de
U-Bhf. Nollendorfplatz
Bus 100/129/187/341
Eintritt: Frei, Di-So 11-18
Uhr
Internet: www.german
galleries.com/Haus_am_
Luetzowplatz

Haus am Waldsee   S. 209
Argentinische Allee 30,
Zehlendorf
Tel.: 801 89 35/63 21 52 34
E-mail: info@hausam
waldsee-berlin.de
S-Bhf. Mexikoplatz
Bus 112/211/629
Eintritt: 6, erm. 4 DM, Di-So
12-20 Uhr
Internet: www.hausam
waldsee-berlin.de

**Haus der Kulturen
der Welt**   S. 210
John-Foster-Dulles-Allee 10,
Tiergarten
Tel.: 397 87-0,

Kasse: 39 78 71 75
E-mail: info@hkw.de
Bus 100
Eintritt: Je nach
Veranstaltung, Di-So 10-21
Uhr
Internet: www.hkw.de

Haus Ungarn   S. 223
Karl-Liebknecht-Str. 9, Mitte
Tel.: 240 91 46
E-mail: haus.ungarn@
berlin.snafu.de
S-/U-Bhf. Alexanderplatz
Eintritt: Frei, Mo-Fr 9-19
Uhr, Mediathek: Mo-Do 14-
18, Fr 10-14 Uhr
Internet: www.
hungaricum.de

Hebbel-Theater   S. 12
Stresemannstr. 29,
Kreuzberg
Tel.: 25 90 04 27/36
E-mail: pr@hebbel-
theater.de
U-Bhf. Möckernbrücke/
Hallesches Tor
Bus 129/341
Eintritt: 13-45 DM
Internet: www.hebbel-
theater.de

Heimatklänge   S. 247
Tempodrom am Ostbahnhof,
Str. der Pariser Kommune 8-
10, Friedrichshain
Tel.: 69 59 35 50
E-mail: tempodrom@
tempodrom-am-ost
bahnhof.de
S-Bhf. Ostbahnhof
Eintritt: 8 DM
Internet: www.tempodrom-
am-ostbahnhof.de

Hundemuseum   S. 170
Alt-Blankenburg 33, Pankow
Tel.: 474 20 31
S-Bhf. Blankenburg
Bus 150/158/350
Eintritt: 2 DM, Di/Do/Sa 15-
18, So 11-17 Uhr

I

Icon   S. 100
Cantianstr. 15, Prenzlauer
Berg
Tel.: 61 28 75 45
E-mail: office@iconberlin.de
U-Bhf. Eberswalder Str.
Eintritt: 15-20 DM, Do ab
22.30, Fr/Sa ab 23.30 Uhr
Internet: www.iconberlin.de

**Ikonengalerie
Grassmann**   S. 186
Goltzstr. 1, Schöneberg
Tel.: 404 93 74
E-mail: claudia@ikonen-
grassmann.de

U-Bhf. Eisenacher Straße
Eintritt: Mo-Fr 10-18, Sa
10-14 Uhr
Internet: www.ikonen-
grassmann.de

**Ikonengalerie
Mönius**   S. 186
Kurfürstendamm 60,
Charlottenburg
(Eingang Leibnizstr.)
Tel.: 215 48 51
E-mail: Ikonengalerie
Moenius@t-online.de
Bus 101/109/110/119/
129/219
Eintritt: Mo-Fr 11-13, 15-18
Uhr

Insel   S. 100
Alt-Treptow 6, Treptow
Tel.: 53 60 80 20
E-mail: insel@blinx.de
S-Bhf. Treptow
Eintritt: Je nach
Veranstaltung
Internet: www.blinx.de/insel

**Internationale
Filmfestspiele Berlin** S. 238
Potsdamer Str. 5, Tiergarten
Tel.: 259 20-0
E-mail: info@berlinale.de
S-/U-Bhf. Potsdamer Platz
Eintritt: 12-13 DM,
Berlinale-Palast: 20 DM,
Kinderfilmfest: 5 DM
Internet: www.berlinale.de

**Internationales Design
Zentrum**   S. 211
Rotherstr. 16, Friedrichshain
Tel.: 293 35 10
E-mail: idz@idz.de
S-/U-Bhf. Warschauer
Straße
Bus 147
Eintritt: Je nach Veranstal-
tung, Mo-Do 9-17, Fr 9-15
Uhr
Internet: www.idz.de

**Internationales Literatur-
festival Berlin**   S. 243
Mommsenstr. 47,
Charlottenburg
Tel.: 32 70 10 13/15
E-mail: literaturfestival@
web.de
Eintritt: Gesamtkarte für
Eröffnungsveranstaltung
und Sophiensäle: 180, erm.
120 DM, Literaturen der
Welt: 18, erm. 12 DM,
Kaleidoskop: 10, erm. 8 DM,
Abschlussfest: 10 DM
Internet: www.literatur
festival.com

**Internationales
Tanzfest Berlin**   S. 247
Hebbel-Theater, Strese-
mannstr. 29, Kreuzberg

Tel: 25 90 04 27/36
E-mail: pr@hebbel-theater.de
U-Bhf. Möckernbrücke/Hallesches Tor
Bus 129/341
Eintritt: 18-80 DM
Internet: www.hebbel-theater.de und www.tanzfest.de

Italienisches Kulturinstitut S. 225
Askanischer Platz 4, Kreuzberg
Tel.: 269 94 10
E-mail: segreteria@iic-berlino.de
S-Bhf. Anhalter Bahnhof
Bus 129
Eintritt: Frei, Mo-Do 10-16, Fr 10-14 Uhr
Internet: www.iic-berlino.de

Japanisch-Deutsches Zentrum Berlin S. 225
Saargemünder Str. 2, Dahlem
Tel.: 83 90 70
E-mail: jdzb@jdzb.de
U-Bhf. Oskar-Helene-Heim
Eintritt: Frei, Mo-Do 9-17, Fr 9-15 Uhr,
Bibliothek: Di-Do 10-16 Uhr
Internet: www.jdzb.de

JazzFest Berlin S. 250
Berliner Festspiele GmbH, Schaperstr. 24, Wilmersdorf
Tel.: 254 89-0
E-mail: kartenbuero@berlinerfestspiele.de
Eintritt: 15-60 DM
Internet: www.berlinerfestspiele.de/jazzfest

Jüdisches Museum S. 141
Lindenstr. 9-14, Kreuzberg
Tel.: 25 99 33 00
E-mail: info@jmberlin.de
U-Bhf. Hallesches Tor
Bus 240
Eintritt: u. V. 10, erm. 5 DM, tgl. 10-20 Uhr
Internet: www.jmberlin.de

Juliettes Literatursalon S. 198
Gormannstr. 25, Mitte
Tel.: 28 39 14 27
E-mail: juliettes@t-online.de
U-Bhf. Weinmeisterstraße
Tram 13/53
Internet: www.kulturberlin.de/ausstellung/juliette

Junction Bar S. 80
Gneisenaustr. 18, Kreuzberg
Tel.: 694 66 02

E-mail: info@junction-bar.de
U-Bhf. Gneisenaustraße
Bus 119
Eintritt: 6-15 DM, tgl. 20-5 Uhr
Internet: www.junction-bar.de

Kaffee Burger S. 99
Torstr. 60, Mitte
Tel.: 28 04 64 95
E-mail: burgergbr@excite.de
U-Bhf. Rosa-Luxemburg-Platz
Eintritt: Je nach Veranstaltung
Internet: www.kaffeeburger.de

Kalkscheune S. 236
Johannisstr. 2, Mitte
Tel.: 28 39 00 65
E-mail: info@kalkscheune.de
S-/U-Bhf. Friedrichstraße/Oranienburger Straße
Eintritt: Je nach Veranstaltung, tgl. ab 19, So ab 11.30 Uhr
Internet: www.kalkscheune.de

Kammerensemble Neue Musik Berlin S. 73
Dunckerstr. 84, Prenzlauer Berg
Tel.: 44 35 97 73
E-mail: production@kammerensemble.de
Eintritt: 15-30 DM
Internet: www.kammerensemble.de

Kammerorchester Berlin S. 76
Charlottenstr. 56, Mitte
Tel.: 34 90 21 99
E-mail: info@KOBerlin.de
Eintritt: 20-50 DM
Internet: www.KOBerlin.de

Kammerorchester Carl Philipp Emanuel Bach S. 76
Postfach 080546, 10005 Berlin
Tel.: 605 19 30
E-mail: ingoreuter@freenet.de
Eintritt: 25-50, erm. 15 DM
Internet: www.kammerorchester-berlin.de

Kant-Kinos S. 109
Kantstr. 54, Charlottenburg
Tel.: 312 50 47
E-mail: kantkinoberlin@aol.com
U-Bhf. Wilmersdorfer Straße

Bus 149
Eintritt: 13 DM, Rang 15 DM, Kinotag Di/Mi 9 DM, Rang 10 DM

Karneval der Kulturen S. 242
Werkstatt der Kulturen, Wissmannstr. 32, Neukölln
Tel.: 60 97 70 22
E-mail: info@karneval-berlin.de
Internet: www.karneval-berlin.de

Käthe-Kollwitz-Museum S. 142
Fasanenstr. 24, Wilmersdorf
Tel.: 882 52 10
E-mail: info@kaethe-kollwitz.de
U-Bhf. Kurfürstendamm
Bus 109/119/129/219/249
Eintritt: 8, erm. 4 DM, Mi-Mo 11-18 Uhr
Internet: www.kaethe-kollwitz.de

Kicken Berlin S. 179
Linienstr. 155, Mitte
Tel.: 28 87 78 82
E-mail: kicken@kicken-galery.com
U-Bhf. Rosenthaler Platz
Eintritt: Di-Fr 11-18, Sa 12-18 Uhr
Internet: www.kicken.gallery.com

Kinder- und Jugend-Museum Prenzlauer Berg S. 170
Senefelderstr. 6, Prenzlauer Berg
Tel.: 74 77 82 00
E-mail: ki.jumus.pb@museum.b.shuttle.de
S-Bhf. Prenzlauer Allee
Tram 1/20
Eintritt: Je nach Ausstellung
Internet: www.b.shuttle.de/museum

Kit Kat Club S. 87
Bessemerstr. 2-14, Schöneberg
Tel.: 78 89 97 04
E-mail: Info@KitKatClub.de
S-Bhf. Papestraße
U-Bhf. Alt-Tempelhof
Bus N84
Eintritt: 15-20 DM, Fr/Sa ab 23, Do ab 20 Uhr Naked Sex Party (only gay), So ab 8 Uhr After Hour, ab 20 Uhr Mentropolis (only gay)
Internet: www.kitkatclub.de

Kleines Theater S. 21
Südwestkorso 64, Friedenau
Tel.: 821 20 21
E-mail: info@kleines-theater.de

S-/U-Bhf. Bundesplatz
U-Bhf. Friedrich-Wilhelm-Platz/Rüdesheimer Platz
Bus 348
Eintritt: 25,50-39,50 DM
Internet: www.kleines-theater.de

Knoblauch-Haus S. 1
Poststr. 23, Mitte
Tel.: 240 02-171
E-mail: info@stadtmuseum.de
U-Bhf. Klosterstraße
Bus 142/257
Eintritt: 5, erm. 2,50 DM, mittwochs frei, Di-So 9-17 Uhr
Internet: www.stadtmuseum.de/menu.htm

Komische Oper S. 4
Behrenstr. 55/57, Mitte
Tel.: 47 99 74 00
E-mail: info@komische-oper-berlin.de
U-Bhf. Französische Straße
Bus 100/157/200/348
Eintritt: 15-160 DM
Internet: www.komische-oper-berlin.de

Konrad Tönz S. 1
Falckensteinstr. 30, Kreuzberg
Tel.: 612 32 52
U-Bhf. Schlesisches Tor
Eintritt: Frei, Di-So ab 20.
Uhr

Konzerthaus Berlin/Berlin Sinfonie-Orchester S.
Gendarmenmarkt 2, Mitte
Tel.: 203 09-0
E-mail: ticket@konzerthaus.de
S-Bhf. Friedrichstraße/Unt den Linden
U-Bhf. Französische Straße Stadtmitte/Hausvogteiplat
Bus 100/147/148/157/200, 257/348
Eintritt: 10-90 DM
Internet: www.konzerthaus.de

Kulturbrauerei S. 2
Knaackstr. 95, Prenzlauer Berg
Tel.: 441 92-69/70
E-mail: info@kulturbrauerei.de
U-Bhf. Eberswalder Straße
Eintritt: Je nach Veranstaltung
Internet: www.kulturbrauerei.de

Kunstgewerbemuseum S. 14
Herbert-von-Karajan-Str. 1
Tiergarten
Tel.: 266 29 02

mail: kgm@smb.spk-
rlin.de
/U-Bhf. Potsdamer Platz
s 129/148/200/248/
1/348
ntritt: 4, erm. 2 DM, Di-Fr
-18, Sa/So 11-18 Uhr
ernet: www.smb.spk-
rlin.de/kgm

**nsthandel
olfgang Werner   S. 181**
sanenstr. 72, Wilmersdorf
.: 882 76 16
mail: wwernerberlin@
.com
Bhf. Uhlandstraße
ntritt: Mo-Fr 10-14, 15-
, Sa 10-14 Uhr
ernet: www.german
lleries.com/Werner

**nstlerhaus
thanien   S. 213**
ariannenplatz 2, Kreuzberg
.: 616 90 30
mail: frameworks@
me.co.at
Bhf. Kottbusser
r/Görlitzer Bahnhof
s 129/140
ntritt: Frei, Mi-So 14-20
r
ernet: www.bethanien.de

nstlerhof Buch   S. 214
-Buch 45-51, Pankow
.: 94 10 80 12
Bhf. Buch
s 158/159
ntritt: Frei, Di-Fr 15-19,
/So 11-19 Uhr

nst-Werke Berlin   S. 212
guststr. 69, Mitte
.: 243 45 90
mail: info@kw-berlin.de
Bhf. Oranienburger Straße
am 1/13
ntritt: 5, erm. 3 DM,
/Do/So 12-18, Fr/Sa 12-21
r
ernet: www.kw-berlin.de

pferstichkabinett   S. 143
atthäikirchplatz 6,
ergarten
.: 266 20 02
mail: kk@smb.spk-
rlin.de
/U-Bhf. Potsdamer Platz
s 129/148/200/248/
1/348
ntritt: 4, erm. 2 DM, Di-Fr
-18, Sa/So 11-18 Uhr
ernet: www.smb.spk-
rlin.de/kk

rvenstar   S. 97
eine Präsidentenstr./Ecke
oße Präsidentenstr., Mitte
.: 28 59 97 10
mail: star-klan@

kurvenstar.de
S-Bhf. Hackescher Markt
Eintritt: Fr 10, Sa 15 DM,
Di-So ab 21 Uhr
Internet: www.kurvenstar.de

L

**abyrinth-
Kindermuseum   S. 170**
Osloer Str. 12, Wedding
Tel.: 494 53 48/49 30 89 01
E-mail: kontakt@kinder
museum-labyrinth.de
U-Bhf. Osloer Straße/
Prinzenallee
Tram 23/24
Eintritt: 6, erm. 5 DM,
Gruppen 4 DM/Person,
Familien 14 DM, Di/Do/Fr
14-16, Mi 14-18, Sa 13-18,
So 11-18 Uhr
Internet: www.labyrinth-
kindermuseum.de

**Lange Nacht der
Museen   S. 238**
MD Berlin, Chausseestr. 123,
Mitte
Tel.: 28 39 74 44
E-mail: info@mdberlin.de
Eintritt: Kombi-Ticket 20,
erm. 12 DM
Internet: www.lange-nacht-
der-museen.de

LesArt   S. 201
Berliner Zentrum für Kinder-
und Jugendliteratur,
Weinmeisterstr. 5, Mitte
Tel.: 282 97 41
E-mail: Les-Art@
T-Online.de
U-Bhf. Weinmeisterstraße
Tram 13/53
Internet: www.t-online.de/
home/Les-Art

Liberamente Berlin   S. 76
siehe Konzerthaus Berlin

**Literarisches Colloquium
Berlin   S. 192**
Am Sandwerder 5, Wannsee
Tel.: 81 69 96-0
E-mail: mail@lcb.de
S-Bhf. Wannsee
Bus 114/116/118/211/316/
318/620
Internet: www.lcb.de

**Literaturforum im
Brecht-Haus   S. 193**
Chausseestr. 125, Mitte
Tel.: 282 20 03/282 80 42
E-mail: info@lfbrecht.de
U-Bhf. Zinnowitzer Straße
Internet: www.lfbrecht.de

Literaturhaus Berlin   S. 194
Fasanenstr. 23, Wilmersdorf
Tel.: 887 28 60

U-Bhf. Kurfürstendamm
Internet: www.
literaturhaus.de

**literaturWERKstatt
Berlin   S. 196**
Majakowskiring 46/48,
Weißensee
Tel.: 485 24 50
E-mail: mail@literatur
werkstatt.org
Bus 107/150/250
Tram 52/53
Internet: www.literatur
werkstatt.org

Lore Berlin   S. 99
Neue Schönhauser Str. 20,
Mitte
Tel.: 28 04 51 34
E-mail: info@lore-berlin.de
U-Bhf. Weinmeisterstraße
Eintritt: Frei, tgl. ab 19 Uhr
Internet: www.lore-berlin.de

**Loveparade.net
GmbH   S. 244**
Alexanderplatz 5, Mitte
Tel.: 284 62 22
E-mail: infopool@
loveparade.net
Straße des 17. Juni, Großer
Stern, Tiergarten
Internet: www.loveparade.de

**Luftwaffenmuseum der
Bundeswehr   S. 169**
Groß-Glienicker Weg/
Siedlung Habichtswald,
Spandau (ehemaliger
Flughafen Gatow)
Tel.: 36 87 26 04
E-mail: LwMuseumBw@
snafu.de
Bus 334
Eintritt: Frei, Di-So 9-17 Uhr
Internet: www.
luftwaffenmuseum.de

M

**ahler Chamber
Orchestra   S. 76**
Heinrich-Roller-Str. 16-17,
Prenzlauer Berg
Tel.: 44 34 08 33
E-mail: mco@mahler-
chamber.de
Eintritt: Je nach Konzert
Internet: www.mahler-
chamber.de

**Maison de France –
Institut Français   S. 224**
Kurfürstendamm 211,
Wilmersdorf
Tel.: 88 59 02-0
E-mail: Info@IF-Berlin.B.
shuttle.de
U-Bhf. Uhlandstraße
Bus 109/119/129/219
Eintritt: Je nach

Veranstaltung, Mo-Do 9-18,
Fr 9-17 Uhr
Internet: www.kultur-
frankreich.de/if/Berlin

**Maria
am Ostbahnhof   S. 88**
Straße der Pariser Kommune
8-10, Friedrichshain
Tel.: 283 12 52
E-mail: info@clubmaria.de
S-Bhf. Ostbahnhof
Eintritt: Je nach
Veranstaltung
Internet: www.clubmaria.de

Märkisches Museum S. 144
Am Köllnischen Park 5,
Mitte
Tel.: 30 86 60
E-mail: info@stadt
museum.de
U-Bhf. Märkisches Museum
Bus 147/240/265
Eintritt: 8, erm. 4 DM,
mittwochs frei, Di-So 10-18
Uhr
Internet: www.stadt
museum.de/menu.htm

**Martin-Gropius-Bau und
Museum der Dinge   S. 145**
Niederkirchnerstr. 7,
Kreuzberg
Tel.: 25 48 61 11
E-mail: post@gropiusbau.
berlinerfestspiele.de
S-/U-Bhf. Potsdamer Platz
S-Bhf. Anhalter Bahnhof
Bus 248
Eintritt: 10, erm. 7 DM, Di-
So 10-20, Sa 10-22 Uhr
Internet: www.gropius-
bau.de

maerzmusik   S. 240
Berliner Festspiele GmbH,
Schaperstr. 24, Wilmersdorf
Tel.: 254 89-0
E-mail: kartenbuero@
berlinerfestspiele.de
Eintritt: Je nach Konzert
Internet: www.berliner
festspiele.de/maerzmusik

Matrix   S. 88
Warschauer Platz 18,
Friedrichshain
Tel.: 29 49 10 47
E-mail: matrix@matrix-
berlin.de
S-/U-Bhf. Warschauer
Straße
Eintritt: 15-20 DM, Mo-Sa
ab 21-23 Uhr
Internet: www.matrix-
berlin.de

Maxim Gorki Theater S. 13
Am Festungsgraben 2, Mitte
Tel.: 20 22 11 15
E-mail: mgtticket@aol.com
S-/U-Bhf. Friedrichstraße

Eintritt: 22-45 DM
Internet: www.gorki.de

Mehdi Chouakri S. 176
Gipsstr. 11, Mitte
Tel.: 28 39 11 53
E-mail: mehdi-chouakri@
p-soft.de
U-Bhf. Weinmeisterstraße
Eintritt: Di-Sa 11-18 Uhr
Internet: www.mehdi-
chouakri.com

Mehringhof Theater S. 56
Gneisenaustr. 2a, Kreuzberg
Tel.: 691 50 99
E-mail: mehringhof
theater@gmx.de
U-Bhf. Mehringdamm
Eintritt: Di-Fr 25, erm. 20
DM, Sa 30, erm. 25 DM
Internet: www.mehring
hoftheater.de

Mittwochsfazit S. 201
im Schlot, Edisonhöfe,
Chausseestr. 18, Mitte
Tel.: 448 21 60
E-mail: bov@mittwochs
fazit.de
S-Bhf. Nordbahnhof
U-Bhf. Zinnowitzer Straße
Internet: www.mittwochs
fazit.de

Modern Art Sextet S. 73
c/o Klaus Schöpp, Curtiusstr.
77, Zehlendorf
Tel.: 81 29 81 41
E-mail: schoeppklaus@
gmx.de
Eintritt: Je nach Konzert
Internet: www.modern-art-
sextet.de

Moviemento S. 113
Kottbusser Damm 22,
Kreuzberg
Tel.: 692 47 85
E-mail: moviemento.
berlin@t-online.de
U-Bhf. Hermannplatz/
Schönleinstraße
Eintritt: 12 DM, erm. 10 DM,
Kinotag 9 DM
Internet: www.movie
mento.de

**Museum
der Kapitulation** S. 169
Zwieseler Str. 4, Karlshorst
Tel.: 508 83 29/50 15 08 10
E-mail: info@museum-
karlshorst.de
S-Bhf. Karlshorst
Bus 396
Tram 26/27/28
Eintritt: Frei, Di-So 10-18
Uhr
Internet: www.museum-
karlshorst.de

**Museum Europäischer
Kulturen** S. 148
Im Winkel 6-8, Dahlem
Tel: 83 90 12 87
E-mail: mek@smb.spk-
berlin.de
U-Bhf. Dahlem-Dorf
Bus 110/183/X11/X83
Eintritt: 4, erm. 2 DM, Di-Fr
10-18, Sa/So 11-18 Uhr
Internet: www.smb.spk-
berlin.de/mek/

**Museum für
Indische Kunst** S. 149
Lansstr. 8, Dahlem
Tel. 830 13 61
E-mail: mik@smb.spk-
berlin.de
U-Bhf. Dahlem-Dorf
Bus 110/183/X11/X83
Eintritt: 4, erm. 2 DM, Di-Fr
10-18, Sa/So 11-18 Uhr
Internet: www.smb.spk-
berlin.de/mik/

**Museum für
Kommunikation** S. 150
Leipziger Str. 16, Mitte
Tel.: 20 29 42 02
E-mail: mkb.berlin@
t-online.de
U-Bhf. Stadtmitte
Bus 142/348
Eintritt: Frei, Di-Fr 9-17,
Sa/So 11-19 Uhr
Internet: www.museums
stiftung.de/berlin1.html

**Museum
für Naturkunde** S. 152
Invalidenstr. 43, Mitte
Tel.: 20 93 85 91
E-mail: bernd.domning@
rz.hu-berlin.de
S-Bhf. Nordbahnhof
U-Bhf. Zinnowitzer Straße
Bus 157
Tram 22/46/70
Eintritt: 5, erm. 1,20,
Familien 12 DM, Di-So 9.30-
17 Uhr
Internet: www.museum.
hu-berlin.de

**Museum für Vor- und
Frühgeschichte** S. 154
(ab Ende 2002 bis 2004
wegen Umbau geschlossen)
Schloss Charlottenburg
(Langhansbau), Spandauer
Damm 22, Charlottenburg
Tel.: 32 67 48 11
E-mail: mvf@smb.spk-
berlin.de
U-Bhf. Richard-Wagner-
Platz
Bus 109/145/210/X21
Eintritt: 4, erm. 2 DM, Di-Fr
10-18, Sa/So 11-18 Uhr
Internet: www.smb.spk-
berlin.de/mvf/

**Museumsakademie
Berlin** S. 178
Rosenthaler Str. 39, Mitte
Tel.: 30 87 25 80
E-mail: museums
akademie@t-online.de
S-Bhf. Hackescher Markt
Eintritt: Di-Sa 14-19 Uhr

**Museumsdorf
Düppel** S. 170
Clauertstr. 11, Zehlendorf
Tel.: 802 66 71
E-mail: peise@dueppel.de
Bus 211/629
Eintritt: 4, erm. 2 DM, Do
15-18, So und feiertags 10-
17 Uhr (April bis Oktober)
Internet: www.dueppel.de

**Musikinstrumenten-
Museum** S. 155
Tiergartenstr. 1, Tiergarten
Tel.: 25 48 10
E-mail: sim@sim.spk-
berlin.de
S-/U-Bhf. Potsdamer Platz
Bus 129/142/148/248/
341/348
Eintritt: 4, erm. 2 DM, Di-Fr
9-17, Sa/So 10-17 Uhr
Internet: www.sim.spk-
berlin.de

**Neue Gesellschaft für
Bildende Kunst** S. 216
Oranienstr. 25, Kreuzberg
Tel.: 615 30 31
E-mail: ngbk@snafu.de
U-Bhf. Kottbusser Tor
Bus 129
Eintritt: Frei, tgl. 12-18.30
Uhr
Internet: www.ngbk.de

Neue Gesellschaft für
Literatur S. 201
Rosenthaler Str. 6, Mitte
Tel.: 282 91 40
E-mail: ngl@ngl-berlin.de
Internet: www.ngl-berlin.de

**Neue National-
galerie** S. 156
Potsdamer Str. 50,
Tiergarten
Tel.: 266 29 55
E-mail: nn@smb.spk-
berlin.de
S-/U-Bhf. Potsdamer Platz
Bus 129/148/200/248/
341/348
Eintritt: 4, erm. 2 DM,
Di/Mi/Fr 10-18, Do 10-22,
Sa/So 11-18 Uhr
Internet: www.smb.spk-
berlin.de/nn

**Neuer Berliner
Kunstverein** S. 217

Chausseestr. 128, Mitte
Tel.: 280 70 20-2
E-mail: nbk@nbk.org
U-Bhf. Oranienburger Tor
Eintritt: Frei, Di-Fr 12-18,
Sa/So 12-16 Uhr
Internet: www.nbk.org

**Neues Berliner
Kammerorchester** S.
c/o Solveig Schibilsky,
Parkstr. 61, Pankow
Tel.: 48 09 54 51
E-mail: ticket@
konzerthaus.de
Eintritt: 20-55 DM
Internet: www.nbko.de

Neues Tempodrom S. 2
Askanischer Platz 4,
Kreuzberg
Tel.: 263 99 80
E-mail: info@tempodrom-
berlin.de
S-Bhf. Anhalter Bahnhof
Eintritt: Je nach
Veranstaltung
Internet: www.tempodrom
berlin.de

neugerriemschneider S. 1
Linienstr. 155, Mitte
Tel.: 30 87 28 10
E-mail: mail@
neugerriemschneider.de
U-Bhf. Rosenthaler Platz
Eintritt: Di-Sa 11-18 Uhr

Neuköllner Oper S.
Karl-Marx-Str. 131-133,
Neukölln
Tel.: 688 90 70
E-mail: info@
neukoellneroper.de
U-Bhf. Karl-Marx-Straße
Eintritt: 16-46 DM
Internet: www.
neukoellneroper.de

Orphtheater im
Schokoladen S.
Ackerstr. 169/170, Mitte
Tel.: 441 00 09
E-mail: tickets@orph
theater.de
U-Bhf. Rosenthaler Platz
Eintritt: 20, erm. 15 DM
Internet: www.artkrise.de/
orphtheater

Ostgut S.
Mühlenstr. 26-30,
Friedrichshain
Tel.: 29 00 05 97
S-/U-Bhf. Warschauer
Straße
S-Bhf. Ostbahnhof
Eintritt: 10-20 DM,
unregelmäßig am
Wochenende geöffnet

ternet: www.ostgut.de

xymoron S. 97
senthaler Str. 40-41,
ackesche Höfe, Mitte
l.: 28 39 18 85
Bhf. Hackescher Markt
ntritt: Abends je nach
ranstaltung, tgl. ab 11 Uhr
ternet: www.oxymoron-
rlin.de

P

ergamonmuseum S. 160
odestr. 1-3, Eingang
pfergraben, Mitte
l.: 20 90 55 77
mail: ant@smb.spk-
rlin.de
/U-Bhf. Friedrichstraße
Bhf. Hackescher Markt
us 100/157/348
am 1/2/3/4/5/13/15/53
ntritt: 8, erm. 4 DM, Di-So
0-18 Uhr
ternet: www.smb.spk-
rlin.de/ant/

fefferbank S. 99
chönhauser Allee 176a,
itte
l.: 281 83 23
mail: pfefferbank
@aol.com
-Bhf. Senefelder Platz
ntritt: 10-15 DM,
o ab 22,
/Sa ab 23 Uhr
ternet: www.pfefferbank.
e

fefferberg S. 231
chönhauser Allee 176,
itte
l.: 44 38 31 10
mail: infopfefferberg
@pfefferwerk.de
-Bhf. Senefelderplatz
ntritt: Je nach
eranstaltung
ternet: www.pfefferwerk.
e/berg

odewil S. 218
osterstr. 68-70, Mitte
l.: 24 74 96
mail: pr@podewil.de
-Bhf. Klosterstraße
us 142/257
ntritt: Je nach
eranstaltung, Mo-Sa 10-22
hr
ternet: www.podewil.de

**olizeihistorische
ammlung im Polizei-
räsidium Berlin** S. 171
atz der Luftbrücke,
empelhof
el.: 69 93 50 50
mail: ppr.phs@snafu.de

U-Bhf. Platz der Luftbrücke
Bus 104/119/184/341
Eintritt: Frei, Mo-Mi 9-15
Uhr
Internet: www.berlin.de/
home/Land/Polizei

**Puppentheater-
Museum** S. 171
Karl-Marx-Str. 135,
Neukölln
Tel.: 687 81 32
E-mail: puppentheater@
t-online.de
U-Bhf. Karl-Marx-Straße
Bus 104/194
Eintritt: 5, erm. 4 DM,
Mo-Fr 9-17,
Sa/So 11-17 Uhr
Internet: www.home.
t-online.de/home/puppen
theater

Quasimodo S. 78
Kantstr. 12a, Charlottenburg
Tel.: 312 80 86
E-mail: quasi@snafu.de
S-/U-Bhf. Zoologischer
Garten
Bus 149
Eintritt: Je nach Veranstal-
tung, Di-Sa ab 21 Uhr
Internet: www.quasimodo.de

Raab Galerie S. 184
Potsdamer Str. 58,
Tiergarten
Tel.: 261 92 17
E-mail: raab-galerie@raab-
berlin.de
U-Bhf. Kurfürstenstraße
Bus 129/148/248/348
Eintritt: Mo-Fr 10-19, Sa
10-16 Uhr
Internet: www.galerie-raab-
berlin.de

**Reformbühne
Heim & Welt** S. 201
siehe Kaffee Burger

Renaissance-Theater S. 20
Knesebeckstr. 100,
Charlottenburg
Tel.: 312 42 02
E-mail: tickets@
renaissance-theater.de
U-Bhf. Ernst-Reuter-Platz
Bus 145/149/245
Eintritt: 22-58 DM
Internet: www.renaissance-
theater.dc

Roberta S. 99
Zionskirchstr. 7, Mitte
Tel.: 44 05 55 80
U-Bhf. Rosenthaler Platz

Tram 13/50/53
Eintritt: Frei, tgl. ab 18 Uhr

Roter Salon S. 99
Volksbühne, Rosa-
Luxemburg-Platz 2, Mitte
Tel.: 24 06 58 06
E-mail: roter-salon@roter-
salon.de
U-Bhf. Rosa-Luxemburg-
Platz
Eintritt: Je nach
Veranstaltung
Internet: www.roter-
salon.de

**Rumänisches
Kulturinstitut** S. 225
Königsallee 20a,
Wilmersdorf
Tel.: 89 09 12 32
E-mail: rumaenisches_inst.
@hotmail.com
S-Bhf. Halensee
Bus 119
Eintritt: Frei, Mo-Fr 10-18
Uhr

**Rundfunk-Sinfonie-
orchester Berlin** S. 70
Charlottenstr. 56, Mitte
Tel.: 20 29 87 15
E-mail: info@rsb-online.de
U-Bhf. Stadtmitte
Eintritt: 18-54 DM
Internet: www.rsb-
online.de/index.html

**Russisches Haus
der Wissenschaft
und Kultur** S. 225
Friedrichstr. 176-179, Mitte
Tel.: 20 30 22 11
E-mail: wm2001@
rhwk.b.shuttle.de
U-Bhf. Französische Straße
Eintritt: Je nach
Veranstaltung, Mo-Fr 10-20,
Sa/So 12-18 Uhr, Bibliothek:
Mo/Mi/Fr 10-17, Di/Do 10-
18 Uhr
Internet: www.russisches-
haus.de

Sage-Club S. 90
Brückenstr. 1/Ecke
Köpenicker Str., Mitte
Tel.: 278 98 30
E-mail: office@sage-club.de
U-Bhf. Heinrich-Heine-
Straße
Eintritt: 15-20 DM, Do ab
22, Fr-So ab 23 Uhr
Internet: www.sage-club.de

**Salon
Britta Gansebohm** S. 198
im Podewil, Klosterstr. 68-
70, Mitte
Tel.: 24 74 96

E-mail: pr@podewil.de
U-Bhf. Klosterstraße
Bus 142/257
Internet: www.salonkultur.de

**Sammlung
Berggruen** S. 163
Schloßstr. 1, Charlottenburg
Tel.: 20 90 55 55
E-mail: shb@smb.spk-
berlin.de
U-Bhf. Richard-Wagner-
Platz
Bus 109/145/210/X21
Eintritt: 4, erm. 2 DM, Di-Fr
10-18, Sa/So 11-18 Uhr
Internet: www.smb.spk-
berlin.de/shb

**Sammlung
Hoffmann** S. 178
Sophienstr. 21, Mitte
Tel.: 28 49 91 21
E-mail: hoffmann@sophie-
gips.de
S-Bhf. Hackescher Markt
U-Bhf. Weinmeisterstraße
Eintritt: 10 DM, Sa 11-16
Uhr (telef. Anmeldung
erforderlich)
Internet: www.sophie-
gips.de

**Schaffrath Kammer-
orchester Berlin** S. 76
c/o Hilmer Schmalenberg,
Klaustaler Str. 2, Pankow
Tel.: 47 53 75 70
E-mail: SchoG.HS@
t-online.de
Eintritt: Je nach Konzert

**Schaubühne am Lehniner
Platz** S. 14
Kurfürstendamm 153,
Wilmersdorf
Tel.: 89 00 23
E-mail: schaubuehne@
bln.de
U-Bhf. Adenauerplatz
Bus 109/110/119/129/
210/219
Eintritt: 18-58, erm. 15 DM
Internet: www.schau
buehne.de

Scheinbar Varieté S. 62
Monumentenstr. 9,
Schöneberg
Tel.: 784 55 39
E-mail: werner@
scheinbar.de
S-/U-Bhf. Yorckstraße
Bus 104/119/219
Eintritt: Mi/Do 12, Fr/Sa 15
DM
Internet: www.scheinbar.de

**Schloss
Friedrichsfelde** S. 169
Am Tierpark 125,
Lichtenberg
(noch bis Ende 2002 wegen

Umbau geschlossen)
Tel.: 513 81 42
E-mail: info@stadt
museum.com
S-Bhf. Friedrichsfelde-Ost
U-Bhf. Tierpark
Bus 108/194/296
Tram 26/27/28
Eintritt: 2 DM, Di-So 10-18
(März-Okt.), Di-So 9-17 Uhr
(Nov.-Feb.)
Internet: www.stadt
museum.de/menu.htm

Schlosspark-Theater S. 21
Schloßstr. 48, Steglitz
Tel.: 793 15 15
E-mail: schlosspark@
snafu.de
S-/U-Bhf. Rathaus Steglitz
Eintritt: 20-61, erm. 14-43 DM
Internet: www.schloss
parktheater.de

Schlot S. 82
Edisonhöfe, Chausseestr. 18, Mitte
Tel.: 448 21 60
E-mail: info@kunstfabrik-schlot.de
S-Bhf. Nordbahnhof
U-Bhf. Zinnowitzer Straße
Eintritt: 10-20 DM, tgl. 19.30-1.30 Uhr
Internet: www.kunstfabrik-schlot.de

Schwules Museum S. 170
Mehringdamm 61, Kreuzberg
Tel.: 693 11 72
E-mail: Schwules
MuseumeV@aol.com
U-Bhf. Mehringdamm
Bus 119/140
Eintritt: 7, erm. 4 DM, Mi-Mo 14-18, Sa 14-19 Uhr
Internet: www.schwules
museum.de

Seven Lounge S. 97
Ackerstr. 20, Mitte
Tel.: 27 59 69 79
U-Bhf. Rosenthaler Platz
Tram 8/13
Eintritt: Frei, tgl. ab 18 Uhr

Shark-Club S. 96
Rosmarinstr. 8-9, Mitte
Tel.: 20 63 50 63
U-Bhf. Französische Straße
Eintritt: Frei, tgl. ab 18, Diskothek ab 22 Uhr
Internet: www.shark-club.de

SO 36 S. 91
Oranienstr. 190, Kreuzberg
Tel.: 61 40 13 06
E-mail: sub.opus@snafu.de
U-Bhf. Kottbusser Tor
Eintritt: 7-13 DM, Mo Electric Ballroom ab 23 Uhr,
Mi Hungrige Herzen ab 23 Uhr, Sa diverse
Veranstaltungen, So Café Fatal ab 17 Uhr
Internet: www.so36.de

Sophiensæle S. 26
Sophienstr. 18, Mitte
Tel.: 283 52 66
E-mail: sophiensaele@snafu.de
S-Bhf. Hackescher Markt
U-Bhf. Weinmeisterstraße
Eintritt: 25, erm. 15 DM
Internet: www.sophien
saele.com

Sportmuseum S. 171
Deutsches Sportforum, Hanns-Braun-Str., Charlottenburg
Tel.: 305 83 00
E-mail: info@stadt
museum.com
S-/U-Bhf. Olympiastadion
Eintritt: Frei, Öffnungszeiten nach tel. Anmeldung
Internet: www.stadt
museum.de/menu.htm

Stella Musical Theater S. 62
Marlene-Dietrich-Platz 1, Tiergarten
Tel.: 0180-544 44
S-/U-Bhf. Potsdamer Platz
U-Bhf. Mendelssohn-Bartholdy-Park
Eintritt: 59-209 DM
Internet: www.stella.berlin.de

Stuekke in der Palisa.de S. 32
Palisadenstr. 48, Friedrichshain
Tel.: 42 02 81 48
E-mail: info@stuekke.de
U-Bhf. Weberwiese
Eintritt: 25, erm. 18 DM
Internet: www.stuekke.de

Super nova percussion ensemble S. 76
siehe Konzerthaus Berlin

T

Taba S. 80
Torstr. 164, Mitte
Tel.: 28 04 09 60
E-mail: taba-berlin@graphitnews.de
U-Bhf. Rosenthaler Platz
Eintritt: Mi-Fr frei, Sa ab 22 Uhr 6 DM, So ab 19 Uhr 8 DM, Mi-So ab 19 Uhr

Tacheles S. 234
Oranienburger Str. 54-56a, Mitte
Tel.: 282 61 85
E-mail: office@tacheles
S-Bhf. Oranienburger Tor
U-Bhf. Oranienburger Straße
Eintritt: Frei, tgl. 10-2 Uhr
Internet: www.tacheles.de

Tauthaus-Ensemble S. 76
siehe Konzerthaus Berlin

TEH Gallery S. 186
Rykestr. 39, Prenzlauer Berg
Tel.: 44 05 78 24
E-mail: tehgallery@aol.com
U-Bhf. Eberswalder Straße
Tram 1/2
Eintritt: Do/Fr 16-19, Sa/So 14-19 Uhr

Tempodrom am Ostbahnhof S. 230
Str. der Pariser Kommune 8-10, Friedrichshain
Tel.: 69 59 35 50
E-mail: tempodrom@tempo
drom-am-ostbahnhof.de
S-Bhf. Ostbahnhof
Eintritt: Je nach Veranstaltung
Internet: www.tempodrom-am-ostbahnhof.de

Theater am Halleschen Ufer S. 28
Hallesches Ufer 32, Kreuzberg
Tel.: 251 06 55
E-mail: thu@kbx.de
U-Bhf. Möckernbrücke/Hallesches Tor
Eintritt: 25, erm. 18 DM
Internet: www.thub.de

Theater am Kurfürstendamm und Komödie S. 22
Kurfürstendamm 206-209, Charlottenburg
Tel.: 47 99 74 30/40
E-mail: info@theater-am-kurfuerstendamm.de
U-Bhf. Uhlandstraße
Bus 109/119/129/219
Eintritt: 19-69 DM
Internet: www.theater-am-kurfuerstendamm.de

Theater am Ufer (Teatr Kreatur) S. 32
Tempelhofer Ufer 10, Kreuzberg
Tel.: 251 31 16
U-Bhf. Möckernbrücke
Eintritt: 25, erm. 18, Schüler 15 DM

Theater des Westens S. 58
Kantstr. 12, Charlottenburg
Tel.: 319 03-125/-126
Hotline: 0180-599 89 99
E-mail: info@theater-des-westens.de
S-/U-Bhf. Zoologischer Garten
Eintritt: 30-138 DM
Internet: www.theater-des
westens.de

Theaterhaus Mitte S.
Koppenplatz 12, Mitte
Tel.: 44 34 08 23
E-mail: verwaltung@foerderband.org
U-Bhf. Rosenthaler Platz
Bus 340
Eintritt: Je nach Veranstaltung
Internet: www.theater-mitte.de

Theater im Palais S.
Am Festungsgraben 1, Mit
Tel.: 201 06 93
E-mail: theater-im-palais@t-online.de
S-/U-Bhf. Friedrichstraße
Eintritt: 25, erm. 11 DM
Internet: www.theater-im-palais.de

Theater o. N. S.
Kollwitzstr. 53, Prenzlauer Berg
Tel.: 440 92 14
E-mail: hmechtel@snafu.d
U-Bhf. Senefelder Platz
Tram 1
Eintritt: 15, erm. 12 DM
Internet: www.theater-on.

Theatertreffen Berlin S. 24
Berliner Festspiele GmbH, Schaperstr. 24, Wilmersdor
Tel.: 254 89-0
E-mail: kartenbuero@berlinerfestspiele.de
Eintritt: 20-95 DM
Internet: www.berliner
festspiele.de/theatertreffen

Theater unterm Dach S. 3
Danziger Str. 101, Prenzlau Berg
Tel.: 42 40 10 80
U-Bhf. Eberswalder Straße
Tram 2/3/4/20
Eintritt: 15, erm. 10 DM
Internet: www.kulturamt.
prenzlberg.de/kommunal/
theater.htm

Theater zum westlichen Stadthirschen S. 3
Kreuzbergstr. 37, Kreuzberg
Tel.: 785 70 33
E-mail: stadthirsch@t-online.de
S-/U-Bhf. Yorckstraße
Bus 119/140/219
Eintritt: 23, erm. 15 DM
Internet: www.stadthirsch.
berlin.de

The British Council S. 22
Information Centre, Hackescher Markt 1, Mitte

.: 31 10 99 10
mail: infocentre.berlin@
tcoun.de
Bhf. Hackescher Markt
ntritt: Je nach
ranstaltung, Mo/Do 13-
, Di/Mi/Fr 11-18, Sa 11-14
r
ernet: www.britcoun.
/d/berlin

tania-Palast S. 113
hloßstr. 5-6, Steglitz
.: 79 09 06 66
mail: info@movieclick.de
Bhf. Walther-Schreiber-
atz
s 148/176/181/182/
5/186
ntritt: Mo-Fr erste
rstellung 6 DM, danach
-15 DM, Sa/So erste
rstellung 9 DM, danach
-15 DM, Kinder bis 11
hre 9 DM, Kinotag Mi/Do
DM
ternet: www.titania.de

ni S. 114
tonplatz, Weißensee
.: 92 79 12 00
mail: kontakt@kino-
ni.de
s 158/255
am 2/3/4/13/23/24
ntritt: 9 DM, ab 17 Uhr 11
M, Kinotag 6 DM, ab 17
r 8 DM, erm. 6 DM, ab 17
r 9 DM, ab 22 Uhr 11 DM
ternet: www.kino-toni.de

pographie
s Terrors S. 164
resemannstr. 110,
euzberg (Eingang
ederkirchnerstraße)
.: 254 50 90
mail: info@topo
aphie.de
/U-Bhf. Potsdamer Platz
Bhf. Anhalter Bahnhof
s 129/248/341
ntritt: Frei, Di-So 10-18,
ai-Sept. 10-20 Uhr
ternet: www.topo
aphie.de

esor/Globus S. 92
ipziger Str.126a, Mitte
.: 61 00 54 03
mail: webmaster@tresor-
rlin.de
/U-Bhf. Potsdamer Platz
Bhf. Mohrenstraße
ntritt: 15-20 DM, Do ab
, Mi/Fr/Sa ab 23, So ab 7
hr
ternet: www.tresor
rlin.de

ibüne S. 21
tto-Suhr-Allee 18,

Charlottenburg
Tel.: 341 26 00
E-mail: tribuene@berlin.de
U-Bhf. Ernst-Reuter-Platz
Bus 101/145/245/X9
Eintritt: 25-46, erm. 12,50-
23 DM
Internet: www.tribuene.
berlin.de

Trompete S. 81
Lützowplatz 9, Tiergarten
Tel.: 23 00 47 94
E-mail: info@trompete-
berlin.de
Bus 100/129/187/341
Eintritt: So-Di frei, Mi-Sa
10-15 DM, So-Mi ab 21, Do
ab 19, Fr/Sa ab 22 Uhr
Internet: www.trompete-
berlin.de

**Tschechisches
Zentrum** S. 225
Leipziger Str. 60, Mitte
Tel.: 208 25 92
E-mail: ccberlin@czech.cz
U-Bhf. Stadtmitte
Eintritt: Je nach Veranstal-
tung, Mo-Fr 9-18 Uhr
Internet: www.czech-
berlin.de

Türkisches Haus S. 225
An der Urania 15,
Schöneberg
Tel.: 23 63 59 31
U-Bhf. Wittenbergplatz

U
**CI-Kinowelt
Zoo-Palast** S. 114
Hardenbergstr. 29a,
Charlottenburg
Tel.: 25 41 47 77
E-mail: ZooPalast@
uci-kinowelt.de
S-/U-Bhf. Zoologischer
Garten
Eintritt: 12 DM, ab 16.45
Uhr 15 DM, Kinotag 8 DM,
erm. 9 DM, ab 16.45 Uhr 13
DM, Hochparkettzuschlag 2
DM
Internet: www.uci-
kinowelt.de

Ufa-Fabrik S. 220
Viktoriastr. 10-18,
Tempelhof
Tel.: 75 50 30
E-mail: info@ufafabrik.de
U-Bhf. Ullsteinstraße
Eintritt: Je nach Veranstal-
tung, Mo-Sa 10-19, So 14-
19 Uhr, Café: Open End
Internet: www.ufafabrik.de

**Unerhörte Musik
im BKA** S. 73
Mehringdamm 34,

Kreuzberg
Tel.: 202 20 07
E-mail: bka@bka-berlin.de
U-Bhf. Mehringdamm
Eintritt: 15, erm. 10 DM
Internet: www.bka-berlin.de

V
aganten Bühne S. 21
Kantstr. 12a, Charlottenburg
Tel.: 312 45 29
E-mail: Vaganten@
t-online.de
S-/U-Bhf. Zoologischer
Garten
Bus 100/109/145/149/
245/X9
Eintritt: 16-31, erm. 12,50
DM
Internet: www.vaganten.de

**Vitra Design
Museum** S. 166
Kopenhagener Str. 58,
Prenzlauer Berg
Tel.: 473 77 70
E-mail: info@design-
museum.de
S-/U-Bhf. Schönhauser Allee
Eintritt: 10, erm. 6 DM, Di-
So 11-20 Uhr
Internet: www.design-
museum-berlin.de

**Volksbühne am Rosa-
Luxemburg-Platz** S. 18
Mitte
Tel.: 247 67 72
E-mail: ticket@
volksbuehne-berlin.de
S-Bhf. Alexanderplatz
U-Bhf. Rosa-Luxemburg-
Platz
Eintritt: 18-30, erm. 12 DM
Internet: www.volks
buehne-berlin.de

W
**äscherei-
museum** S. 171
Luisenstr. 23, Köpenick
Tel.: 651 64 24
E-mail: mk2174@aol.com
Bus 167
Eintritt: 3, erm. 1 DM, jeden
1. Freitag im Monat 15-18
Uhr
Internet: www.Omas-
Waschkueche.de

Wintergarten Varieté S. 61
Potsdamer Str. 96,
Tiergarten
Tel.: 25 00 88 88
E-mail: wintergarten@
deag.de
U-Bhf. Kurfürstenstraße
Bus 148/341/348

Eintritt: 35-82, Fr/Sa 59-99
DM
Internet: www.wintergarten-
variete.de

WMF S. 95
Ziegelstr. 22, Mitte
Tel.: 28 38 88 50
E-mail: info@wmfclub.de
S-Bhf. Oranienburger Straße
U-Bhf. Oranienburger Tor
Eintritt: 15-20 DM, Fr ab 23,
Sa ab 24, So GMF ab 22 Uhr
Internet: www.wmfclub.de

Wühlmäuse am Theo S. 62
Pommernallee 2-4,
Charlottenburg
Tel.: 30 67 30 11
E-mail: info@
wuehlmaeuse.de
U-Bhf. Theodor-Heuß-Platz
Eintritt: 25-70 DM
Internet: www.wuehl
maeuse.de

X
enon S. 116
Kolonnenstr. 5, Schöneberg
Tel.: 782 88 50
E-mail: service@xenon-
kino.de
U-Bhf. Kleistpark
Eintritt: 11 DM, Kinotag
8,50 DM
Internet: www.xenon-
kino.de

Z
ucker-Museum S. 171
Amrumer Str. 32, Wedding
Tel.: 31 42 75 74
E-mail: zuckermuseum@
berlin.de
U-Bhf. Amrumer Straße
Bus 126/221/248
Eintritt: 4,50, erm. 2,
Familien 7 DM, Mo-Do 9-
16.30, So 11-18 Uhr
Internet: www.dtmb.de/
Zucker-Museum

Impressum

Idee: Helmut Metz

Konzept und Chefredaktion:
Dr. Rolf Hosfeld

Redaktion: Friedhelm Teicke, Annette Schaefgen, Tobias Vogt

Gestaltung: Rainer Wörtmann

Bildredaktion: Eva Fischer

Die Texte der Rubriken Theater, Musik, Livemusik, Kinos, Literatur, Locations und Durchs Jahr schrieb Friedhelm Teicke, die Texte zu der Rubrik Galerien Tobias Vogt. Die Texte zu den Rubriken Clubs, Museen und Institutionen stammen von beiden Autoren.

Verlag: ©2001 Helmut Metz Verlag
Corporate Publications
Andreasstr. 31, 22301 Hamburg
Tel.: 040-279 32 50
Fax: 040-279 81 14
E-mail: metz-verlag@t-online.de
Internet: www.metz-verlag.com

Bildnachweis:
Alle Theater-Fotos auf den Seiten 8-60: D. Baltzer, Zenit; 8-11: kl. F. adolph press; 12: kl. F. action press; 13, 14: kl. F. adolph press; 17: kl. F. action press; 18, 21 o.: adolph press; 21 u.: action press; 22: kl. F. dpa; 26: kl. F. action press; 29, 31: kl. F. adolph press; 34: kl. F. dpa; 36: kl. F. adolph press; 39: kl. F. dpa; 42: kl. F. action press; 46: kl. F. adolph press; 48: kl. F. dpa; 50, 52: kl. F. adolph press; 53: kl. F. dpa; 54: kl. F. Jim Rakete; 56: kl. F. Ullstein; 58, 60: kl. F. adolph press; 61, 62 o.: adolph press, 62 u.: action press; 64: Rainer Drexel, Bilderberg; 67: H. + D. Zielske Ziel, Bilderberg; 68: Marit Pietzker, Ostkreuz, kl. F. action press; 70: dpa; 71: Sabine Wenzel, Ostkreuz; 72: Harald Hauswald, Ostkreuz; 73: dpa; 76: adolph press; 78: Rainer Drexel, kl. F. Ullstein; 79: Maurice Weiss, Ostkreuz; 80: Maurice Weiss, Ostkreuz, kl. F. Pop-Eye, Ullstein; 82: Georg Schönharting, Ostkreuz; 84: Jörn Vanhöfen, Ostkreuz; 85: Samuel Zuder, Bilderberg; 87: adolph press; 88: Marit Pietzker, Ostkreuz; 89: Jordis Schlösser, Ostkreuz; 90: Wolfgang Kunz, Bilderberg, kl. F. Horst Galuschka, Ullstein; 92: Marit Pietzker, Ostkreuz; 94: Frieder Blickle, Bilderberg; 95: Samuel Zuder, Bilderberg; 96, 97: Jörn Vanhöfen, Ostkreuz; 98: Samuel Zuder, Bilderberg; 99: Annette Hauschild, Ostkreuz, kl. F. adolph press; 100: Marit Pietzker, Ostkreuz, kl. F. adolph press; 102: dpa; 103: Andreas Muhs, Ostkreuz; 104: Sabine Wenzel, Ostkreuz; 107: Andreas Muhs, Ostkreuz; 108: Peter Himsel, Ullstein; 109: Frank Lehmann, Ullstein; 112: Gerhard F. Ludwig, Ullstein; 113: adolph press; 115: Paul Langrock, Zenit; 116: Andreas Muhs, Ostkreuz, kl. F. dpa; 118: Michael Engler, Bilderberg; 119: dpa; 120: Wolfgang Kunz, Bilderberg; 121: dpa; 123: Florian Monheim, Ostkreuz; 124: Brücke-Museum, Ullstein; 125: David Heald, Guggenheim Museum; 126: Landesbildstelle Berlin; 128: Andreas Muhs, Ostkreuz; 129: action press; 130: Sabine Wenzel, Ostkreuz; 134: dpa; 135: adolph press; 136: Wolfgang Kunz, Bilderberg; 137: dpa; 140, 141: Wolfgang Kunz, Bilderberg, 141: kl. F. action press; 142, 143: dpa; 144: Andreas Muhs, Ostkreuz, kl. F. dpa; 145: Florian Monheim, Bilderberg; 148: Annette Hauschild, Ostkreuz; 151: Andreas Muhs, Ostkreuz; 152, 153: Sabine Wenzel, Ostkreuz; 154: dpa; 155: Musikinstrumenten-Museum, Ullstein; 156: Andreas Muhs, Ostkreuz; 157: Wolfgang Kunz, Bilderberg; 159: dpa; 161: Sabine Wenzel, Ostkreuz; 162: Thomas Ernsting, Bilderberg; 163: action press; 164, 166: dpa; 167: Vitra Design Museum, Ullstein; 168-171: Ostkreuz; 174, 175: Annette Hauschild, Ostkreuz; 176: Ute Mahlert, Ostkreuz; 177: Jens Ziehe; 178 o.: Jordis Schlösser, u.: Annette Hauschild, Ostkreuz; 179: Jens Ziehe; 180, 181: Maurice Weiss, Ostkreuz; 182, 183: dpa; 184: Wolfgang Kunz, Bilderberg; 186 o.: Artur, Bilderberg, li.: Georg Schönharting, Ostkreuz, u.: Maurice Weiss, Ostkreuz; 190: Annette Hauschild, Ostkreuz; 192: Hensel, Ullstein; 193: Volker Oesterreich, Ullstein; 194: dpa; 195: Heartfield, Ullstein; 196: Ullstein, kl. F. Horst Tappe, Ullstein; 197: Swirudoff/Museum Würth, Ullstein; 198, 200: Georg Schönharting, Ostkreuz; 201: Sönke Tollkühn, Ullstein; 204: Marianne Thiele, Ullstein; 206, 207: adolph press; 208: dpa; 209: Manfred Klöckner, Ullstein; 210: adolph press; 211: Maurice Weiss, Ostkreuz; 212: dpa; 213: Michael Engler, Bilderberg; 215: Peter Meißner, Ullstein; 216: dpa; 217: Xamax, Ullstein; 218: dpa; 219: Sylvia Chybiak, Ullstein; 220: adolph press; 221: Annette Hauschild, Ostkreuz; 222: Ullstein; 223: Frank Lehmann, Ullstein; 224 o.: Heinrich Hermes, Ullstein, u.: Joachim Schulz, Ullstein; 228 o.: Maurice Weiss, Ostkreuz, u.: Wolfgang Kunz, Bilderberg; kl. F. dpa; 230: Pop-Ullstein; 231: adolph press (2); 2 Wolfgang Kunz, Bilderberg; 234: lerbrock + Schafft, Bilderberg, kl adolph press; 235: Sabine Wenzel, C kreuz; 236: Samuel Zuder, Bilderb 238: dpa; 239: Julian Röder, Ostkre 240: Jens Rötzsch, Ostkreuz, kl. F. K nichphoto, Ullstein; 241: Maria Thiele, Ullstein; 242: dpa; 243: Ju Röder, Ostkreuz, kl. F. dpa; 244: Ge Schönharting, Ostkreuz; 246: Thor Meyer, Ostkreuz; 247: Regine Will, l stein; 248: adolph press; 250: Potol Ullstein

Abkürzungen:
kl. F. = kleines Foto,
o. = oben,
u. = unten,
li. = links,
re. = rechts

Trotz umfangreicher Bemühungen v Seiten des Verlages ist es nicht in al Fällen gelungen, die Rechteinha ausfindig zu machen. Rechtlich na weisbare Ansprüche sind beim Ver geltend zu machen.

Lithografie: NPV Repro-Center, Passau

Druck: PASSAVIA Druckservice Gm Passau

Papier: Nopaset holzfrei weiß Offse

ISBN: 3-9807381-0-8

Redaktionsschluss: 1. Juni 2001

Editorische Notiz

Berlin ist eine schnell-lebige Stadt. Während der Arbeit an diesem Buch haben sich in einigen Fällen die Adressen geändert, sind neue Telefonnummern hinzugekommen oder alte gelöscht worden. Einige Adressen mussten schließen, andere haben neu geöffnet. Wenn Ihnen, liebe Leser, also etwas auffallen sollte, was nicht oder in Ihren Augen nicht genügend Beachtung gefunden hat, freuen wir uns über jeden Brief an den Verlag. Selbstverständlich auch über jeden anderen Kommentar zum Buch.